ダイヤモンドオフェンス

サッカーの新常識　ポジショナルプレー実践法

坂本 圭［著］

日本文芸社

プロローグ

この本は、読者がポジショナルプレーに基づくダイヤモンド・オフェンスを理解し、実践できるようにするために書きました。ジュニアユースから社会人、高いレベルのチームの指導者にとって役立つと思います。ジュニア年代の指導者にとっては、ボール保持者に常に「5つのプレーオプション」を近くにいるチームメートが提供すること、スペースを作り、利用するなどのダイヤモンド・オフェンスの基本的な原則を、選手が学び実践することの手助けになると思います。

かつてドリームチームと謳われたヨハン・クライフ監督率いるFCバルセロナ（以下バルサ）の試合を東京の国立競技場で体感したことがポジショナルプレーを知るきっかけになりました。1992年12月のトヨタカップクラブ世界一決定戦です。バルサの選手がグラウンド全体に等間隔に広がる「ポジショニングの美しさ」と、選手から選手へとスピーディに次々とボールが渡るボールの循環は今までに見たことがないものでした。

バルサの選手はスペースを作り、空いたスペースを埋める（利用する）ことを常に行なっているので、ポジションチェンジをしてもシステムのバランスが崩れることはありません。組織的な攻撃を初めて観た思いでした。これぞまさしくスペクタクルと呼べるサッカーであり、打ち上げ花火がパッと広がったようなポジショニングの美しさは今でも目に焼きついています。その時からバルサが繰り広げた、このポジショニングからなる攻撃方法を理解したい、実践したいと強く考えるようになりました。

日本には、サッカーの組織的な守備関連の動画や書籍は数多くありますが、組織的な攻撃方法について理論的に書かれたものは非常に少ないか、ほとんどありません。

高校教員時代から組織的攻撃を研究し、他のチームスポーツからもアイディアを得たいと思いトライアングル・オフェンスについて書かれたNBAコーチのテックス・ウィンターの書籍「バスケットボール：トライアングル・オフェンス（大修館書店）」を買いました。サッカーの攻撃はトライアングルを作ることが重要だと学んだことが、この本を買う動機となりました。本の内容はその当時の私にとって非常に難解でしたが、サッカーの組織的攻撃を構築するにあたり重要なことが書かれていることはわかりました。絶えずその本を持ち歩き、何十回と読み、組織的攻撃のヒントを得ようとしていました。いつも持ち歩いて暇を見つけては読んでいたので、本の表紙はボロボロに破けてしまいました。それでも、本の内容を理解することはできませんでした。

顧問をしていたサッカー部は、地区予選を勝ち抜いて道大会を目標にするレベルのいたって普通の部活でした。かなり試行錯誤しながら、暗中模索の中、手探りでサッカーの攻撃方法を探していました。手当たり次第、サッカーの攻撃について書いてある本を読み、日本や海外のビデオを購入、東京まで海外から招かれた有名な指導者の講習会での学び、ＪＦＡのコーチングライセンスＣ級を取得するなど攻撃方法を研究していました。しかし、サッカーへの理解は進まず、組織的な攻撃方法は見つかりませんでした。

書籍やビデオ（動画）で学んだ様々な攻撃方法を部活で取り敢えず試し、テックス・ウィンターのトライアングル・オフェンスもやってみました。選手は「先生、これあり得ますか？」とか、キャプテンからは「先生、攻撃パターンは３つもあれば十分です」という困惑した発言から、トライアングル・オフェンス導入を断念しました。これはある意味当然の成り行きでした。ただ、本に書いてあることを理解もせず真似をしているだけだったのです。

もっと深くサッカーを勉強したいと思い、「四十にして惑わず」のことわざ通り、40歳を過ぎて迷うものがなくなり、妻の後押しもあったので、教員を退職して２人でスペインのバルセロナに渡りました。バルセロナではスペインサッカーコーチングコースを受講しました。コーチングコースでの学び、週末、バルサのトップチームや下部組織の試合を観ること、スペインの育成年代を指導する中で、テックス・ウィンターが書いた本の内容が理解できるようになっている自分に気がつきました。

ヨハン・クライフの名言に「見えるようになるのは、わかってからだ」と言うのがあります。スペインにわたる前の私はサッカーがどのようなスポーツであり、どのような原則の基で攻撃や守備を実行するのかがわかっていなかったのです。サッカーがわかっていないから、見えなかったのです。つまり、サッカーを知らないことを知らなかったのです。スペインでサッカーを学ぶことによって、サッカーというスポーツの構造がわかり、サッカーが見えるようになり、試合中の攻撃時の選手のポジショニングに注意が向くようになったのです。

日本サッカー界の現状は、未だ組織的な攻撃方法が確立されていないと思います。攻撃は個人の自由な閃きから創造するのが、日本のスタイルになっています。もちろん、個人の自由な閃きによる即興性はサッカーの攻撃において非常に重要ですが、その閃きがない、相手にその個人が抑えられた時にチームは次の手を打つことが難しくなります。個人の閃きによる即興性のみに頼る攻撃は、プレーの再現性が乏しくなり、チームのパフォーマンスは個人に依存することになるので不安定になります。

ある時、私がアシスタントコーチ（バルセロナ時代）を務めていたCFバダロナのU-15と某Jリーグ下部組織のU-15（以下某Jリーグ下部組織）がトレーニングマッチをしました。

最初は、試合開始から某Jリーグ下部組織が圧倒的にボールを支配します。CFバダロナの監督は私に「日本人は凄い！プレーが速い。素晴らしい！」と驚嘆の声をあげます。ただ、20分もするとCFバダロナの選手は某Jリーグ下部組織のプレーに適応し始めます。

試合は一進一退になり互いに点を取り合います。前半の途中までは思うようにプレーできたのに、後半、某Jリーグ下部組織はパスが思うように繋がらなくなりました。特に後半は、某Jリーグ下部組織の選手が非常にイライラして「アーッ」、なんで上手くいかないのだと声を荒げる場面が幾度となくありました。自分たちの方が技術は高いのに、なんで苦戦するのだと言うような表情です。最後の手段は個人の強引なドリブル突破による攻撃です。

このプレーを観た時に、思考が停止して、闇雲にドリブルするしか手段がなくなったのだと感じました。その試合は個人能力で上回った某Jリーグ下部組織が3対2で勝ちました。

この他にも様々なチームがバルセロナに来ましたが、勝敗は別にして同じ印象を受けました。それは「自分たちのサッカー」が通用しない時に、戦い方のバリエーションが少なく、思考停止し、最後は個人に依存するサッカーしか方法がなくなることです。それは勝敗を運に任せることを意味しています。最後まで組織的に戦い、相手のプレーの意図の逆をつく、弱点をつく、相手の戦略に対する解答を探す理論的なサッカーの必然性を強く感じました。

日本は育成年代（15歳以下）であれば世界で勝つことも可能でしょう。しかし16歳以上になると、体格や一般的な身体能力、筋力で互角に戦える可能性はあっても、上回ることは難しくなります。日本が世界で勝つには個人ではなく、集団による組織的攻撃が必要不可欠です。

バルセロナの生活が4年を過ぎた時、スペインサッカーコーチングコースレベル3（日本のS級相当）を受講しました。最初のコーチングコースの授業日に卒業論文のオリエンテーションがありました。卒業論文の書き方、テーマの考え方を学び、その後、卒業論文のテーマを考える時間がありました。レベル2を取得した頃から、自分なりのサッカー観が出来上がるのを感じていたので、ポジショニングで優位性を得る組織的な攻撃方法を卒業論文で書く決心がすぐにつきました。今まで温めてきたバスケットボールのトライアングル・オフェンスをサッカーに応用することにしたのです。

ヨハン・クライフは「ポジショニングが正しければ半分は勝ったも同然」という名言を残しています。試合において攻撃や守備のポジショニングが正しければ、試合を優位に進めることができるのだと推測しました。

卒業論文のテーマは決まりました。スペインサッカーコーチングコースで学んだ、選手がボール保持者を菱形でサポートするダイヤモンドの形と、トライアングル・オフェンスをミックスして、新しい組織的な攻撃方法を考案することにしたのです。後にダイヤモンド・オフェンスと命名することになる組織的な攻撃方法をこれから詳しく説明します。読者の皆さんとこの本を通じてダイヤモンド・オフェンスを共有して、組織的な攻撃方法が日本国内で広まり、サッカーのプレーや文化を再構築したいと思っています。

スペインサッカーコーチングコースでの学びはもとより、長年、ペップ・グアルディオラ監督や、バルサのサッカーを研究してきました。ポジショニングで優位性を得るためのトレーニングを実際にチームに落とし込む方法を、日々の実践からも学び、どのようにしたら、発育発達段階やチームのレベルにあったポジショニングで優位性を得る方法をわかりやすく指導できるか、その方法を追求してきました。

スペインのトレーニングメニューは、一見、新しいものはないように見えます。日本でも同じようなトレーニングをしていることでしょう。しかし、実際のトレーニングの中身は、様々な要素が含まれています。ロンドや4対2、ポジショナルプレーと呼ばれるボール保持のトレーニングには試合の状況やプレーの基本的な考え方が頻出するのです。それを選手がイメージできるか、監督やコーチはキーファクターを使って選手に伝えているか、いないかで同じトレーニングでも雲泥の差があるのです。

本書は、ポジショニングで優位性を得るダイヤモンド・オフェンス理論の理解、次にそれをどのようにトレーニングし、試合で実践していくかまで言及するポジショナルプレー超実践書です。

ポジショニングで優位性を得るには、相手の組織的な守備システムに対応する、組織的な攻撃システムとポジショニングを最適化することです。ポジショニングで優位性を得る組織的な攻撃方法を知ることで、相手チームのサッカーが見えるようになり、相手の守備の戦略・戦術を理解することにも役立つことでしょう。ここから、日本において、サッカーの組織的な攻撃への理解と議論が深まり、指導者から新しい戦略・戦術が生まれることを期待しています。

坂本　圭

プロローグ……2

第1章 ダイヤモンド・オフェンスの基本……15

01 ―ダイヤモンド・オフェンスを理解するためのグラウンドのゾーンとレーン……16
02 ―ダイヤモンド・オフェンスとは何か?……18
03 ―ダイヤモンド・オフェンスは即興プレー……24
04 ―ポジショナルプレーの概念……26
05 ―正しいポジションを取る……28
06 ―フリーマンを探せ……32
07 ―ダイヤモンド・オフェンスのスタートはサイド……36
08 ―4つのパスコースオプション……42
09 ―パスの7原則……48
10 ―正方形やトライアングルではなくダイヤモンドである理由……50
11 ―ハーフスペースからサイドレーンにパスをする理由……58

第2章 ゾーンディフェンス攻略法……67
01 ― ゾーンディフェンスを攻略する4つの攻撃方法……68
02 ― オーバーロード……70
03 ― フリープレー……74
04 ― 相手の守備と逆の配置の攻撃……78
05 ― 相手の守備と同じ配置の攻撃……82
06 ― 相手の背後、ライン間、ライン上にポジションを取る……84
07 ― ライン間、ライン上に入るときのスピード……92
08 ― 3人目の動きを使ってフリーマンへボールを渡す……94
09 ― 4つのラインを作って攻撃する……96
10 ― ボール保持者は相手を引きつける……98

第3章

ダイヤモンド・オフェンスの実践 …… 103

01 どのようにファイナルゾーンを攻略するのか（ゾーン3のセットオフェンス） …… 104
02 サイドレーンダイヤモンドシリーズ第1オプション（ポストプレー） …… 106
03 サイドレーンダイヤモンドシリーズ第2オプション（バックパス） …… 124
04 サイドレーンダイヤモンドシリーズ第3オプション（ライン間） …… 128
05 サイドレーンダイヤモンドシリーズ第4オプション（縦パス） …… 134
06 パスアウト（静的な配置からスペースを作り利用する） …… 140
07 ポジションサッカーの実践（相手の守備と同じ配置の攻撃） …… 152
08 ボール出しダイヤモンドシリーズ（ゾーン1からゾーン2へ入る） …… 156
09 ボール出しダイレクトプレー（相手の攻撃的プレッシングに対応する） …… 168
10 前進パスアウト …… 174
11 前進サイドチェンジローテーション …… 180
12 ダイレクトプレー（ロングボールを相手の背後へ） …… 182

第4章 ダイヤモンド・オフェンスのトレーニング方法 191
01 ― サッカー選手をダイナミックシステムとして理解する 192
02 ― フランシスコ・セイルーロが提案した選手の8つの構造 194
03 ― 選手は異なる最適化をする 198
04 ― 認知構造（チームの戦略・戦術の最適化） 200
05 ― 社会的感情構造（チームの戦略・戦術の最適化） 208
06 ― 構造化トレーニング 216
エピローグ 252

図の見方

本書の図解で解説している表記です

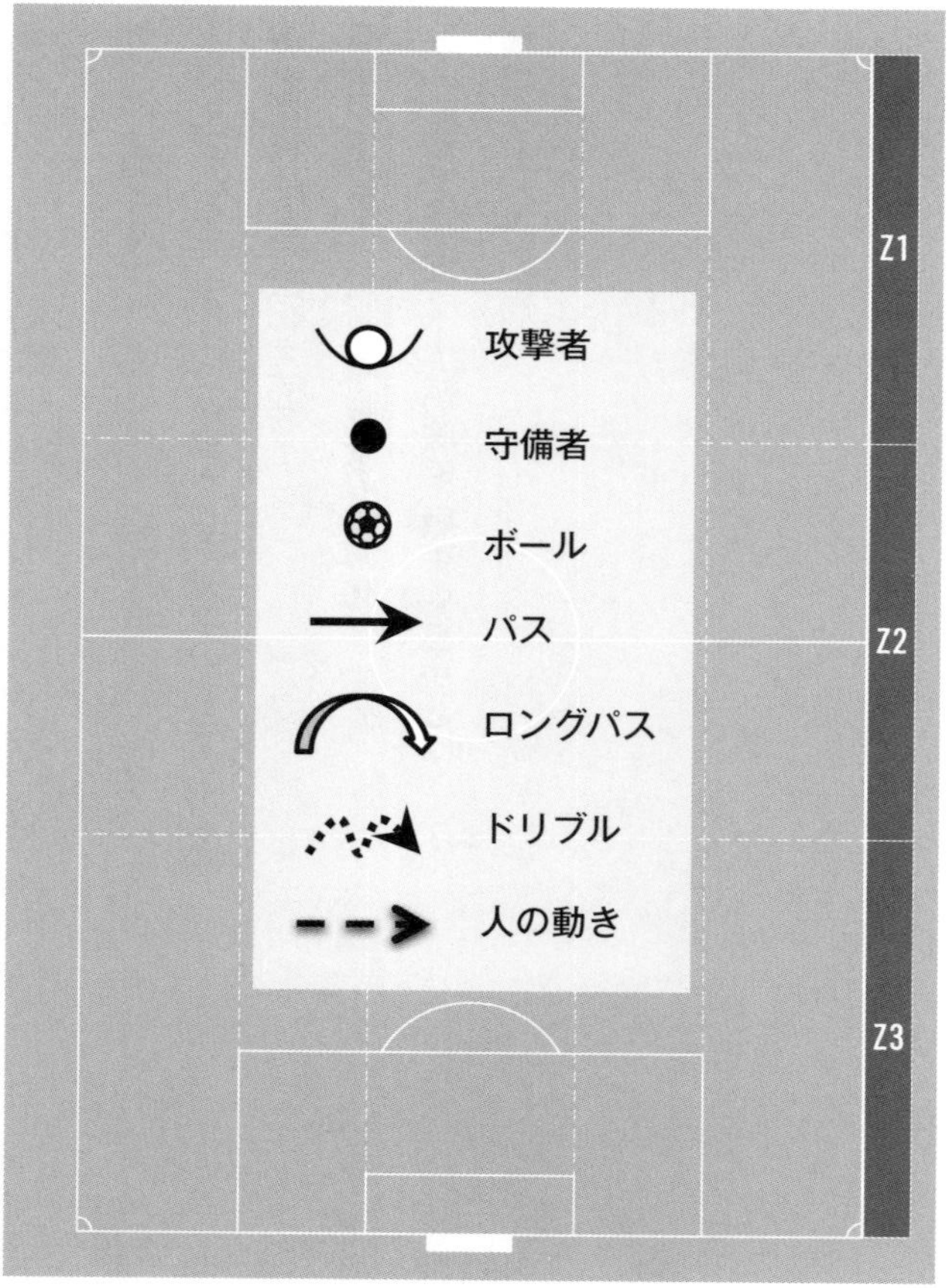

第1章

ダイヤモンド・オフェンスの基本

01 ダイヤモンド・オフェンスを理解するためのグラウンドのゾーンとレーン

最初に、ダイヤモンド・オフェンスを説明するときに使うグラウンドの図について説明する。グラウンドを横に3ゾーンに分割する。自陣から3分の1がゾーン1（Z1）、真ん中がゾーン2（Z2）、ファイナルゾーンがゾーン3（Z3）である。

次にグラウンドを縦に5レーンに分ける。中央がセンターレーン、その両隣がハーフスペース、両サイドがサイドレーンである。

なぜ、3ゾーンと5レーンに分割するかと言うと、3ゾーンは、それぞれのゾーンで実行する集団プレーの目的と選手のポジショニングが異なるからだ。5レーンは主にトレーニングにおいて、選手間の適切な距離やライン間バランスを取るため、ダイヤモンドを形成するのに役立つからである。

例えば、「隣り合うレーンに位置する選手は常に斜めの位置関係を取る」と言うライン間バランスを取るためのキーファクターをトレーニングするときに効果がある。

◉ポジション名の略称

アシストゾーンとは、ハーフスペースと同じレーンに存在し、相手コートのペナルティエリア内に2つある。

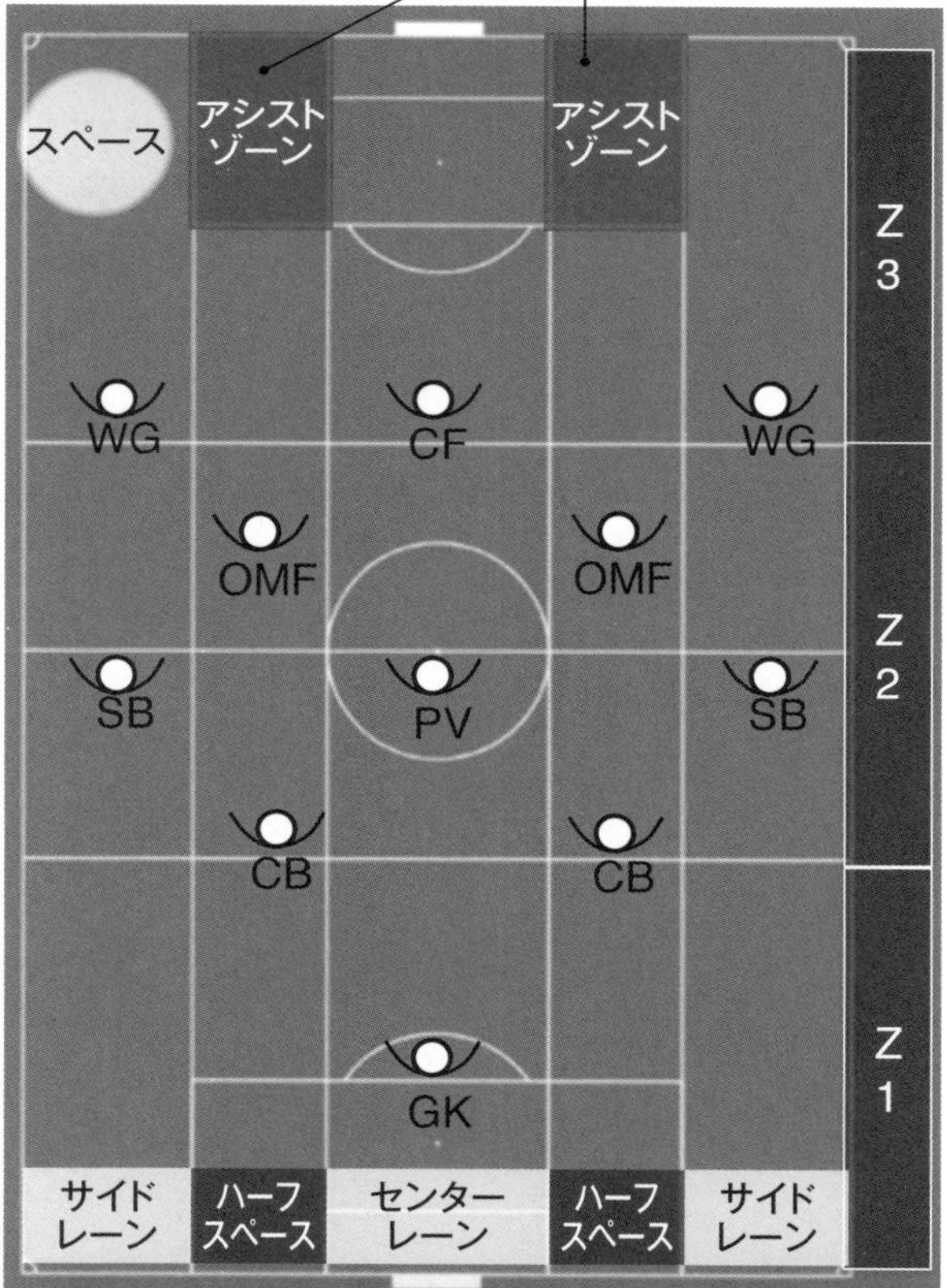

GK→ゴールキーパー
CB→センターバック
SB→サイドバック
PV→ピボーテ(ボランチ)
OMF→オフェンシブミッドフィルダー
WG→ウイング
CF→センターフォワード

アシストゾーンは、相手DFラインの背後、相手GKから少し離れた位置にあり、相手の視野外になりやすい場所である。相手DFラインの選手は最終ラインを形成しながら、ボールと自身のマークの両方を見なければならないので背後にあるアシストゾーンはマークが外れやすいのだ。

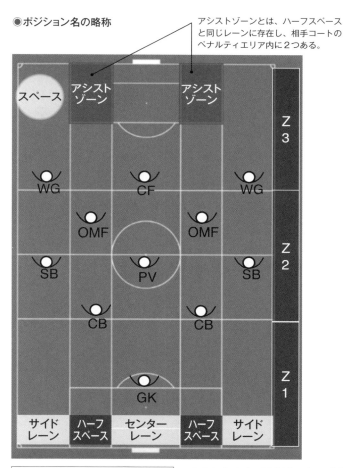

02 ダイヤモンド・オフェンスとは何か？

ダイヤモンド・オフェンスの目的は適切な得点チャンスを生み出すことであり、具体的にはグラウンドの中央で優位性を生み出し、相手ゴール前で2対1の数的優位の状況を作り出すことである。

ダイヤモンド・オフェンスは、ポジショナルプレーをするための1つの方法論であり、バスケットボールの攻撃方法であるトライアングル・オフェンスの理論からヒントを得てサッカーに適応させたものだ。4人でダイヤモンド（菱形）を形成し、それを11人でチームの攻撃システムにおいて可能な限り形成することで、ボール保持者に常に「5つのプレーオプション」を提供することを基本原則としている。その状況から、各局面でオーバーロードを生じさせて、最終的に相手ゴール前で2対1の数的優位の状況を作り出し得点チャンスを得るのがダイヤモンド・オフェンスである。

サッカーの攻撃における適切な距離は、その試合の選手のポジショニングによって様々だが、一般的に選手間の一定の距離は、通常15～20メートルが適切である。しかし、試合の状況によっては適切な距離が、例えば相手ゴール前では10メートルの場合もある。

ボール保持時の選手間の距離が15～20メートル、もしくはその状況に適切な距離であれば、相手がボールを取るために動くことで常にフリーな選手が存在する。その上で選手1人1人がどこにポジションを取るか、その配置が重要になる。

攻撃側のチームは、常に15～20メートルの選手間の距離を取ったダイヤモンドを形成することで、ボール保持者に「5つのプレーオプション」を与え、ライン間バランス（例DFラインとMFライン）を維持することができる。

ここで大事なことは、ボール保持者が「5つのプレーオプション」を見つけるのではなく、ボール保持者の近くにいる選手がボール保持者に5つのプレーオプションを提供することだ。ボール保持者に常に「5つのプレーオプション」を提供するためには、ボール保持者の近くいる選手や遠くにいる選手も含め、選手全員が次のプレーを予測して動かなければならない。

著名人の言葉

「選手は互いに一定の距離を離れている必要があり、その距離は様々である。（中略）この適切な距離で、もし、ディフェンスがインターセプトを試みようとすれば、常にオープンな選手が存在する」

テックス・ウィンター（トライアングル・オフェンスを考案したNBAコーチ）

ボール保持者に提供されたプレーオプションには優先順位がある。

◉5つのプレーオプション
（4つのプレーオプションと個人プレーの優先順位）

1	**縦パス** ボール保持者は、深い位置で優位性を獲得している選手がいる場合、深い縦パスをその選手に渡す。
2	**斜めのパス** ボール保持者は、深い位置で優位性を獲得している選手がいる場合、深い斜めのパスをその選手に渡す。
3	**個人プレー（コンドゥクシオン）** 前方にオープンスペースがあるときはコンドゥクシオン（スペースへ運ぶドリブル）で前進し、相手のプレッシャーを受ける前に次のアクションを実行する。
4	**横パス(方向を変える)** オープンスペースでフリーな選手を探すために、横パス（サイドチェンジ）を実行する。
5	**バックパス（リスク回避のパス）** ボール保持者は後ろのラインにいる選手にバックパスを実行し、新しい攻撃の局面を開始するためのボールポゼッションを保証する。

ボール保持者の後ろに必ず危険回避のためのサポートの選手を配置することで、安全なパスコースが確保されている。ボール保持者がボールを失った場合でも、後ろにサポートに入っている選手が「カウンタープレッシング」を実行し、相手の「カウンターアタック」を避けることができる。ただし、上記の優先順位は、ボール保持者がゾーン1、2にいる場合に限る。ゾーン3ではその優先順位が若干変わるが、それは後ほど説明する。

◉ボール保持者の優先順位

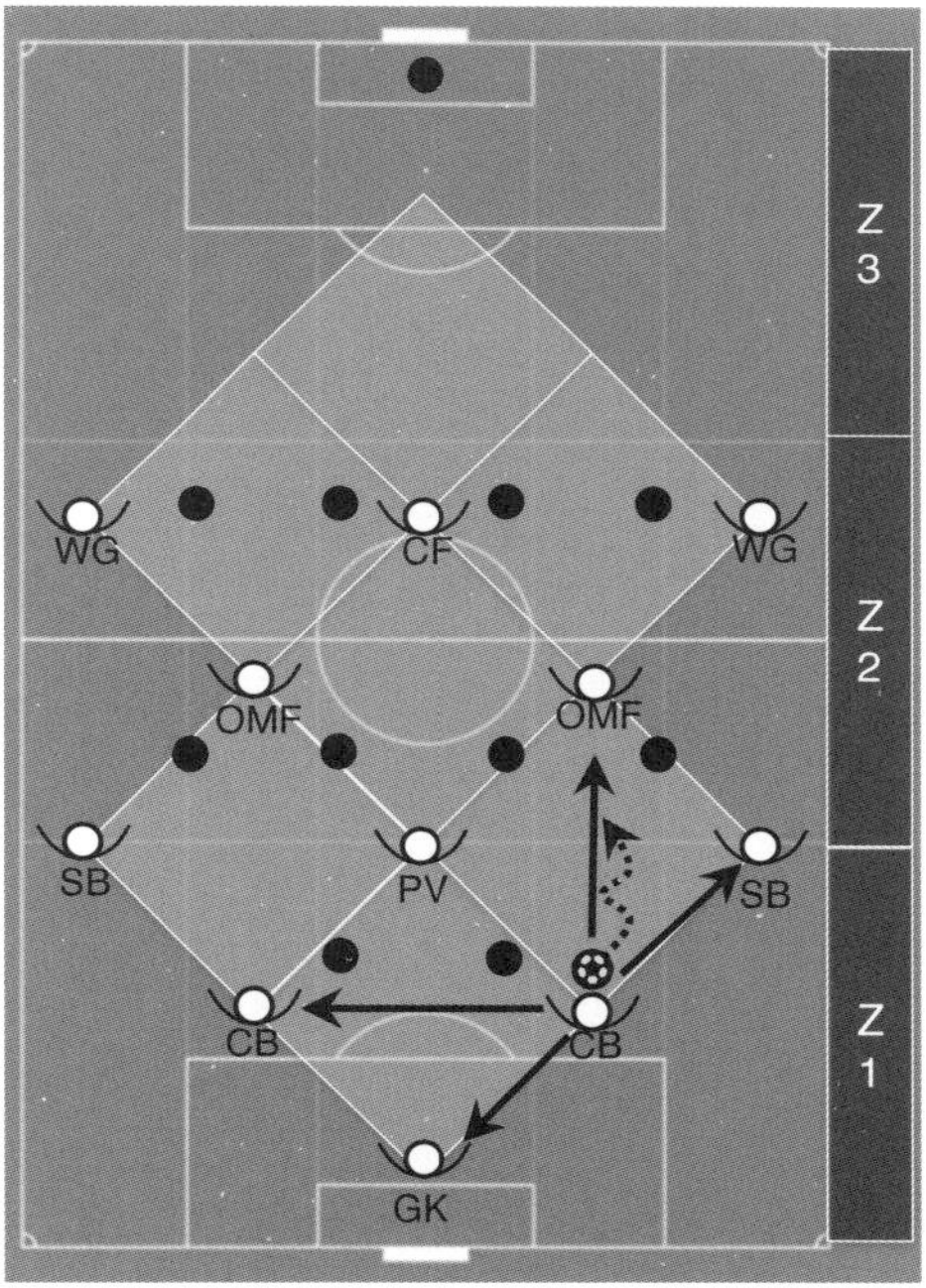

相手の守備組織は一般的にラインディフェンスをする。攻撃側のFWラインの選手（CFやWG）は、オフサイドにならないようにして、相手DFラインの背後を取ることでダイヤモンドの頂点に移動する。最終的なダイヤモンドの頂点は相手ゴールになるので、ボールを相手GKの背後に通しゴールに得点する。

※カウンタープレッシング
ボールを失ったチームの守備への切り替えの場面で、後退せずに相手のカウンターアタックを防ぐために、相手ボール保持者やその近くにいる選手にプレッシャーをかけ、ボールを取り戻すプレー。

◉ゾーン2でボールを保持した場合

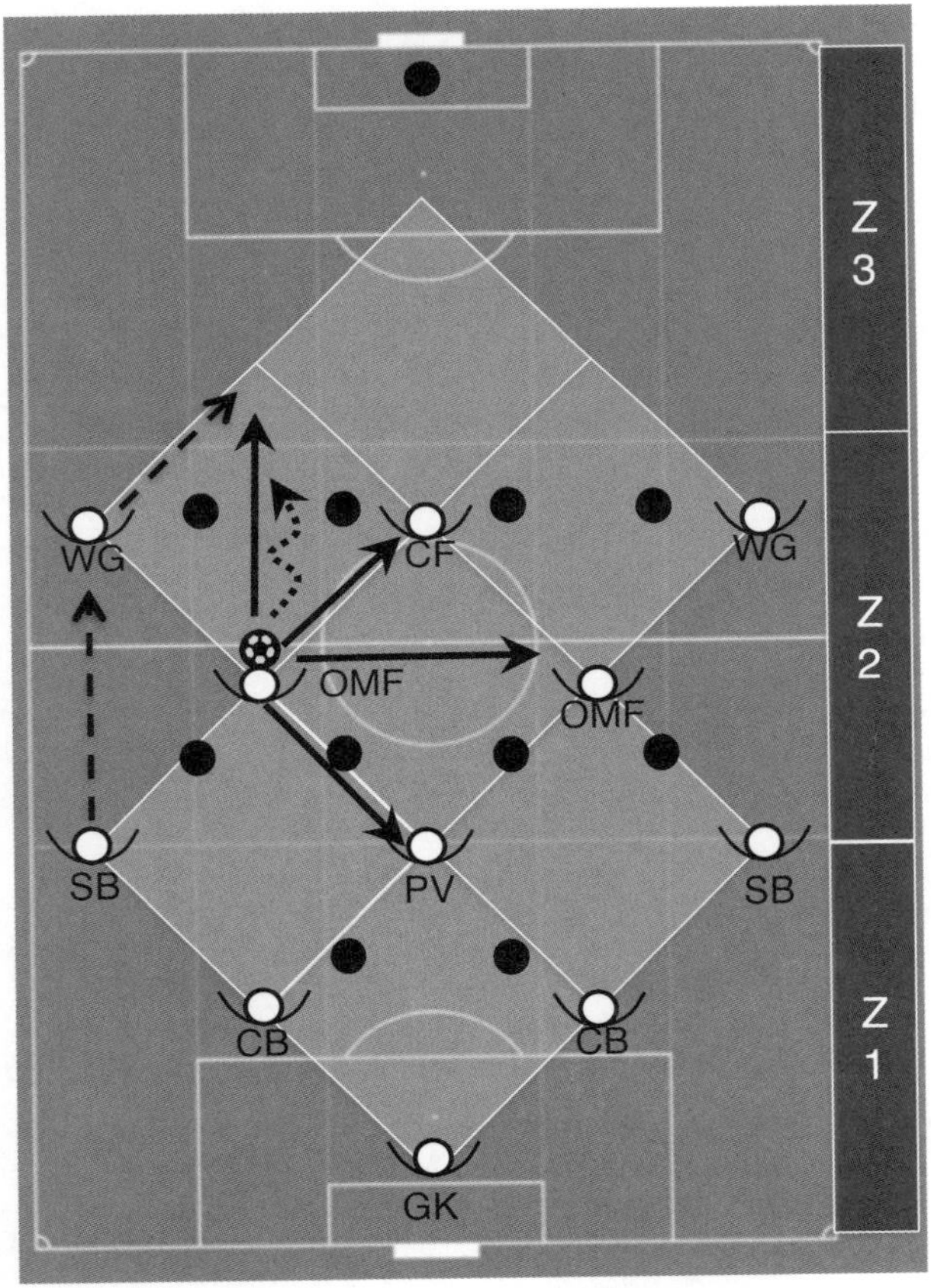

例えば攻撃側のWGが相手DFの背後を取り、縦パスを受けるために走り出した場合、他の選手が、WGがいたスペースを埋める。図では、WGが空けたスペースをSBが埋めている。ダイヤモンドの形成はボール保持者の周囲が優先される。ボール保持者に迅速に「5つのプレーオプション（4つのプレーオプションと個人プレーの優先順位）」の選択肢を与えるためだ。

◉選手のポジショニングのキーファクター

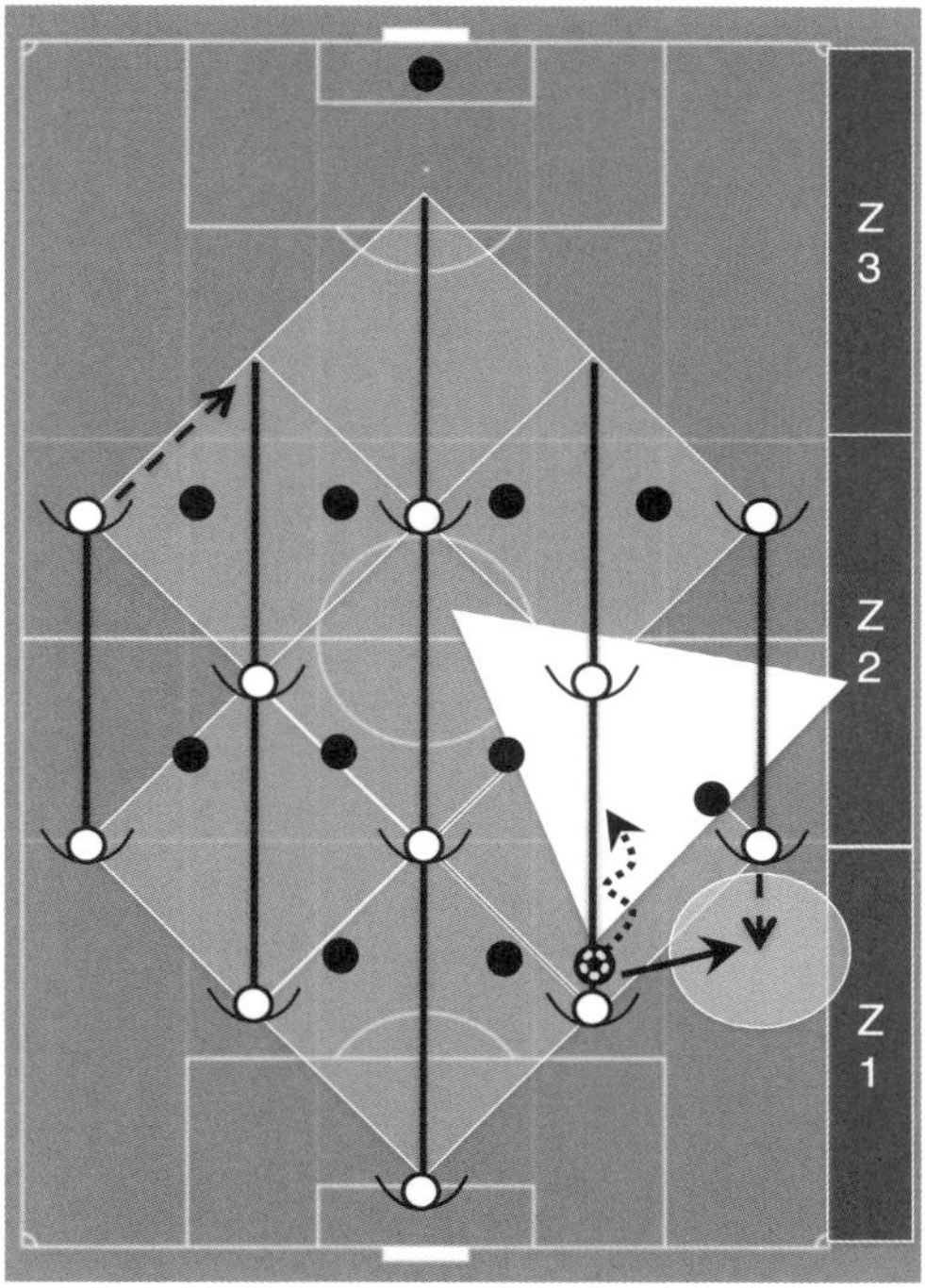

次は、試合中、ダイヤモンドを形成し、ライン間バランスを保ち、常にボール保持者に対して「5つのプレーオプション（4つのプレーオプションと個人プレーの優先順位）」を提供するための選手のポジショニングのキーファクターである。

キーファクター

- 選手間の距離は15〜20メートルが望ましい。
- ボールが位置するラインの選手（例MFライン）に対して、前のラインと後ろのラインの選手は斜めの位置関係になる。
- ボールが位置するライン（例MFライン）の前後の2つのラインの選手（FWラインとDFライン）は縦の位置関係になる。
- 前進すること（縦パス、斜めのパス）を考える。
- パスコースを作る。

03 ダイヤモンド・オフェンスは即興プレー

即興プレーこそがダイヤモンド・オフェンスの本質である。

ダイヤモンド・オフェンスはパターンではなく、あるゾーンでオーバーロードの状況を作り、相手のプレーを読み、予測し、相手のリアクションによって、プレーを直感的、無意識的に選択する選手間の相互作用による即興プレーである。そのようなプレーをされると相手は、次に攻撃側が何をしてくるのか予測することが困難になる。

ダイヤモンド・オフェンスのポジショニングの基本は、ボール保持者の近くにいる選手がボール保持者に「5つのプレーオプション（4つのプレーオプションと個人プレーの優先順位）」を与えることがベースとなっている。ボール保持者を起点として近くにいる選手がダイヤモンドの形にポジションを取る。11人の選手全員がグラウンドにできるだけ多くのダイヤモンドの形を作ることによって、ボール保持者に5つのプレーオプションを与え続けることが可能となる。この配置から選手間で相互作用をして、即興プレーを生み出していく。

最終的に、ファイナルゾーンの攻撃はある1つのプレー方法に基づくプレー原則に即した攻撃を構築することが重要である。その概念がポジショナルプレーである。

※オーバーロード
あるエリアにおいて、守備選手の人数よりも多く攻撃選手を配置させること。

1人の選手のアクションをきっかけとした攻撃方法を構築する。チームの選手全員が攻撃パターンを理解し、1人の選手の「きっかけのアクション」に適合する攻撃パターンを瞬時に選択する。それが選手間の相互作用による即興プレーである。組織的な即興プレーとも言えるだろう。

それは相手のプレーを読み、予測し、1人の選手の「きっかけのアクション」に対する相手のリアクションによって、攻撃側のプレーオプションが変化する方法である。

著名人の言葉

「バスケットボールのフリープレーの概念が様々なプレーのオプションを可能にしています。6、7、8のオプションとそれらの各オプションから新しいオプションが解き放たれるのです。」

フランシスコ・セイルーロ（FCバルセロナフィジカルコーチ、大学教授）

04 ポジショナルプレーの概念

ポジショナルプレーの概念は、相手の背後（視野外）にいるフリーマンにボールを渡すことでゴールチャンスを作り出すことだ。ポジショナルプレーを実践するためには、相手の背後（視野外）にポジションを取り、位置的優位を獲得している選手に、ボールをパスしなければならない。もしくは位置的優位を獲得している選手を利用してスペースを作り、その空いたスペースを他の選手が利用することで相手の守備を攻略する。ポジショナルプレーは相手DFラインの背後に優位性を生み出すことから成り立っている。

相手DFラインの背後に優位性を生み出すとは、相手FWラインの背後、MFラインの背後、DFラインの背後に位置的優位を獲得した選手を配置することである。それはライン間にフリーマンを生み出すことを意味する（DFラインとGKの間をライン間と考えた場合を含む）。

サッカーの特徴をポジショナルプレー的に考えると、攻撃側は相手の背後にパスを通すこと、守備側は守備者の背後にパスを通させないようにしてボールを取り戻すことを目的としている。ダイヤモンド・オフェンスはポジショナルプレーの1つの方法論であり、ポジショナルプレーの概念を理解することが非常に重要だ。

相手の背後にフリーマンを生み出し優位性を獲得するには、相手の守備の配置によって攻撃側の配置も変化しなければならない。攻撃側が配置で優位性を獲得する位置的優位という考え方がポジショナルプレーの根幹となる原則である。

著名人の言葉

「サッカーは相手のラインの背後にボールを通すスポーツだ」

セサル・フラッタロラ（サッカー博士。元ルイス・エンリケのアドバイザー）

◉2つの最も重要なポジショナルプレーの原則（静的な配置、動的な配置）

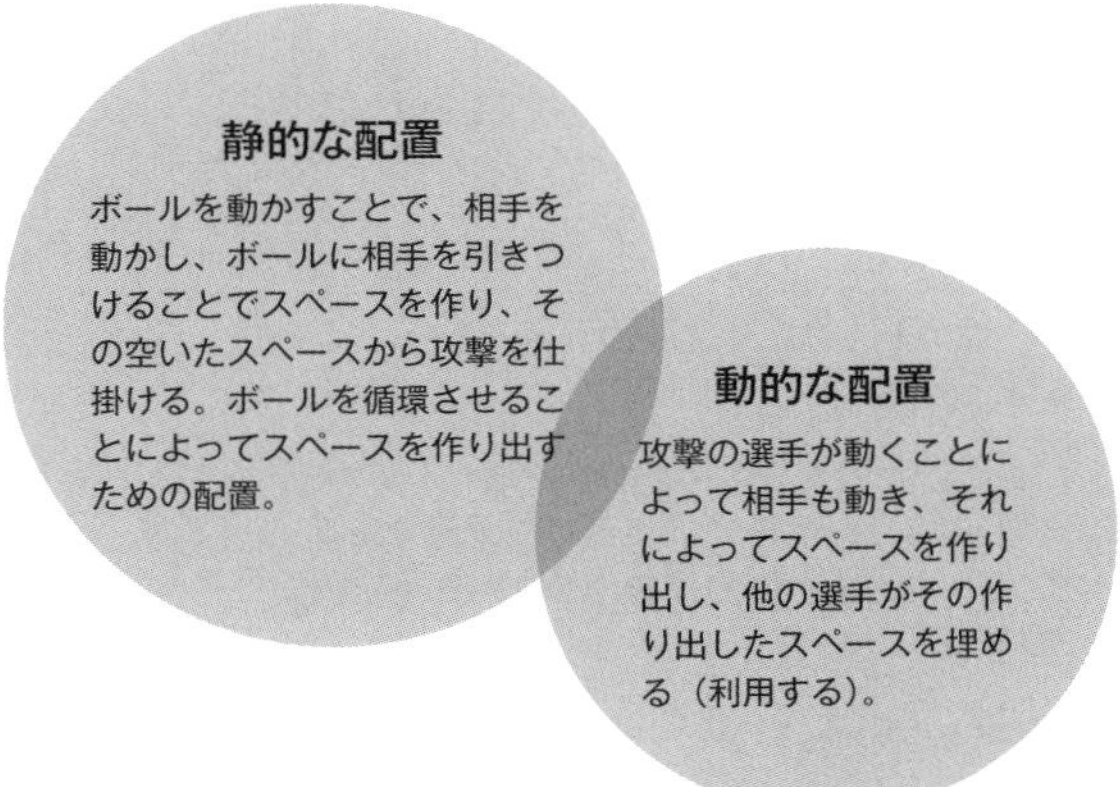
静的な配置
ボールを動かすことで、相手を動かし、ボールに相手を引きつけることでスペースを作り、その空いたスペースから攻撃を仕掛ける。ボールを循環させることによってスペースを作り出すための配置。
動的な配置
攻撃の選手が動くことによって相手も動き、それによってスペースを作り出し、他の選手がその作り出したスペースを埋める（利用する）。

ポジショナルプレーの方法論は選手の優位性を活かした配置である「静的な配置」と、選手が動くことでスペースを作り出し、そのスペースを利用する「動的な配置」の２つに大きく分かれる。

05 正しいポジションを取る

ポジショナルプレーを実践するには、各選手がどこにポジションを取ると優位性を獲得することができるかを理解することが鍵となる。その優位性を獲得することができる位置が正しいポジションであり、その位置はボールがどこにあるかによって変わるが、基本的に正しいポジションは相手の背後（視野外）にポジションを取ることである。正しいポジションを取った選手にボールを渡すための手段が「静的な配置」と「動的な配置」である。下の４つの優位性のうち、相手の背後（視野外）にポジションを取る選手が位置的優位であり、正しいポジションを獲得している。

ポジショナルプレーの鍵となる要素は、各選手が相手の背後（視野外）にポジションを取ることである。数的優位も重要だが、各選手が位置的優位を獲得すると数的優位と同様、もしくはそれ以上の効果がある。なぜなら、各選手が位置的優位を獲得すると、社会的感情の優位、質的優位にも役立つ

◉4つの優位性

ポジショナルプレーは位置的優位（相手の背後、視野外）を獲得するところから始まる。サッカーには位置的優位を含め4つの優位性がある。

数的優位　位置的優位

質的優位　社会的感情の優位

ポジショナルプレーは、これら４つの優位性を獲得しながらゴールチャンスを創造する。

◉数的優位な状況

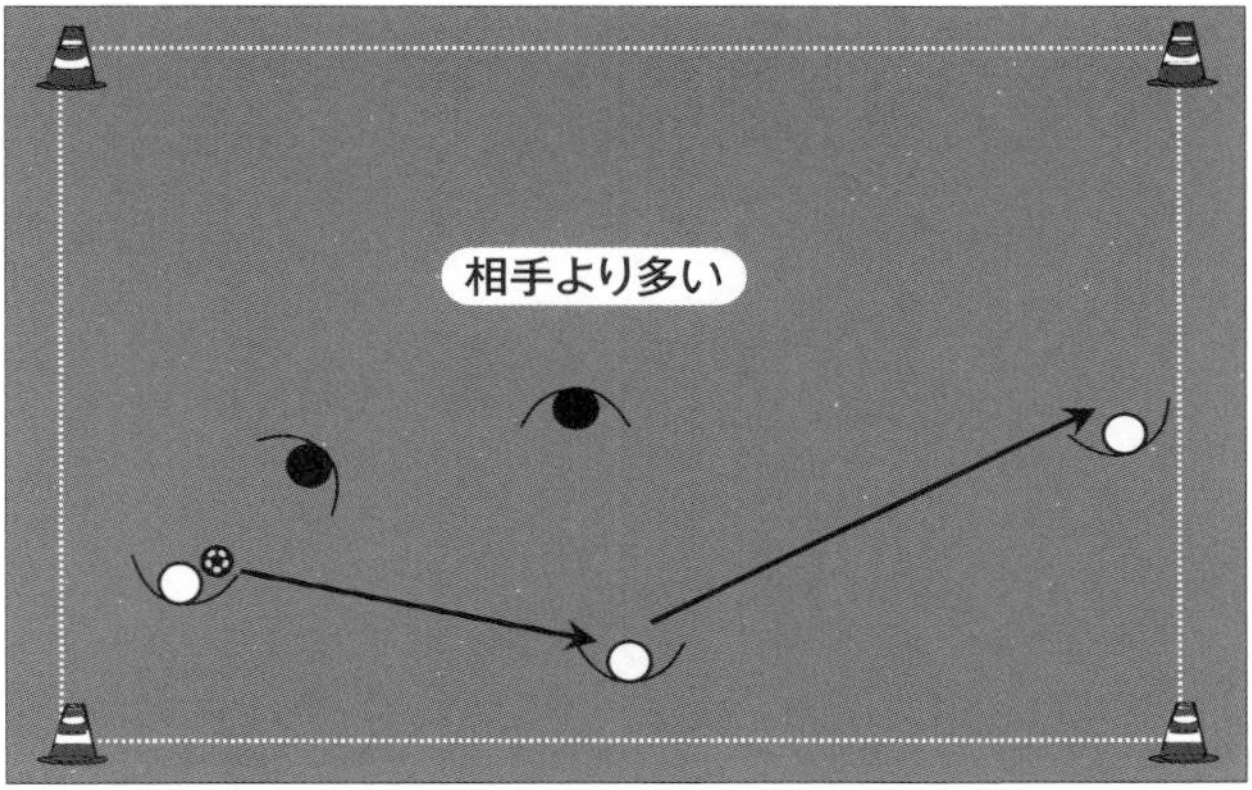

すぐにプレーに参加できる選手が相手より多いと、相手より良いプレーが可能。

◉位置的優位な状況

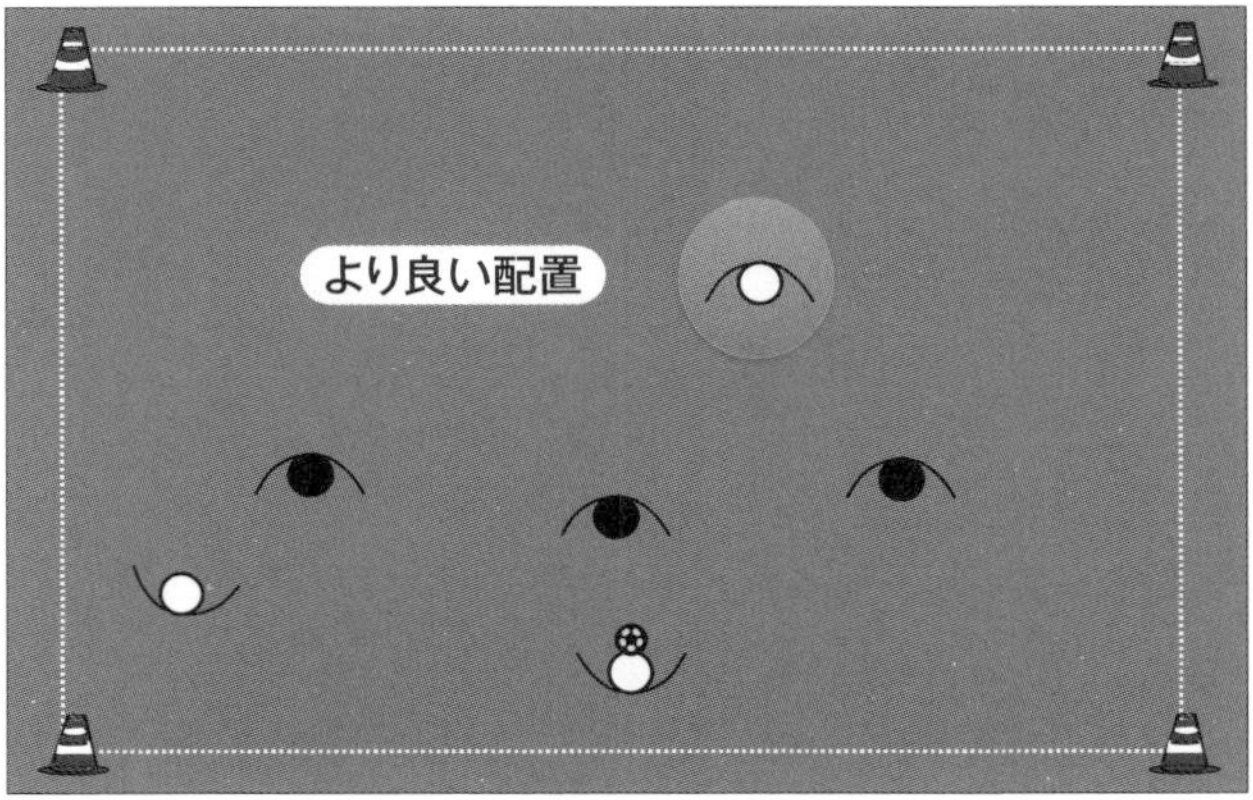

位置的優位を獲得している選手は、相手の守備を無効化する。

◉質的優位な状況

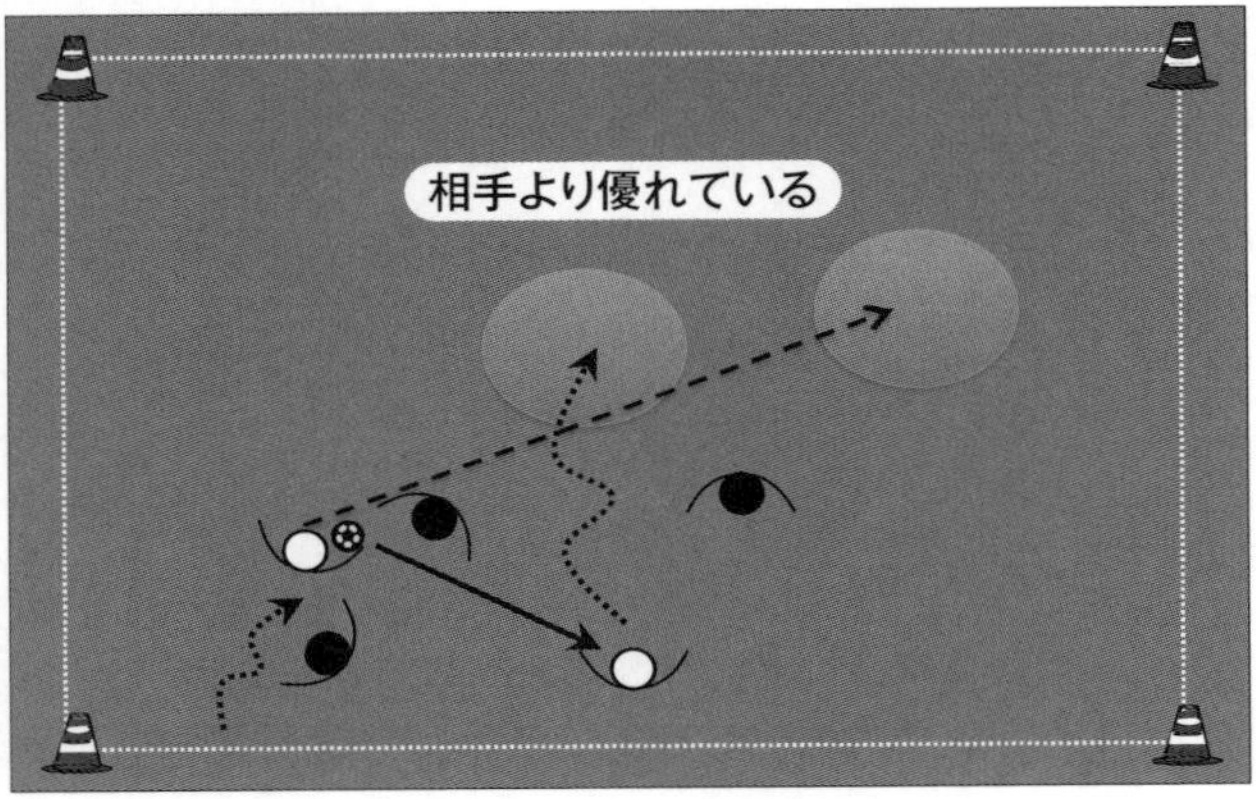

選手は相手よりも効果的に技術的、戦術的手段を実行する。

◉社会的感情が優位な状況

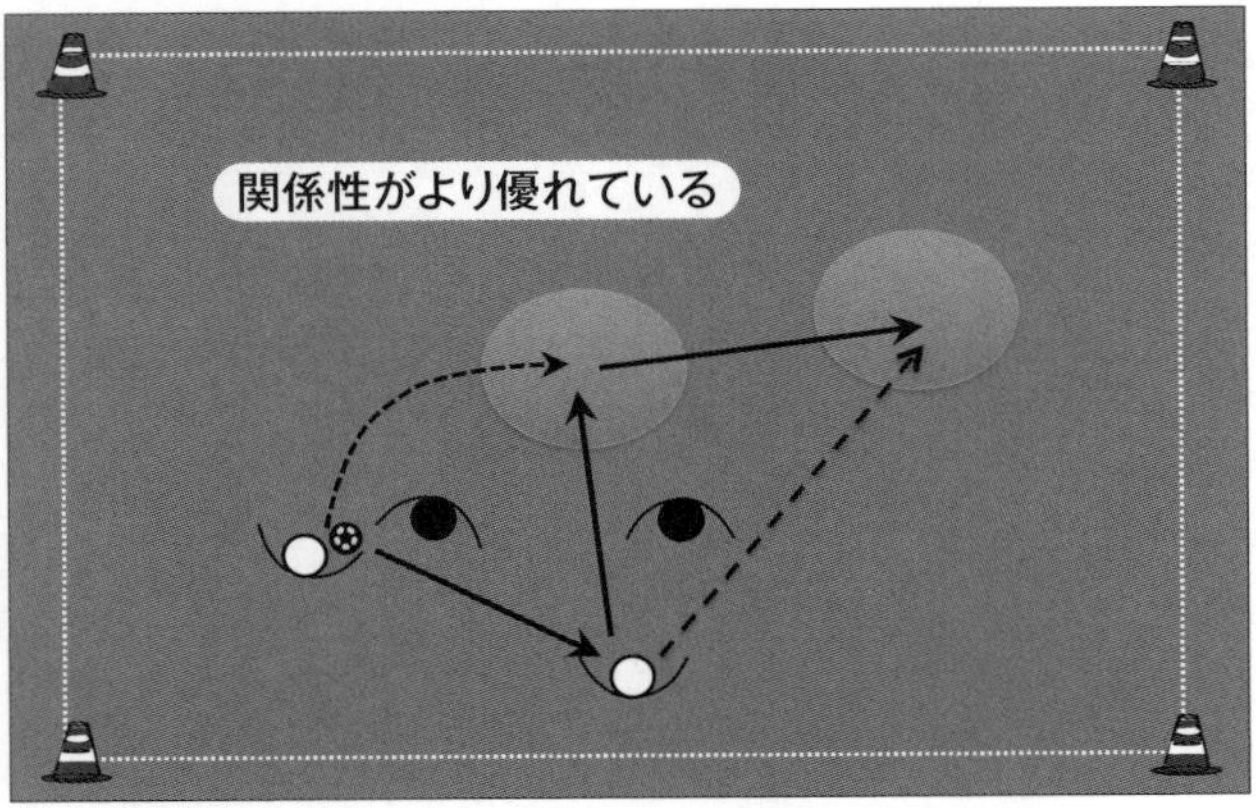

直接的にプレーに参加する可能性のある選手間の連携（関係性）が相手よりも良い。

ようになるからだ。このように攻撃側の選手が正しいポジションを取り、選手間の距離を15〜20メートル取ると、グラウンドに「スペース」が生み出され、オープンスペースがあるということはそこにプレーをする「時間」が存在する。

相手ペナルティエリア前では、その状況に適した距離を取ることが重要だ。相手の守備の密度が濃く、DFラインが下がり、相手DFラインの背後やライン間にスペースが見つけられない場合は、選手間の距離を15〜20メートル取ったとしてもスペースと時間を作り出すことは非常に難しい。そのような場合は、相手の守備組織に適した選手間の距離を取る必要がある。

例えば、攻撃側の選手がボール保持者を中心にサイドに密集して相手をボールサイドへ引きつけると、逆サイドにオープンスペースができ、素早くロングパスを逆サイドに展開し攻撃することができる。ボール保持者の近くに密集状況を作った時の選手間の距離は、その状況に適した距離である。ボール保持者から遠い逆サイドの選手間の距離を通常の15〜20メートル取ることで、逆サイドではスペースと時間が作り出される。

著名人の言葉

「正しいポジションを取らなければならない。その位置はボールがどこにあるかによって変わる。」

ペップ・グアルディオラ（マンチェスターシティFC監督）

06

フリーマンを探せ

ポジショナルプレーは相手の背後（視野外）、ライン間にフリーマンを生み出すことである。ダイヤモンド・オフェンスは常に優位性を獲得した選手にボールを渡すことから成り立っているので、フリーマンのコンセプトはダイヤモンド・オフェンスにとって非常に重要である。

ボール保持者は、優位性を獲得したフリーな選手にボールを渡すために、相手を自身に引きつけなければならない。例えば、ボール保持者（CB）は2対1の状況を作るために、ボールを渡したい選手（OMF）をマークしている相手の方向へコンドゥクシオン（スペースへ運ぶドリブル）を実行する。相手はマークし続けるか、ボール保持者にプレッシャーをかけるかの選択を迫られる。

通常、相手はボール保持者にプレッシャーをかけ、今までマークしていた選手がフリーになり優位性を獲得する。ボール保持者はフリーになった選手にパスをして、ボールを受けた選手は前進することができる。次の目的は、ボール保持者（OMF）の前方にいるOFラインの選手（CFやWG）に、優位性を獲得したフリーな状況でボールを渡すことである。

左のページにある2つの図のように、CBからWGにボールを渡す理想的な方法は、攻撃側

◉各選手の連動したポジショニング

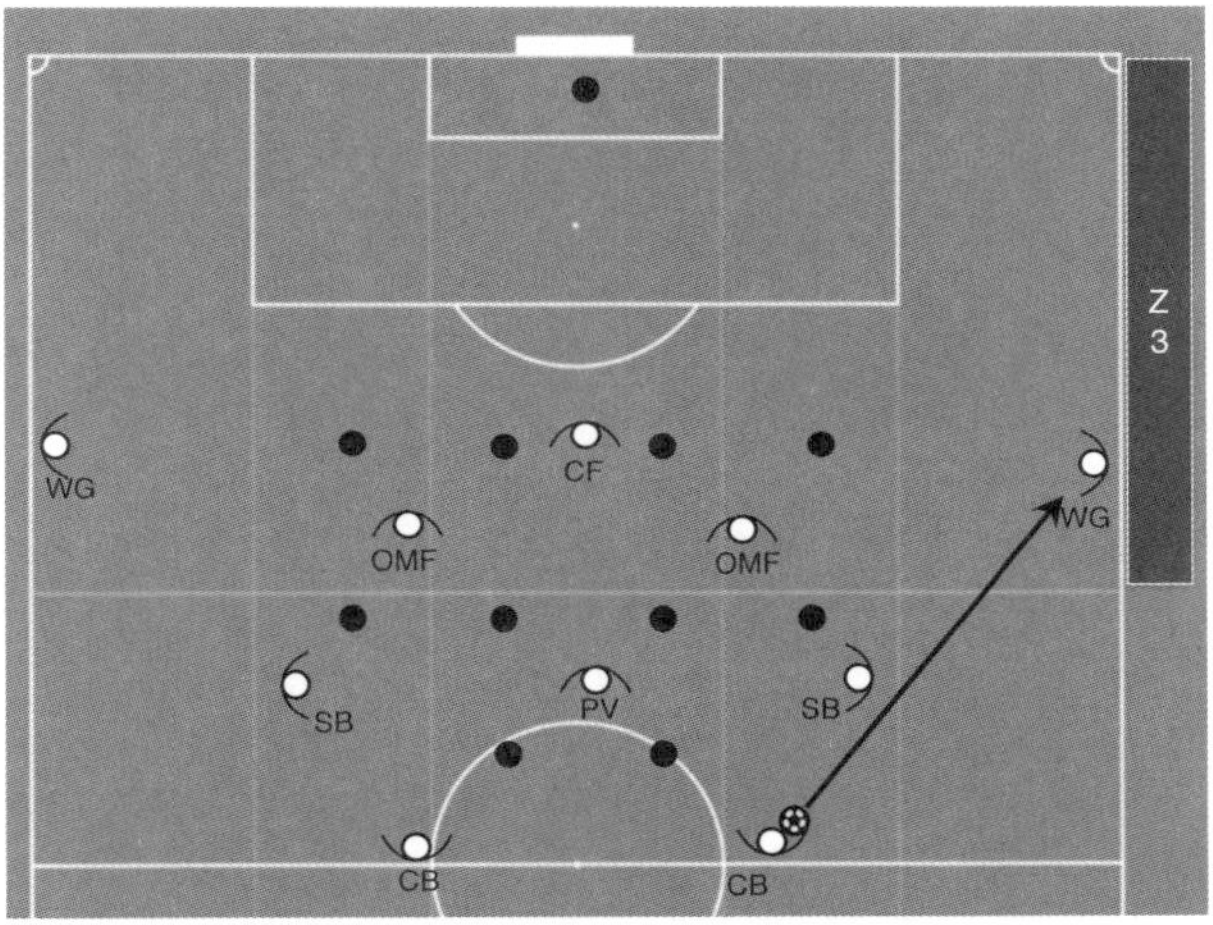

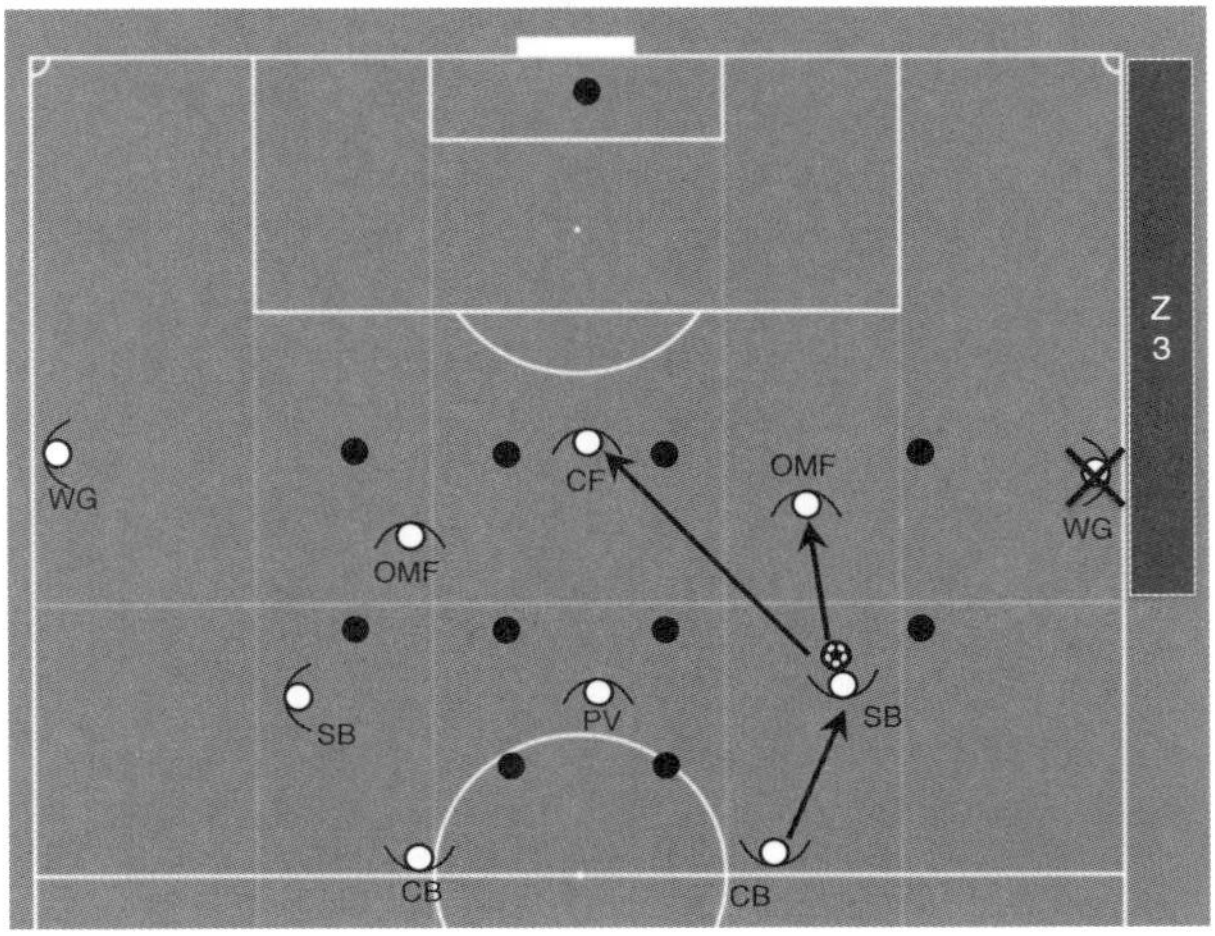

各選手の配置や動きは互いに関連している。1人の選手の動きが他の選手に影響を与える。それを自覚してフリーマンを生み出すのがポジショナルプレーである。

のＣＢが開き、ＳＢはサイドレーンではなく内側のハーフスペースにポジションを取る。ＷＧは、できるだけ高い位置でタッチラインまで開く。ＳＢをマークしている相手はＳＢをマークするために内側へポジションを取るようになり、ＣＢから直接ＷＧへのパスが可能となる。このパスで相手のＭＦラインを超えることができる。

仮に、ＳＢの動きに相手が付いて来ない場合、内側へポジションを移動したＳＢがフリーマンとなる。もし、ボールを失ってもＳＢが内側にいるので、相手のカウンターアタックを防ぐために、素早くスペースを閉じて埋めることができる。

グラウンド中央に攻撃側の多くの選手を集め、中央でボールポゼッションすることで、相手も中央に集まる。そうするとサイドに開いたＷＧがフリーになりやすくなるのだ。

◉フリーマンを生み出すプレー

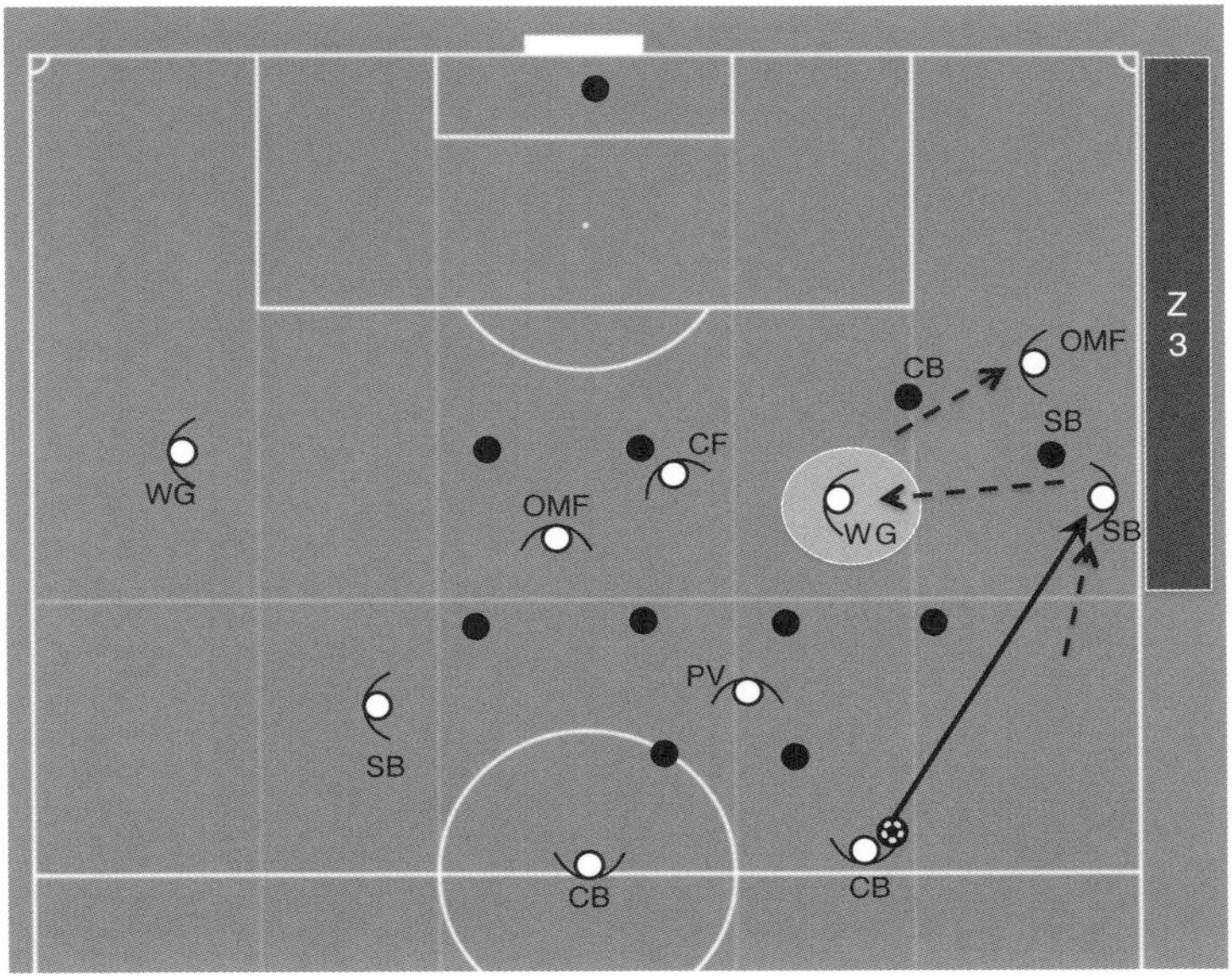

例えば、SBがタッチラインまで開いて高い位置を取りボールを受け相手SBを引きつける。OMFもハーフスペースからサイドへ移動して相手のCBを引きつけSBをサポートするとハーフスペースにスペースができる。そのスペースをWGが内側へ移動して利用する。このようにしてフリーマンを生み出していく。

07 ダイヤモンド・オフェンスのスタートはサイド

ボールを相手コートのゾーン3まで運び、サイドレーンの高い位置に配置された選手がフリーな状況（スペースと時間を手にした良い条件）でボールを受けた時がダイヤモンド・オフェンスのスタートである。そのプレーには優先順位がある。ゾーン3でのプレーの優先順位は、ゾーン1、2での「5つのプレーオプション（4つのプレーオプションと個人プレーの優先順位）」とは異なる。

ゾーン3では、相手ゴールを目指すことが明確な目標となるのでサイドレーンの高い位置に配置されたボール保持者は、相手ゴール方向への斜めのパスが第一優先となる。ゾーン1、2では得点が最も可能なゾーン3まで前進することが目標なので縦パスが最優先となる。

ゾーン3からセットオフェンスを開始する。セットオフェンスを始める合図となるのがエントリーパスである。これはスペースと時間を獲得したフリーな選手へのパスのことであり、ゾーン3から行うダイヤモンド・オフェンスの場合は、サイドレーンで高い位置でボールを受ける選手となる（主にWGやSB）。

セットオフェンスをスタートするには、ゾーン3のサイドレーンに配置された選手がフリー

※セットオフェンス
各選手があらかじめチームで決められた動きや位置に関する約束事に従って展開するオフェンスのこと。遅行。

な状況でパスを受けることが必要であり、もし相手のマークが厳しい場合は逆サイドに展開し、逆のサイドレーンからセットオフェンスを開始する。

守備戦術が急速に発展している現代サッカーにおいて、ゾーンディフェンスやマンツーマンディフェンスの他にミックスディフェンスやコンビネーションディフェンスなどもあるので、サイドレーンにフリーマンを生み出すことが難しい場合もあるが、そのような場合でも、どこかに必ずオープンスペースができる。オープンスペースに選手を配置して、そこからセットオフェンスを開始するプレーの柔軟性が必須である。

著名人の言葉

「ペナルティエリアにより速く着くことは、良いプレーを意味しません。より良いプレーとは、より良い条件で着くことです。」

シャビ・アロンソ（元スペイン代表サッカー選手）

※コンビネーションディフェンス
例えば、DFラインのCBはゾーンディフェンスで、SBがミックスディフェンスやマンツーマンディフェンスをするなど。ポジションごとにディフェンス方法が異なる守備方法である。

※ミックスディフェンス
自身が守るゾーンにいる相手をプレーが切れるまでマンツーマンディフェンスをする。ただし、自身が所属するDFラインの他の選手のゾーンにボールが入ったら、カバーリングをしなければならない。

◉ミックスディフェンスへの対応例1

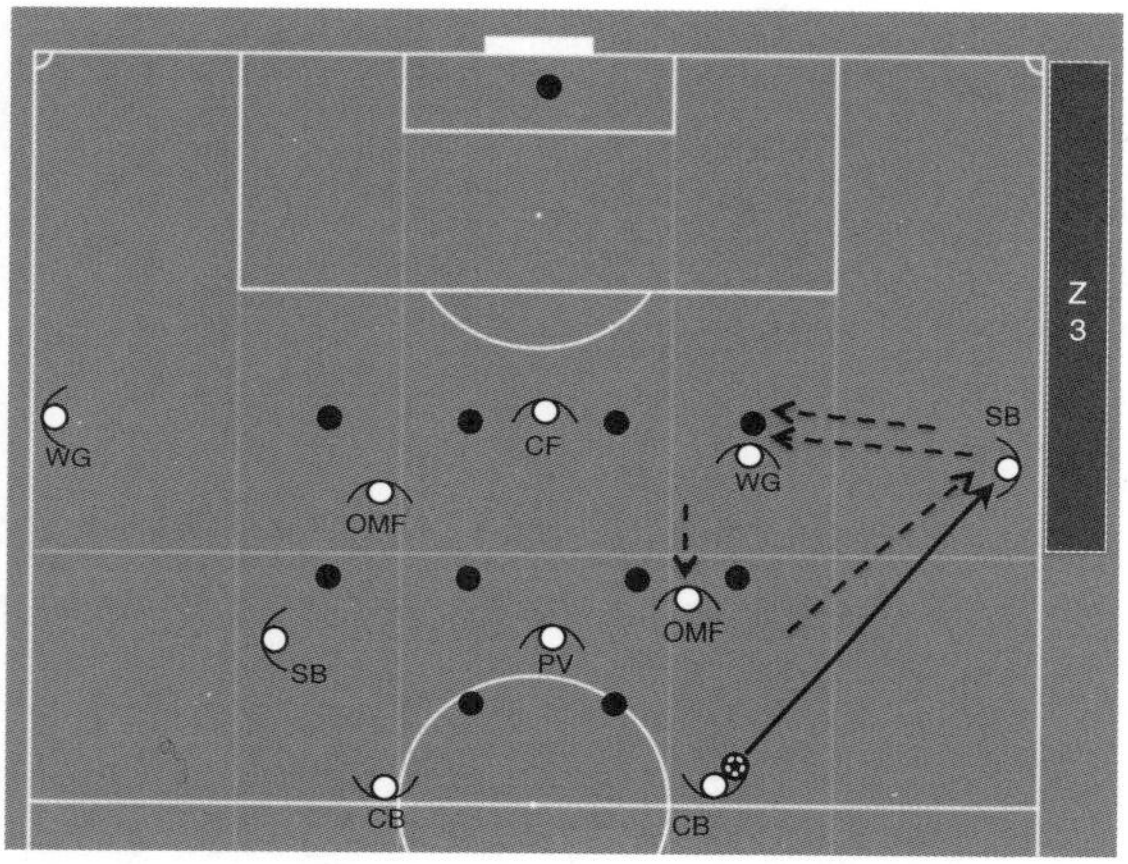

サイドレーンのWGが相手SBにミックスディフェンスされた場合は、WGが中へ移動し、同サイドのSBが高い位置を取りフリーマンになることもできる。

◉ミックスディフェンスへの対応例2

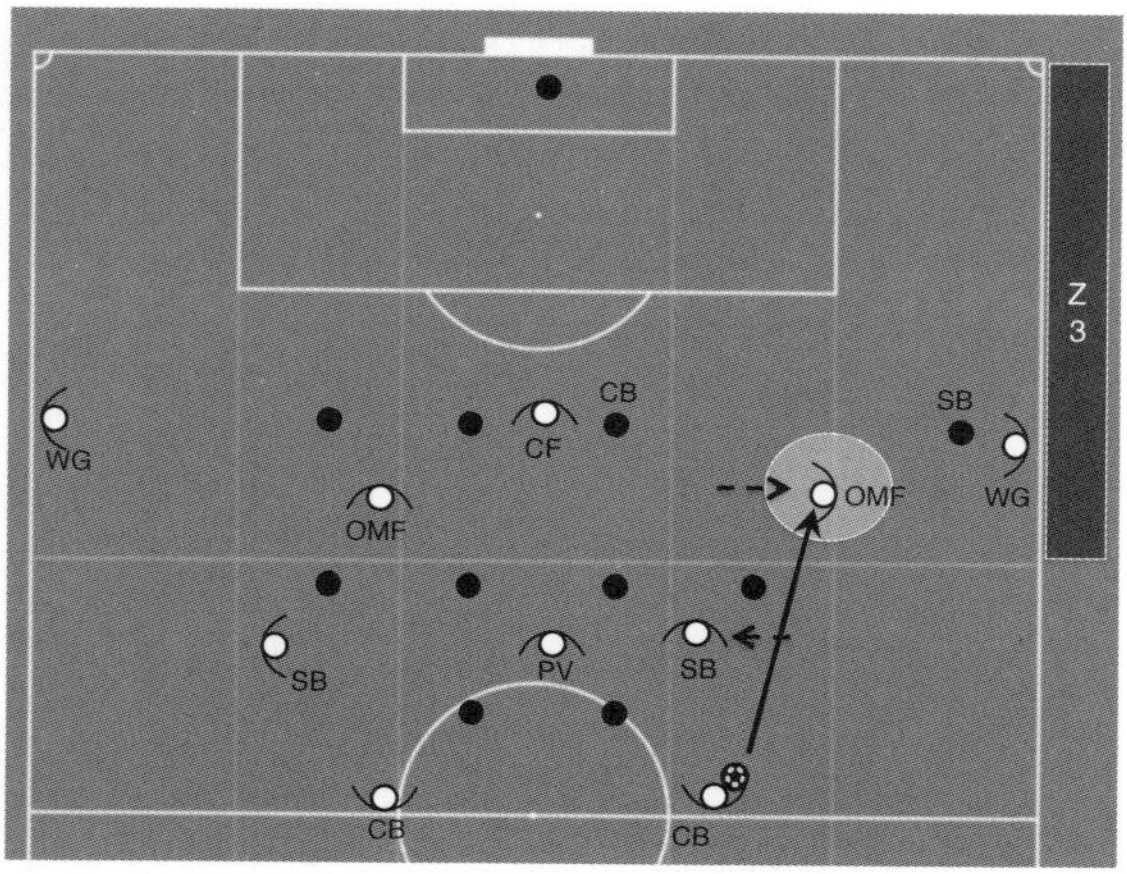

相手SBが、WGをミックスディフェンスすると相手CBとSBの間にスペースができる。そのオープンスペースにOMFが移動してパスを受け、そこからセットオフェンスを開始することもできる。

相手の守備方法を見極めることが重要だ。相手の守備方法が分かると、それに対応する配置や動きを入れることで、フリーマンを生み出すことができる。

ここでいくつか、WGや高い位置にポジションを取るSBがエントリーパスを受けるためのマークを外す動きを紹介する。サイドレーンにフリーマンを生み出すと言っても相手の守備配置や守備の方法によってフリーになることが難しい場合もある。そのようなときに一瞬の動きでマークを外すチェックの動きが有効である。

「Iの動き」「Vの動き」「Xステップ」「ボックスステップ」の4つを紹介する。全てマークを外すための動きである「チェックの動き」は、動き出すタイミングとスピードの変

◉ミックスディフェンスへの対応例3

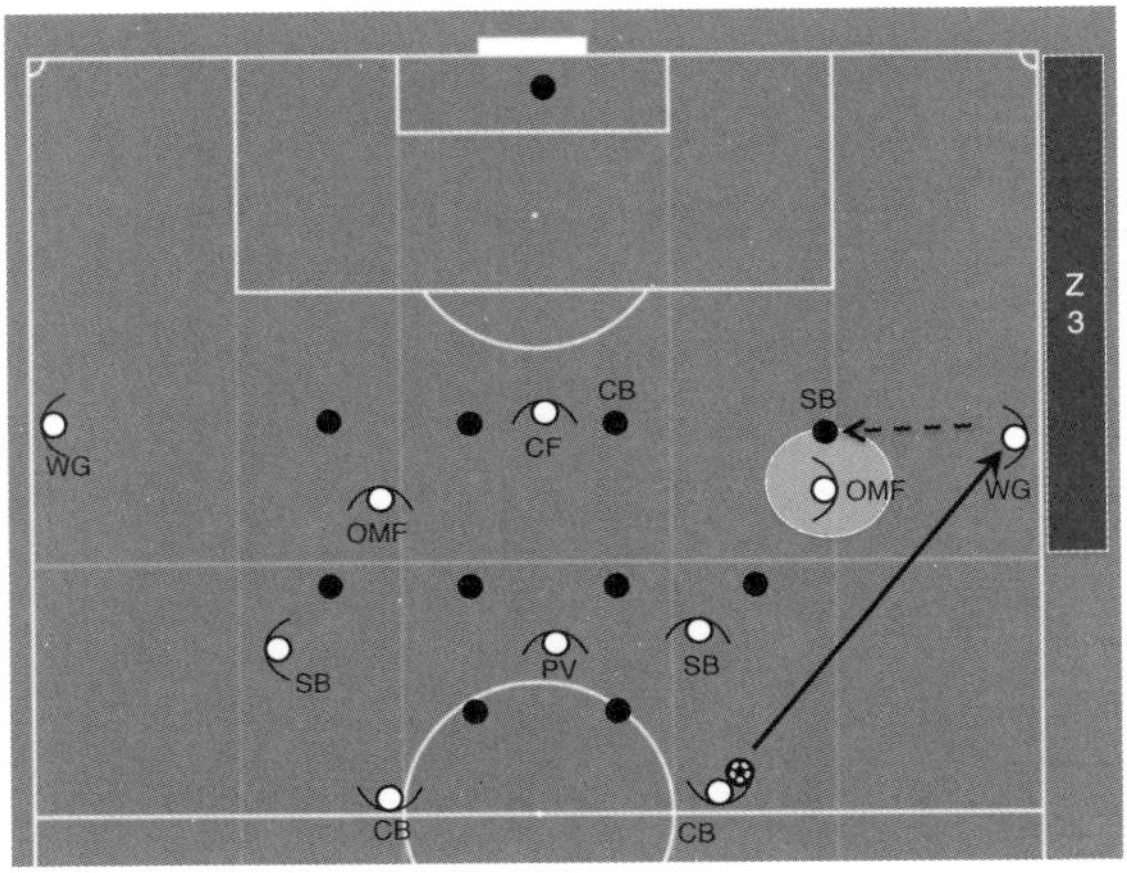

OMFが相手のCBとSBの間に移動すると、相手SBはWGへのマークからOMFへのマークにシフトするようになる。なぜなら、守備の優先順位として、より危険な位置にポジションを取る選手をマークするのが守備の原則だからだ。このようにしてサイドレーンの選手をフリーにする。

化とスペース作りが重要だ。パスコースを確保した受け手はボールを受ける前に「チェックの動き」を開始する。一度、ボールを受けたいスペースと逆の方向に動いて相手を引きつけ、その後、自身で作り出したスペースでボールを受ける。「チェックの動き」をするタイミングは、パスコースを確保している選手がボールを受けてアイコンタクトをした瞬間である。

「ボックスステップ」はエントリーパスを受けるためのマークを外す動きではないが、中央でプレーをする選手がマークを外す場合に有効なので、加えている。「ボックスステップ」は中央にポジションを取る選手が「Xステップ」をすると、隣のディフェンスがマークをしてしまうので、一度バックステップし、その後少し膨らむようにサイドステップかクロスステップで素早く横に移動して、相手の視野外に移動し、前方に空いたスペースでボールを受ける。ウェーブの動きに近い。

このようにエントリーパスは、攻撃の選手が、相手の動き、守備の方法を観察し、相手のプレーを読み、予測して、素早くプレーを実行することが大切である。

◉エントリーパスを受ける動き

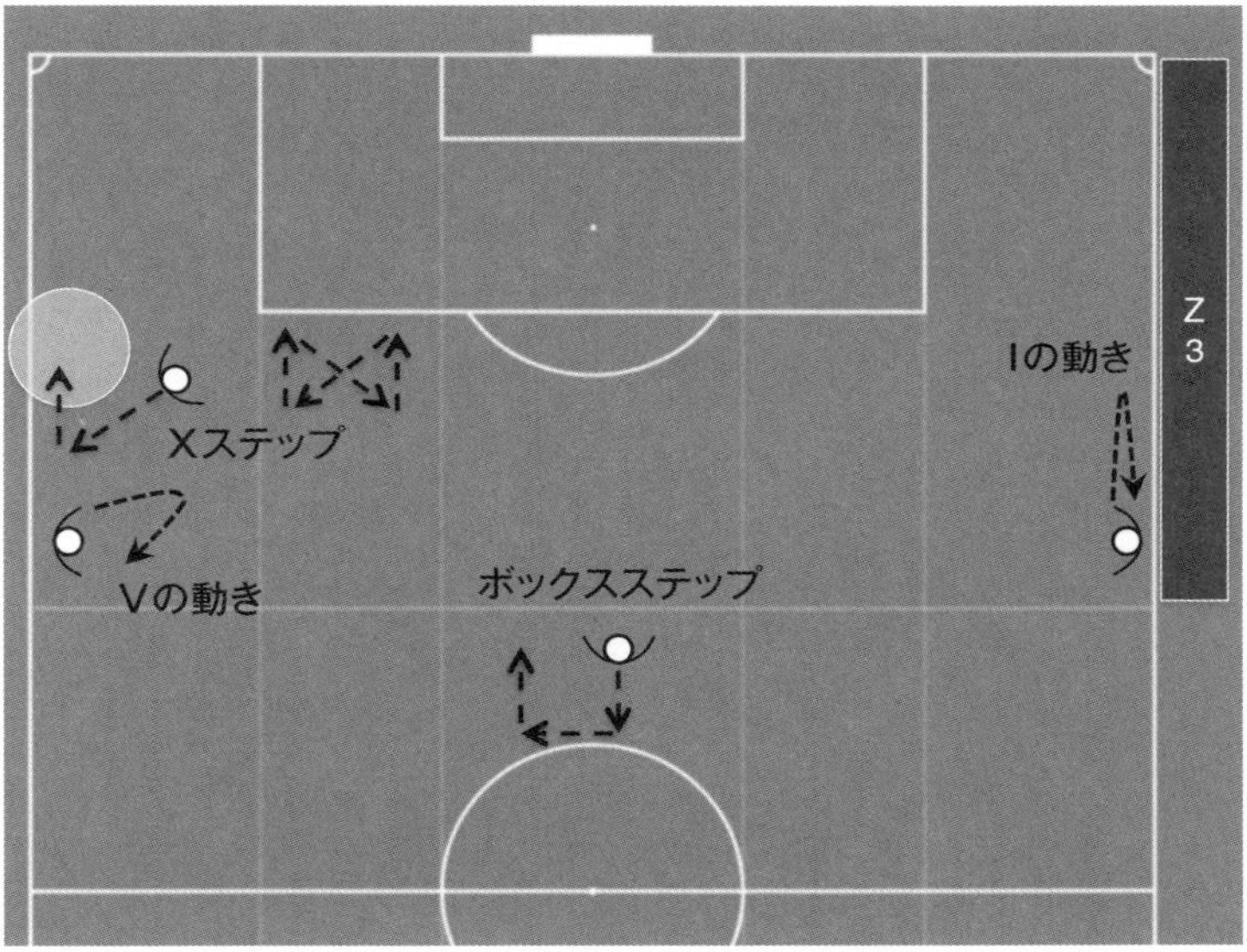

「Iの動き」「Vの動き」は、ボールを受けたいスペースと逆の方向に動いて相手を引きつけ、その後、自身で作り出したスペースでボールを受ける方法である。「Xステップ」は、主にサイドの選手が行う動きである。相手の視野外にポジションを取るために、パスと反対方向斜め後ろにバックステップをする。次に前方に空いたスペースでボールを受ける。

08 4つのパスコースオプション

ゾーン3のセットオフェンスは、サイドレーンでボールを受けた選手の近くにいるチームメートがボール保持者に4つのパスコースオプションを提供し、ゾーン3では相手ゴールにシュートを決めるために、相手ゴール方向へ向かうプレーを最優先にしなければならない。

ボールを受けたサイドレーンに配置された選手は、相手の配置、動き、守備の方法を観察し、相手のプレーを予測して4つのパスコースオプションから最適なものを選択する。

ゾーン3のセットオフェンスの第1オプションは、サイドレーンでボールを受けた選手が中央への斜め前のパス、ポストプレーをする。このオプションは相手のライン間（DFラインとMFライン）が開きスペースがあるプレー状況において有効である。

第2オプションはバックパスであり、相手のDFラインが下がり、相手のライン間やDFラインの背後にパスコースやスペースがない場合に、一度、後ろにボールを下げサイドチェンジして逆サイドから攻撃するためのパスである（サイドチェンジをする際、スペースがあれば常に中央へのパスを念頭に入れる）。第3オプションは横パス。相手MFラインとDFラインのライン間へのパスである。例えば、ポストが激しく相手にマークされ、ポストプレーをするのが難しい、バックパスのコースも相手に消された場合に、ライン間の（内側への）選手への横パスが有効である。第4オプションがサイドレーン内の縦パスである。例えばWGがサイドレーンでボールを受け、同サイドのSBがオーバーラップし、その選手への縦パスである。

ボール保持者がゾーン3のサイドレーンにいるとき、相手はボール保持者に視線を向けボールウォッチャーになる傾向があり、グラウンド内側に配置されている攻撃側の選手は相手のライン間やライン上（84ページ参照）に位置することで、相手の背後を取ることが容易となる。したがって、ゾーン3ではサイドレーンから相手ゴール方向中央への斜め前のパス、バックパス、横パスが有効である。

サイドレーン内の縦パスが最後のオプションで

◉4つのパスコースオプション（ゾーン3のサイドレーンでボールを受けた場合）

1	**中央へ斜め前のパス。ポストプレー。**
2	**バックパス、サイドチェンジ。**
3	**横パス、ライン間の選手へのパス。**
4	**縦パス、同じサイドレーンに位置する選手への縦パス。**

ある理由は、そのパスが中央方向へのパスではないからだ。攻撃側が、ボールを中央の選手にパスすると相手の守備ブロックが中央に引きつけられる。ゴールは中央にあり、相手はゴールを守るため、自ゴール前に守備ブロックを形成する。それによって、サイドレーンにオープンスペースとフリーマンを生み出すことができる。

もしくは相手の守備ブロックをサイドに引きつけ逆サイドにオープンスペースと数的優位を生み出す。ボールを外・内・外、内・外・内とサイドチェンジを織り交ぜ、ボールを循環させることで、サイド、もしくは中央にオープンスペースを作り出し相手の守備を崩す。それがサイドレーンのみの外・外へのパスでは、相手の守備ブロックはサイドにスライドし、サイドレーンを守る選手のみが移動するかも知れないが、そのサイドにはスペースがなくなり、中央を守る選手にほとんど影響を与えることもなく、相手の守備を崩すことが非常に難しくなる。

サイドレーンでの外・外へのパスが有効なのは、相手を中央に引きつけ、ボールをサイドに素早く展開し、サイドの選手がスペースと時間を獲得した良い条件でパスを受け、数的優位があればサイドレーン内での縦パスも効果的である。相手が1人しかサイドレーンにいなく、2対1の状況を作ることができれば相手のサイドを崩しアシストゾーンに侵入してセンタリングから得点チャンスを生み出すことができる。どちらにしても、相手を中央に引きつけることが重要であり、そのためには多くの攻撃側の選手を中央に配置しなければならない。

サイドレーンに配置されたボール保持者は、ボール保持者の近くにいる選手の「きっかけのアクション」、もしくはボール保持者自身のプレーに対する相手のリアクションに応じて4つのパスコースオプションからその状況に最適なものを選択する。相手の守備の配置に応じて選手は動き、全選手参加型の攻撃方法である。

◉サイドでダイヤモンドを形成している例

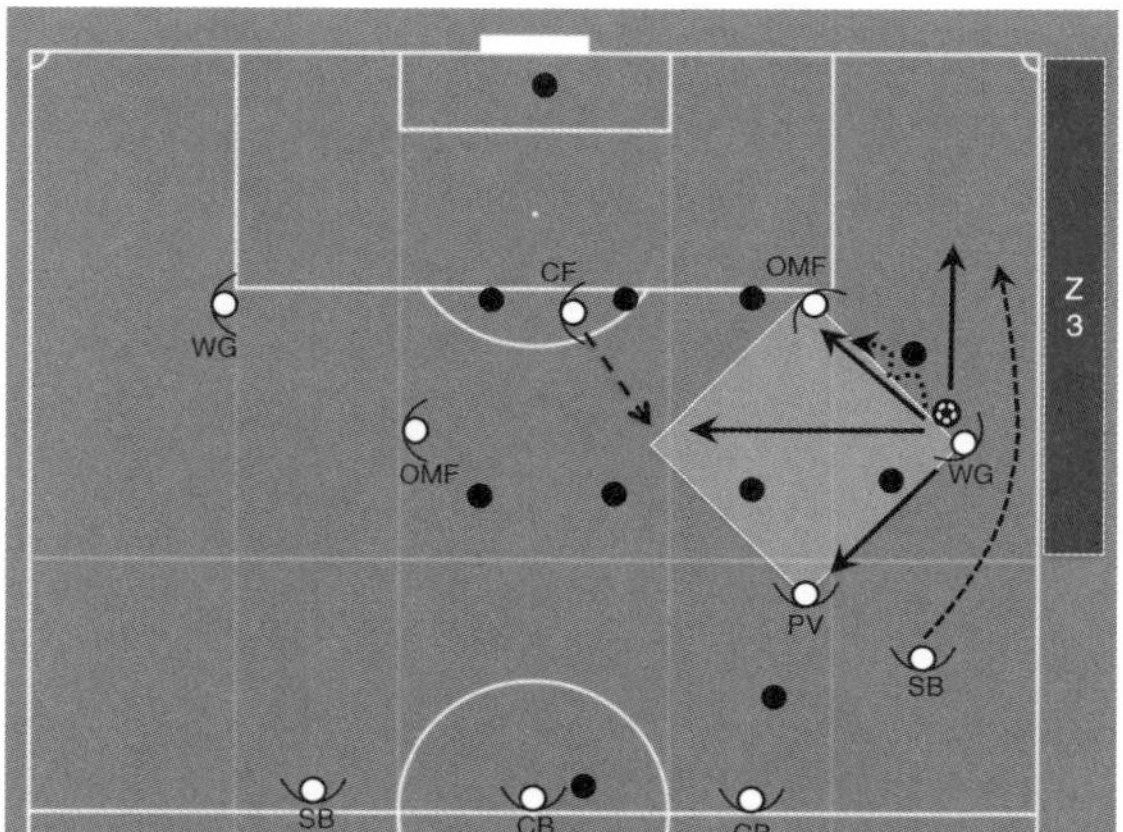

ボール保持者がいるサイドにダイヤモンドを4人の選手で形成する。図ではCFが、ライン間のダイヤモンドの位置に入ることになるが、これについては、CFが相手のDFラインと同じ位置にいても同じ効果が得られる。逆サイドのWGやOMFがオーバーロードの状況を作るためにライン間のダイヤモンドに入ることも可能なので、ここでは中央のライン間のダイヤモンドの位置を空けておいても良い。

ゾーン3での個人プレーは積極的に（コンドゥクシオンで相手を引きつける）

ゾーン3のサイドレーンに配置された選手の個人プレーであるコンドゥクシオン（スペースへ運ぶドリブル）は、相手ゴール方向前方にスペースがあるときに実行する。

例えば、相手ＤＦラインとＭＦラインのライン間のスペースが狭く、相手のＤＦラインが下がって守備をして、第1オプションである中央へ斜め前のパスコースを見つけることができない場合、相手をボール保持者に引きつけるためにも、相手ゴール方向へコンドゥクシオンをしなければならない。

4つのパスコースオプションだけにこだわるべきではない。ボール保持者の前方にスペースがあるなら、積極的に相手、もしくは相手2人の間へ、コンドゥクシオンでボールを運ぶことで、相手はボール保持者に引きつけられ、次の新しいパスコースやオープンスペースが生まれる。これは全選手に言えることでもある。

ドリブル（相手を抜く）

ドリブルは個人能力次第である。ゾーン3のサイドレーンのドリブルは、中央への斜め前のパスコースがない時に実行する。その場合、優先順位の2番目になる。全員に当てはまる優先順位ではない。しかし、ドリブルに自信がある選手は積極的に仕掛けるべきである。ドリブルに自信がない場合でも、コンドゥクシオンで積極的に前方のスペースへ仕掛けて、相手を引きつけることで、パスコースやオープンスペース、近くの選手との相互作用が生まれるので、ドリブルやコンドゥクシオンを制限するべきではない。パスだけに頼った攻撃は単調で、相手に読まれやすいプレーになる。

ゾーン1、2で実行する「5つのプレーオプション（4つのプレーオプションと個人プレーの優先順位）」と、ゾーン3で実行する「4つのパスコースオプション（サイドのゾーンでボールを受けた時の優先順位）」がダイヤモンド・オフェンスのベースになる。

◉ゾーン3でのドリブルの仕掛け

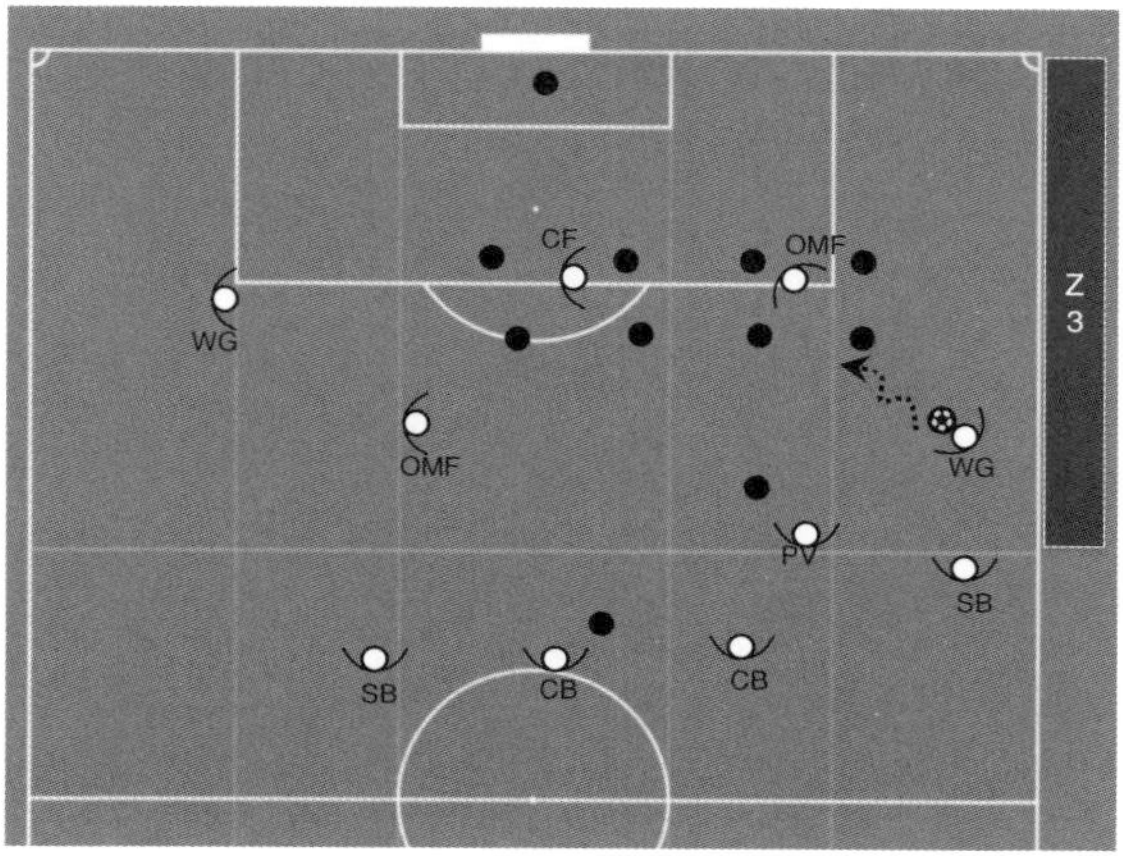

サイドレーンに配置されたボール保持者の前方にスペースがある場合は、積極的にドリブルやコンドゥクシオンで相手に仕掛ける。相手を引きつけることで、新たなパスコースやオープンスペースが生まれる。

09

パスの7原則

サッカーにおいて最も重要で頻出する技術はパスである。次にパスの7原則を紹介する。これはダイヤモンド・オフェンスに限ったものではない。サッカーをする上で必要な原則である。

1

ボール保持者はできるだけ相手を引きつけてからパスをする。

相手をボール保持者が引きつけるほど、相手は次のプレーに移るのが遅くなる。相手との距離はその状況に適した距離である。

2

パスに伴う動作は最小限にする。

脚の振りや踏み込みを大きくしないでパスをする。

3

パスをする方向を見ないでパスをする。

パスを受ける人とパスコースは視野に入れるが、見てはいけない。目線を動かしながらパスを受ける人を視野に入れる。

4

フェイントは目的のある時だけ行う。

形だけの、または過剰なフェイントはしない。むやみにボールを動かすと相手の体重移動や足の運びなどの意図、パスコースも見ることができず正確なパスができない。相手をしっかりと見極め、相手にカットされないように素早くパスを行う。

以上の「パスの7原則」を直感的に実践できるようにすることである。パスを成功させる能力は、すべての攻撃的サッカーを実現させるための前提条件である。試合の状況を設定したパスのトレーニングをすることで、相手の守備を読み、受け手はより良い位置と条件でボールを受け、ボール保持者はどこにパスをしたら最も効果的かという直感力を育てることができる。

5 オープンスペースへのパスを狙う。

ボール保持者をマークしている相手だけでなく、パスコースやパスの受け手をマークしている相手までも視野に入っていないと、オープンスペースは見えない。相手がどのように守備をするかを読み、その逆をつく。パスの受け手も身体の向きを整え、ボールと相手とゴールが見えるようなポジションを取る。

6 素早くボールをパスする。

フリーになった選手にボールをパスすることが最も重要である。優れた選手はボールを受けてから3秒以内に、パス、コンドゥクシオン、フェイントを実行することができる。次のプレーに移行するのが速いほど、その選手は一流であると言える。ボールはたえず動かさなければならない。ボールを動かすことで相手はボールを追うことになり、パスコースが空く。

7 パスを受けるときは、常に次のプレーを予測する。

どこにパスをしたら良いかを事前に予測するための直感力を養う。優れた選手はこの直感力に優れている。優れた選手はボールがなくてもマークを引きつけることができ、攻撃をパターン化しなくても得点チャンスを作り出すことができる。

10 正方形やトライアングルではなくダイヤモンドである理由

ポジショナルプレーを実践するときに、ダイヤモンドの形をベースにする理由は、ボール保持者の近くにいる選手がボール保持者に「5つのプレーオプション（4つのプレーオプションと個人プレーの優先順位）」を提供すると、自然とダイヤモンドが形成されるからだ。

4対2のロンドを例にする。パスの方向性で考えると、ボール保持者は斜めのパス2つ、縦パス1つがある。サイドの選手がボールを受けると進行方向から見て、斜め前方へのパス、横パス、バックパスがある。

ボール保持者と選手の周辺視野は180度確保することが可能であり、全ての攻撃の選手と相手を同時に視野に入れることができる。

個人戦術（幅と深さを取る、マークを外す）の観点でもダイヤモンドの形は幅と深さを同時に必要なだけ取り、「5つのプレーオプション」をボール保持者に提供することができる。

4対2のロンドでは、そこにいるボール保持者から見て、斜め前方にいるサイドの選手は相手2人より少し高い位置を取るだけで相手の背後（視野外）に位置することになり、マークを外すことができる。相手の背後で縦パスを受けようとしている選手は、相手2人のポジショニングに応じて少し移動するだけで縦パスや斜めのパスを受けることができる。

4対2正方形のロンド

正方形に4人が配置された場合のボール保持者には3つのプレーオプション（縦パス、横パス、斜めのパス）と個人プレー（スペースへ運ぶドリブル）が存在する。ボール保持者から横パスを受けるサイドの選手は前方に視野を保ちながらボールを受けることが難しい。ボール保持者から横パスを受ける選手が半身になってボールを受けようとしても、おそらく、自身の前方にいる選手を視野に入れることは難しくなる。

◉ダイヤモンドの形をベースにする理由

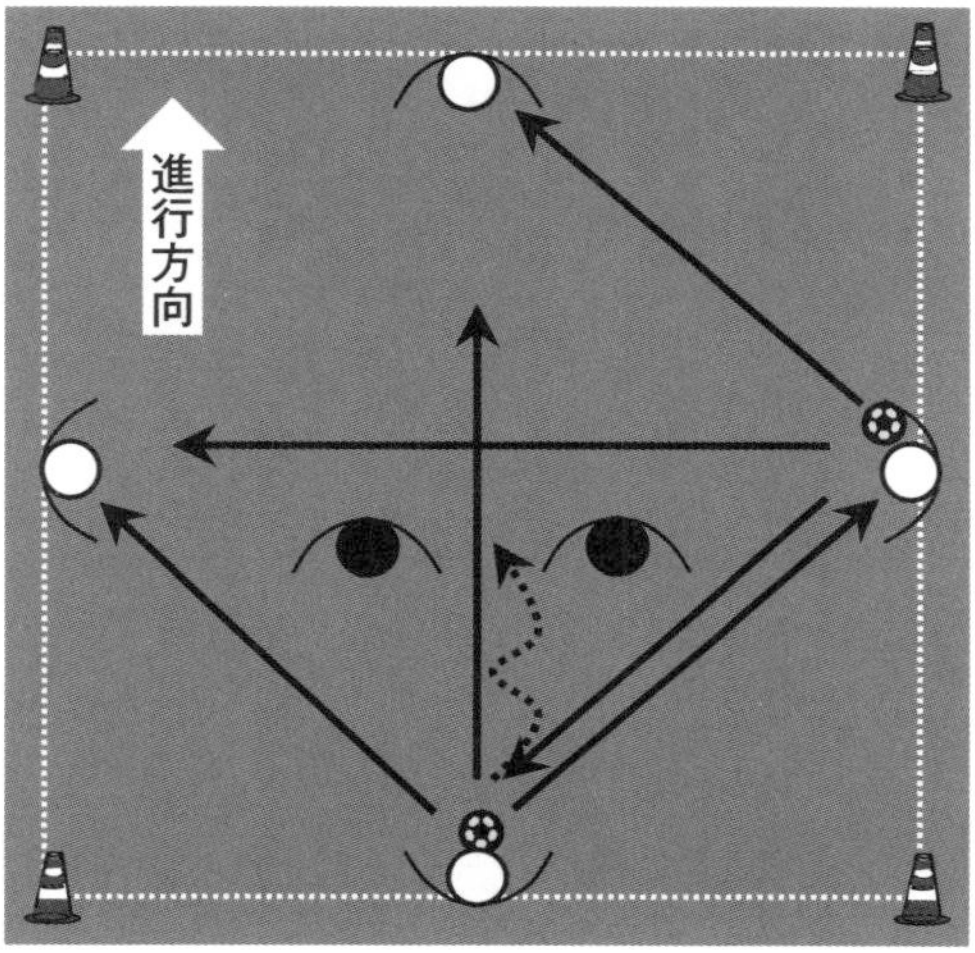

ダイヤモンドの形の4対2のロンドは、ボール保持者が有効な縦パス1つと斜めのパス2つを出すことができ、相手2人は2つのパスコースを消すことは容易だが、3つ目のパスコースを消すことが難しい。

相手の配置によっては相手を視野に入れることも難しくなる。例えば、ボール保持者の横にいる選手が横パスを受ける場合、相手が予測してサイドにスライドして縦パスのコースを消すとその相手を視野に入れることが難しい。

それでも横パスは正方形の配置の最も安全なパスである（相手は進行方向への縦パスと斜めのパスコースを消すので）。ボール保持者から縦パスを受けようとする選手も半身になるとボール保持者と相手を視野に入れることが難しいので、ボール保持者の方に身体を向けることになる。

ボール保持者から斜めのパスを受けようとする選手は、斜めの視野を取ることで、ボール保持者、相手、選手を視野に入れることができる。しかし、相手が斜めのパスコースを消すのはコートの真ん中に立ち、ボールの位置によって少しだけ移動することで斜めのパスコースを消すことができる。

そのように考えると、選手全員が斜めの関係になればボール保持者、相手、その他の選手を周辺視野に入れることができる。つまりダイヤモンドの形、もしくはトライアングルが有効である。

個人戦術（幅と深さを取る、マークを外す）の面から正方形を見ると、幅と深さを必要なだけ取ることは可能だが、深さをいくら取っても相手がパスコース（縦パスと斜めのパス）を消すことは容易だ。幅を必要なだけ取ると、スペースが横に広がるので横パスを受けるのが簡単になり、その後の縦パスや斜めのパスを入れやすくなる利点はある。ただ長い横パスを相手にカットされた場合はボール保持者とボールを受けようとした選手の間に広大なスペースができているので、両方が置き去りにされ、相手にカウンターアタックのチャンスを与えることになる。正方形の配置からの攻撃は守備の準備という観点からも好ましくない。

ダイヤモンドの形にも横パスはあるが、もし横パスをカットされても後ろに1人選手がいるので素早く守備に入ることができる。

◉正方形のプレーはなぜ難しいのか

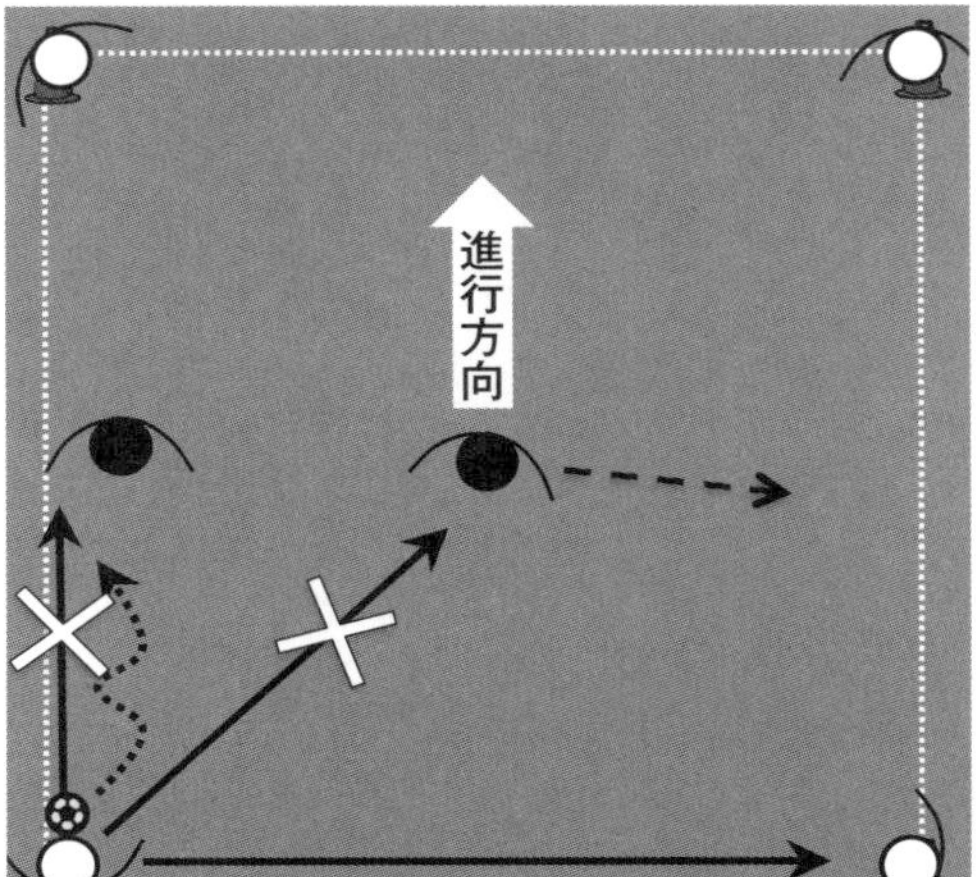

正方形の配置は、最も有効だがパスをするのが難しい縦パスと、最も簡単だが、相手にボールを取られると危険な横パス、有効だが相手がパスコースを消しやすい斜めのパスがある。

3対1トライアングルのロンド

トライアングルの配置は基本的にボール保持者にその他の選手がパスコースを2つ作ることである。トライアングルの形と方向によって、縦パスや横パスが斜めのパスになったり、バックパスになったりする。トライアングルはボールが移動するごとに選手がパスコースを作るために移動することで成り立っている。

特に相手DFラインの背後を取る、スペースを作って埋める（利用する）プレーをする場合は、トライアングルは選手が移動しながら、タイミングを合わせてスペースへ動くことができるので、相手の背後を取ることには非常に有用である。

トライアングルを形成する選手の周辺視野は、進行方向に対して斜めにパスをすると、選手は半身や斜めの視野を保つことができる。逆に縦パスと横パスからなるトライアングルの配置はパスの成功率や周辺視野の面で難しくなる。

個人戦術（幅と深さを取る、マークを外す）の面では、幅と深さはその試合の状況に適切な距離となる。常に幅と深さを取り、2つのパスコースをボール保持者に提供するために、ボールの移動と共に選手は移動しなければならない。

最終的にトライアングルはダイヤモンドの形を3人で移動しながら形成している。トライアングルはゾーン3ではスペースを作り、それを利用するために非常に有効である。しかし、選手が動きを止めるとパスコースを2つボール保持者に提供できない。そのように考えると4人で形成するダイヤモンドの配置が常にボール保持者に5つのプレーオプションを提供できるので効率的である。そしてダイヤモンドにはトライアングルが2つ含まれている。

◉トライアングルは移動しなければ機能しない

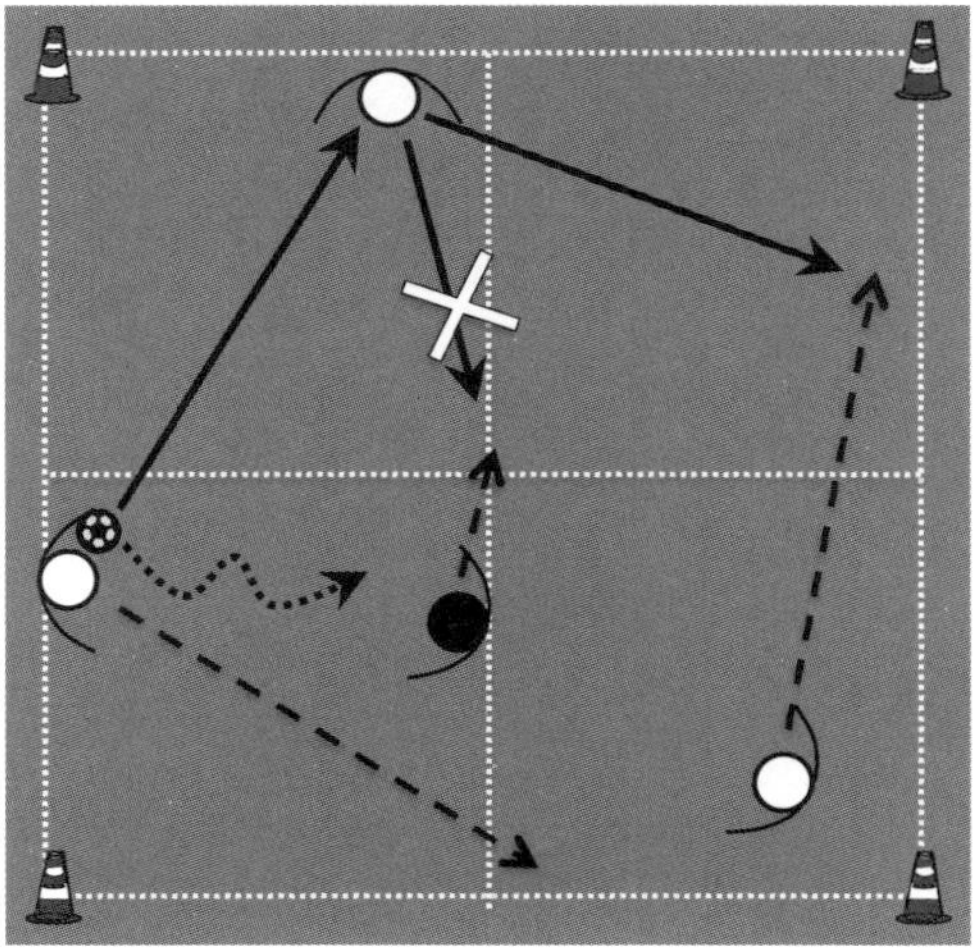

トライアングルの配置は、その他の選手がボール保持者に常に2つのパスコースを作るために、ボールの移動と共にスペースへ移動することで成り立っている。

次に、ダイヤモンド、正方形、トライアングルを試合の状況に照らし合わせて考えると、ダイヤモンドとトライアングルは選手が3つの高さにポジションを取ることが可能である。相手の2つのDFラインの背後に選手がポジションを取ることができ、この2ラインを超えるパスを通すことができる。

正方形は2つの高さしかないので、相手の1つのDFラインの背後にポジションを取り、1つのラインを超えるパスを通すことは可能であるが、ダイヤモンドやトライアングルのように3つの高さを取り、相手DFラインの2つのラ

◉ダイヤモンドの形には3つの高さがある

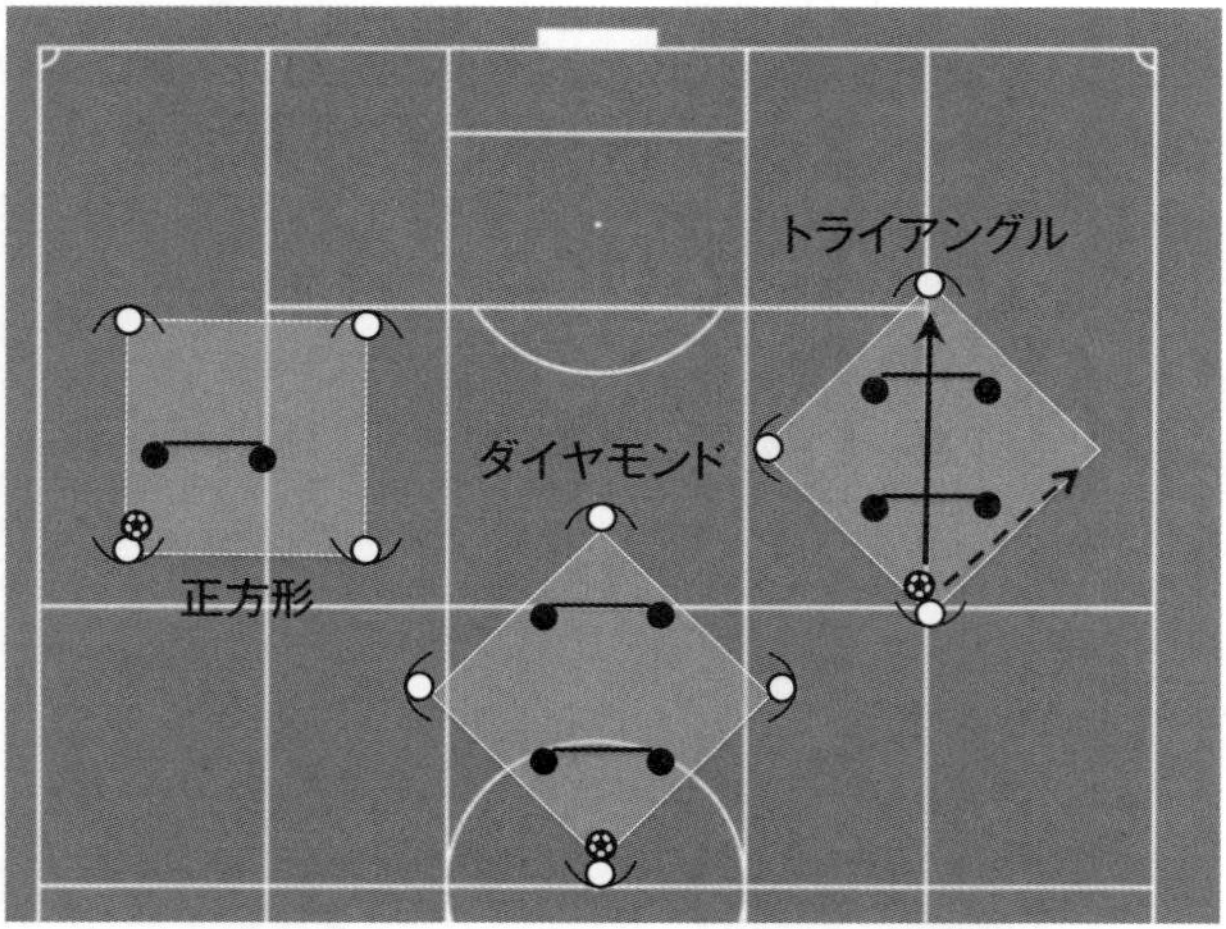

ダイヤモンドの形に選手を配置すると3つの高さを取ることができるので相手の背後に選手を配置しやすい。攻撃の幅と深さを同時に取ることができる。

インを超えるパスを通すことは構造的にできない。

トライアングルは構造的に3つのラインを形成することはできるが、相手の配置によって、恒常的に動かないと3つの高さを維持することができなくなる。よって、2つのトライアングルを持つダイヤモンドの形が、チームがプレーを前進させるための最適な手段となる。

◉トライアングルが2つ含まれているダイヤモンド

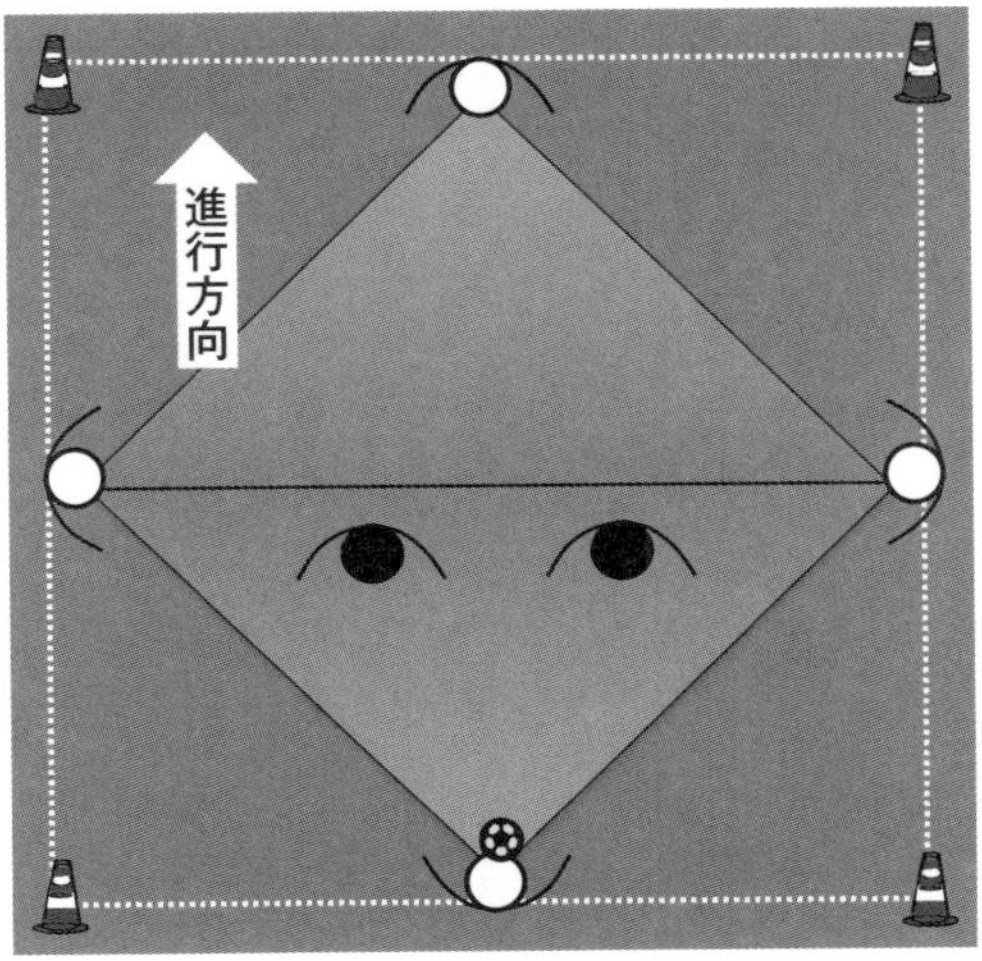

ダイヤモンドの形に4選手を配置すると、ほとんど選手が動かなくても常にトライアングルが2つ、有効なパスコースが確保されている。

11 ハーフスペースからサイドレーンにパスをする理由

ゾーン3からのダイヤモンド・オフェンスは「ハーフスペース」にポジションを取るボール保持者から、サイドレーンに配置され選手にボールをパスすることでスタートする。その理由は「ハーフスペース」にポジションを取るボール保持者がボールを受ける際に視野の優位性を獲得することができること、もう1つはパスのオプションが多いからである。

「ハーフスペース」でボールを受けるとなぜ視野の優位性を獲得できるのか。ボール保持者の視野の優位性を説明する前に、視野と周辺視野について説明する。

中心視野と周辺視野

- 視覚には中心視野と周辺視野がある。
- 中心視野は、1秒に2つの状況から高品質画像の情報を取得できるが、焦点を合わせるのに時間がかかり、少ない解決策しか提供できない。見える範囲はおよそ5〜10度。
- 周辺視野は、1秒に4、5つの状況から低品質画像の情報を取得できるが、情報取得にかかる時間が速く、多くの解決策を提供できる。見える範囲はおよそ180度。

選手が周囲の状況を知覚するのは、ほとんど視覚からである。サッカーのように状況がめまぐるしく変化する集団スポーツでは高品質画像の中心視野ではなく周辺視野で十分である。

◉ハーフスペースにポジションを取るとなぜ優位性を獲得できるのか

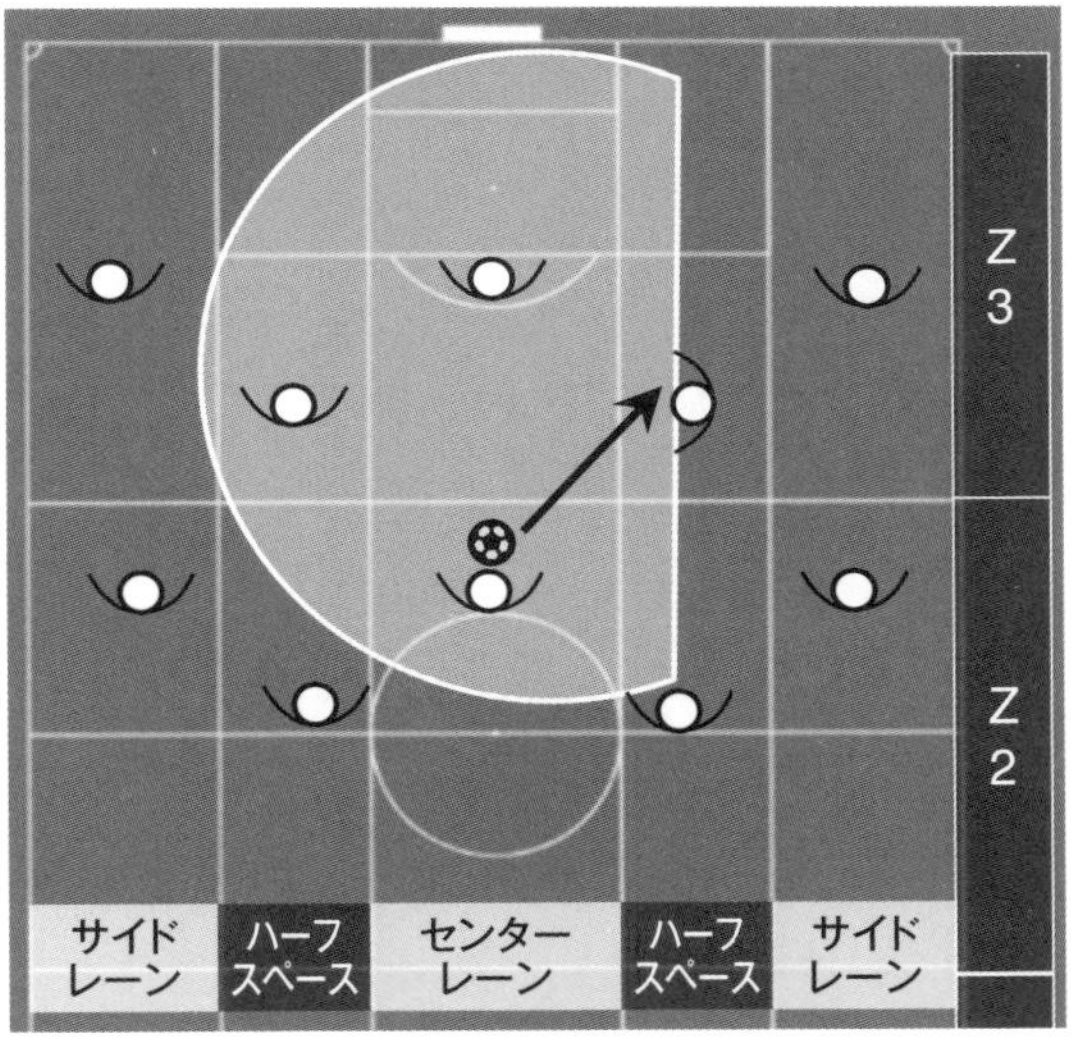

ハーフスペースにポジションを取ることの優位性は、周辺視野とパスコースオプションの豊富さで優位性を獲得できるからだ。周辺視野の優位性は、ハーフスペースにポジションを取る選手が半身になり、センターレーンの選手からボールを受けると、相手とゴールとボール保持者の両方を視野に入れることができる。4つのレーンを周辺視野に入れ、背後のサイドレーン1つだけが視野外になる。

◉ハーフスペースで半身になった場合

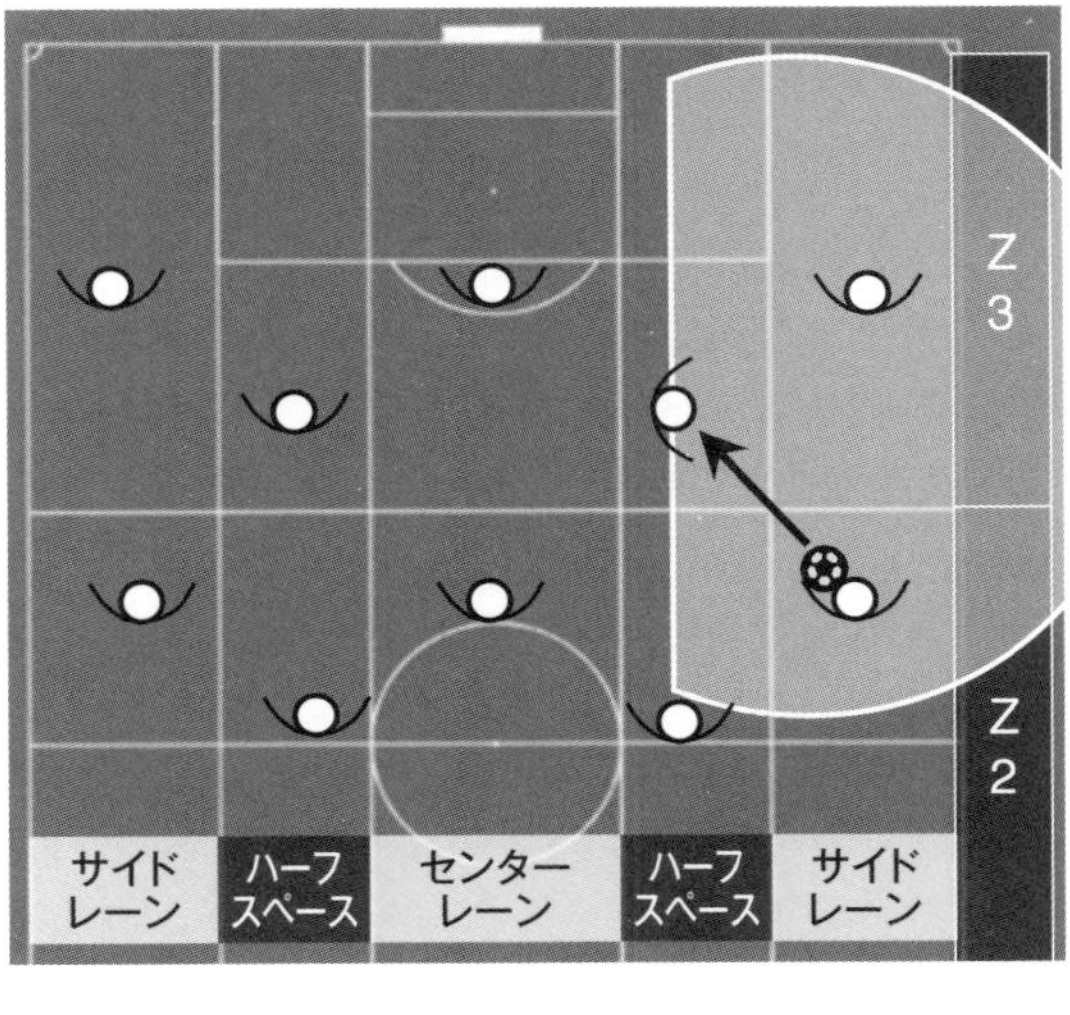

ハーフスペースで半身になり、同サイドのサイドレーンからのパスを受ける時の周辺視野はハーフスペースとサイドレーンの2つのレーンしか見えない。背後の3つのレーンは見えない。

◉センターレーンにポジションを取った場合

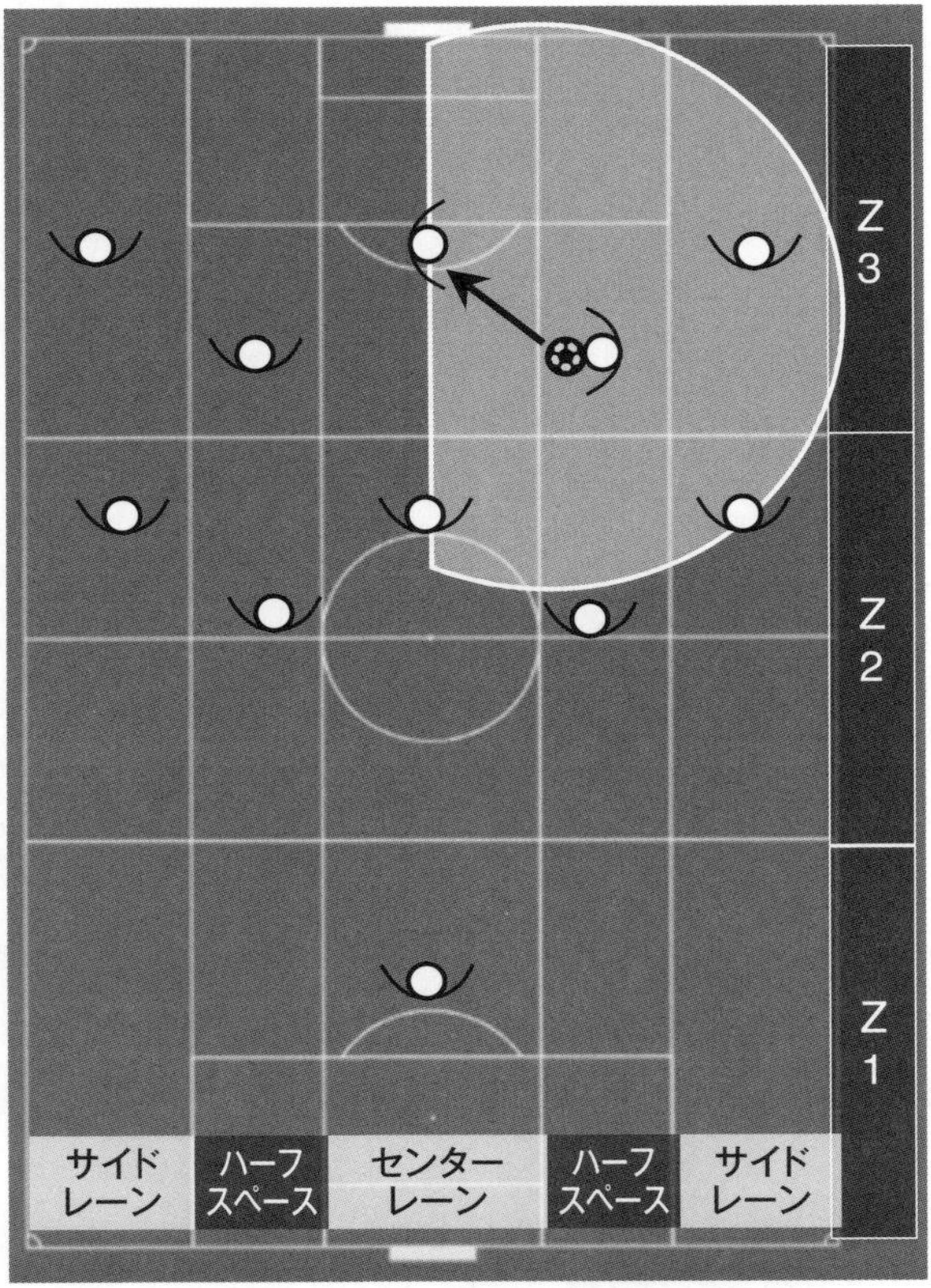

センターレーンにポジションを取り半身になった場合の視野は、相手ゴールと３つのレーンを周辺視野に入れることができる。背後のハーフスペースとサイドレーンの２つは視野外になる。ハーフスペースはセンターレーンに比べて同サイドのサイドレーンからパスを受ける際の周辺視野では劣る。

◉ハーフスペースのパスコースオプション

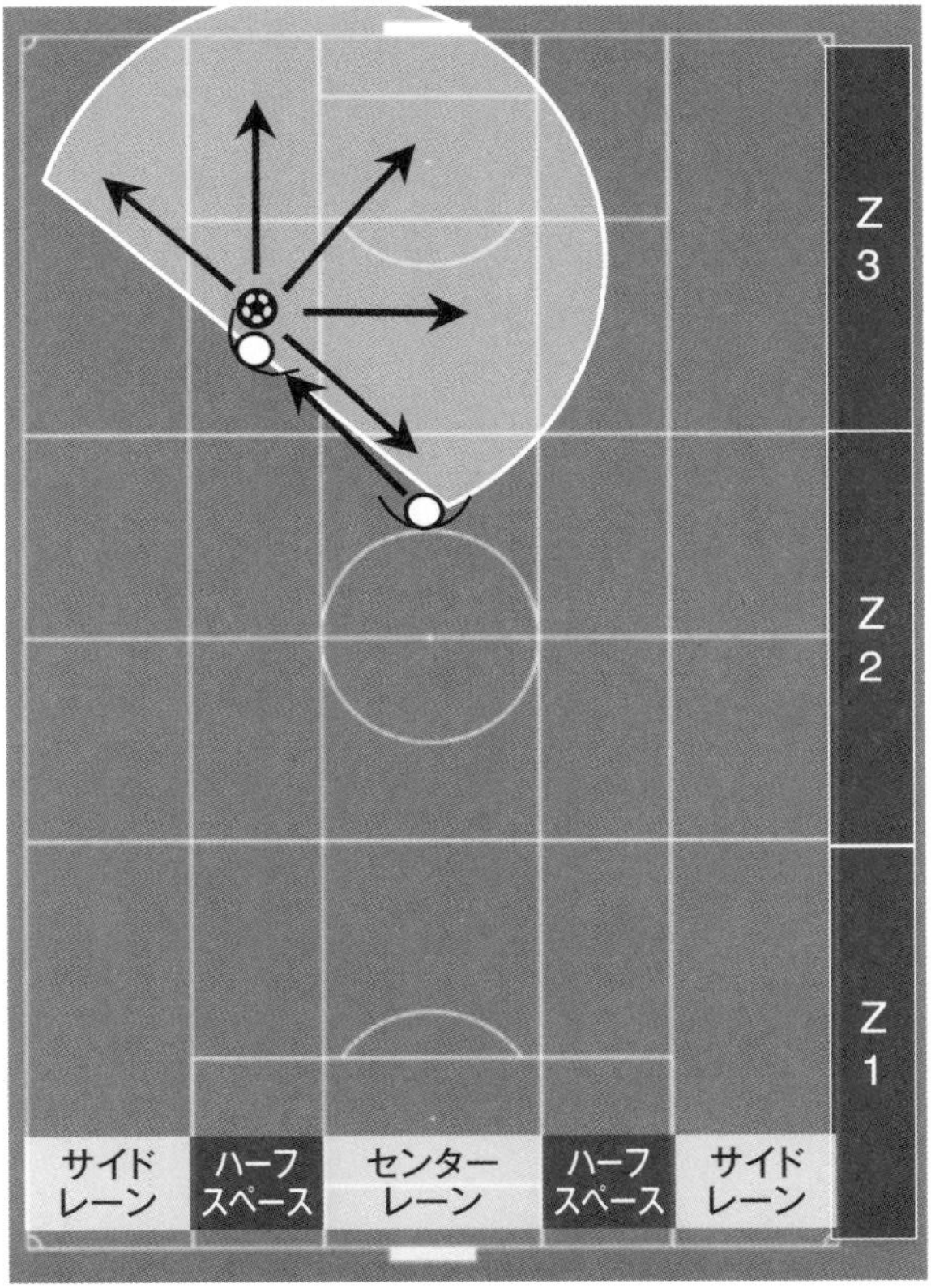

ハーフスペースにポジションを取る選手が半身の状態で、センターレーンの選手からボールを受け、相手ゴール方向におよそ４５度ターンをして「斜めの視野」を取ると、相手ゴール方向の５レーン全てと、自ゴール方向にボール保持者近くの３レーンを周辺視野に入れることが可能になる。ハーフスペースはグラウンド中央から離れることなく、外側のサイドレーンにも近いのだ。つまり、ハーフスペースで「斜めの視野」を持ってボールを保持するとセンターレーンでボールを保持するのと同じくらいのパスコースオプションがある。周辺視野を１８０度とするパスコースオプションは５つある（縦パス、内側と外側への斜めのパス、横パス、バックパス）。

◉ハーフスペースでボールを保持した場合

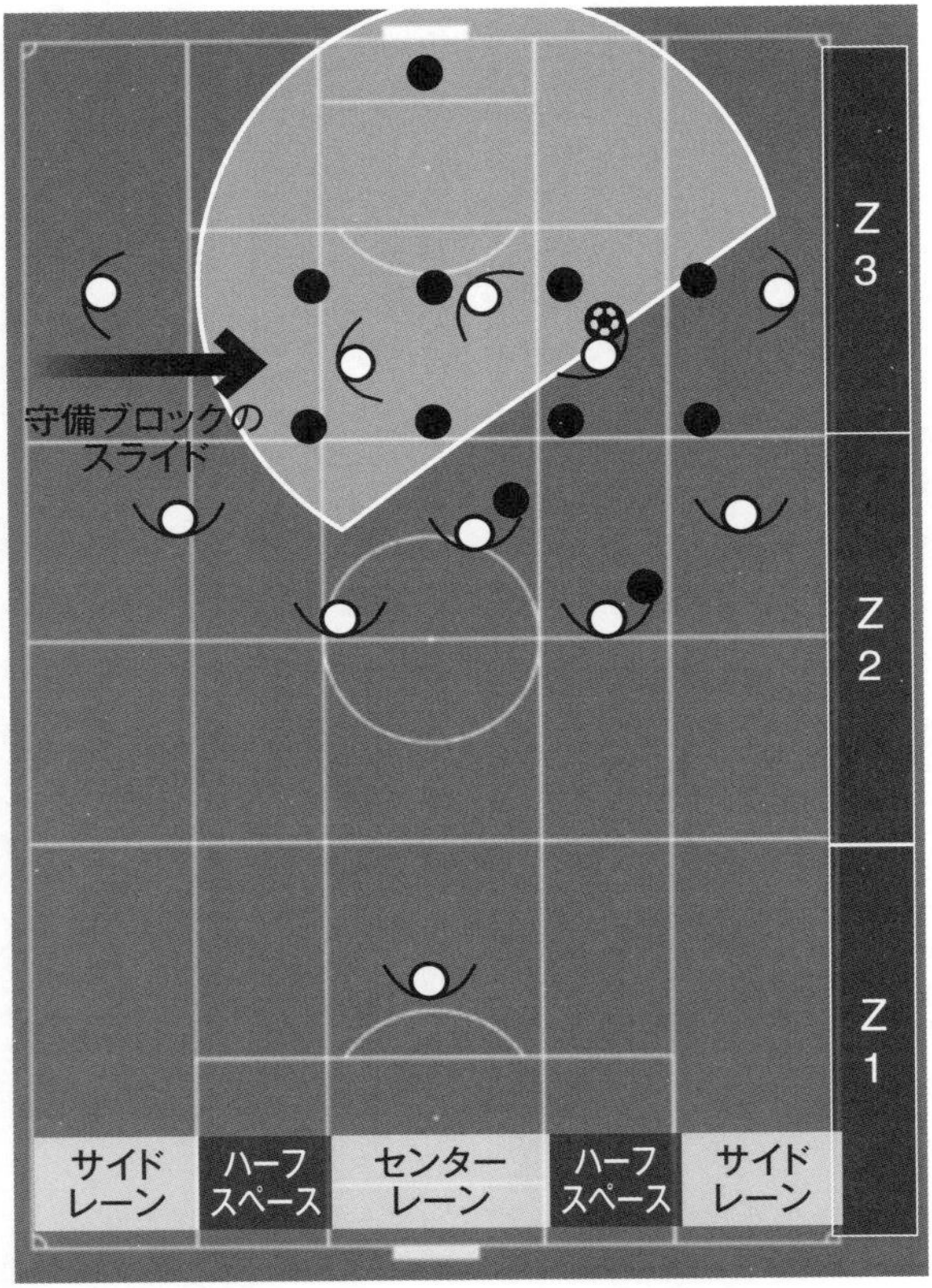

同時にハーフスペースでボールを保持するとサイドレーンでプレーするのと同様の効果がある。ハーフスペースでボールを保持すると内側と外側へのパスコースがあるので、相手の守備組織全体が、サイドレーンとセンターレーンおよびハーフスペースのゾーンを埋めるようにスライドするからだ。次にハーフスペースでボールを保持すると、相手の守備の密集度合がセンターレーンよりも少ないので、スペースが与えられプレースペースが確保されるという利点もある。

◉ハーフスペースでボールを受けるとサイドチェンジの効果がある

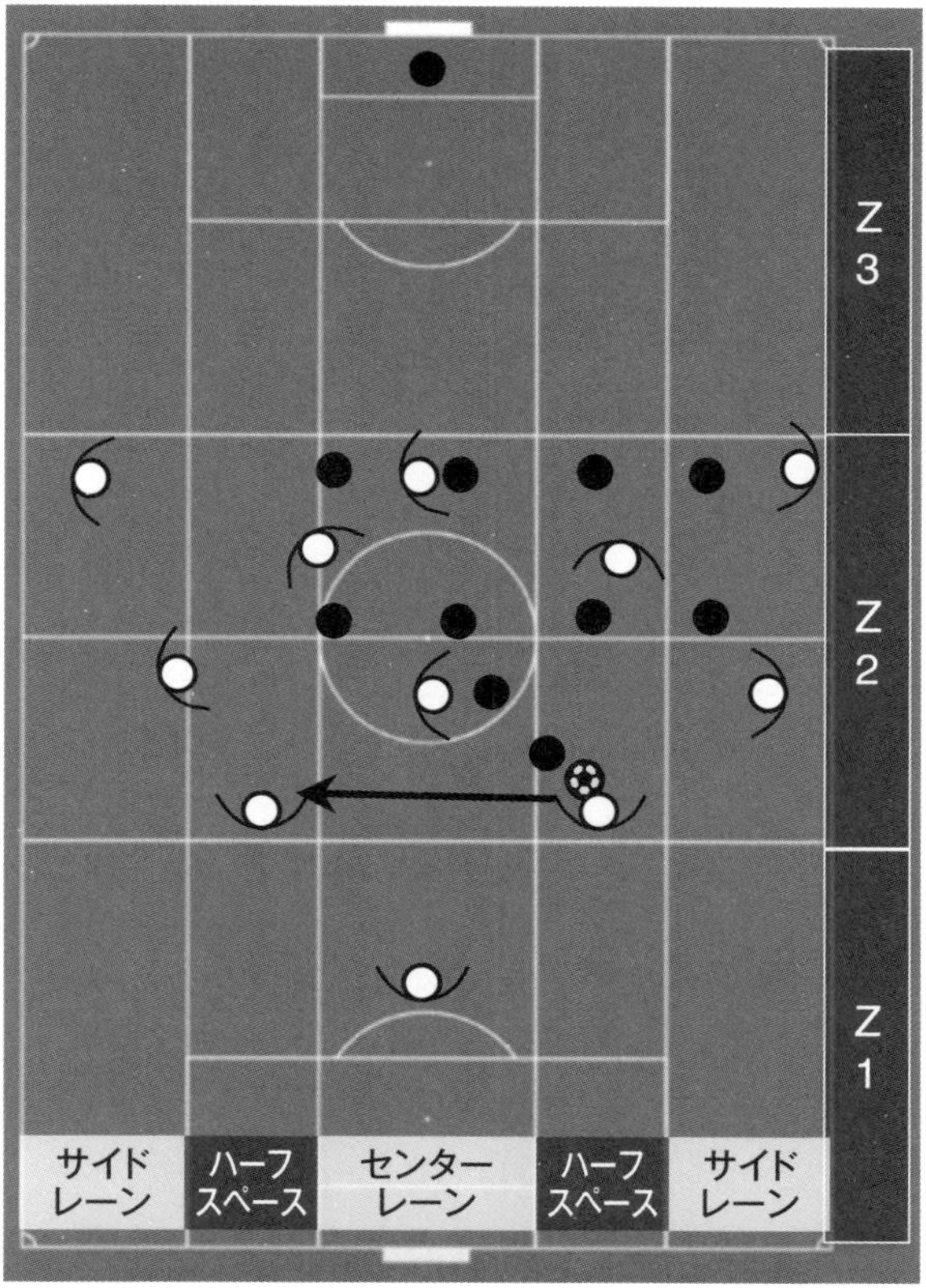

もう1つのハーフスペースの効果は、ハーフスペースからもう1つのハーフスペースへのサイドチェンジの効果だ。前述したが、ハーフスペースでボールを保持すると相手の守備組織全体はスライドして、サイドレーンまでを埋めるようになる。通常、ゾーンディフェンスをするチームは、ボールサイドに寄ってコンパクトな陣形になるので、もう片方のハーフスペースがオープンスペースになりやすい。そこでハーフスペースでボールを保持する選手からもう一方のハーフスペースにポジションを取る選手にボールを渡すと、一瞬、前方にオープンスペースと数的優位な状況ができる。相手チームは、急いで守備組織を逆のサイドレーンまで移動することになる。

◉センターレーンにポジションを取った場合の周辺視野

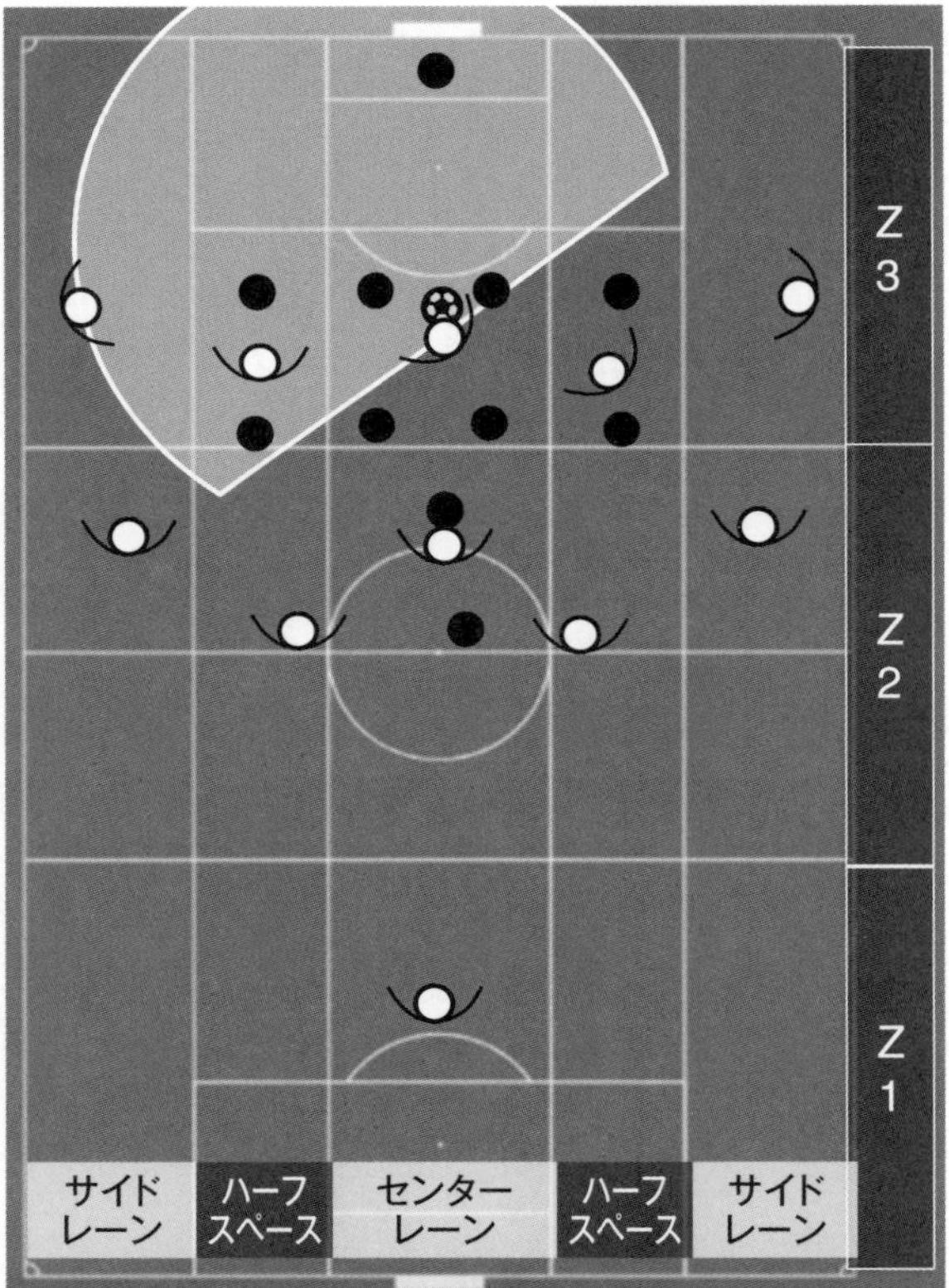

センターレーンで半身の状態でボールを受け、「斜めの視野」を取った場合は、相手ゴール方向の４レーンを周辺視野に入れることができるが、ボール保持者の背後のサイドレーンが視野外になる可能性がある。

◉センターレーンのパスコースオプション

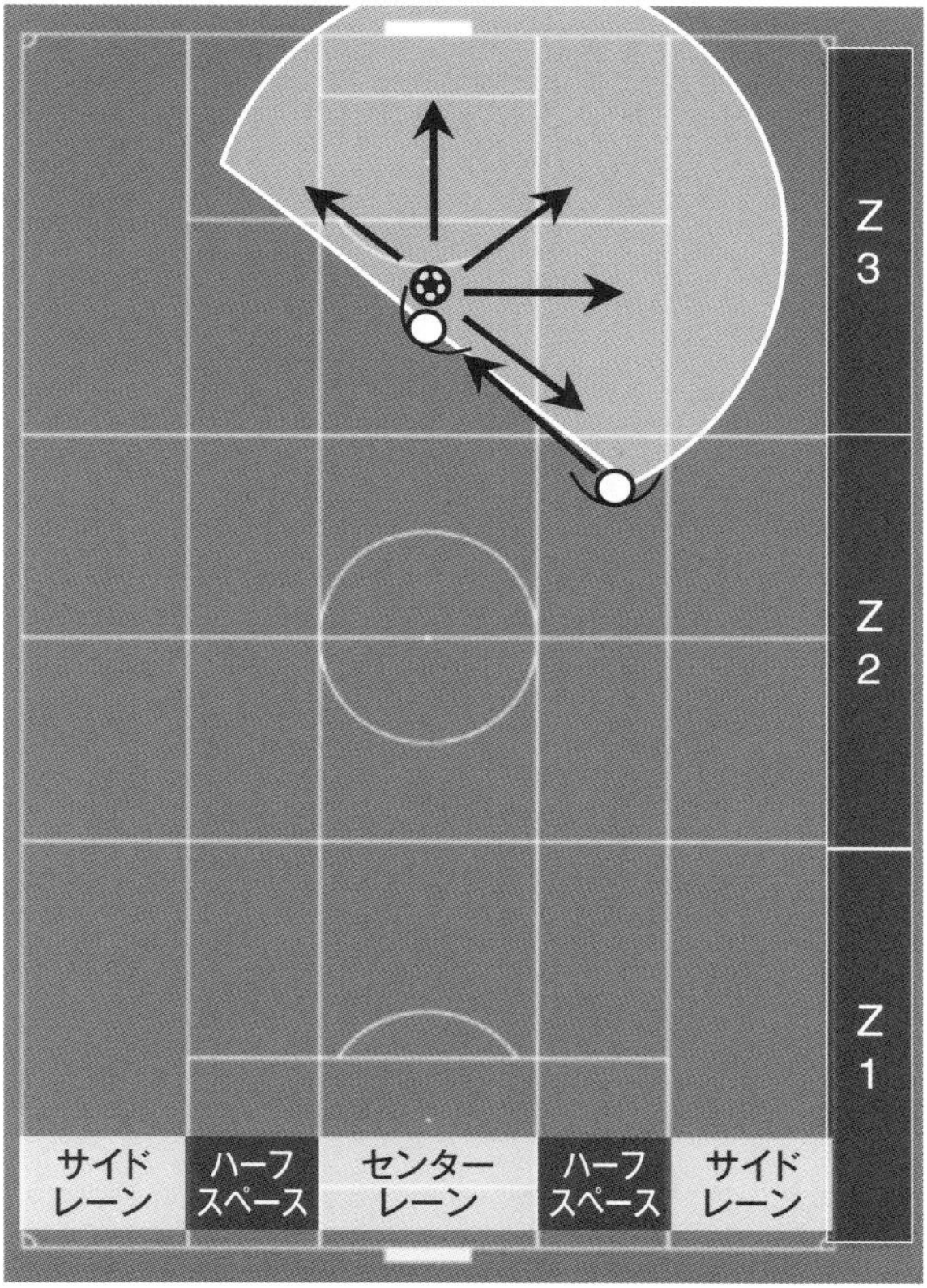

周辺視野を１８０度としたセンターレーンのパスコースオプションは４つある（縦パス、外側への斜めのパス、横パス、バックパス）。ハーフスペースとのパスコースオプションの異なるところは、センターレーンでボールを保持した場合のパスは、縦パス以外は全て外側方向へのパスである。相手ディフェンスはグラウンド中央を固めて、攻撃側にスペースを与えず内側から突破をさせない守備を徹底する。

センターレーンでボールを保持する方が相手ゴールに近くダイレクトにゴールへ向かうことができるので有利であるが、ハーフスペースでボールを保持する効果は、センターレーンと比べて周辺視野の面とパスコースオプションの面で同等以上である。ハーフスペースでボールを保持することで、相手はサイドレーンまで移動しなければならない。その状況から逆サイドのハーフスペースへパスすると、サイドチェンジの効果もある。

そのように考えると、ハーフスペースでボールを保持することは、センターレーンでボールを保持する時と同じような効果がありながらも、相手の守備の密集度合についてはセンターレーンよりも少なく、プレーオプションが内側と外側にあり、相手は対応に苦慮することになる。

ハーフスペースの効果

- ハーフスペースの利点はグラウンドの斜め前方内側を見るだけで、相手ゴールが視野に入り、グラウンド中央から離れていないのでプレーのオプションもセンターレーンでプレーをするのと同じくらいある。
- ハーフスペースのパスコースは縦、外側、内側、横、後ろの5つであるが、センターレーンは縦、外側、横、後ろの4つである。
- サイドレーンに近いので、サイドレーンでプレーをするのと同様の効果も期待できる。
- ハーフスペースからハーフスペースへパスをするとサイドチェンジの効果がある。

第2章

ゾーンディフェンスの攻略法

01 ゾーンディフェンスを攻略する4つの攻撃方法

ゾーンディフェンスはカウンターアタックに弱い。それは相手が守備ブロックを形成する前にシュートチャンスを作ることができるからだ。だが、この本は主にセットオフェンス（遅攻）について書いている。セットオフェンスでどのように相手のゾーンディフェンスを攻略するのかを説明するための本である。

ゾーンディフェンスを攻略する方法は４つある。

①オーバーロード
②フリープレー
③相手の守備と逆の配置の攻撃
④相手の守備と同じ配置の攻撃

この４つを試合の状況によって使い分ける、もしくは組み合わせて使うことで相手の守備を攻略できる。これら４つを詳しく説明する前に、そもそもゾーンディフェンスとはどのような構造をしているのかを知る必要がある。ゾーンディフェンスを攻略するにはゾーンディフェンスの原則を知ることで、その強みと弱みが理解できる。

現代サッカーにおいて、ゾーン3（攻撃側から見て）の「セットオフェンスへの守備」のほとんどがゾーンディフェンスである。なぜなら、このゾーン3ではゴールを守ることが守備側の目的になるからだ。ゴールを守ることを目的とすると、マンツーマンディフェンスはこのゾーンでは相応しくない。なぜなら、マンツーマンディフェンスは、相手の配置によって選手の配置が変わる受動的な守備方法だからだ（例えば、CFがサイドに移動したら、マークしている相手CBもついていくのでゴール前にオープンスペースができる）。

対してゾーンディフェンスは相手の配置は考慮せず、ボールの位置によって自身が担当するエリアを決める能動的な守備方法である。特にゴール前での守備はゴールが中央にあることで、ボールは必ず中央に戻ってくる原則があるので、ゴール前に守備ブロックを形成することが最優先される。

ゾーンディフェンスの原則

- ●ボール優先の守備（ボールと相手の両方を視野に入れる）
- ●決められたゾーンを守る（危険なゾーンがあれば、自身のゾーン外でもカバーに入る）
- ●ボールの動きによって選手は移動する（どのように移動するかゾーンディフェンスの種類、相手の狙い、相手チームの長所と短所によって決まる）
- ●ボール保持者にプレッシング（アグレッシブな姿勢が大事。優れたディフェンスは相手がやりたいことをさせない）

02 オーバーロード

ゾーンディフェンスの弱点を探すとき、ゾーンディフェンスにはマンツーマンディフェンスの要素が含まれていることを理解する。同様にマンツーマンディフェンスにもゾーンディフェンスの要素が含まれている。ゾーンディフェンスは選手がある特定のゾーンを守る。優先順位は、ボール、スペース、相手。マンツーマンディフェンスの優先順位は、ボール、相手、スペース。

この優先順位から考えるゾーンディフェンスに対してのオーバーロードの効果は、1人の守備選手が守るゾーンに2人の攻撃側の選手を配置するとオーバーロードの状況が作り出される。ゾーンディフェンスの優先順位（「相手」は3番目）が弱点となり、オーバーロードの状況になっているゾーンにボールが入ると守備側にとってそのゾーンで数的不利の状況になり、攻撃側はこのゾーンから得点チャンスを作ることができる。相手はボールの位置によって各ポジションの選手がチームで決められたゾーンに配置される。その1人1人配置されたゾーンに2人の攻撃選手が配置されても、ゾーンディフェンスの優先順位が邪魔となり対応できない。その弱点を突くのがオーバーロードである。

※オーバーロード
あるエリアにおいて、守備選手の人数よりも多く攻撃選手を配置させること。

守備側は、オーバーロードの対応として、1対2の数的不利になったゾーンに近くの守備選手がカバーに入る。そうなると今度は、カバーに入った選手のゾーンがオープンスペースとなり、そのゾーンを攻撃側の選手が利用することによって攻撃が行われシュートチャンスを作るのがオーバーロードの原則である。

オーバーロードはゾーンディフェンスを攻略するための最適な方法である。守備側はボールがあるゾーンの選手のカバーリングをするだけでは、オーバーロードを防ぐことはできない。最終的にオーバーロードに対応するために、ゾーンディフェンスの3つ目の優先順位である「相手」をマークするようになるが、これはオーバーロードの罠である。

攻撃側がオーバーロードを使うと、相手のゾーンディフェスはマンツーマンディフェンスのようになってしまう。つまり、オーバーロードは相手のゾーンディフェンスをマンツーマンディフェンスのようにするための攻撃方法である。

ゾーンディフェンスにマンツーマンディフェンスの要素が含まれると、相手の守備の仕方によってスペースができる場所が変わってくる。攻撃側は相手の守備のどこにオープンスペースができるかを注意深く観察しなければならない。

マンツーマンディフェンスの攻略については後述するが、マンツーマンディフェンスであっても、例えば、自陣ゴール前ではゾーンディフェンスのような守り方をしなければならない。

どのような守備方法でもゴールを守ることが最終目的であり、ゴール前でボール保持者との1対1の状況では、近くにいる他の守備選手は、自分のマークを捨てて、カバーリングに入らなければならないからだ。

ゾーンディフェンスとマンツーマンディフェンスの「共通の要素」は、守備側の選手をヘルプするために、自身のゾーンやマークを捨てカバーに入ると、そこがオープンスペースとなりフリーマンができてしまうことだ。

攻撃側は、オープンスペースがどこにできるのかを知り、上手く相手の守備方法に適応することが鍵である。優れたチームの攻撃は、どのような種類のディフェンスにも対応できる。ダイヤモンド・オフェンスはどのような種類の守備にも柔軟に対応できる攻撃方法である。

著名人の言葉

「ゾーンのウィークポイントを見つけたプレーヤーはそこへカットする。それによって、ディフェンスはカットしてきたプレーヤーをカバーしなければならなくなり、ディフェンスがヘルプにまわることによって、さらなるウィークポイントが生じる。」

テックス・ウィンター（トライアングル・オフェンスを考案したＮＢＡコーチ）

◉オーバーロードの例1

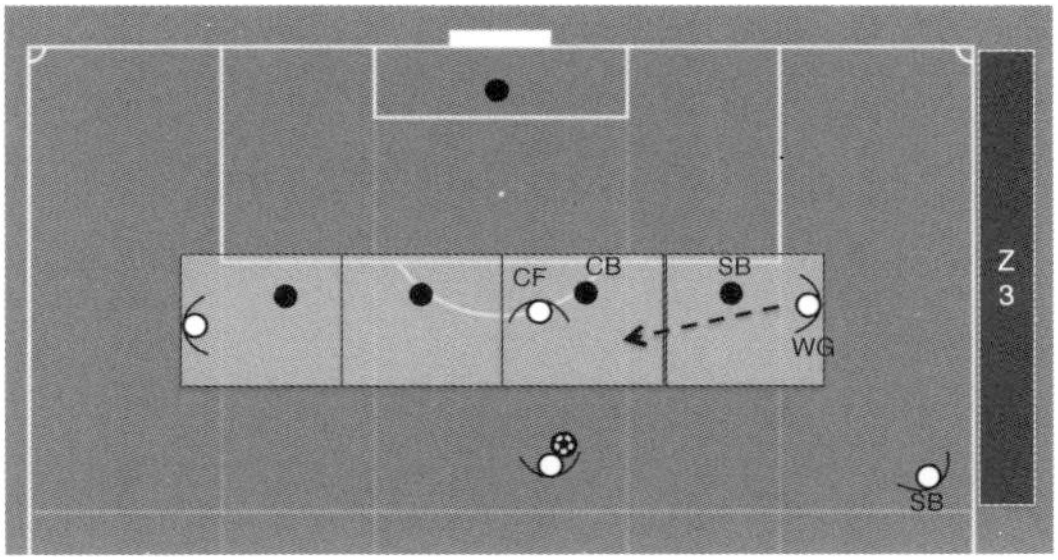

WGが相手CBが守るゾーンに入って2対1の状況を生み出そうとしている。

◉オーバーロードの例2

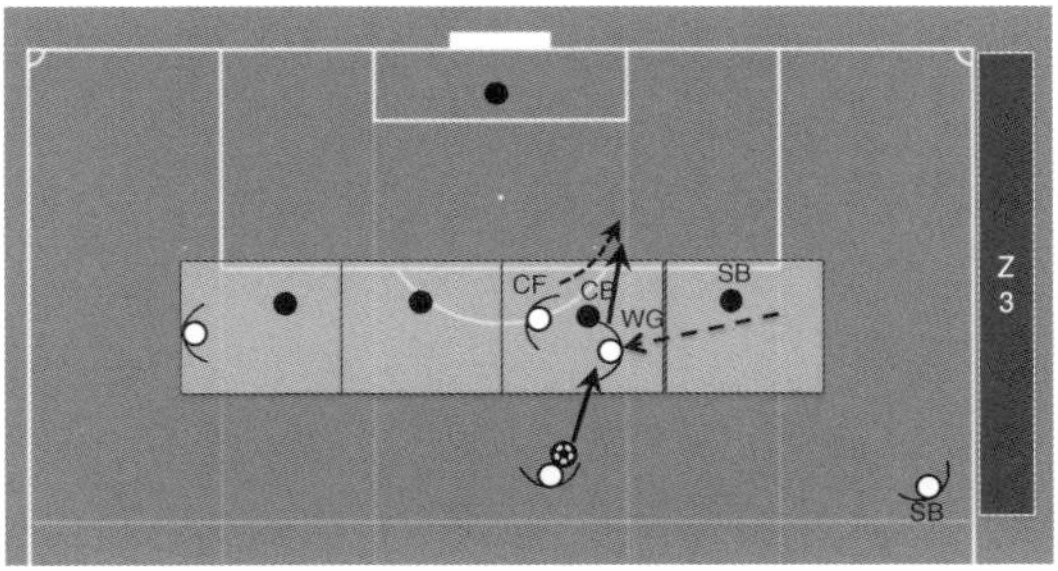

相手CBが守るゾーンにCFとWGが配置されオーバーロードの状況。ボール保持者がWGへパス。相手CBがWGへプレッシャーをかけるとCFがフリーとなる。

◉オーバーロードの例3

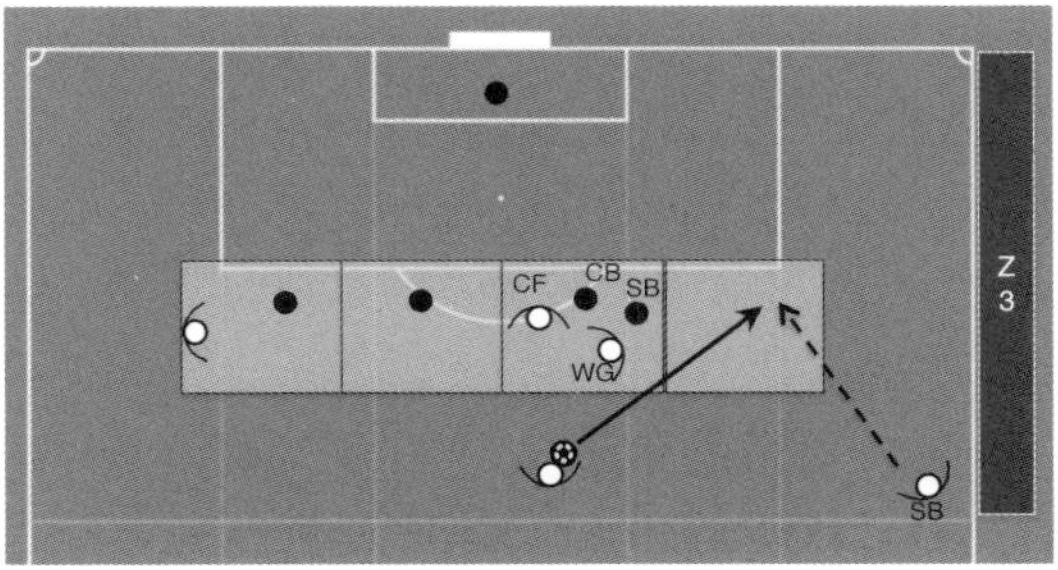

相手CBが守るゾーンにCFとWGが配置されオーバーロードの状況になったので、相手SBはCBをカバーするためにCBが守るゾーンに入りWGをマーク。相手SBが自身が守るスペースを空けたことで、そこがオープンスペースとなり、SBがそのスペースを利用しパスを受ける。

03 フリープレー

ダイヤモンド・オフェンスはフリープレーで行われる。サッカーのプレーは自由であるが、2人以上の選手が参加するスポーツであり、そこには社会的なやりとりが発生し、個々の選手には責任が存在する。そのような社会的なやりとりや責任が存在するサッカーにはプレー規則があり、各チームにはプレー原則やゲームモデルがあることだろう。その中で選手は互いに相互作用をして即興プレーが生み出される。

フリープレーは、基本的に決められた配置や動きのパターンがなく、選手の独自の判断で自由にプレーを展開する。

サッカーは、ボール保持者の近くにいる選手が直接的に、遠くにいる選手は間接的にプレーに関与して互いに相互作用するスポーツである。1人の動きが他の選手に影響を与える。なぜならそこに集団スポーツ特有の社会があり、責任が生じるからである。

フリープレーの方法も様々だが、ゾーン3で行われるダイヤモンド・オフェンスは最初の入り方（4つのパスコースオプション）だけを決めておく。最初の「きっかけのアクション」からパスがどこに入り、相手がどのようなリアクションをするかによって、次のプレーを瞬時に

ダイヤモンド・オフェンスのフリープレー5原則

- 個々の選手の動きにルール設定（ボール保持者の近くにオーバーロードを発生させる）
- 2～3人のグループ戦術を共有し、ボール保持者の近くにいる選手と遠くにいる選手を分けて考える。
- 戦術の展開を予測するための選手間のコミュニケーション（戦術の意図や優先順位に関する）。非言語による指示（アイコンタクト、ジェスチャー等）も含む。
- ダイヤモンド・オフェンスのスタート方法はWGのきっかけのアクションから、近くの選手がアクションを連続させる、もしくは、WG以外の選手がグループ戦術を先に仕掛ける。
- ダイヤモンド・オフェンスのフリープレーが上手く機能しない場合は、ダイヤモンド・オフェンスの基本的なパターンを用いる、もしくは組み合わせて局面を打開する。

選択する。選手は常に2~3手先、3人目の動きと、その後のプレーまでを予測して動く。

選手はオーバーロードを発生させるために動き、相手がどのようなリアクションをするかによって次のプレーが決まる。ボール保持者から遠い選手も、ボール保持者の近くの選手のアクションによって空いたスペースを埋め、次に起こるプレーを予測し、いつでもプレーに直接的に関与する準備をする。

フリープレーは一見どのようにプレーしても良いルールなしのプレースタイルのように考えがちだが、人間が2人以上関係していれば、そこに社会的相互作用が起こり、個々の選手に責任感と自由が生まれる。そのように考えると、選手にはプレーをするルールが必要であることが理解できる。

著名人の言葉

「責任感は人間が発揮する特質のひとつだが、それは社会的なやりとりから生まれる。脳がひとつだけでは社会的なやりとりはできない。最低でも二つ以上の脳が関わると、そこには予測のつかないことが起こりはじめ、それまで存在しなかった新しい規則が定まっていく。この規則にしたがって獲得された性質が、責任感であり自由なのである。」

マイケル・S・ガザニガ(心理学者)

Allianz Seguros
Allianz Auto

04 相手の守備と逆の配置の攻撃

相手の守備と逆の配置である「静的な配置」から行う攻撃がポジショナルプレーの醍醐味だ。相手の守備配置システムと逆の攻撃配置システムを使うことで、ある特定のスペースで位置的優位を獲得でき、オーバーロードの状況が生じる。

選手1人1人が相手の守備組織のライン間やライン上（84ページ参照）、オープンスペースにポジションを取り、ボールを循環させることで、相手がボール保持者に対応すると、さらに新たなオープンスペースやオーバーロードの状況が発生する。

◉相手の守備と逆の配置 3−2−2−3対4-4-2

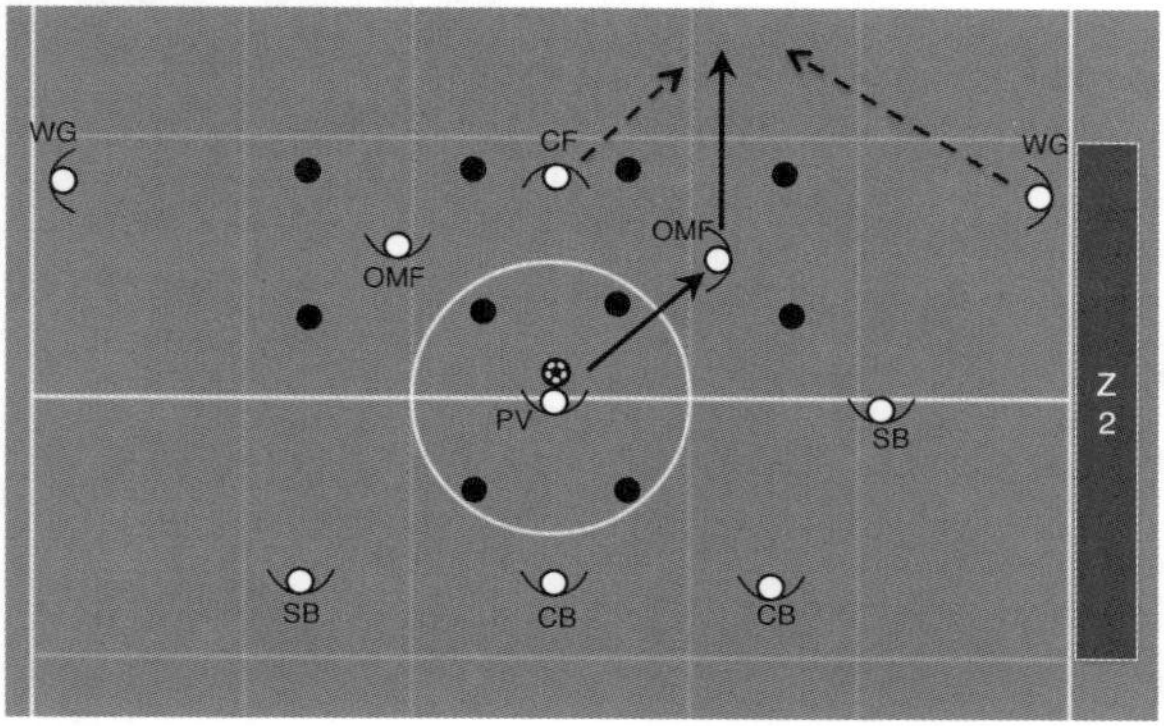

3−2−2−3のアンシンメトリーの配置。選手全員が相手のライン間、ライン上、オープンスペースに配置されてパスコースを確保している。必ずDFラインでは数的優位にする原則。

※相手の守備と逆の配置システムは4−3−3の基本としている。ここで紹介する様々なバリエーションはその4−3−3の可変システムである。

相手はやむなく攻撃側の「静的な配置」に対応するためにマンツーマンのような配置になることによって新たにオープンスペースが生じる。攻撃側も相手の守備配置の変換に対応し、新しくできたオープンスペースを利用する。

攻撃側の選手がオープンスペースに動く「動的な配置」にすることで絶え間なくオーバーロードの状況を生じさせて、パスコースやオープンスペースを作り出す。その結果、相手はどのように守備をしたら良いのか困惑し、最終的にゾーンディフェンスがマンツーマンのようなディフェンスになる。それが相手の守備と逆の配置を使う狙いである。

◉相手DFラインのマンツーマンのような配置

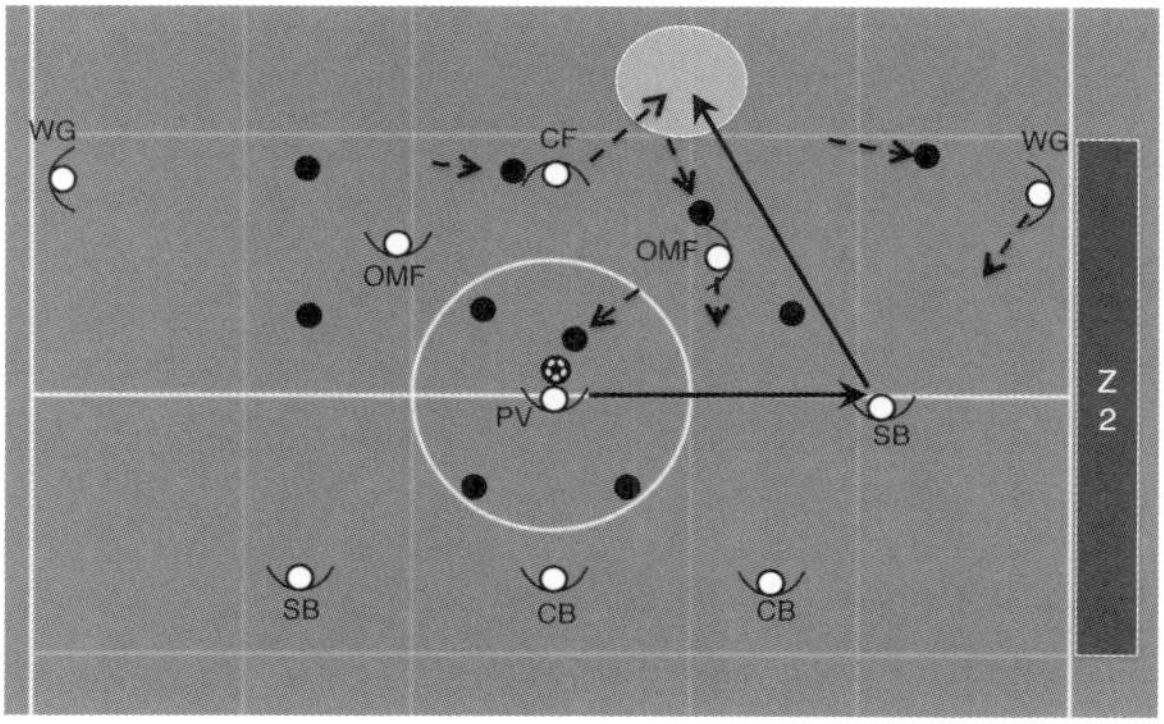

相手がマークするとマンツーマンのような配置になる

ポジショナルプレーを実践するときに、最初にすることは、相手の守備と逆の配置にすることである。相手がそれによってどのようなリアクションをするのかに応じて、攻撃側もオープンスペースに動いていく。相手の守備と逆の配置のシステム例をいくつか紹介する。

◉相手の守備と逆の配置　3−4−3対4-4-2

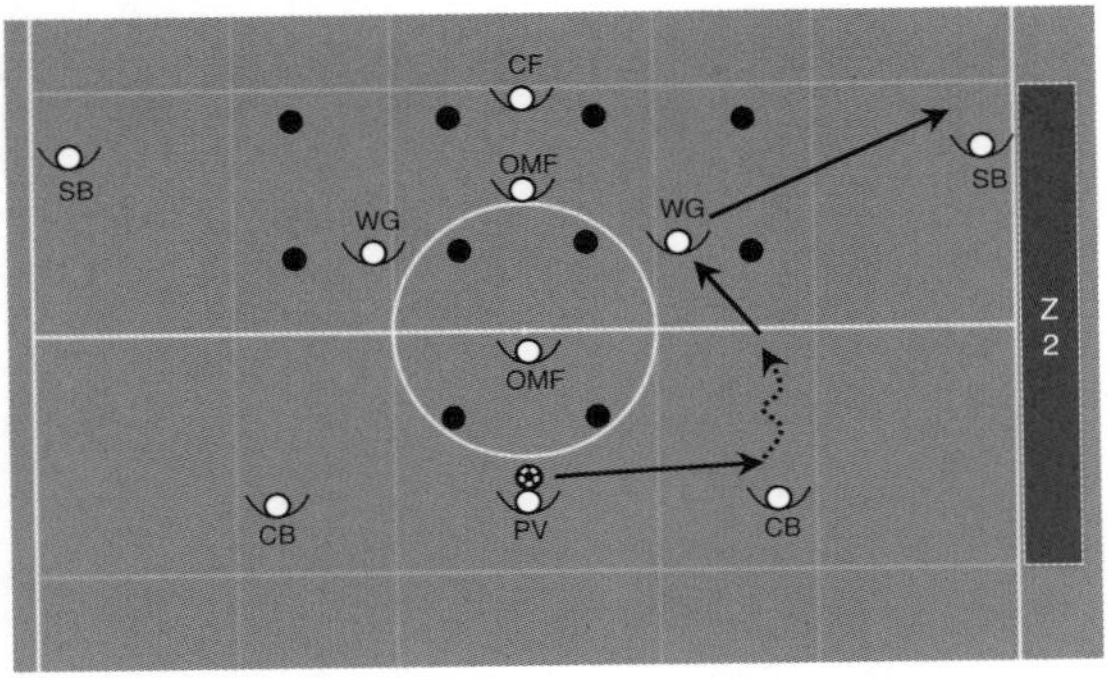

3－4－3の配置（中盤ダイヤモンド）。特徴はダイヤモンドの形が非常に作りやすい。４－４－２に対する理想的なシステムであるが、攻撃的な反面、前に人数をかけているのでカウンターアタックには弱い。

◉相手の守備と逆の配置　2−3−2−3対4-4-1-1

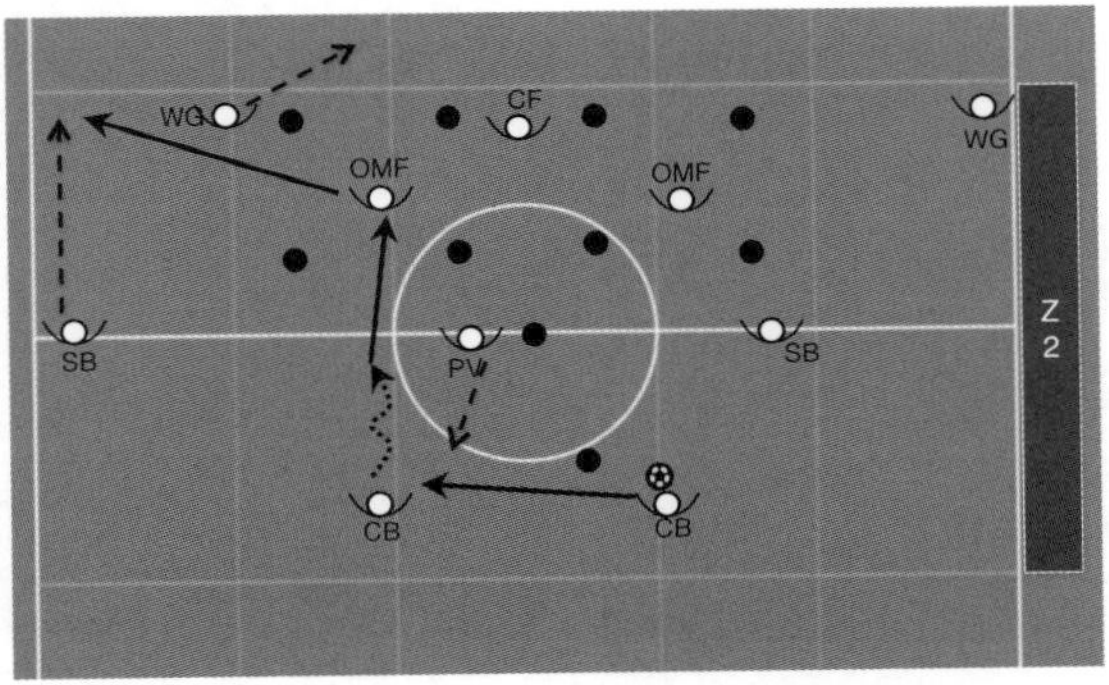

2－3－2－3アシンメトリーの配置。相手が１トップなので２バックで良い。相手チームにはトップ下がいるので、縦に並ぶ２トップと考えることもできる。安全な配置は３バック、１ピボーテである。どちらかのSBの攻撃力が強力な時に有効。

◉相手の守備と逆の配置　2−3−2−3対4-1-4-1

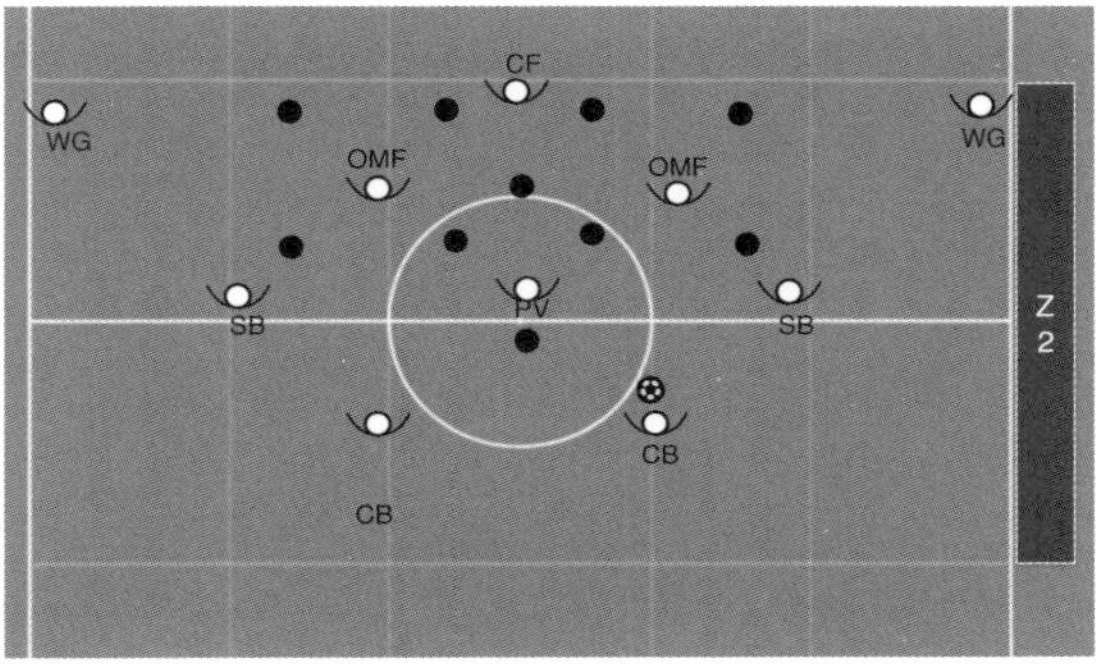

2−3−2−3の配置。両SBがハーフスペースまでポジションを閉じて、中央に多くの選手を配置。ダイヤモンドの形が作りやすく相手を中央に引きつけ外側のWGをフリーにする。SBとWGのサイドレーンでのコンビネーションプレーが重要。

◉相手の守備と逆の配置　3−2—2−3対4-1-2-3

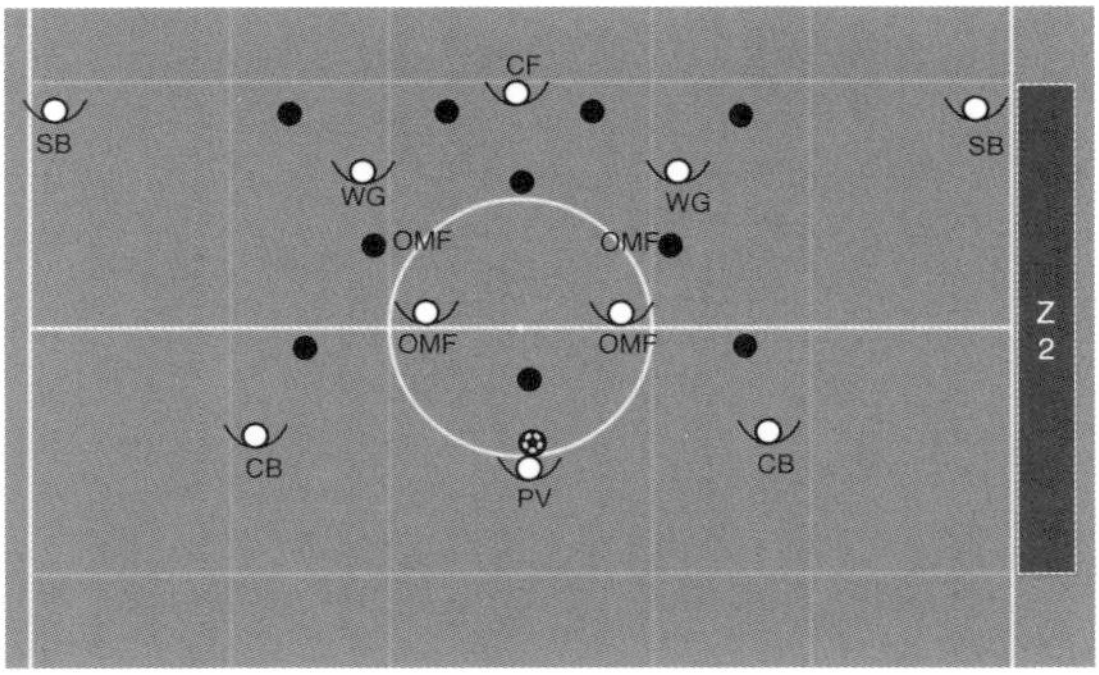

3−2—2−3の配置。個人的に4−1−2−3のゾーンディフェンスは攻略が非常に難しい。グラウンド中央を全て相手に埋められているからだ。プレーの原則を放棄して相手3トップに3バック、2ピボーテを配置することで、相手の2OMFの背後にいる攻撃側のWGをフリーにすることができる。

05 相手の守備と同じ配置の攻撃

相手の守備と同じ配置の攻撃とは、攻撃側のDFラインでは数的優位を作る原則を採用し、それ以外のMFラインとFWラインの選手の配置をできる限り相手と1対1の状況が生じるように相手の守備システムと同じ配置にする（相手チームもDFラインで数的優位を確保するので全く同じ配置にはならない）。攻撃の配置が決まったら、攻撃の選手は決まったポジションからほとんど動かず。攻撃に参加している選手の1人、2人が相手の背後へ移動するなど以外はポジションを変えない方法である。

相手がゾーンディフェンスの場合、守備者1人1人が守るゾーンに必ず攻撃側の選手が1人いることになるので、ゾーンディフェンスで最も優先されるボールよりも、自身のマークに注意が向きやすくなる。ボールよりもマークに注意が向くとゾーンディフェンスがいつしかDFラインの下がったマンツーマンディフェンス、もしくはミックスディフェンスのような形になる。

なぜDFラインが下がるのかと言うと、ボール（ボール保持者）とマークの両方を見られる位置にポジションを取ることがゾーンディフェンスの基本原則であるからだ。必然的にマンツーマンディフェンスのようになったゾーンディフェンスは、守備者は自身が守るゾーン内でボールとマークの両方を視野に入れるために、守備側の選手全員が自陣の低い位置に下がった状態になる。この攻撃方法は個人能力を最大限に生かすことが可能となるので、個人の質で相手チームを上回る質的優位をもった選手が多くいるチームには、最適なシステムであるし、ゾーンディフェンスを攻略する1つのオプションとして、どのチームも試合のいくつかの時間帯で使うのも効果的である。1対1の状況が多くなるので、ゾーンディフェンスがマンツーマンのような形になり、守備者は自身のマークに注意が向き、マンツーマンディフェンスの基本ができていないチームは攻撃側にオープンスペースを与えることになる。攻撃側は相手のマークを外してオープンスペースでフリーになった選手を使う。1対1の守備が弱い選手と攻撃の強い選手とのミスマッチがあるところから攻撃できる。空中戦やスピードなど質的優位のミスマッチを利用する。

◉相手の守備と同じ配置を使った攻撃

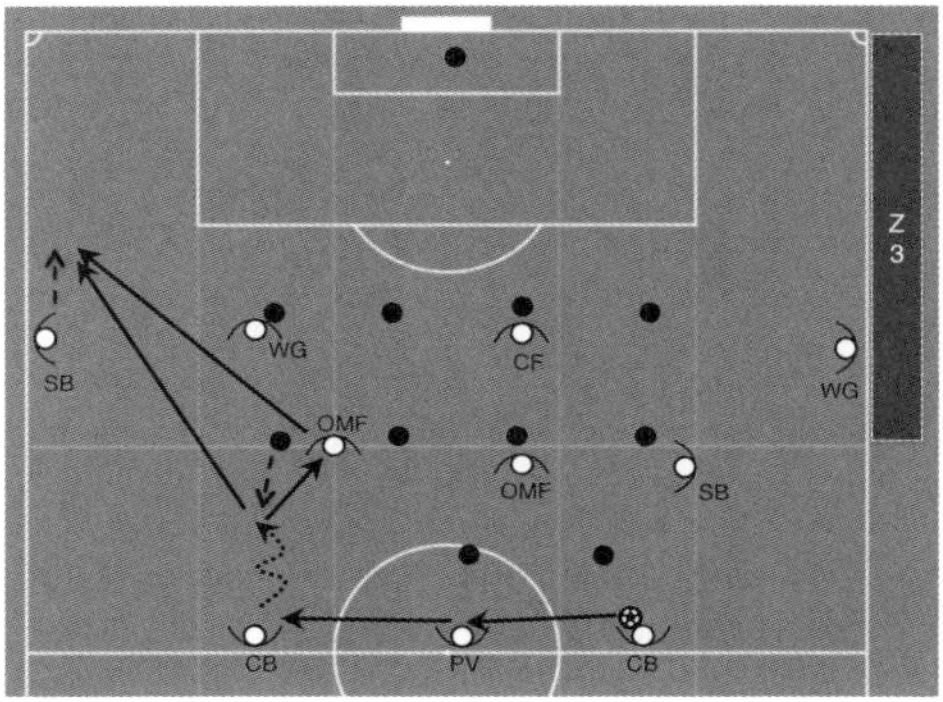

相手の守備と同じ配置を使った攻撃は相手1人1人が自身のゾーンにマークする攻撃者を持つことになるので、守備側の選手にプレッシャーを与えることができる。攻撃側のチームはボールを素早く循環することで、相手はボールとマークの両方を視野に入れることが難しくなる。そのような状態になると相手は自身のマークに背後を取られたくないので、マークの方により注意が向くようになる。ゾーンディフェンスがマンツーマンのような形になるのだ。

06 相手の背後、ライン間、ライン上にポジションを取る

最初にライン間、ライン上、相手の背後（視野外）とは何かについて説明する。

ライン間は、相手のFWラインとMFラインの間、MFラインとDFラインの間のことである（DFラインとGKの間もライン間と言える）。

ライン上という言葉は、フットサル日本代表コーチの鈴木龍二が命名した。これは相手のFWラインの間、MFラインの間、DFラインの間のことである。

相手の背後（視野外）とは単に相手DFラインの背後と言う意味だけではなく、ライン間やライン上を含む。

◉ライン間、ライン上、相手の背後

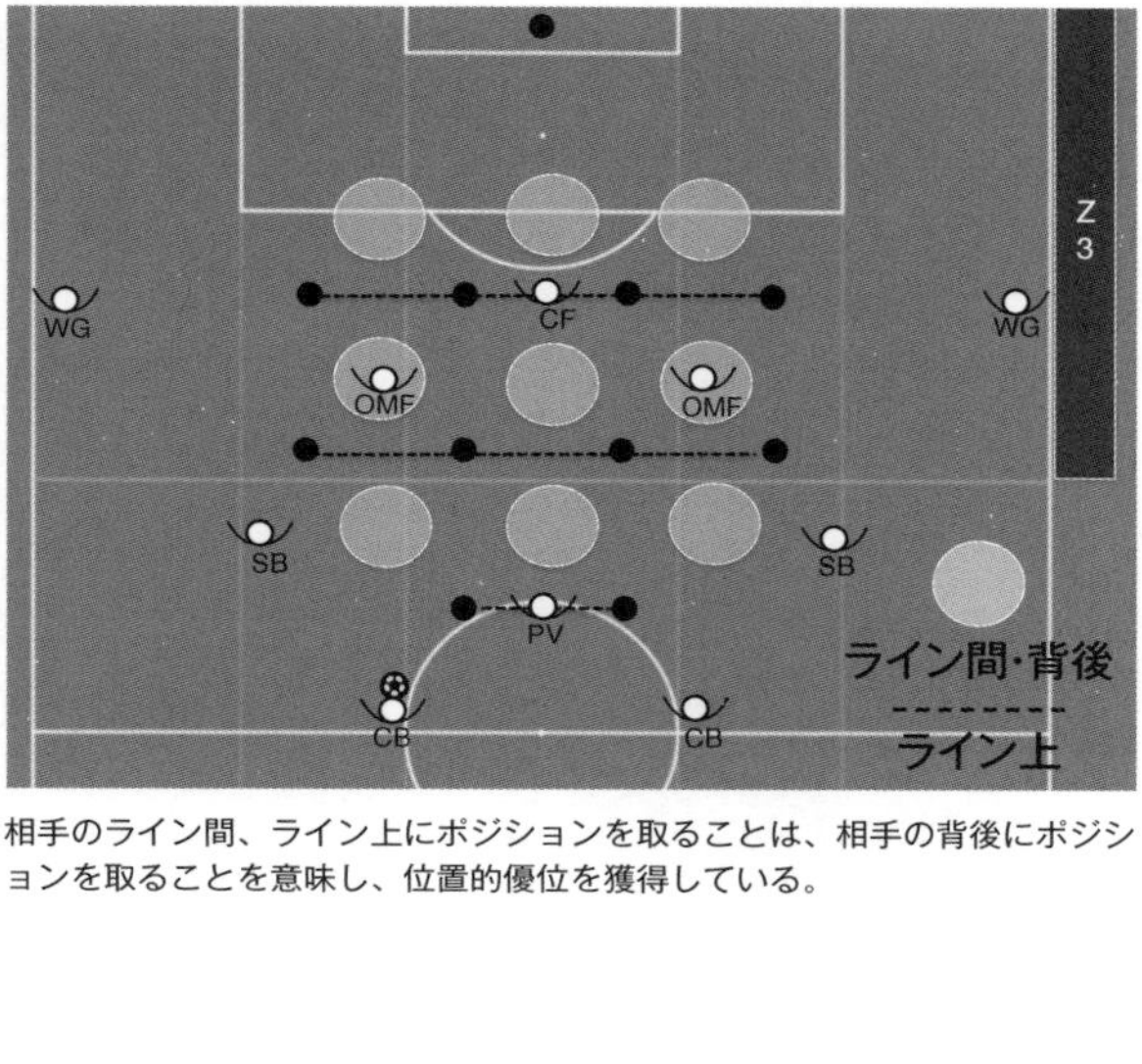

相手のライン間、ライン上にポジションを取ることは、相手の背後にポジションを取ることを意味し、位置的優位を獲得している。

位置的優位とは相手の背後（視野外）にポジションを取ることである。相手の守備のライン間やライン上にポジションを取ると、相手の背後（視野外に）にポジションを取ることになり位置的優位を獲得できる。ライン間やライン上は、ボールの移動、攻撃の選手の移動、それに伴う相手の守備の移動によって常に場所が変わるので、継続的に、ライン間、ライン上のスペースを見つけ、そこにタイミングよくポジションを取る必要がある。

具体的に相手の守備ラインの背後にパスを通すとは、例えば、CBから、相手FWラインの背後にいるPVにパスを通す。ボールを受けたPVは相手のMFラインの背後にいるOMFにパスを通す。ボールを受けたOMFは相手DFラインの背後に走り込むWGにパスを通す。ボールを受けたWGは相手GKを自分に引きつけて、FWにセンタリングをしてパスを通し、ボ

著名人の言葉

「ライン間というのは常に移動し、場所が変わっていくので、継続して見つけ続ける、動き続けなくてはいけません。そうすると一人一人の味方の選手の距離感が一定に保たれます。ある程度保たれるというのが、すごく大事なことで、そうなると三角形、四角形が形成しやすくなります。」

鈴木龍二（フットサル日本代表コーチ）

ールを受けたＦＷはゴールにシュートしてゴールラインの背後にボールを通すことで相手ＧＫの背後を取り得点する。相手のラインの背後でパスを受ける選手は常に位置的優位を獲得している。

ライン間、ライン上にポジションを取る効果

ライン間、ライン上にポジションを取ると、相手の背後（視野外）にポジションを取ることになる。仮に、ライン間にポジションを取る選手が相手にマークされたとしても、相手を自身に引きつけることで、他にパスコースやドリブルで侵入するスペースができる。

守備側の選手がライン間、ライン上にポジションを取る攻撃側の選手をマークすると、マンツーマンディフェンスのような状態になり、あらゆるところにオープンスペースができる。攻撃側の選手はそのスペースに動くことで位置的優位を獲得でき、そこから相手の組織的守備を攻略する。

ライン間、ライン上にポジションを取ることの効果は、ライン間にポジションを取る選手がマークされても、されなくとも効果的なプレーを生み出すことができるということである。

ライン間、ライン上にポジションを取ることで、相手はマークしようか、このままスペースを守ろうかと迷いが生じる。その時、攻撃側にスペースと時間が出現する。ライン間、ライン

上にポジションを取るということは、時間とスペースを支配することにつながる。

ゾーンディフェンス攻略の基本は、相手の背後（視野外）、ライン間、ライン上のスペースでボール受けることである。相手の背後（視野外）、ライン間、ライン上に配置された選手を有効利用するには、ボール保持者はコンドゥクシオン（スペースへ運ぶドリブル）で相手を引きつけるために勇気を持ってライン上を攻めなければならない。

ボール保持者が相手を引きつけることで、相手の背後（視野外）、ライン間、ライン上に配置された選手がフリーマンになることができる。

ライン上にポジションを取る効果

ライン上に選手を配置する効果は、1つに相手の視野外であり、ボール保持者とライン上にいるパスの受け手が斜めの関係を作ることで、相手はボール保持者とマークの両方を視野に入れることができない。ライン上は相手の視野外であり背後でもあるのだ。ライン上に選手を配置することでライン間と同じような効果が得られる。

もう1つの効果は、相手のDFラインの1つに直接的に影響を及ぼすことである。

例えば、PVがボールを保持して、OMFがライン上にポジションを取る。相手MFラインの2人の選手がライン上を狭くして、OMFにパスが渡らないようにしても、今度はCFへのパスコースができる。

　このように、ライン上にポジションを取る選手へのパスコースをふさぐと他の選手へのパスコースができ、ライン上を狭くしないと今度はライン上にポジションを取る選手がボールを受けることができる。

　ライン上でのプレーを相手が防ぐ方法も当然ある。

　チーム全体でDFラインのライン間を狭くするのと同様にライン上の間隔も狭くすることで相手にスペースと時間を与えない。守備を縦にも横にもコンパクトにして守備の密度を高める。これは非常に効果があるのと同時に守備側にとっては体力的

◉ライン上にポジションを取る

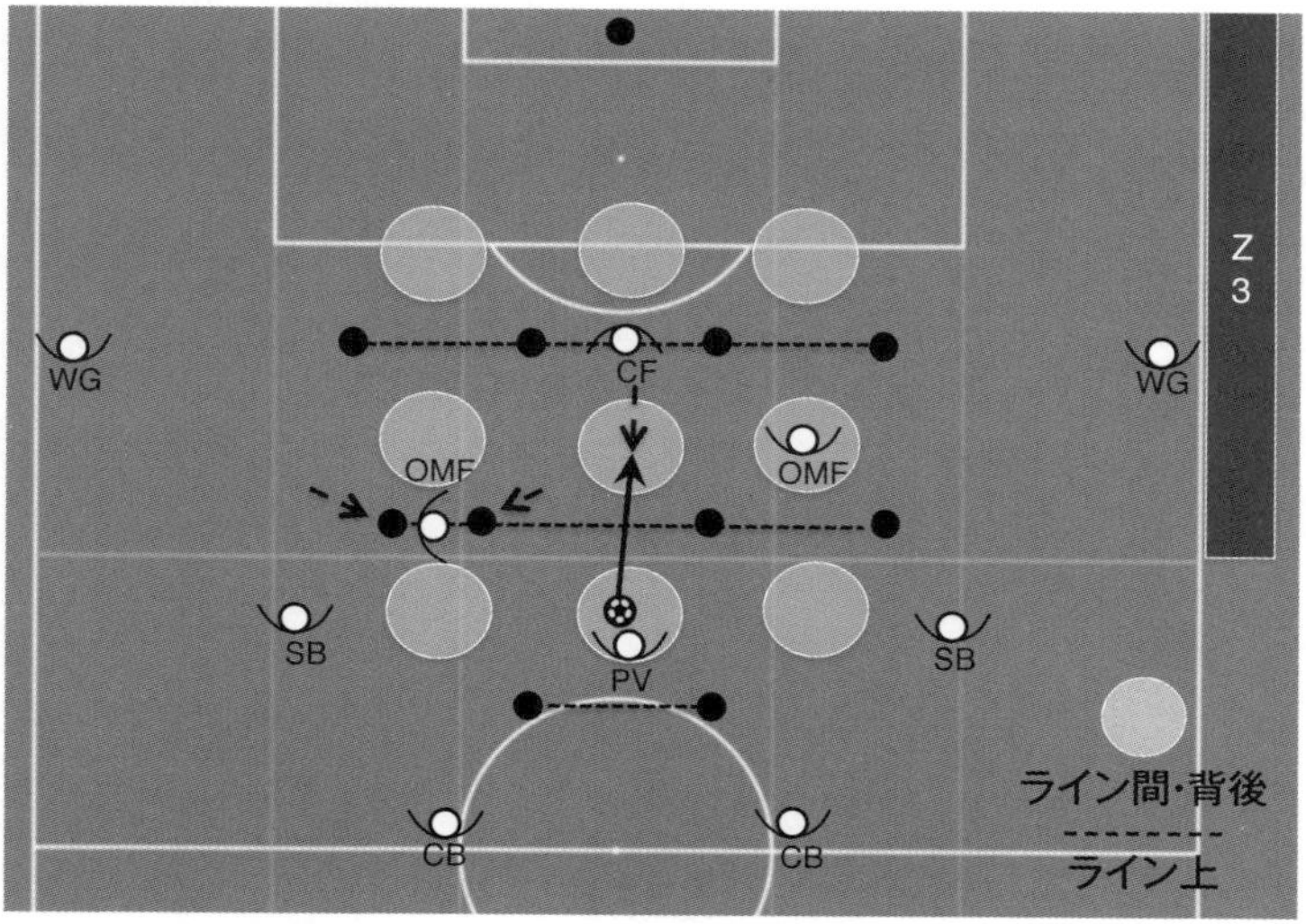

ライン上にポジションを取る効果は、ボール保持者にとってライン間にポジションを取る選手よりもパスが容易である。相手の1つのDFラインに影響を与え、パスを受けても、マークされても、オープンスペースを生み出し前方へのパスコースを創出する。

きつい作業になることだろう。極端なディフェンスのコンパクトさはどこかにオープンスペースを生じさせる。

例えば、相手の最終ラインの背後のスペースや逆サイドのスペースである。攻撃側は、ボールを素早く空いているスペースに運ぶことで相手を疲れさせ、守備のコンパクトさを失わすことが可能となる。その時は、ライン間とライン上を併用することで、より相手を混乱させることができる。

いつ相手の背後（視野外）にポジションを取るのか？

チームがボールを保持しているときに、最も近い選手がボール保持者になった瞬間、もしくはボール保持者との距離が遠くてもアイコンタクトを取ることができれば、相手がいないスペース、相手の背後（視野外）にポジションを取ることができる。

通常、相手はボール保持者とマークの両方を視野に入れるが、ボールを蹴る瞬間はどうしてもボール保持者を注視することになり、マークが外れやすい。

最も近い選手にボールが入った瞬間、相手は自身のマークよりもボール保持者を注視するようになる。この隙をついて相手の背後（視野外）にポジションを移動し、位置的優位を獲得する。

ボールを受けるとき半身相手とズレる

ボールを受けた瞬間、相手と半身（もしくはそれ以上）のズレを作ると、その後の1対1が楽になり、それだけで位置的優位を獲得できる。

相手と半身ズレた状態でボールを受けると、相手と半身ズレた方にスペースが少しできるので、パスやシュート、もしくはドリブルでそのスペースに向かうことが可能である。

相手は守備の原則に従いボールとゴールを結ぶ線上にポジションを取ろうと動く。そうすると今度は相手が前にいた位置にスペースができ、ボ

◉半身ズレた状態でボールを受ける

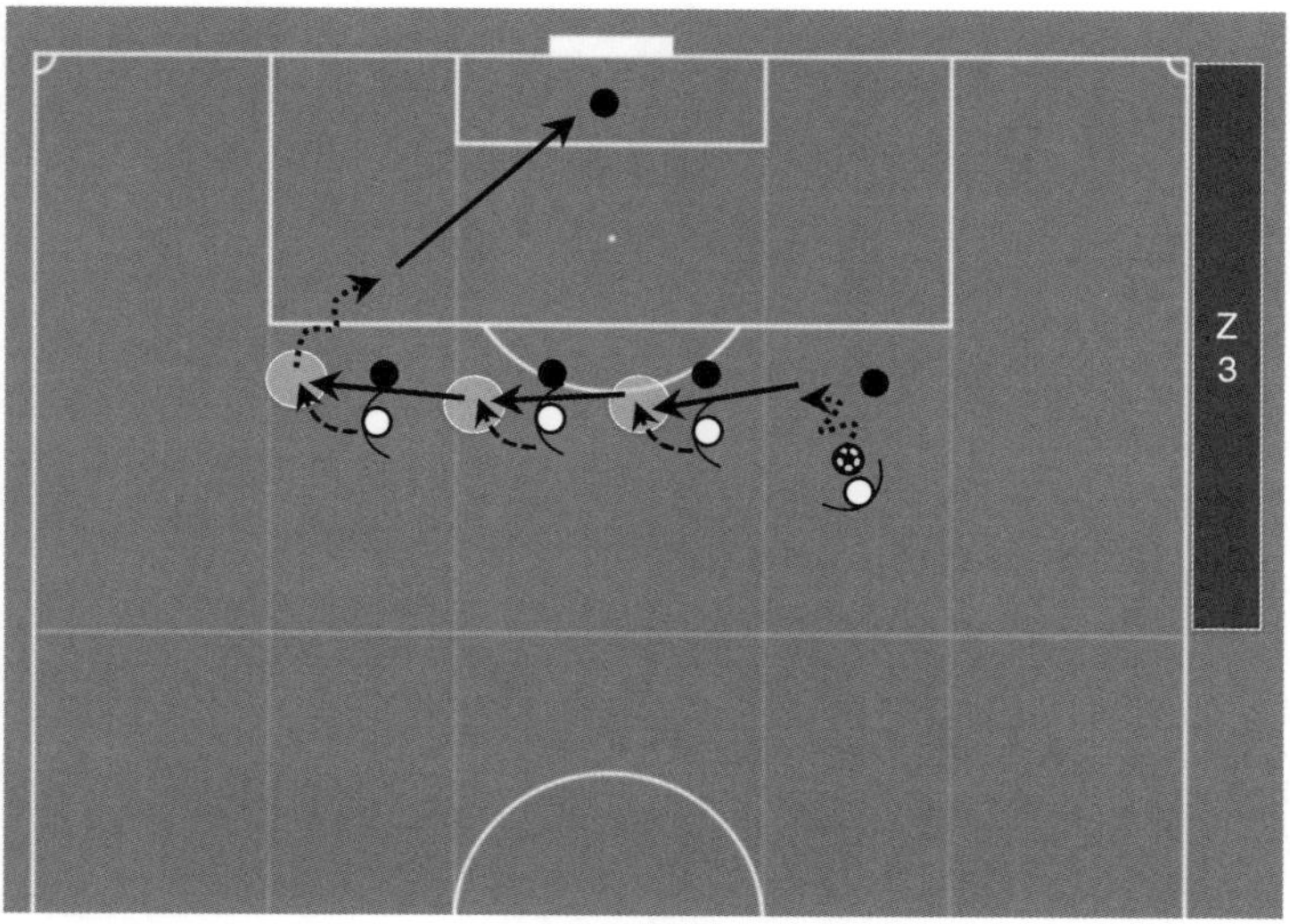

ボール保持者がコンドゥクシオンでライン上を攻めて相手2人を引きつけ、その隙に、その他の選手は相手の背後へ移動し、相手と半身以上のズレを作る（チェックの動き：中央でボールを受ける選手はボックスステップを使う）。

ールを受けた選手はその空いたスペースにボールを運ぶことで、コンドゥクシオンのコースとパスやシュートのコースができる。

サッカーの攻撃は、守備と同じように、組織的にプレーを展開することができる。ポジショナルプレーを学ぶことはサッカーのプレーの本質を理解することにつながる。

07 ライン間、ライン上に入るときのスピード

ライン間、ライン上に入る場合、50％のスピードでゆっくり入ることが良いとされている。速く走ってライン間、ライン上に入るとうまくいかないのだ。ライン間、ライン上に入る選手は50％のスピードでゆっくりと移動する利点は以下の通りである。

ゆっくり移動することの利点

①相手に判断を迷わせ、動きを遅らせることができる。
②相手の守備状況を冷静に観察することができる。

攻撃の選手がゆっくり動くと、その選手をマークしている、もしくは監視している相手もゆっくり動く。

攻撃の選手が歩くと、相手も歩き、走ると相手も走る。相手は、攻撃の選手の動きに応じてゆっくり動くようになる。攻撃の選手が50％のスピードでゆっくりとライン間やライン上に移動すると、相手はそのままマークするか、他の選手にマークを受け渡すかの判断で迷いが生じやすくなり難しい意思決定をすることになる。

そこに相手との「駆け引き」がある。攻撃の選手は相手の動きに応じて戦い方を変えること

ができ、「駆け引き」という読み合いに相手を引き込む。

例えば、ボール保持者に対して、ライン間でボールを受けようとする選手は、相手がボール保持者に対してどちらの方向のパスコースを消しながらプレッシャーをかけるのかを見てから、空いているスペースに、パスコースを作りボールを受けることができる。スペースにゆっくりと動くことで冷静に周囲を見ることができ、良い意思決定が可能になる。

100%のスピードでコンドゥクシオン（スペースへ運ぶドリブル）をしたら、ボール保持者の周辺視野は狭くなる。

ゆっくり動くことで選手は「冷静さ」を得ることができ、周囲の状況を的確に把握して、良い意思決定が可能となる。ゆっくりの状態から、急に速く動くと、スピードの変化を相手に感じさせることができる。

著名人の言葉

「相手ディフェンスのライン間に入るスピードはおよそ50%です。なぜ、このようなスピードで移動するかと言うと、相手にマークするか、しないかの判断を迷わせるためです」

鈴木龍二（フットサル日本代表コーチ）

08 3人目の動きを使ってフリーマンへボールを渡す

相手ゴール方向にターンしてプレーできるフリーマンに、3人目の動きを使ってパスを通す。ライン間にフリーマンを見つけたが、直接ボールを渡すことができない場合、3人目の動きを使ってフリーマンに縦パス、斜めのパス、もしくは落としのパスを通す。

落としのパスの3人目の動きについて、OMFがライン間でフリーであるが、直接CBからOMFにパスを通すことができない場合、一度CFに縦パスを入れ、その落としのパスをライン間で前を向いてフリーになっているOMFが受ける。

フリーマンをサイドレーンの高い位置に配置された選手（WGやSBなど）、もしくはグラウンドの中央（センターレーン、ハーフスペース）に生み出すことを目指す。フリーマンをグラウンドの外側、中央に生み出すことで、攻撃が外・中・外、中・外・中という攻撃が可能となる。

3人目の動きを防ぐのは非常に難しい。

例えば、（左図を参照）AがBにボールを渡したい。しかしBは相手にマークされている。このような場合、Cが2人目となりA（1人目）に近づき、Bが3人目となる。AはCにボールをパスし、CはAにリターンパス。この時、Bをマークしていた相手がボールウォッチャーになり、その場に釘付けになる。Bはこの瞬間にマークを外して、Aからパスを受ける。このようにして3人目の動きを使うことで、フリーマンを生み出し、パスをすることが可能となる。

◉3人目の動きの例

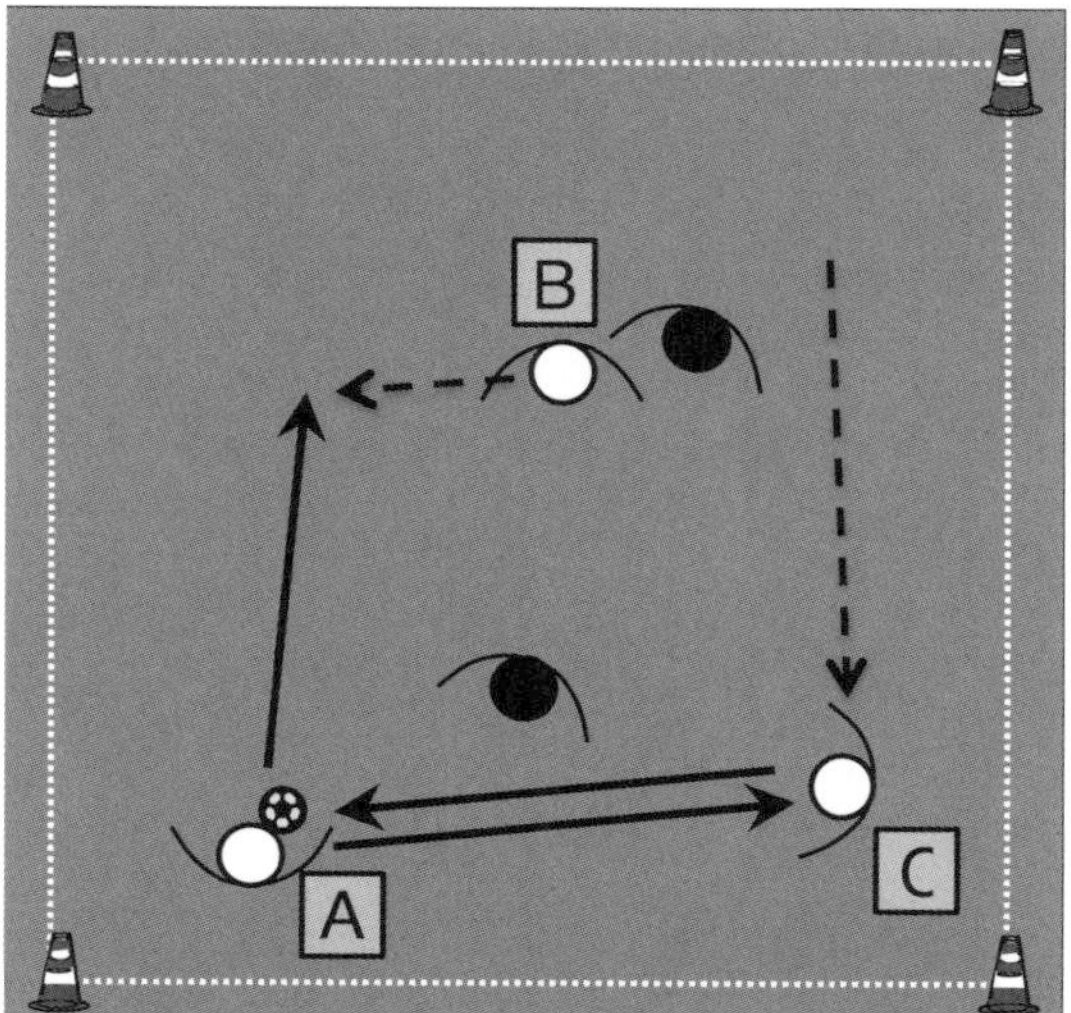

守備者は、ボールを見る傾向がある。近くでパス交換が起こるとどうしても、ボールウォッチャーになる瞬間があり、自身のマークを外してしまう。その隙に3人目の動きでフリーマンへパスをする。

09 4つのラインを作って攻撃する

現代サッカーはコンパクトな守備をするチームが多く、攻撃側が深さを取ることや、ライン間でボールを受けることが年々難しくなっている。

このように、ライン間を狭くする守備を実行してくるチームに対しては、相手DFラインの背後を取るパスを実行することが必要不可欠になっている。

3人目の動きを使ってライン間にいるフリーマンにボールを渡すには、1つのラインを飛ばすパスをすることで3人目のフリーマンに前を向いた状態でボールを渡すことができる。

例えば、PVがグラウンド中央でボールを保持し、CFへ縦パスを入れ、CFは相手のMFラインとDFラインのライン間でフリーとなっている3人目のOMFに落としのパスをする。

前を向いてフリーであるOMFは相手DFの背後に走り出すWGへ縦パスを入れ、WGの動き出しとシンクロするように、SBがWGの空けたスペースを埋め、パスコースを確保する。

このようにして、ダイヤモンドを形成し、ボール保持者に5つのプレーオプションを常に与えるのだ。

現代の守備組織は基本的にDFライン、MFライン、FWラインの3ラインで構成するチームが多い。

そのコンパクトなゾーンディフェンスによる3ラインを攻略するには、攻撃側は、ライン間、ライン上に選手を適切に配置して4ラインで攻撃組織を構成する必要があり、最後は相手DFラインの背後でボールを受けることでシュートチャンスを作り出す。

◉4ラインで攻撃組織を構成

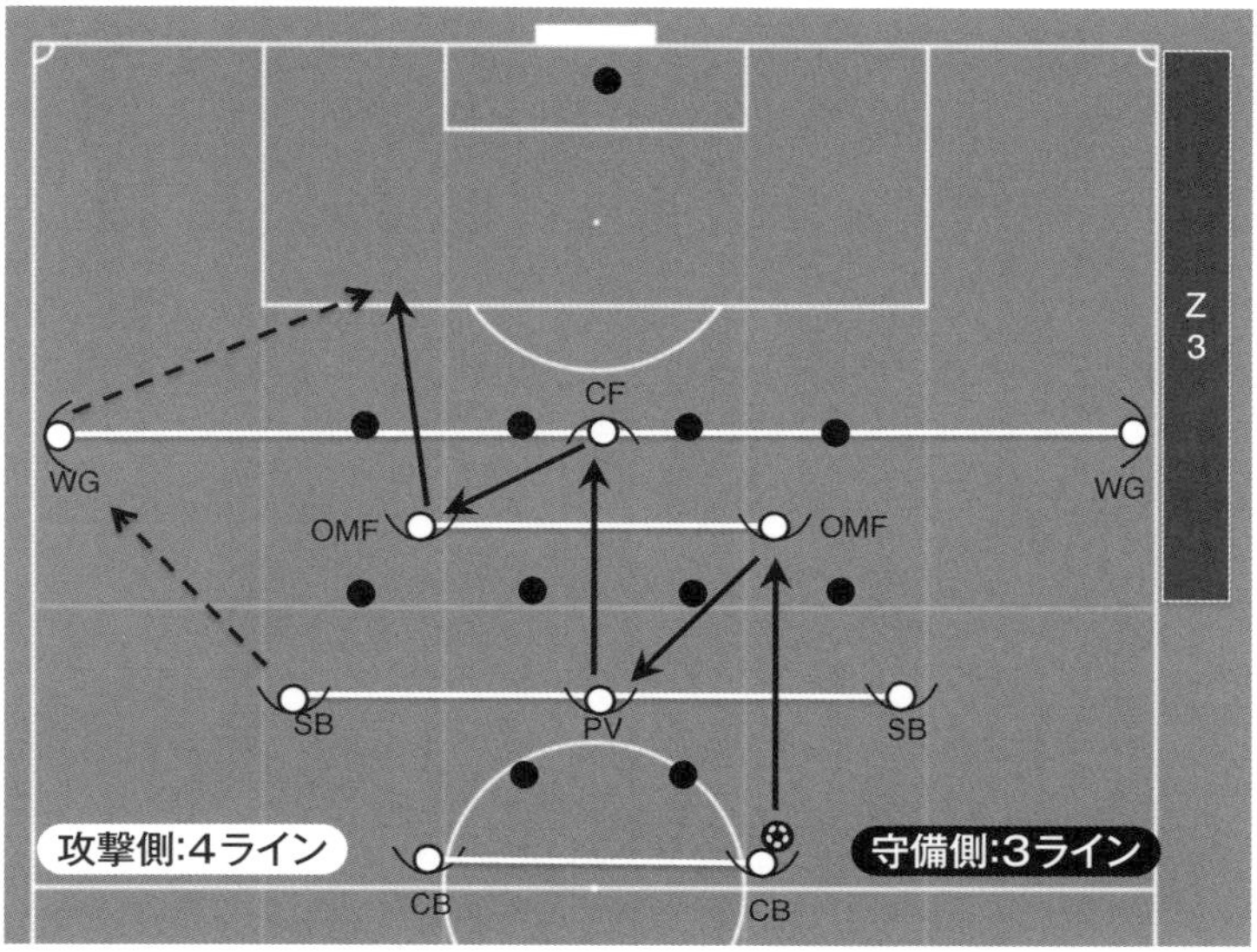

相手が3ラインで非常にコンパクトな組織的守備をするので、攻撃側は4ラインで構成。3人目の動きと1つラインを飛ばしたパスを使い、ライン間でフリーマンがボールを受け、相手DFラインの背後にパスを通すことで得点チャンスを作る。

10 ボール保持者は相手を引きつける

ボール保持者は単に選手にパスするのではなく、相手の背後にいる選手へボールを渡すために、そのパスコースを消している相手を自身に引きつけなければならない。相手を引きつけるためのコンドゥクシオン（スペースへ運ぶドリブル）が現代のサッカーでは年々重要性が高まっている。

大事なことは、常にコンドゥクシオンをしているボール保持者に対して、危険回避のバックパスを準備することだ。コンドゥクシオンをしているボール保持者が前方にパスコースを見つけることができなった時のためである。

現代サッカーは、非常にコンパクトな守備ブロックを形成するので、ＤＦラインでフリーになったＣＢが前方の空いたスペースへ素早くコンドゥクシオンをして相手ＦＷラインを超え、相手ＭＦラインを引きつけ、相手ＭＦラインの背後でフリーになっている選手へボールを渡すことをしなければ相手ＭＦラインを超えることが難しい。

ＤＦラインの選手、特にＣＢにはコンドゥクシオンの技術と、それ実行する意思決定の速さと勇気が求められている。現代のＣＢは、ゲームメーカーとしての資質が必要である。もし、

ＣＢがコンドゥクシオンで相手を引きつけることができなければ、４つのラインを作って攻撃してもフリーマンにパスを通すことは難しく、位置的優位を獲得している選手も使えなくなってしまう。

ポジショナルプレーは相手のＦＷラインをできるだけ少ない人数で超えることで成り立っている。ポジショナルプレーを可能にするには、できる限り位置的優位を獲得した選手を相手の背後（ライン間）に多く配置することである。

ポジショナルプレーは、位

◉コンドゥクシオンで相手をボール保持者に引きつける

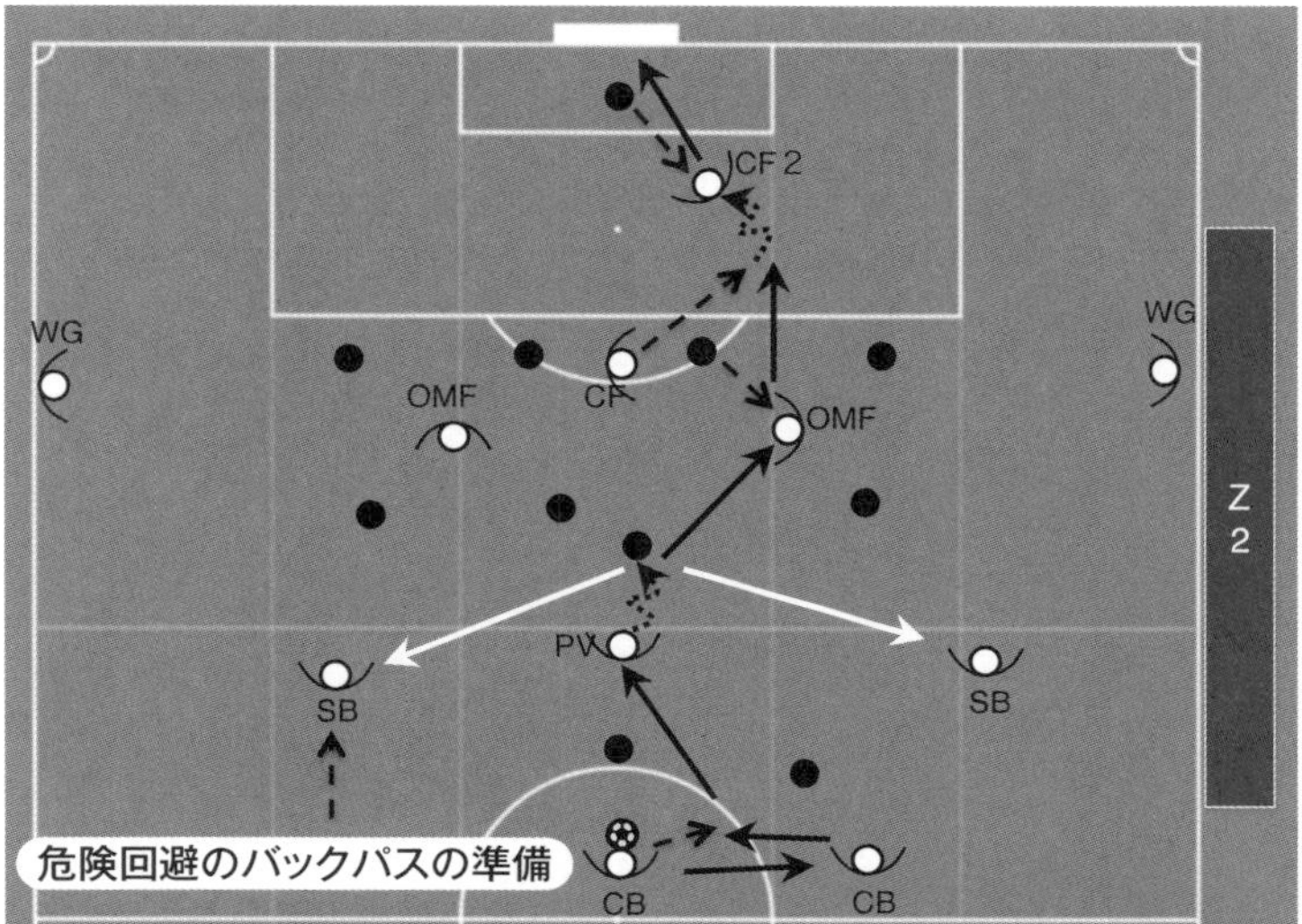

コンドゥクシオンで相手を引きつける選手は、常に、危険回避のバックパスを念頭に入れて相手を引きつける。ボール保持者の近くにいる選手は、常にコンドゥクシオンで相手を引きつけているボール保持者をサポートする必要がある。

置的優位を獲得している選手にボールを渡す、もしくは利用することが必要不可欠である。そのためにボール保持者は相手を引きつけることが重要であり、相手が前に出てこないのであれば、自ら、前方のスペースへコンドゥクシオンを実行し、相手を引きつけて、相手の背後にいる選手にパスをしなければならない。この時3人目の動きを使うと効果的であり、危険回避のバックパスのコースは常に準備しておく。

相手の背後に多くのパスの選択肢を作るために、できる限りグラウンド中央の相手MFラインとDFラインのライン間に多くの選手を配置する。ライン間に多くの選手を配置するためには、DFラインやPVは最低限の人数で構成しなければならない（相

◉前方のスペースへコンドゥクシオンを実行し相手を引きつける

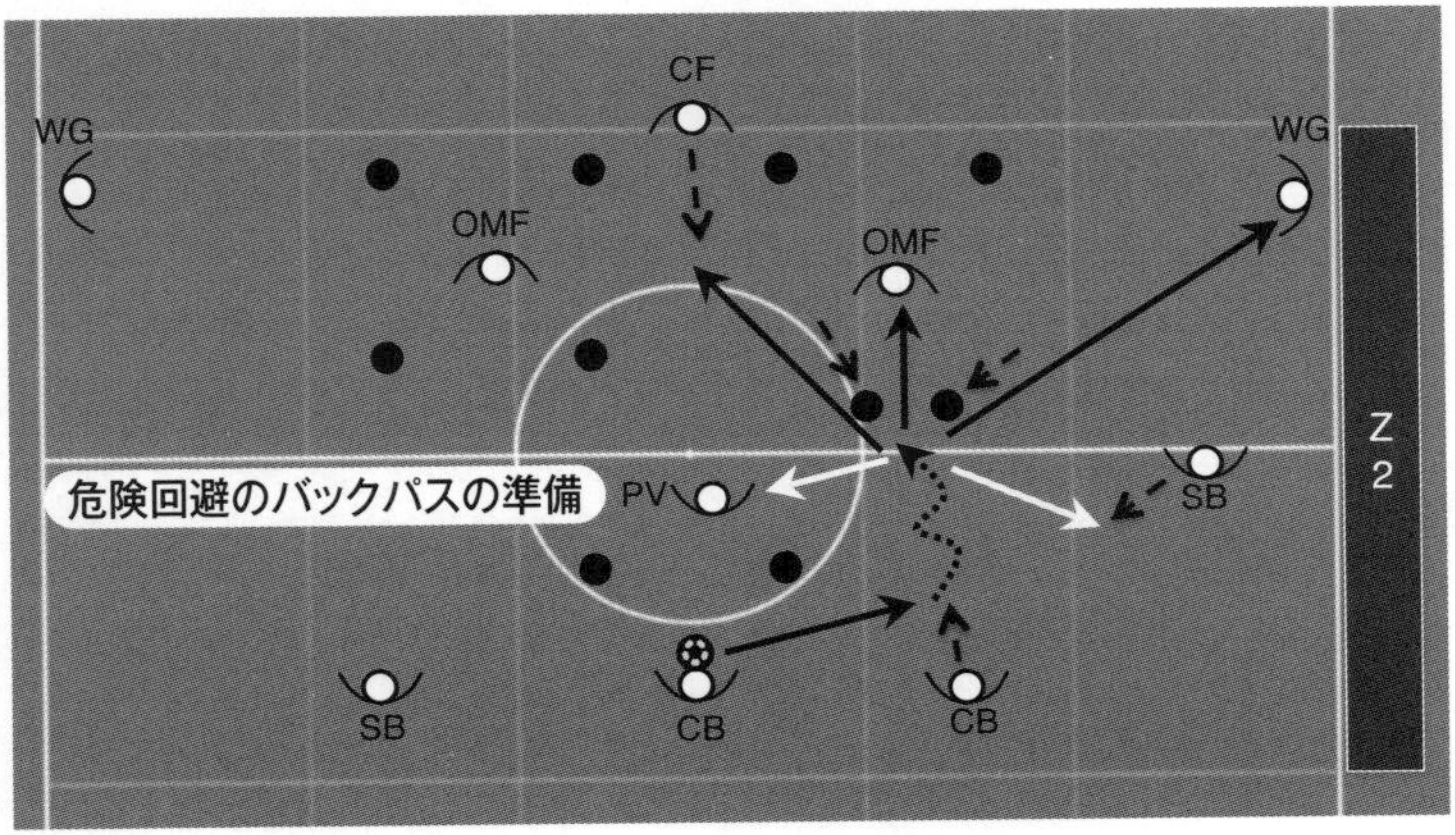

現代サッカーでは、特にCBのコンドゥクシオンの技術の重要性が高まっている。CBがコンドゥクシオンで相手FWラインを超えることができると、攻撃側は多くの人数を前方に配置することが可能となる。

手ＦＷラインの人数に対して＋１～２人）。

ＧＫにパスをする能力が備わっていれば、ＤＦラインの１人としてプレーをしてもらうことができると、さらに多くの人数を前方に配置することが可能となる。しかし、このプレーは自陣のゴールを空けてしまうので、大きなリスクが伴う。試合の状況によってはＧＫがＤＦラインの１人としてプレーをすることも未来のサッカーでは可能であると思う。

COLUMN

選手間の相互作用とは

フランシスコ・セイルーロは「選手間の相互作用とはパスであり、軌道（パスコース）であり、スペースであり、数的優位である」と述べている。

メッシが試合で5人抜きドリブルシュートを決めた。これはメッシだけの力で成し遂げたことだろうか。もし、相手がメッシとだけ試合をしているなら11人全員でメッシを止めるはずだ。

メッシも1人で試合をしているならパスの選択肢はない。実際の試合ではメッシがドリブルをするスペースを作るために、相手を引きつけるFW、メッシの背後でサポートするMF、パスを受けるために前方へ走るWGなど、選手間の相互作用によって、メッシのドリブルシュートは決まる。

シュートを決めた選手だけに注目が集まる傾向がメディアやサッカー界にはあるが、サッカーは環境と選手間の相互作用から生み出されるスポーツだ。

サッカーにはパス（シュート）とドリブルがある。パスコースを作る選手がいるからメッシはドリブルで相手を引きつけ、パスか、ドリブルかを直感的に選択することができるのだ。全ては選手間の相互作用が鍵である。

第3章
ダイヤモンド・オフェンスの実践

01 どのようにファイナルゾーンを攻略するのか（ゾーン3のセットオフェンス）

「きっかけのアクション」とは、相手と「駆け引き」するときに使う1つのプレー、1つのアクションである。

「駆け引き」とは、様々なプレーパターンを暗記して、それをただ実行するのではなく、プレーの概念や考え方、戦術に従って、1つのプレー、1つのアクションから相手のリアクションを引き出し、次のプレーを選択することである。そのバリエーションは多いほど良い。

例えば、Aという「きっかけのアクション」が相手に読まれたからといって、次はB、それがダメならCというようにパターンに頼る方法ではなく、Aという「きっかけのアクション」が通用しなくても、そこから即興的に生まれる派生のアクションを実行する。Aという1つの「きっかけのアクション」から枝分かれするように様々なプレーオプションが生まれるのが「駆け引き」である。

ゾーン3で行われる「セットオフェンス」を見る時は、2対2の状況に注目する。ボール保持者もしくはボール保持者の近くにいるチームメートのスペースを作る動きが複雑であっても最終的には2対2の状況になる。2対2の状況をいかにして2対1するのか。その方法論がダイヤモンド・オフェンスである。「きっかけのアクション」から、2対2の関係性を見ることができればダイヤモンド・オフェンスがより理解でき、サッカーが楽しくなる。

2対2の状況を「きっかけのアクション」からオーバーロード（2対1）を作り出し、相手がどのようなリアクションをするのか、相手のプレーを読み、次のプレーを即興的に選択することでゴールチャンスを創造する。

これから紹介するダイヤモンド・オフェンスのシリーズは、パターンではなくプレーのオプションである。最初のプレーの入り方をある程度決めておいて、その後はフリープレーで行う。プレーのパターンを覚えるのではなく、プレーの原則を理解することで、即興的にその状況に適したプレーが生まれる。

02

サイドレーンダイヤモンドシリーズ第1オプション（ポストプレー）

◉第1オプションを実行する場合のプレー状況

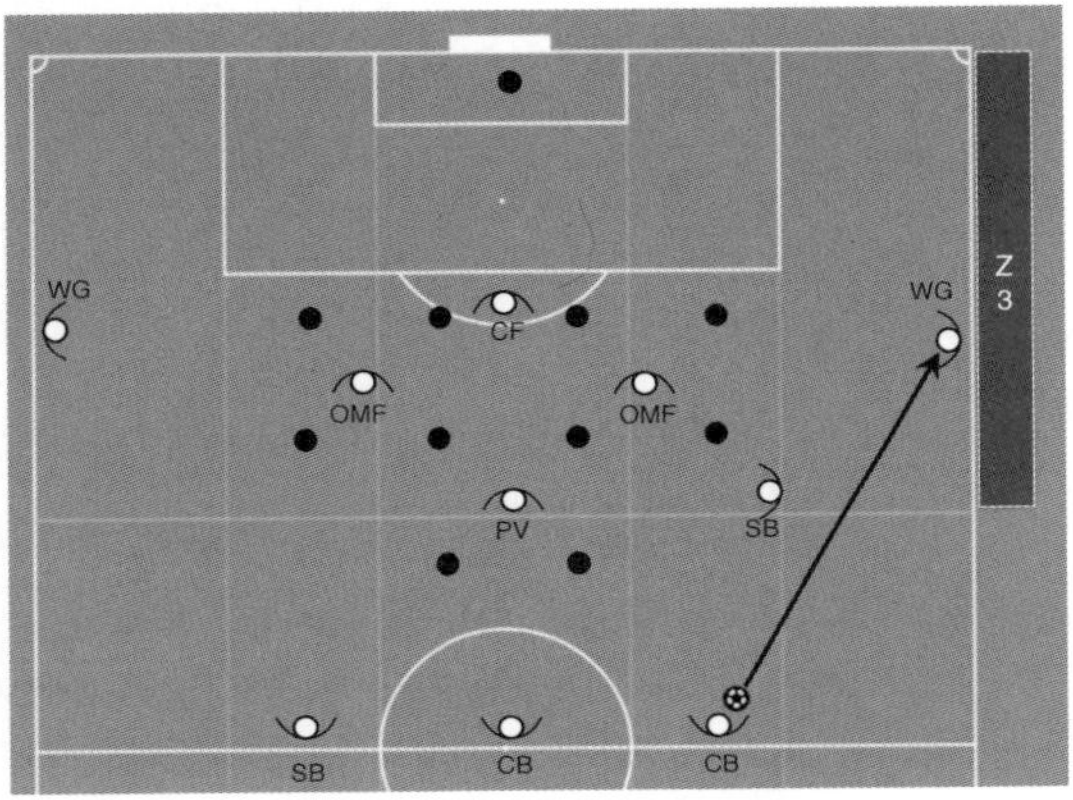

サイドレーンダイヤモンドシリーズは、相手の守備と逆の配置を使い、ゾーン3のサイドレーンでサイドの選手（WGやSB）がフリーでボールを受けた状況から始まる。

◉ポストが配置につくとセットオフェンス開始

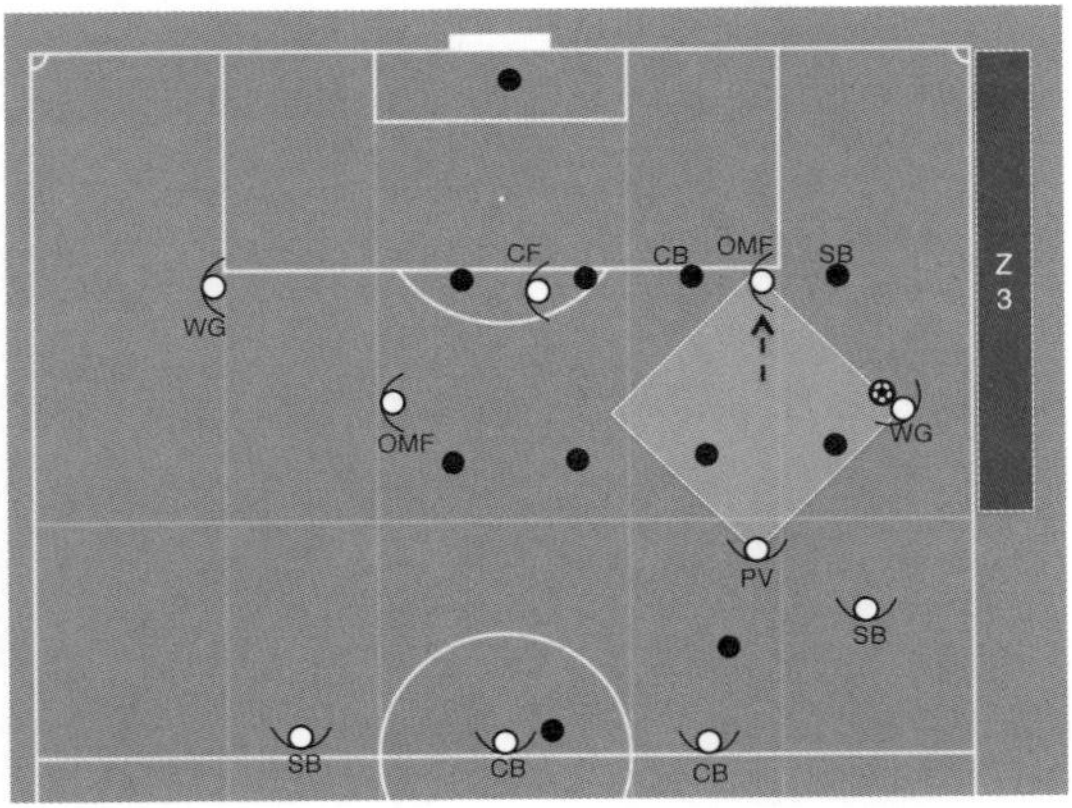

図ではOMFがポスト（相手CBとSBの間）に入り、WGに内側に斜め前のパスコースを作る。攻撃側の選手の配置がセットされたのでここから「セットオフェンス」を開始。

ポスト5つのプレーオプション

　ハーフスペースでポストに入る選手には5つのプレーオプションがある。ポストの選手をマークする相手CBのポストプレーに対するリアクション（マークする位置）によって、ポストの選手が瞬時にプレーを選択する。

1　壁パス
2　ポストのターン
3　パラレラの動き
4　ダブル壁パス
5　3人目の動き

　これから1つずつポスト5つのプレーオプションを説明する。

◉オーバーロードを発生させる

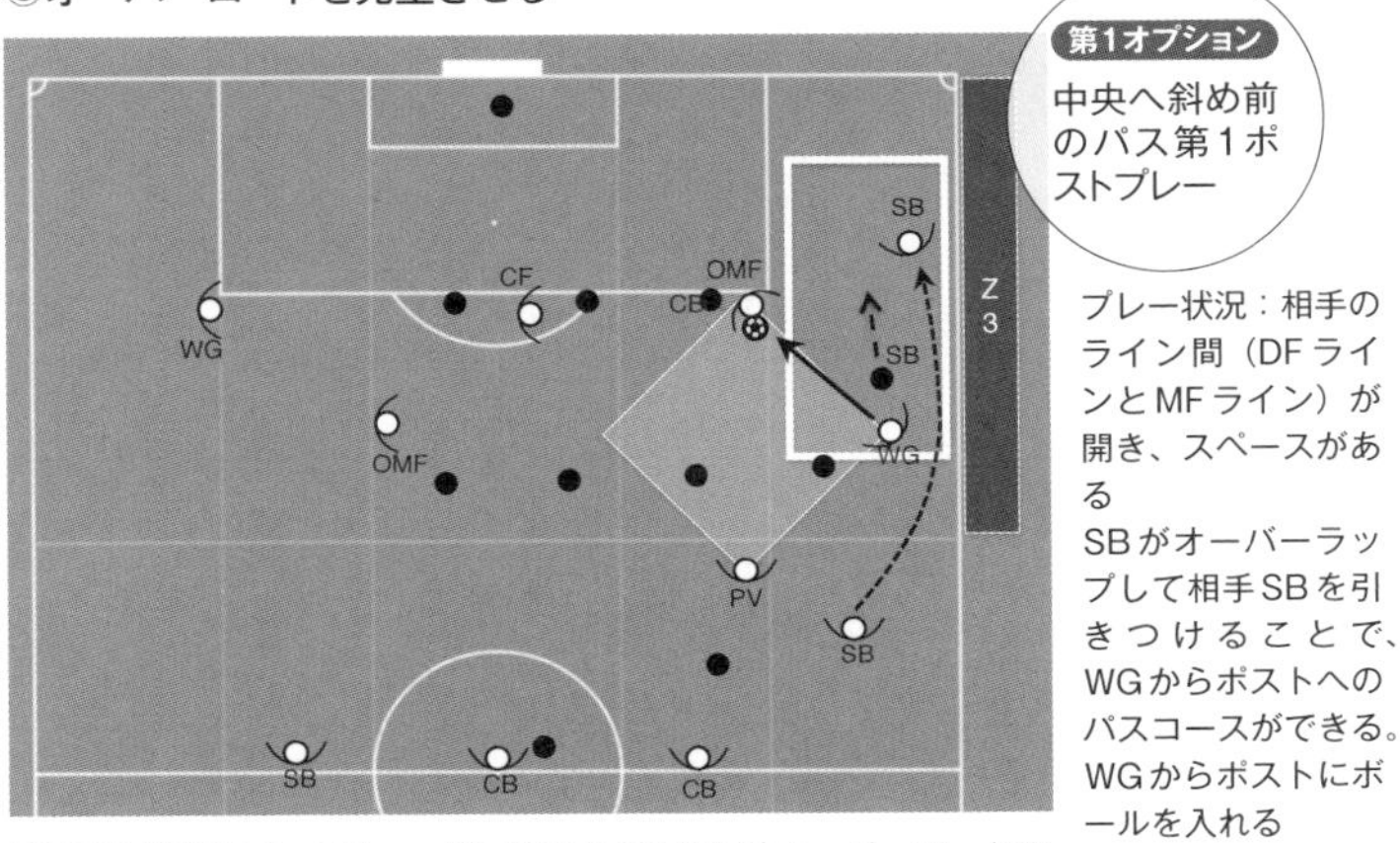

プレー状況：相手のライン間（DFラインとMFライン）が開き、スペースがある
SBがオーバーラップして相手SBを引きつけることで、WGからポストへのパスコースができる。
WGからポストにボールを入れる

相手SBが守るゾーンに、一瞬、WGとSBが入りオーバーロードの状況が発生。相手SBはWGかSBのマークかで迷う。その隙をつき、相手SBがSBへの縦パスのコースを消した瞬間、WGからポストへのパスコースができる。

◉スプリット1（壁パス、3人目の動き）

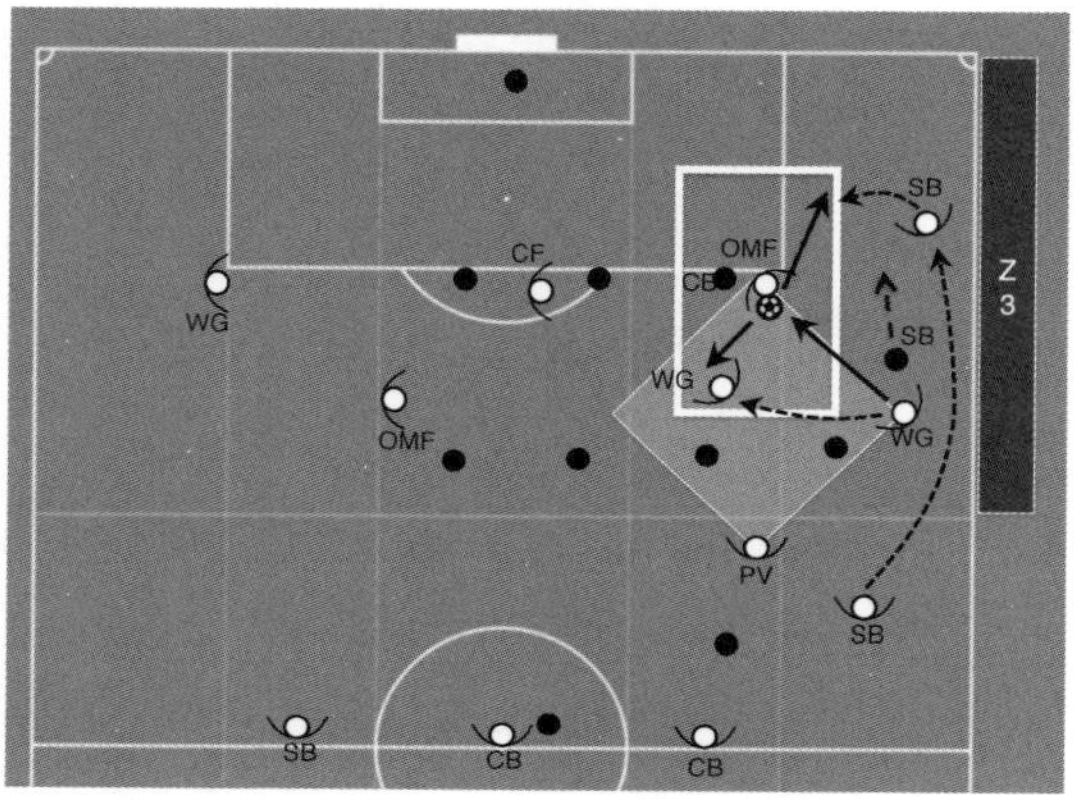

WGはポストに入ったOMFへパスし、壁パスを受けるために相手ゴール方向へ走る。相手CBはマークしているポスト（OMF）か、自身の守備ゾーンに入ってきたWG、もしくはSB（3人目）の動きのマークかで迷う。OMFはフリーになった方にパス。

◉スプリット2（3人目の動きのSBをフリーにする）

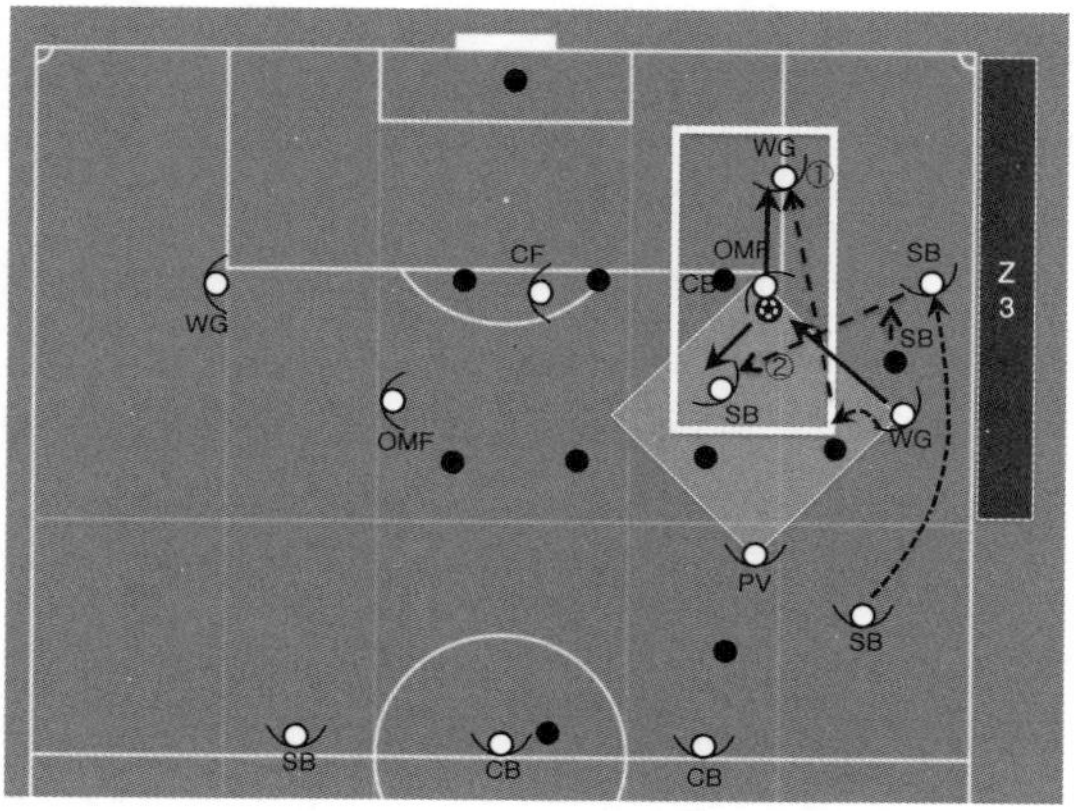

スプリット2：SBがオーバーラップ。WGがポストにボールを入れ、内側へステップフェイクをしてポストの横をカットイン。その後SBがWGの背後をカットイン。相手CBが守るゾーンで一瞬オーバーロードの状況（3対1）。 SBをフリーにするプレー。

※スプリット
ポストプレーをする選手を利用して2人の選手が交差する動き。

◉スプリット3（3人目の動きのWGをフリーにする）

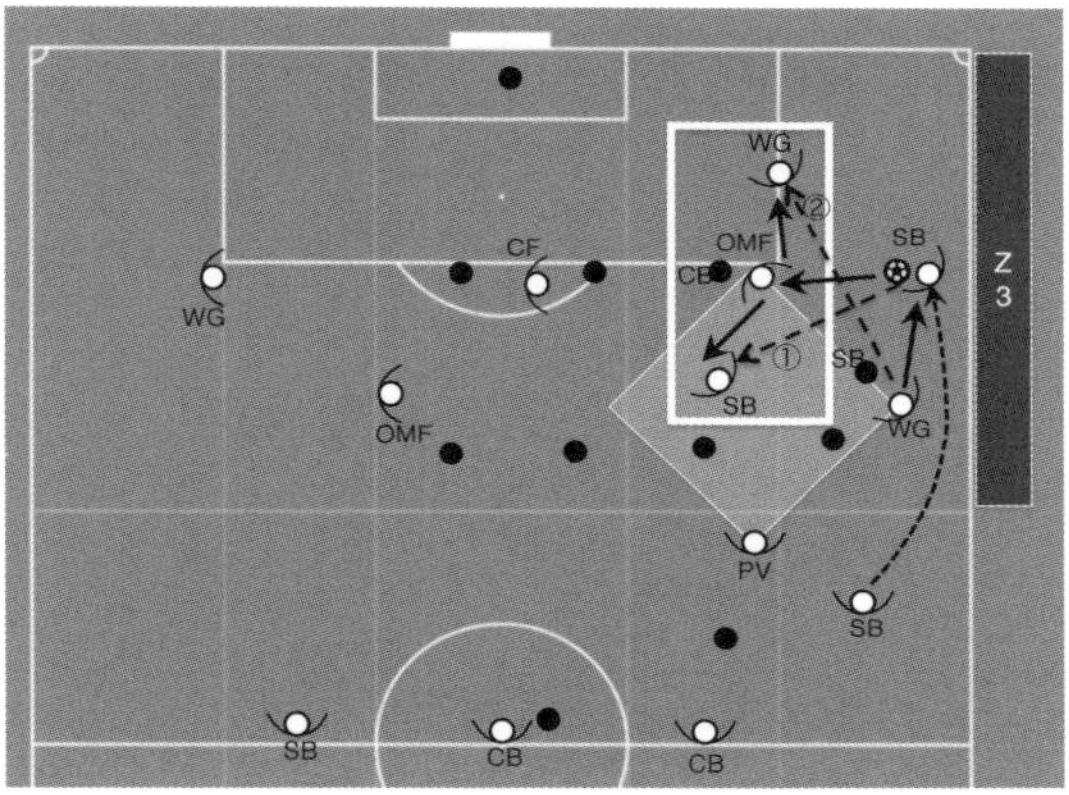

スプリット3：SBがオーバーラップ。相手SBはポスト（OMF）へのパスコースを消している。SBが囮となりWGをフリーにするプレー。WGはSBへパス。SBはポストへパスしてカットイン。WGはSBの背後を通ってカットイン。

◉ポストのターン

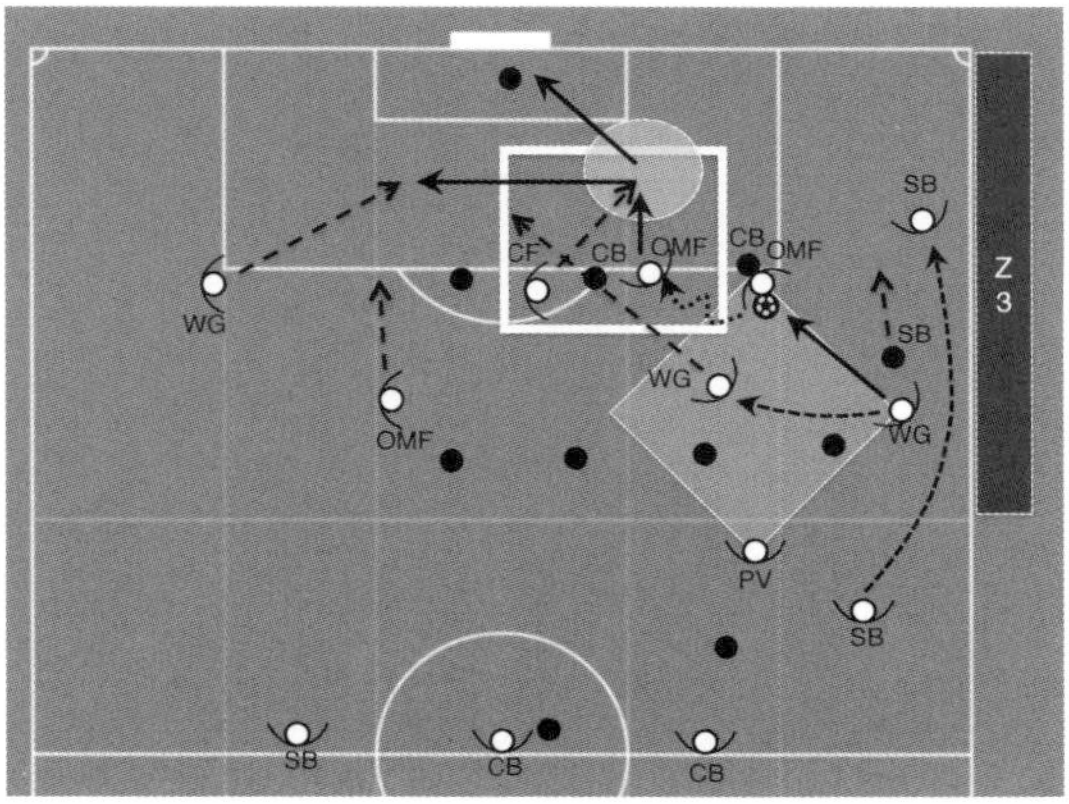

相手CBがポストに密着して背後からマークする場合は、ボールを受けたらターンをして、パスやシュートへ持ち込む。

ポストをマークしている相手CBがWGからのパスをインターセプトしようとポスト（OMF）より前に出るそぶりを見せたら、WGは内側へコンドゥクシオン、相手CBの背後へパス。OMFは相手の背後でパスを受ける

◉パラレラの動き

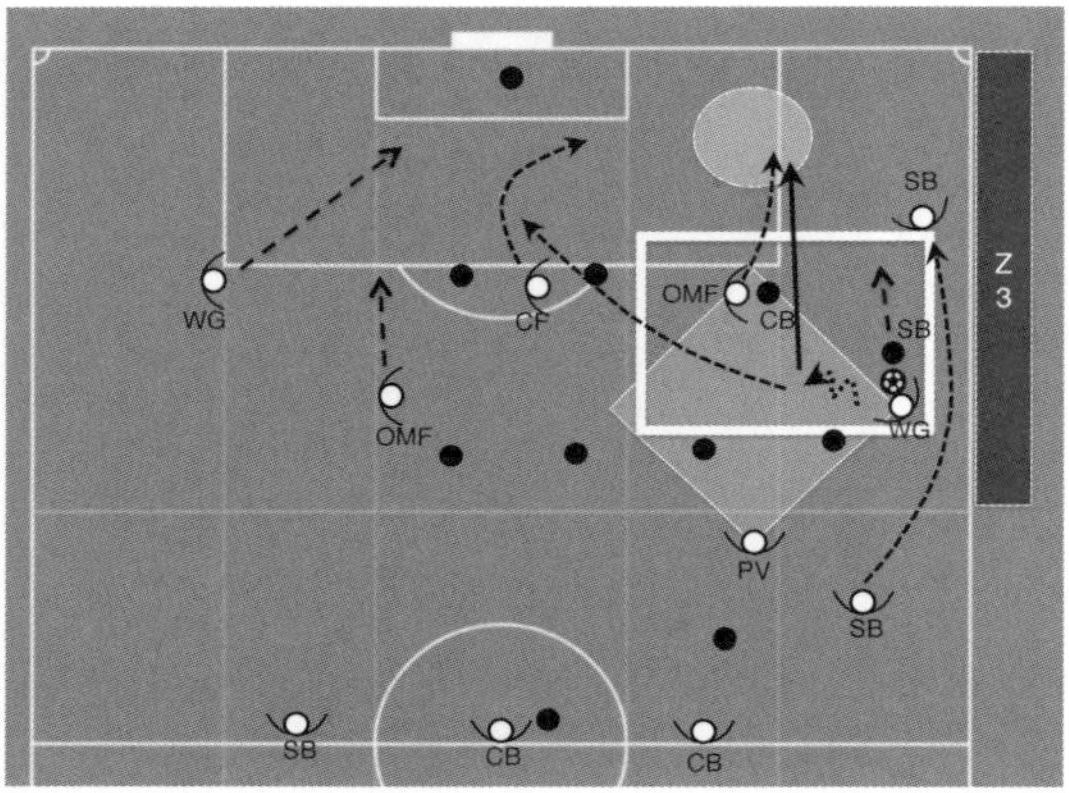

OMFは相手CBがボールウォッチャーになった瞬間、相手の背後へオフサイドに注意してタイミングよく移動しパスを受ける。

ポスト（OMF）がWGへパスした後、相手CBがOMFのマークを捨てWGをマークした場合、今度はOMFがフリーになる。WGはフリーになったOMFへパス。

◉ダブル壁パス

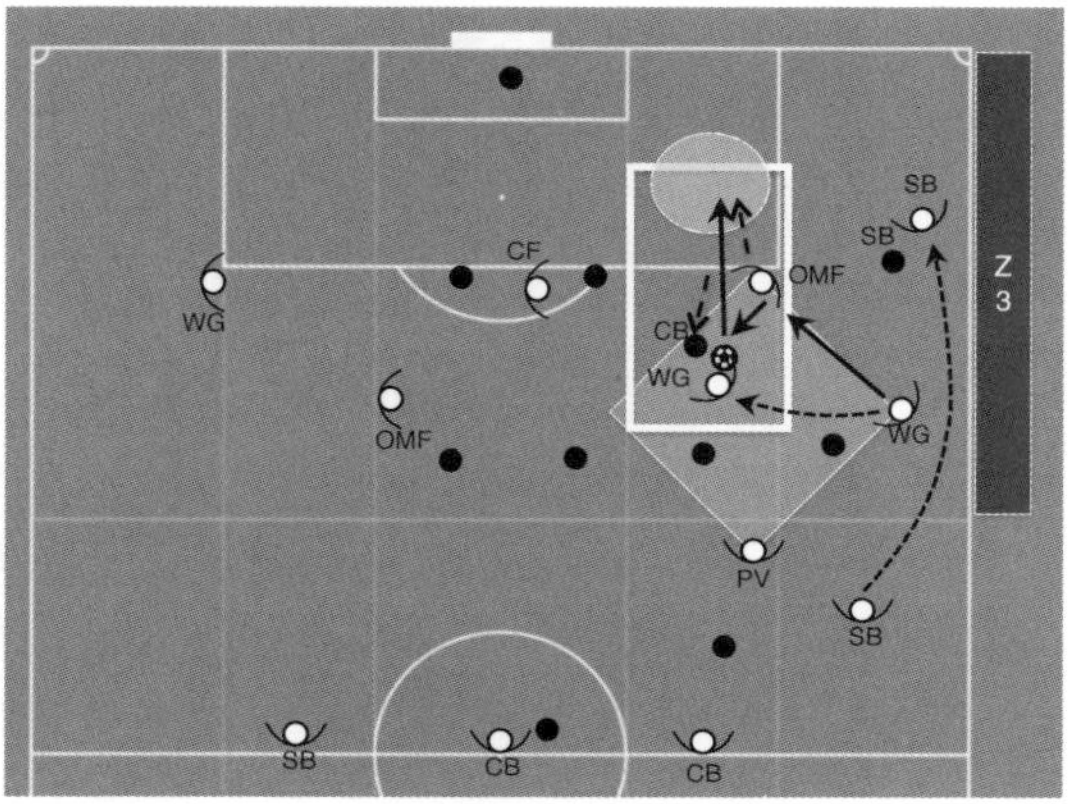

相手に二者択一を迫り、プレーを迷わせ、その隙をついてシュートチャンスを作り出す。

※パラレラの動き
タッチラインと平行に動いてパスを受ける動き。

◉アシストゾーンへ深く侵入する

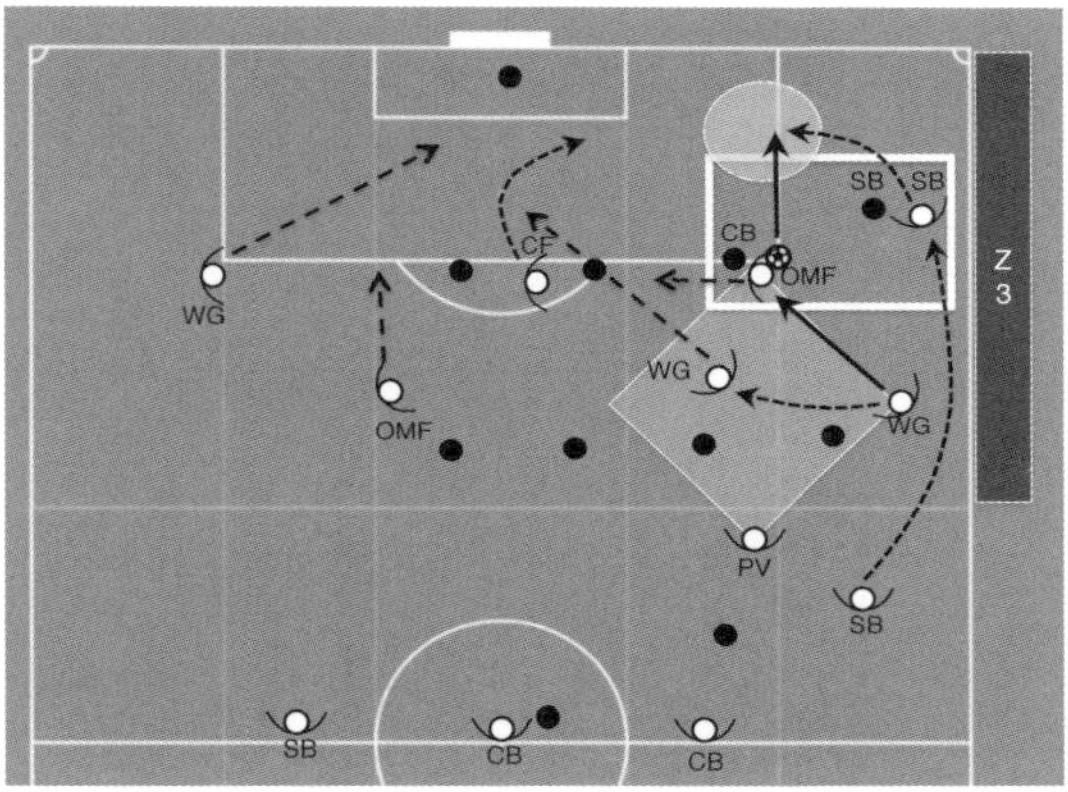

ポスト（OMF）がSBへパス。SBはできる限りアシストゾーンへ深く侵入しセンタリング。あらかじめ決められたセンタリング時のゴール前の配置に攻撃に参加している選手は移動する。

◉センタリング時のゴール前の配置1

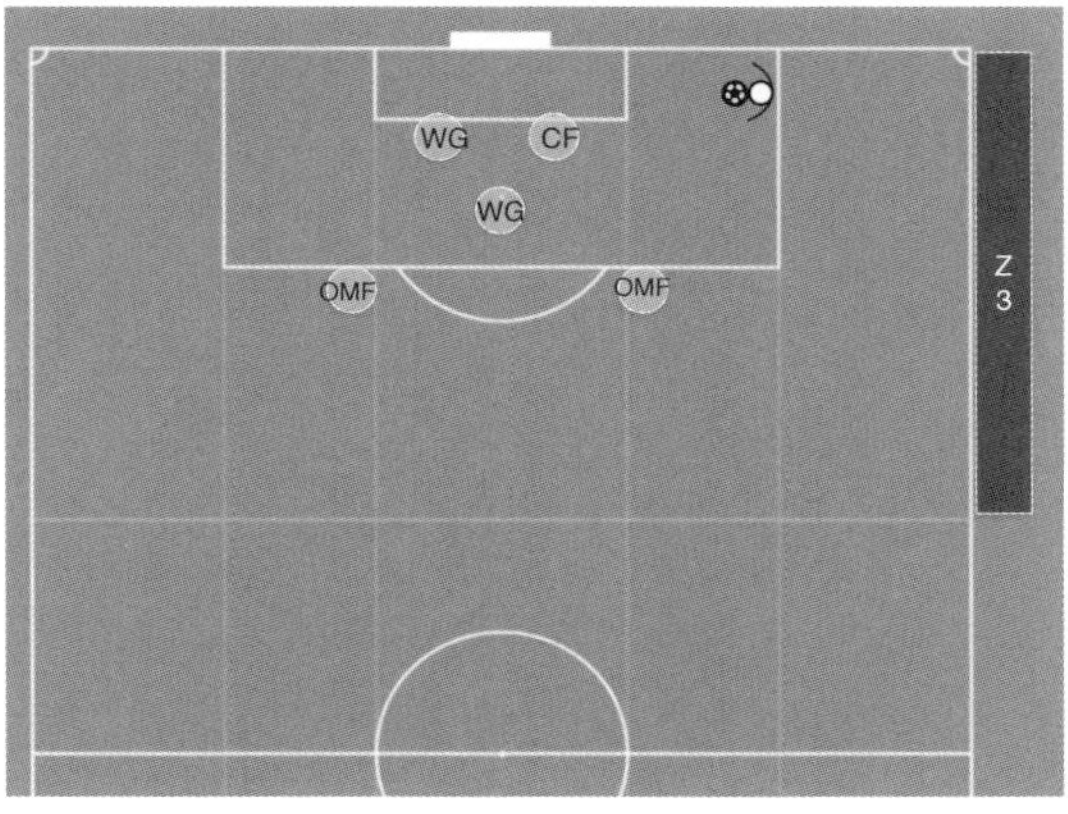

相手ゴールをダイヤモンドの頂点として考え、ニア、フォア、ペナルティスポット（レイオフのパスを受ける）、ペナルティエリア前の両ハーフスペースに1人ずつ配置する。

◉センタリング時のゴールエリア前の配置2

オーソドックスな配置。ニア、真ん中、フォア、ペナルティスポット（レイオフのパスを受ける）、ペナルティエリア前のニアのハーフスペース

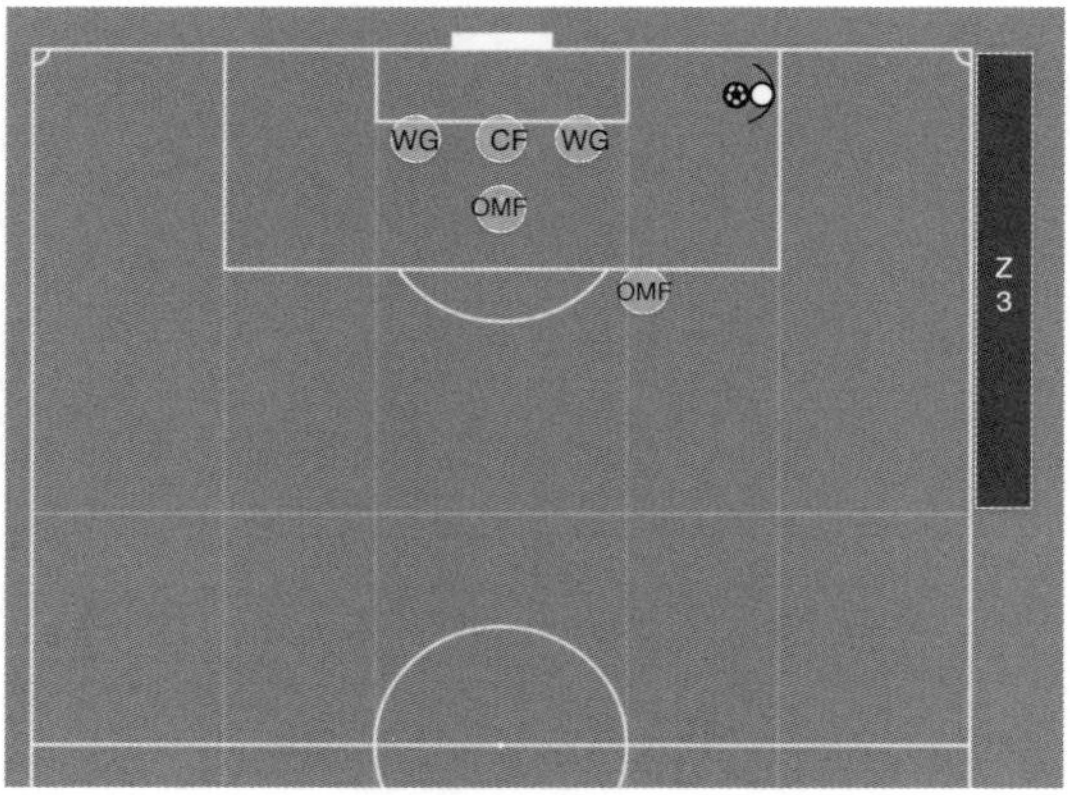

ダイヤモンド・オフェンスは最終的にアシストゾーンを攻略する。アシストゾーンからのセンタリング時の選手配置は重要である。

◉第1ポストプレーフェイク

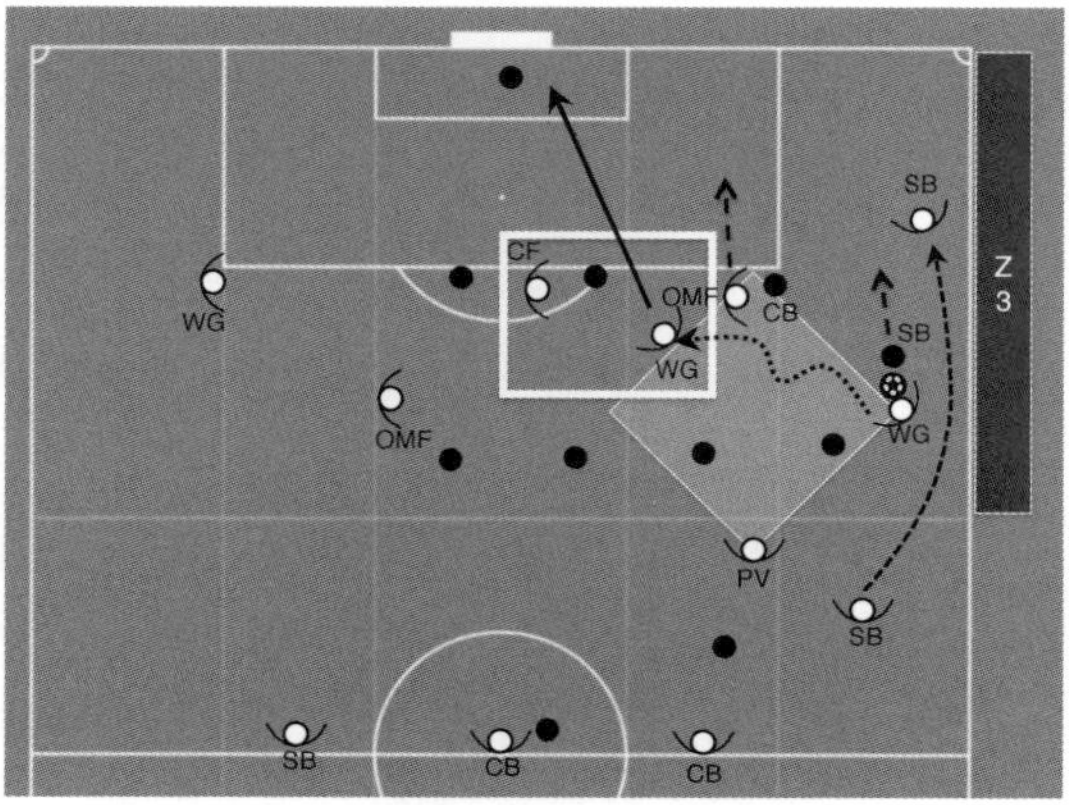

WGは、相手の背後へ走り出すOMFへパスをせず、コンドゥクシオンで内側へ切れ込み、第2ポストのCFとプレーする。CFにも5つのプレーオプションがある。WGは前方にスペースがあればシュート。

第2ポストプレー

第２ポストプレーは、ＣＦとボール保持者３人目の動きをする選手がプレーをすることだ。ボール保持者であるＷＧは、第１ポストのＯＭＦとの壁パス、もしくはポストプレーフェイクの後、シュートをするスペースが前方にない場合に、ＣＦとプレーをする。

第２ポストのＣＦにも「ポスト５つのプレーオプション」を使う。

ＷＧは、ＯＭＦとの壁パスの後、内側へコンドゥクシオンし、ＣＦとポストプレーをする。ＣＦはＷＧへパスを戻すか、もしくは３人目の動きで相手ＣＢの背後を取るＯＭＦへパス。

◉壁パスか、3人目の動き

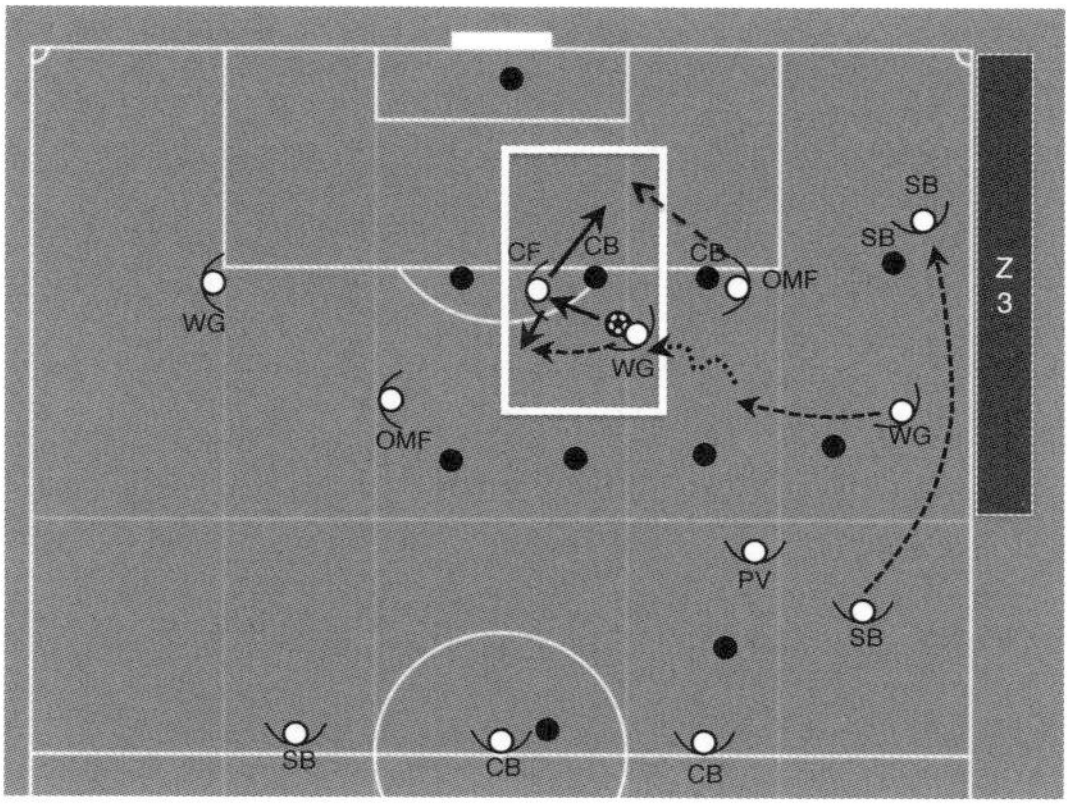

第1ポストのスプリット1のようにWGはCFへパス。CFはWGと壁パス、もしくは相手の背後のスペースへ移動するOMF（3人目の動き）へパス。相手のリアクションによって、CFはプレーを選択する。

◉ポストのターン

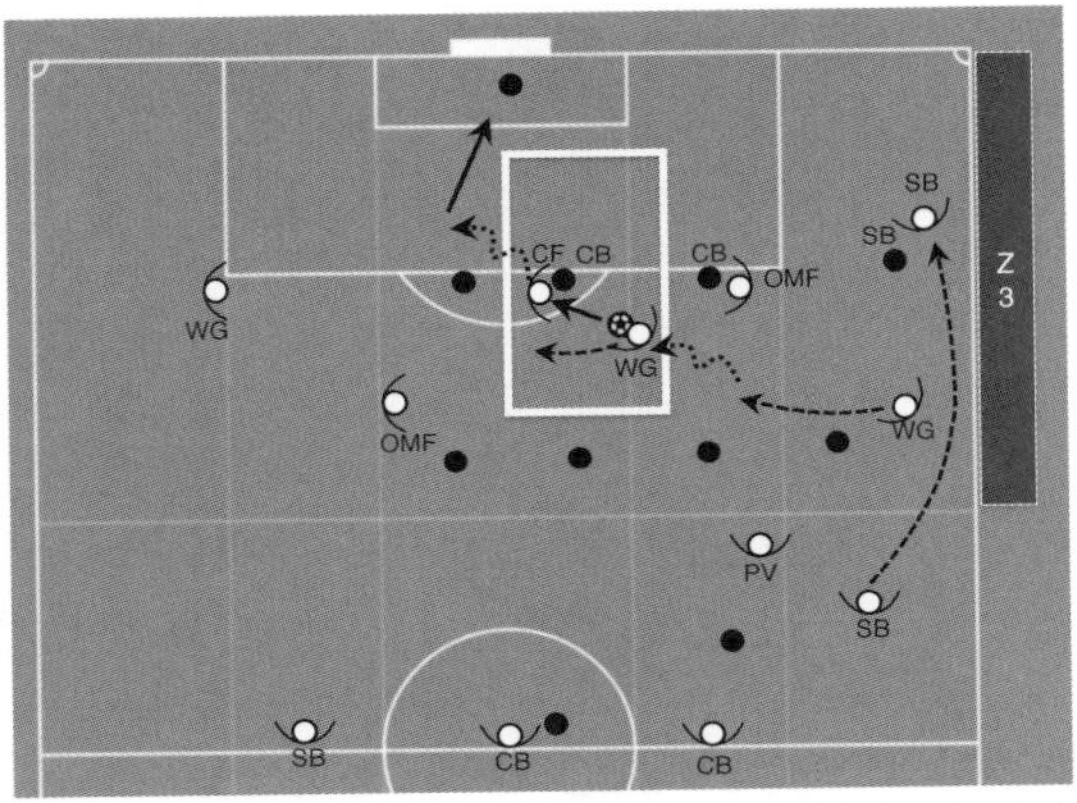

相手CBがポストに密着して背後からマークをする場合は、ボールを受けたらターンをして、パスやシュートを狙う。

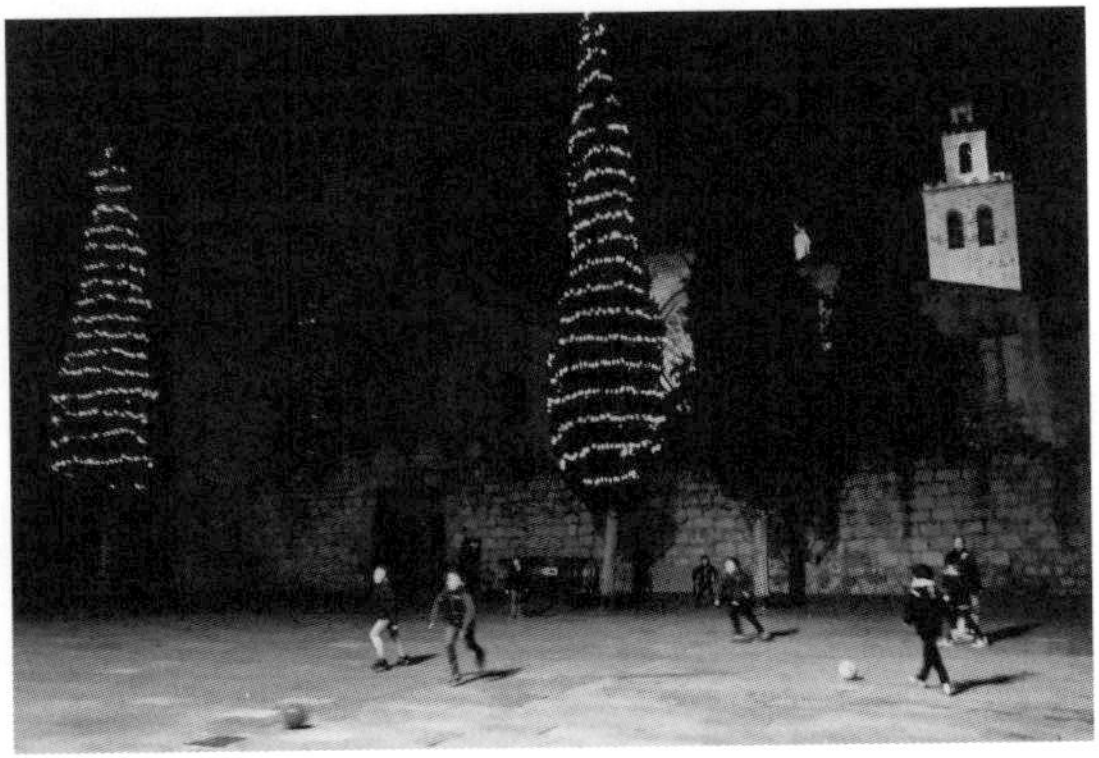

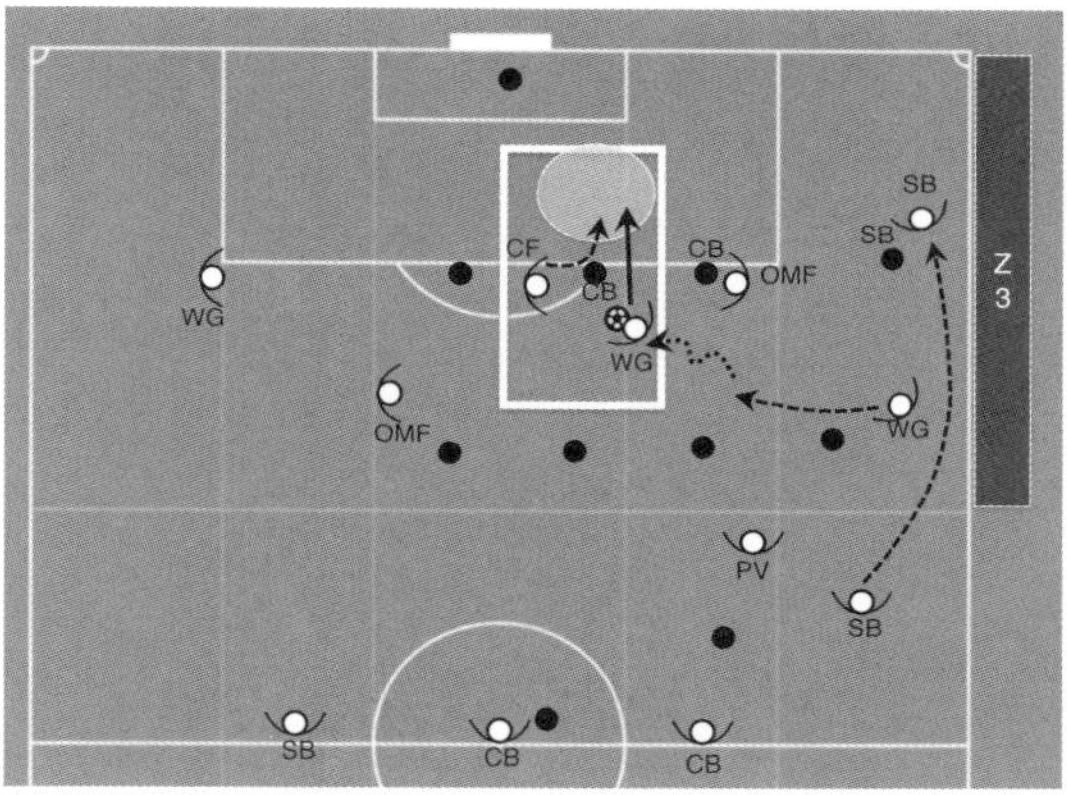

CFをマークしている相手CBが、WGからCFへのパスをインターセプトしようと前に出るそぶりを見せたら、CFはオフサイドにならないように注意し、相手CBがボールウォッチャーになった瞬間、相手の背後からパラレラの動きでボールを受けてシュート。

◉第1ポストプレーフェイク後のパラレラの動き

OMFを相手CBがマーク。WGは、内側へコンドゥクシオン、CFは相手CBの背後からパラレラの動きでパスを受ける

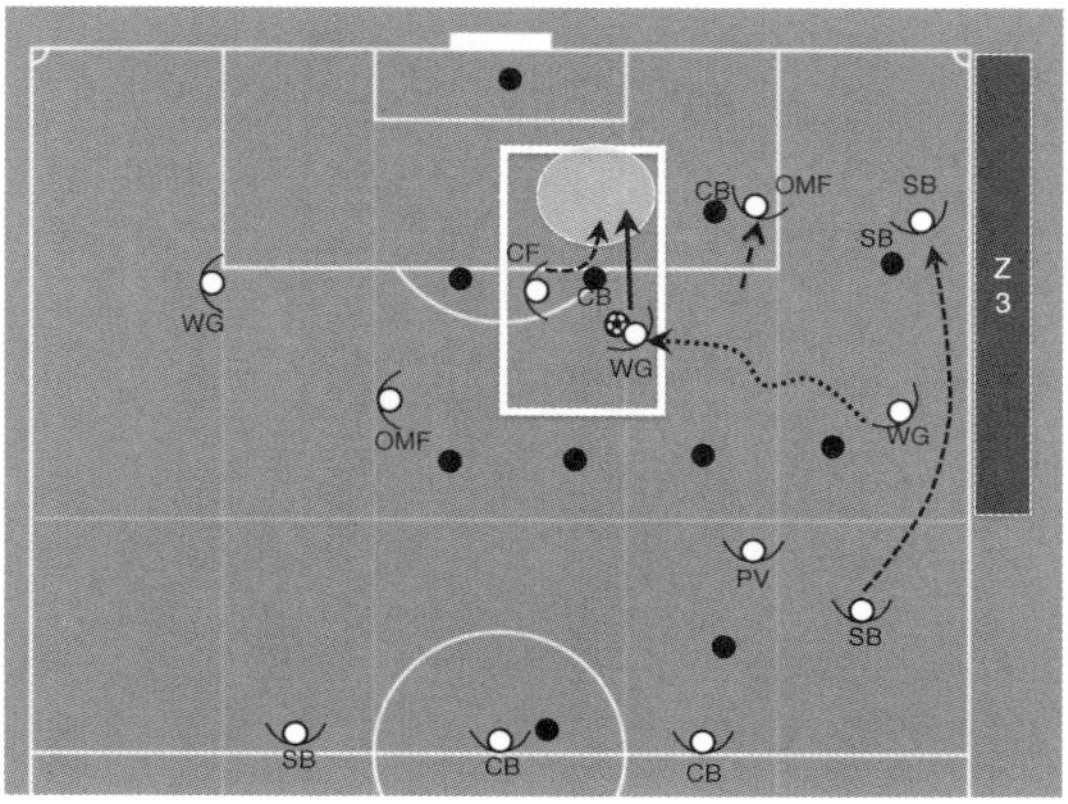

◉ダブル壁パス

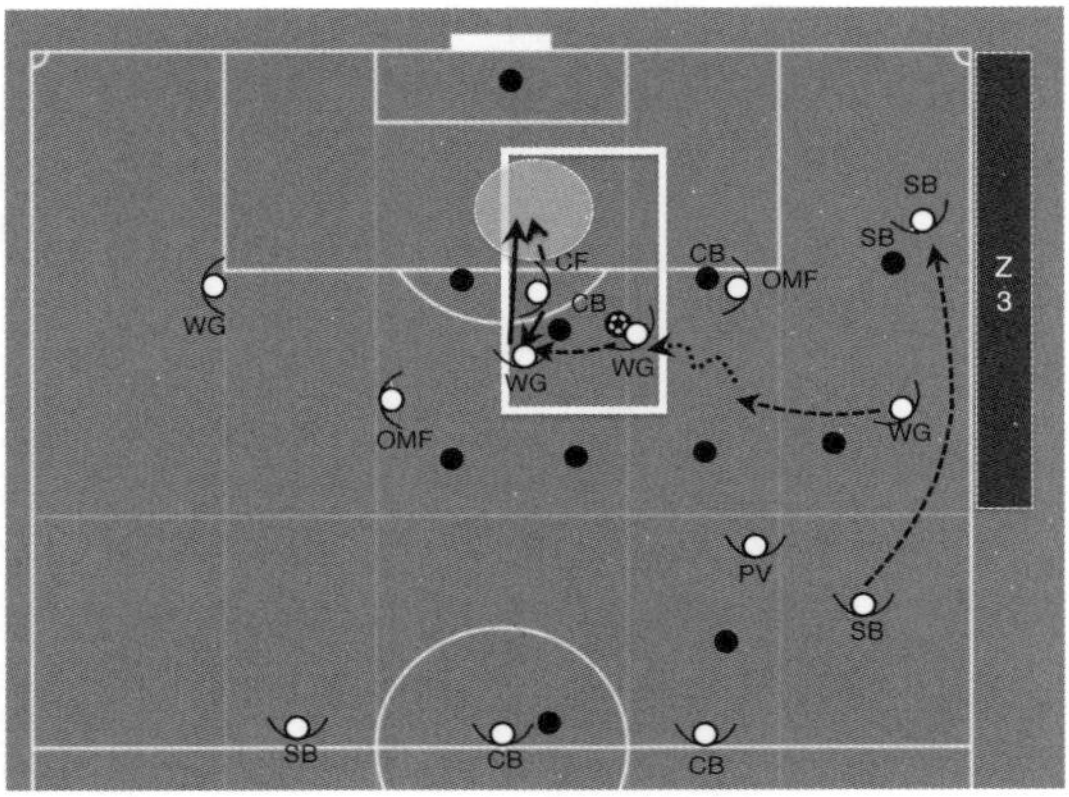

WGはOMFとの壁パスの後、内側へコンドゥクシオンをしてCFと壁パス。CFをマークしていた相手CBがWGへプレッシャーをかけたので、CFがフリーになりWGはCFへパス。

◉第2ポストプレーフェイク

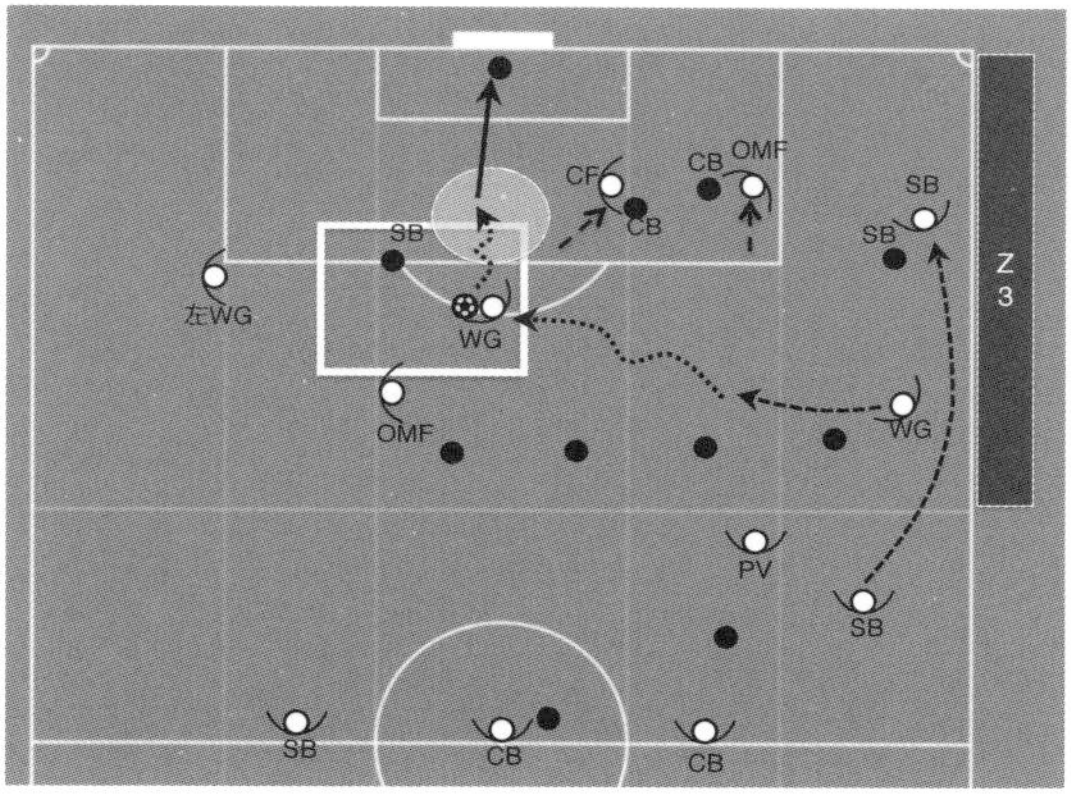

ボールを内側のスペースへ運ぶWGは、相手CBの背後へ移動するポストのCFにはパスをせず、コンドゥクシオンを継続する。次は第3ポストの左WGとプレーをする。もしくはWGの前方にスペースがあればシュートを狙う

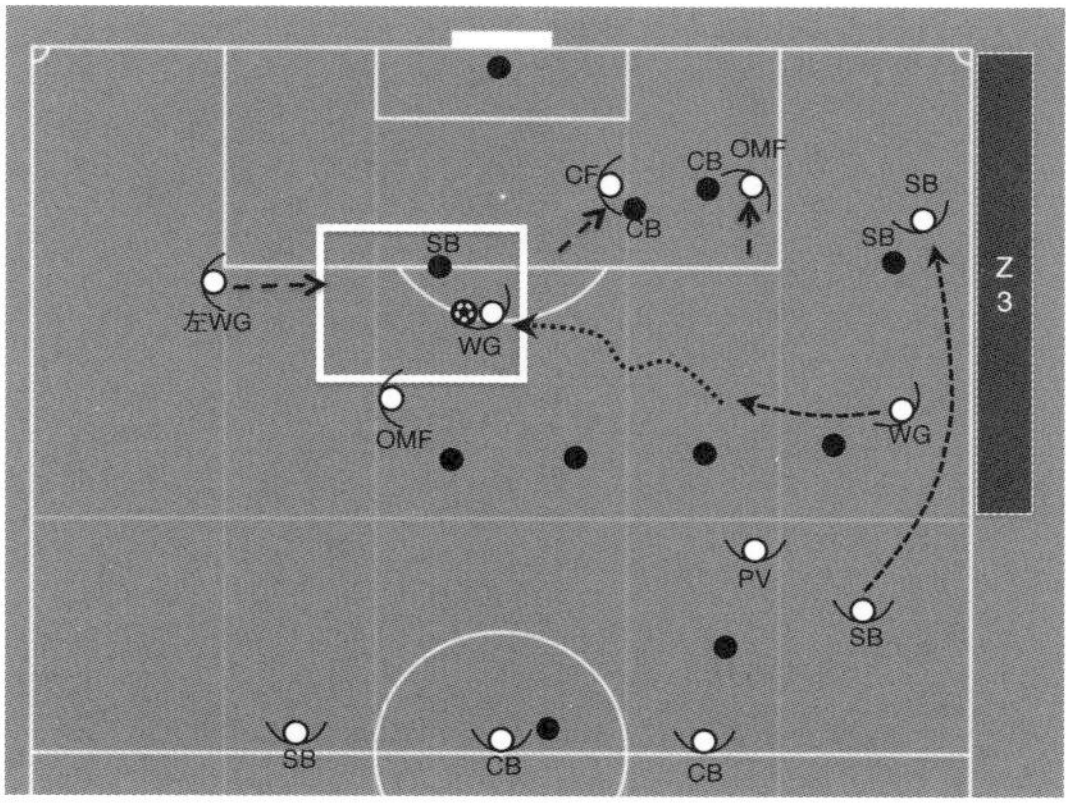

前方にWGがシュートをするスペースがない場合、逆サイドの左WGとプレーする。左WGはペナルティ角から横に移動し、ボール保持者（WG）とプレーする。

第3ポストプレー

第3ポストプレーは、逆サイドのWG、ボール保持者、3人目の動きをする選手がプレーをすることである。
ボール保持者であるWGは、第2ポストのCFとの壁パス、もしくはポストプレーフェイクの後、シュートをするスペースが前方にない場合に、逆サイドのWG（この図では左WG）とプレーをする。

◉壁パス（相手の背後へ）か、3人目の動き

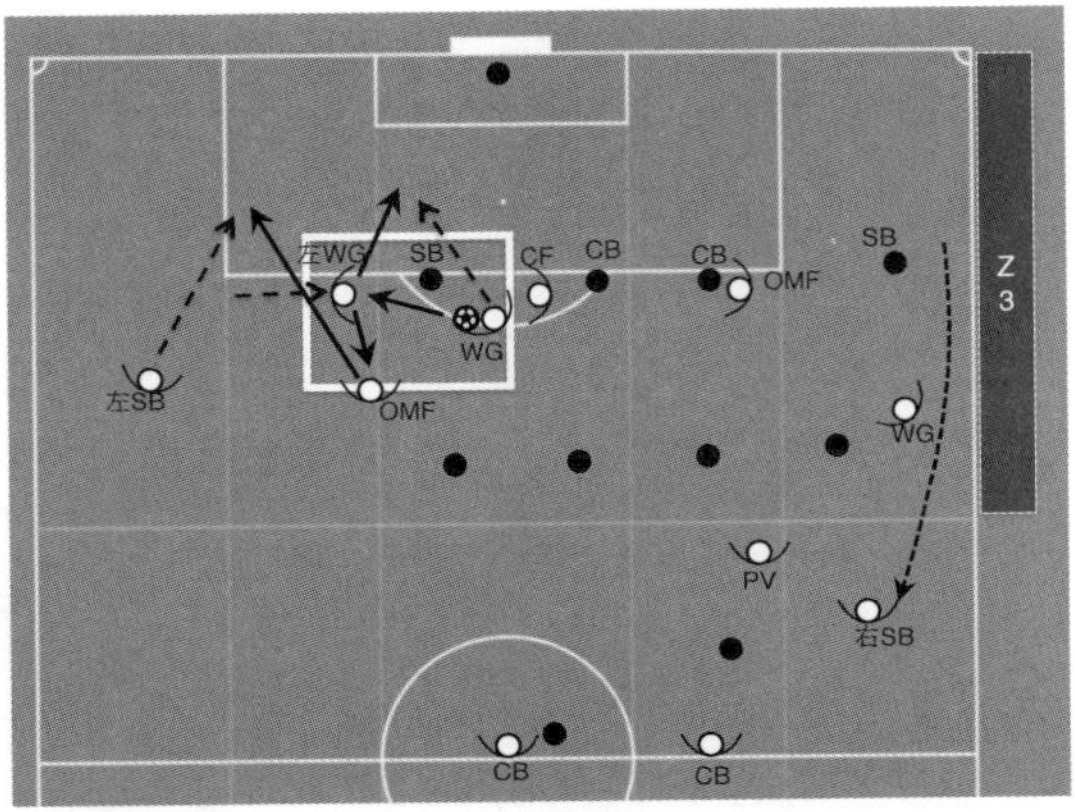

WGは相手SBを引きつけ左WGへパス。WGは相手SBの背後から壁パスを受けるために前方へ移動。ボールを受けた左WGはOMF（3人目の動き）へのパスもある。OMFがボールを受けた場合は、前方へ移動する左SBへパス。右SBはDFラインへ戻る。

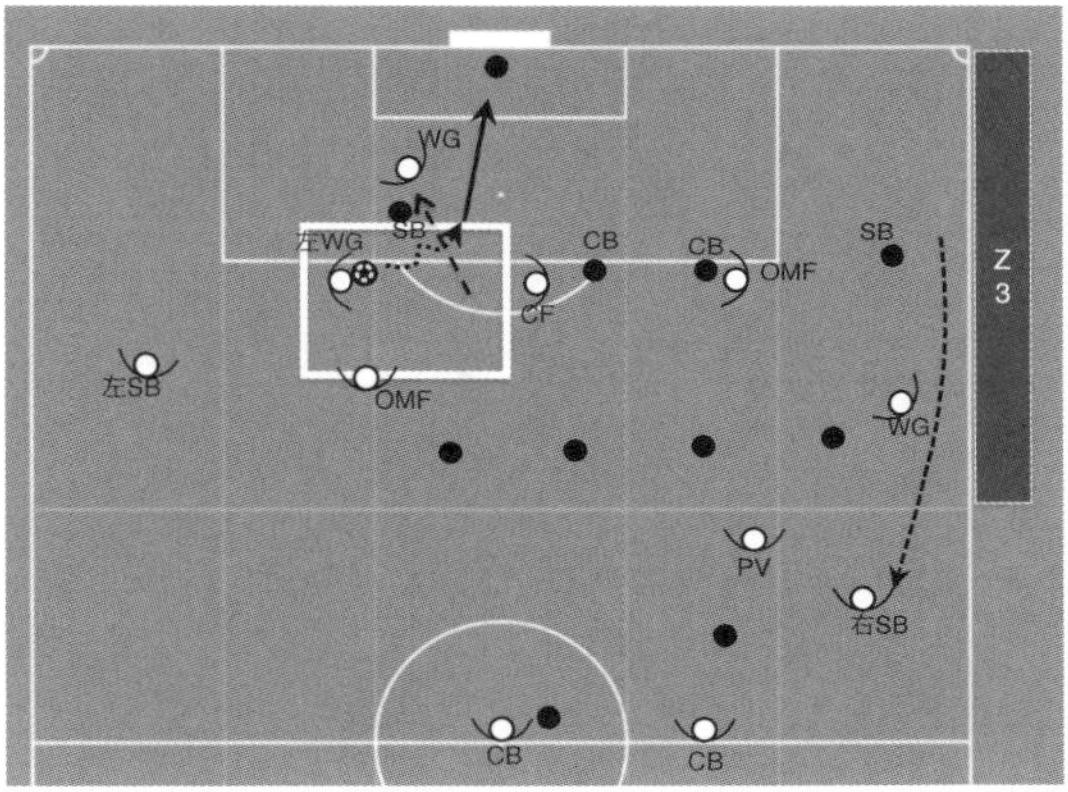

WGが相手SBの背後を取る壁パスの動きを相手SBがマークした場合、左WGはボールをスペースへ運びシュート

◉ポストのドリブル

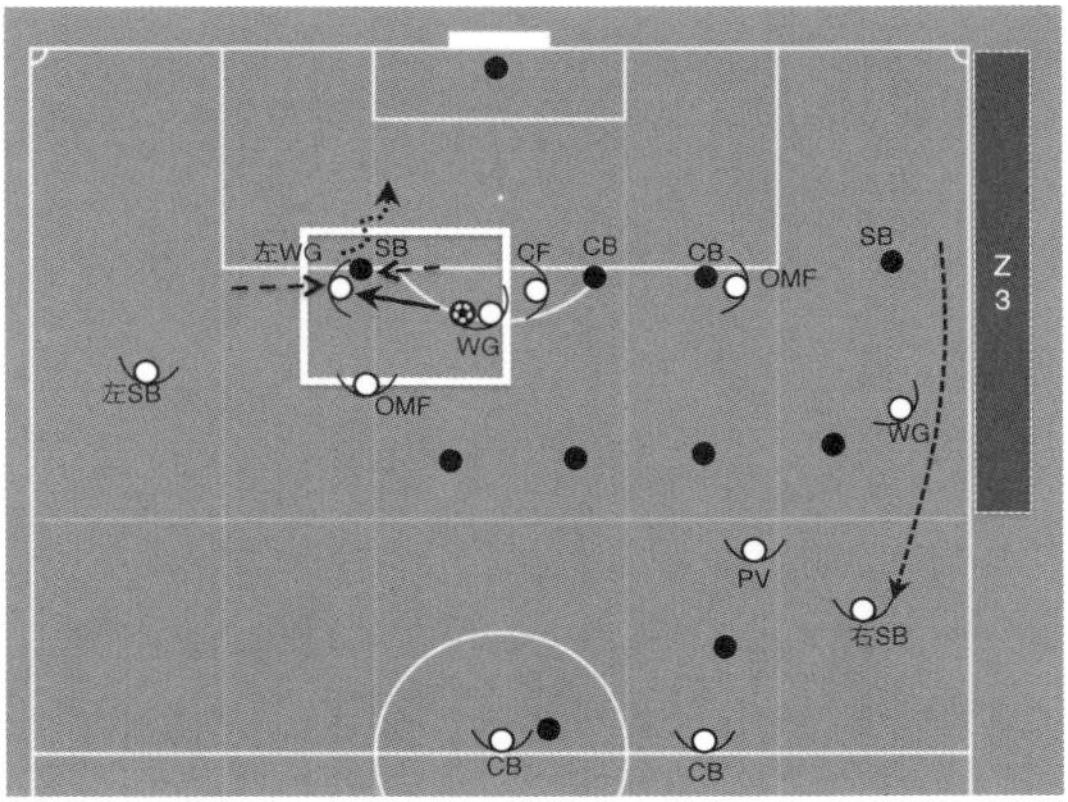

左WGがボールを受けた時、相手SBがボールを取り戻そうと一発で飛び込んできた場合は、ドリブルで相手を抜いてシュート。

左WGはハーフスペースでボールを受ける。左WGがボールを受ける瞬間は半身（もしくは相手ゴール方向を向く）なので、相手と相手ゴールが視野に入っている。ターンする必要はなく左WGはポストのドリブルで相手ゴールを狙う。

◉ポストのディアゴナルラン

ディアゴナルラン：相手SBが左WGへのパスをインターセプトしようと前に出るそぶりを見せたら、左WGはタイミングよく相手の背後へディアゴナルラン。WGからボールを受けシュート

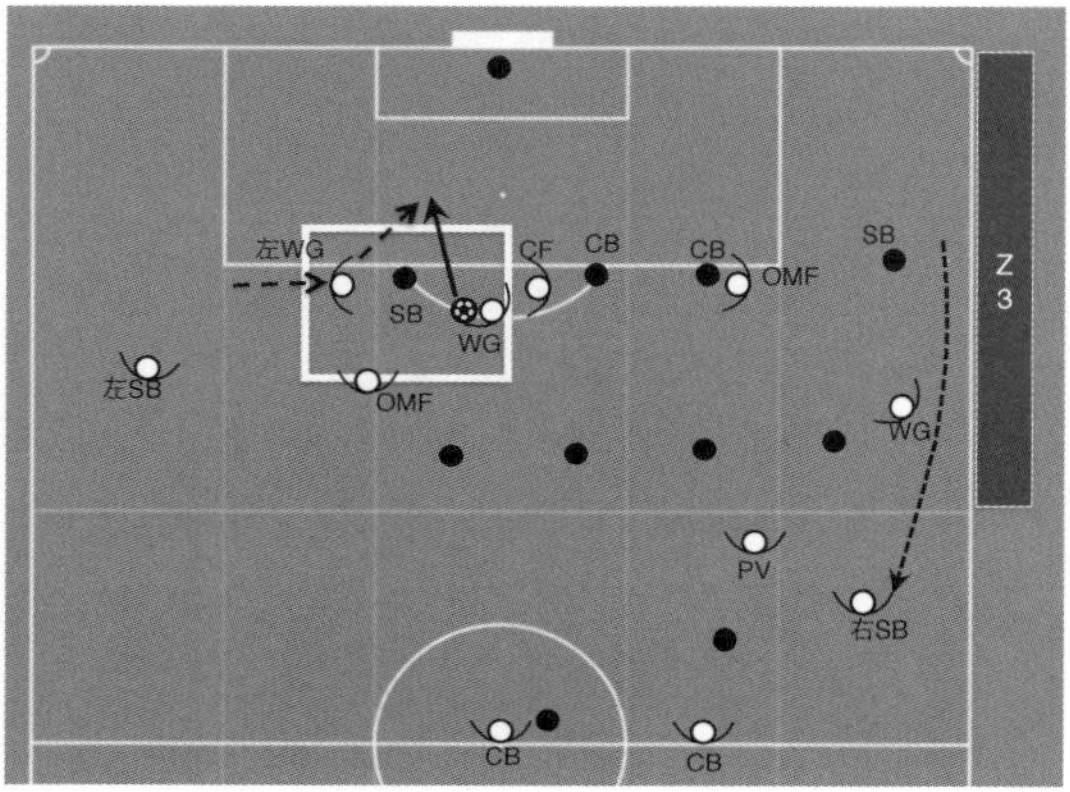

左WGがパラレラの動きではなく、ディアゴナルランをするのは、左WGの配置から相手ゴールが斜め前にあり、斜めに移動した方が相手ゴールを視野に入れながらシュートすることができる。

◉第3ポストプレーフェイク

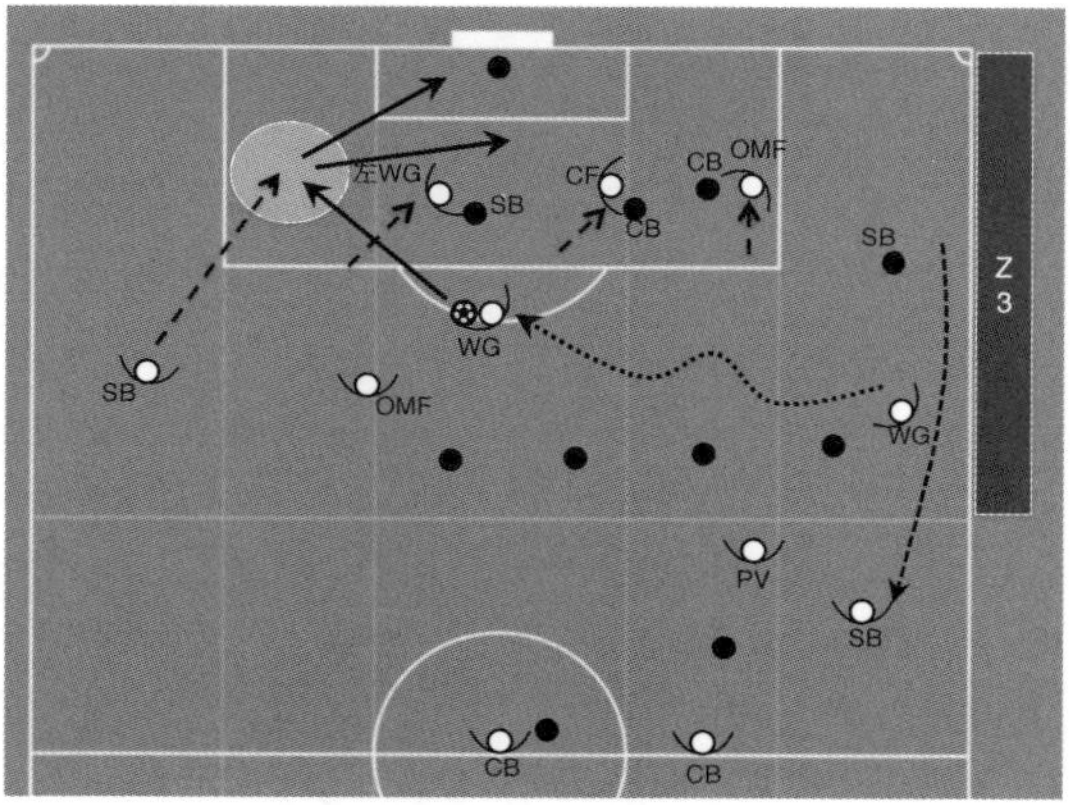

ペナルティエリア前中央でボールを運ぶWGは、相手SBの背後へディアゴナルランをする左WGにはパスをせず、左WGが空けたスペースへ走り込む左SBへパス。左SBはシュート、もしくはセンタリング。

◉ダブル壁パス

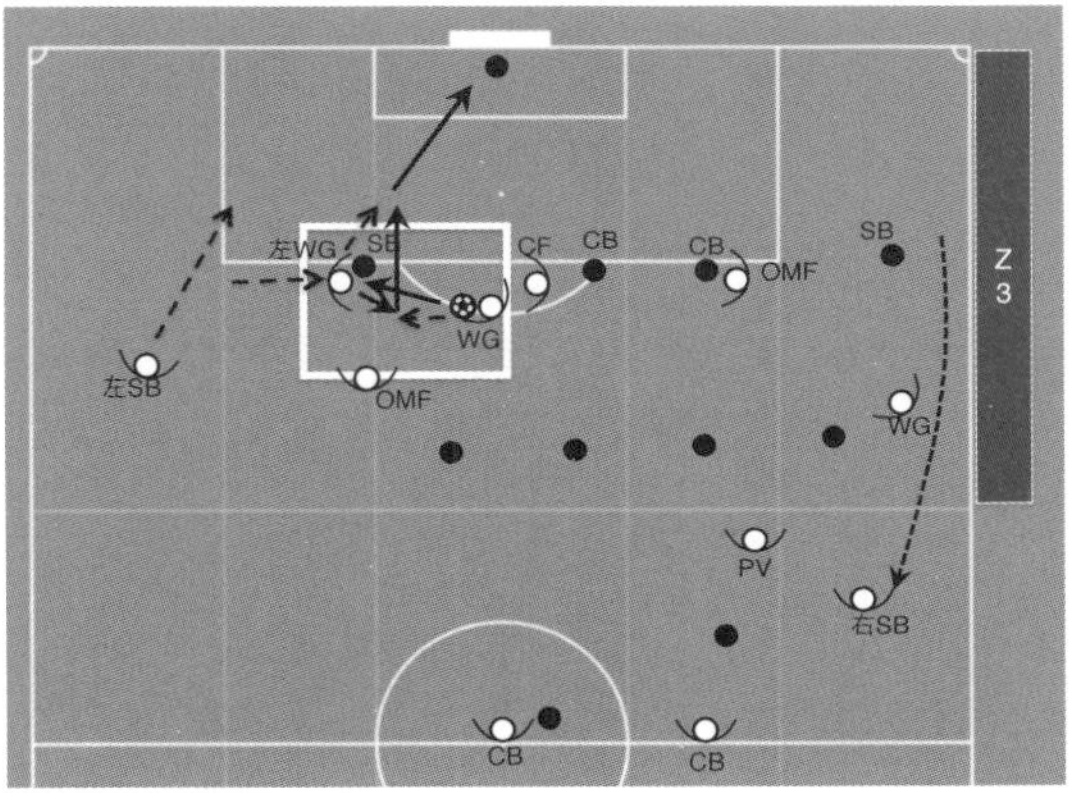

WGが左WGへパスした瞬間、左WGをマークした相手SBの背後にスペースができた場合、左WGはボールをWGへ戻し、相手SBの背後へ移動、もう一度WGからパスを受けシュート。

リスタート

左アシストゾーンでボールを受けた左ＳＢを、相手ＳＢがマークし、相手がゴール前の守備組織を形成しスペースがない場合は、一度バックパスをして、攻撃の配置を再構築しリスタートする。

攻撃の配置を再構築するためには、スペースと数的優位を確保しているＤＦラインの選手がショートパスを必要なだけつなぐ（例：10本のショートパス）。チーム全員の配置がセットされてから攻撃を開始する。

◉リスタート

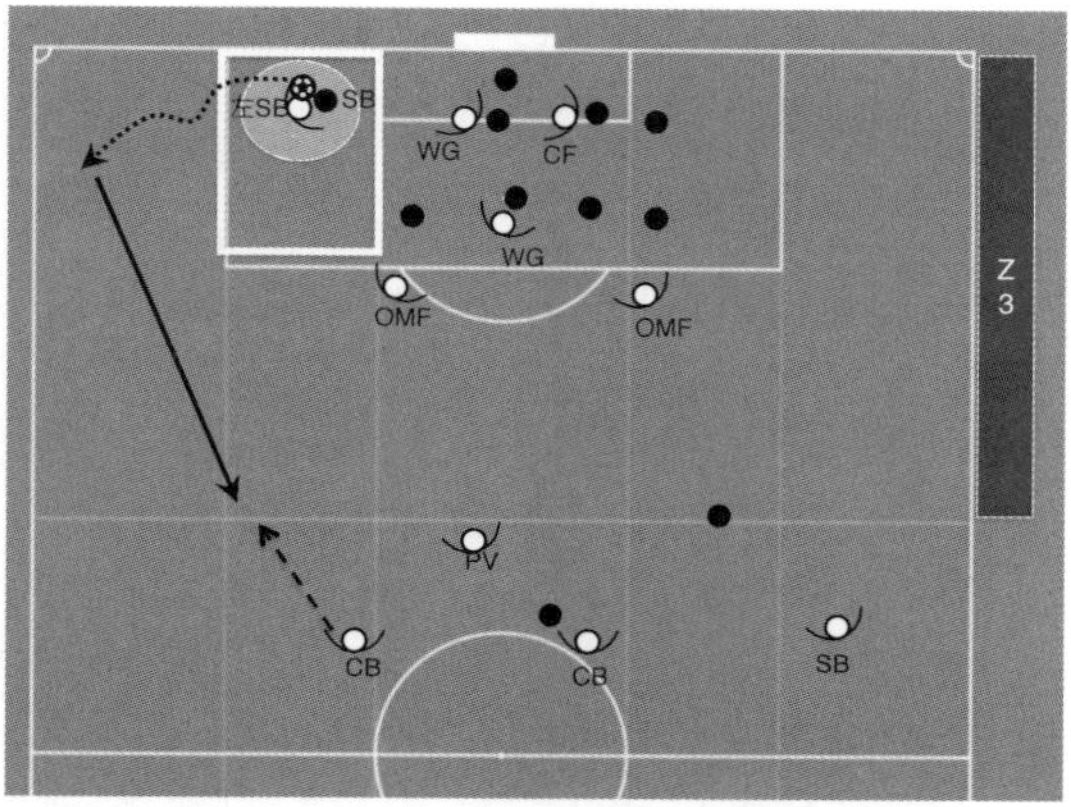

左SBを相手SBがマークし、相手がゴール前の守備組織を形成しスペースがない場合は、一度バックパスをして、攻撃をリスタートする。

第1オプション（バリエーション）

サッカーには同じプレー状況は2度と存在しないが、類似したプレー状況が頻出するスポーツである。ここまで紹介してきたプレーオプションはあくまでもダイヤモンド・オフェンスの基本的なプレーである。

サッカーの攻撃のプレーオプションは、その状況に適合する個人の即興プレーや類似したバリエーションが無数にある。例えば、相手SBとCBの間にスペースがある場合、ボール保持者であるWGは、オーバーラップしたSBに縦パスを通すのではなく、相手SBとCBの間にパスを通しダイレクトにアシストゾーンに侵入することができるオプションもある。全ては相手との「駆け引き」である。

◉第1オプション（バリエーション）

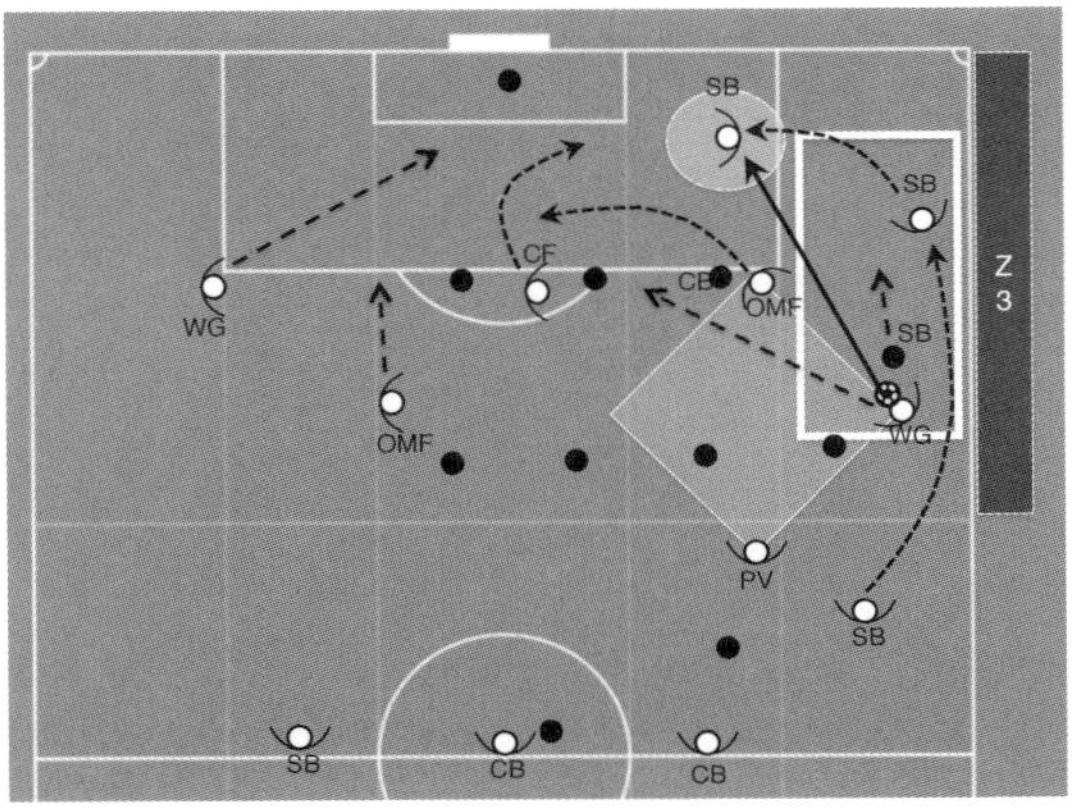

サイドレーンをオーバーラップしたSBは、アシストゾーンへ方向を変えて走り、ボール保持者であるWGからパスを受ける。WGは相手のSBとCBの間にスペースがある場合は、2人の間を通してアシストゾーン方向へスルーパスを出す。

03 サイドレーンダイヤモンドシリーズ第2オプション（バックパス）

第2オプションはバックパス、サイドチェンジである。プレー状況は相手のDFラインが下がり、ライン間（MFラインとDFラインの）が狭く、ライン間やDFラインの背後にスペースがない場合にバックパスを使う。

その後サイドチェンジを実行し逆サイドの数的優位な状況から素早く攻撃を仕掛ける。サイドチェンジをする際、相手ゴール方向中央にスペースが見つかればパスをすることを念頭に置く。

◉バックパス

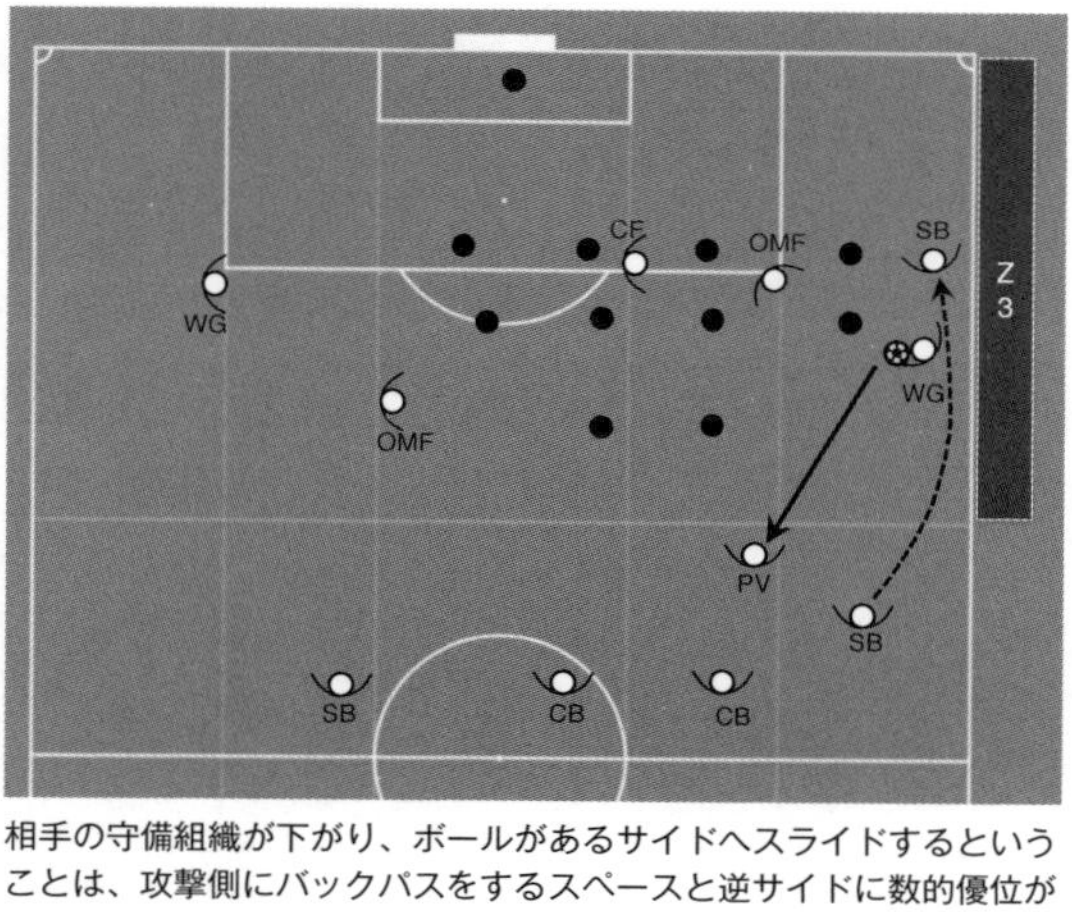

相手の守備組織が下がり、ボールがあるサイドへスライドするということは、攻撃側にバックパスをするスペースと逆サイドに数的優位ができることを意味する。

◉サイドチェンジからの攻撃

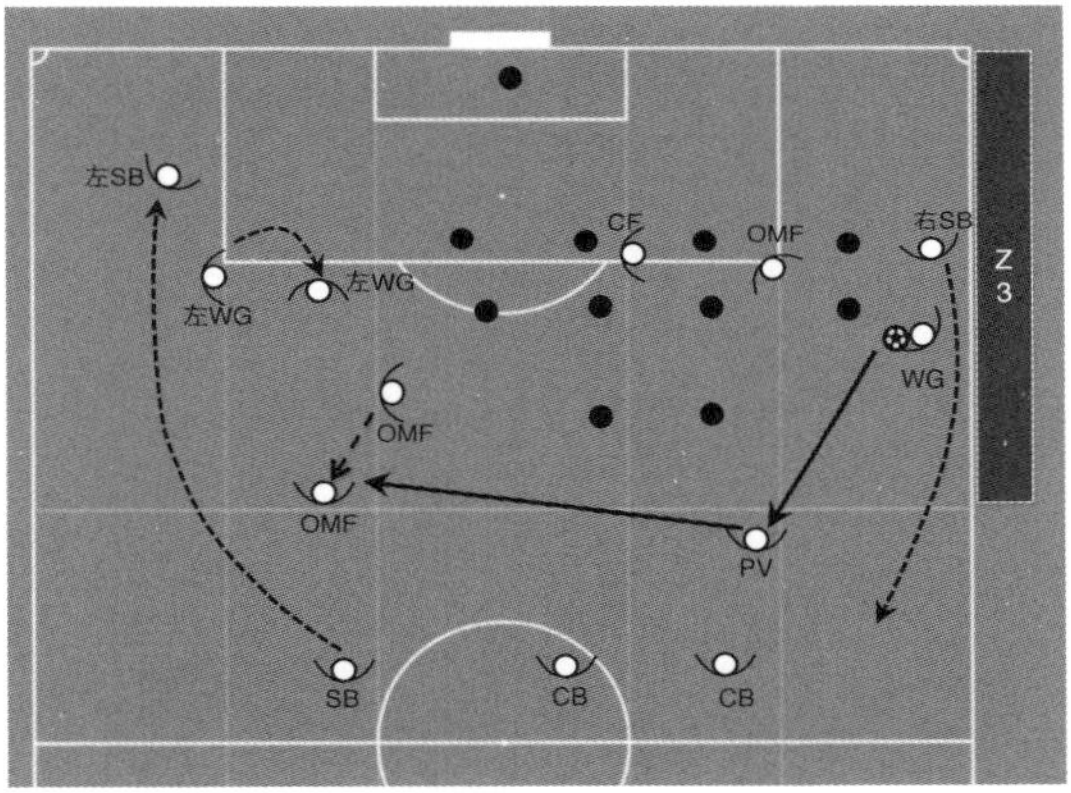

逆サイドの左SB、OMF、左WGはボール保持者から遠くにポジションを取り、サイドチェンジのボールをOMFがハーフスペースで受け、左WGはOMFに縦パスのコースを作り、左SBはサイドレーンをオーバーラップ。右SBはDFラインへ戻る。

◉数的優位を活かす相手を引きつけるプレー1

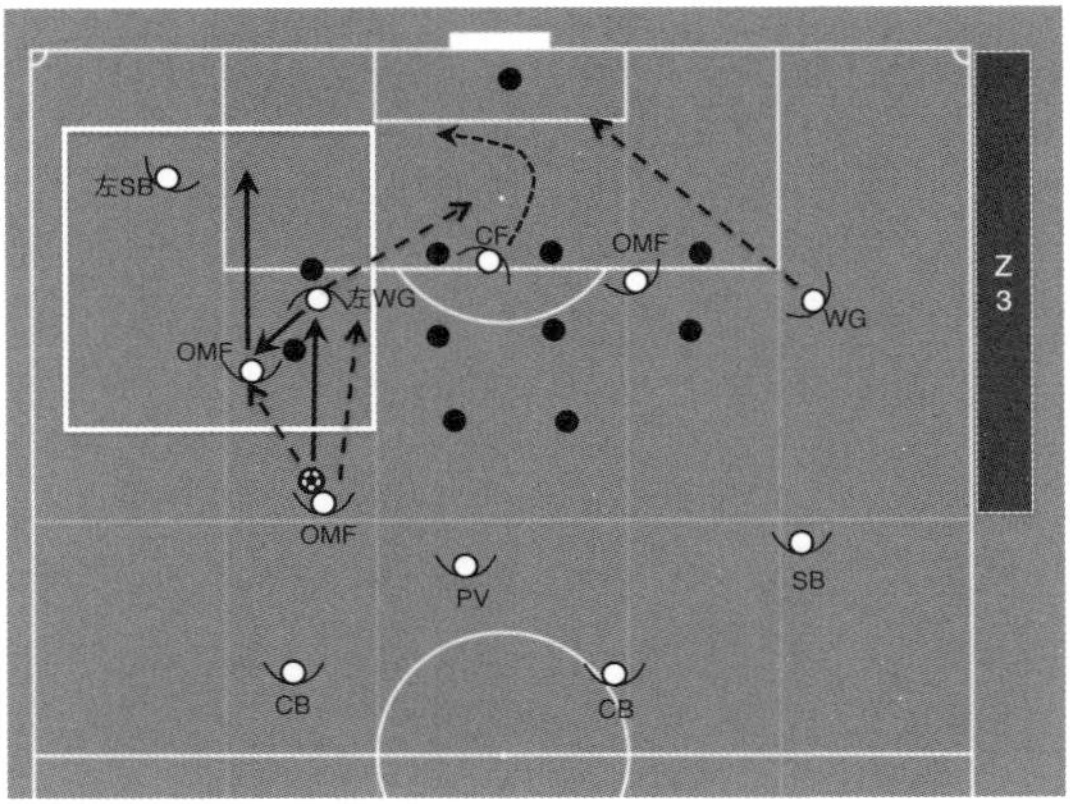

ボール受けたOMFは、左WGへ縦パスを入れ、相手をボールに引きつけ、サイドのスペースをより効果的に使えるようにする。左SBはサイドレーン高い位置のオープンスペースに移動し左WGもしくはOMFからフリーでパスを受ける。

◉数的優位を活かす相手を引きつけるプレー2

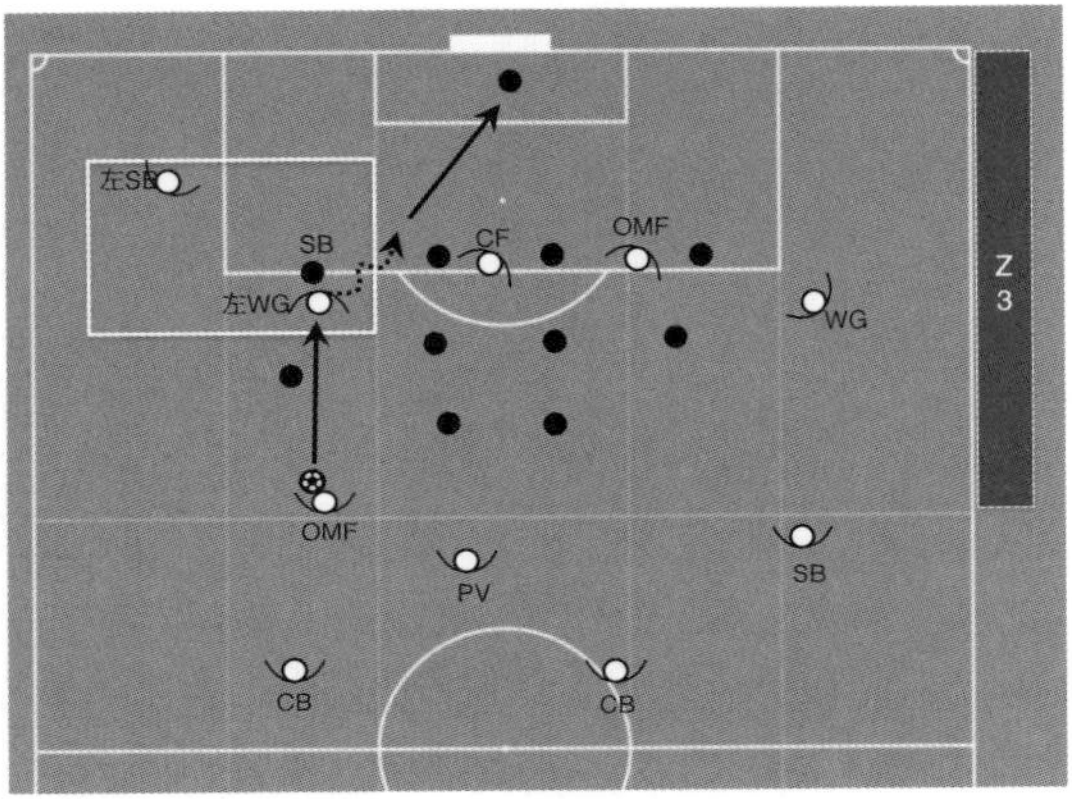

左WGはOMFから縦パスを受けたら、個人プレーも常に念頭に置く。相手SBが密着してプレッシャーをかけてきた場合は、ターンして相手SBと入れ替わるようにして相手を抜きシュート。

◉数的優位を活かす相手を引きつけるプレー3

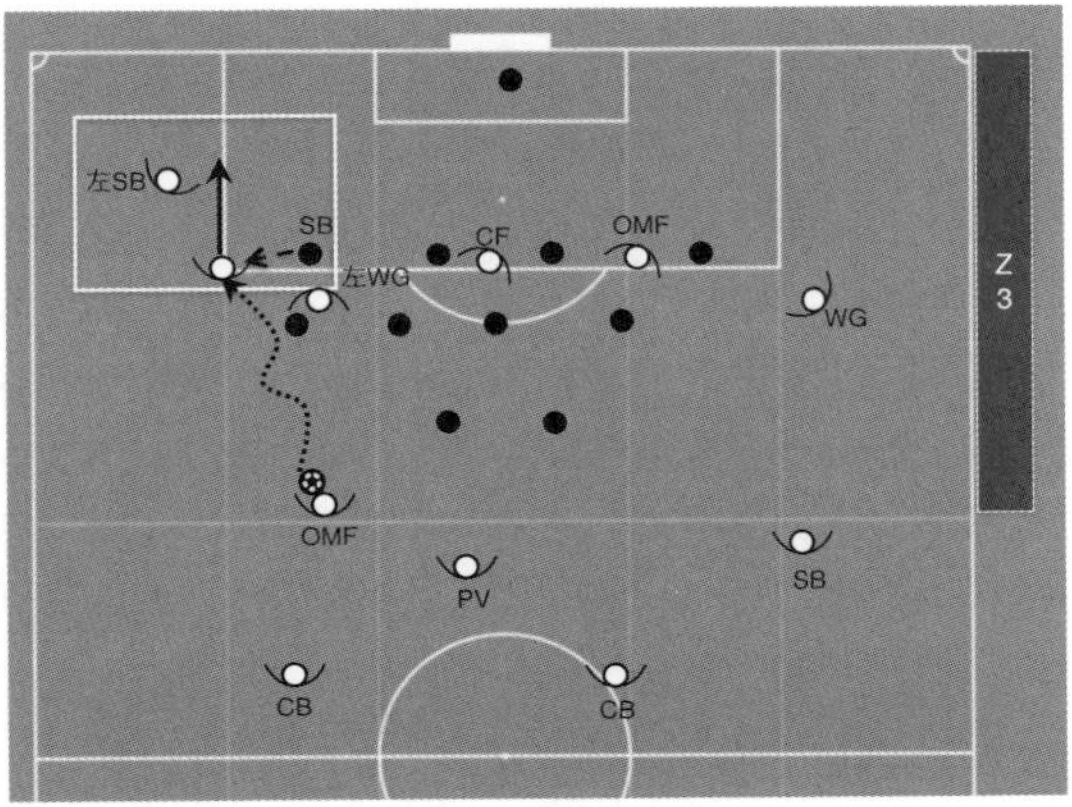

左WGへの縦パスのコースを消されたOMFは、相手を引きつけ、左SBをフリーにするために前方へコンドゥクシオンをする。相手を引きつけ2対1の状況を作り、左SBが相手の背後を取る瞬間にスルーパス。

◉逆サイドのアシストゾーンへロングパス

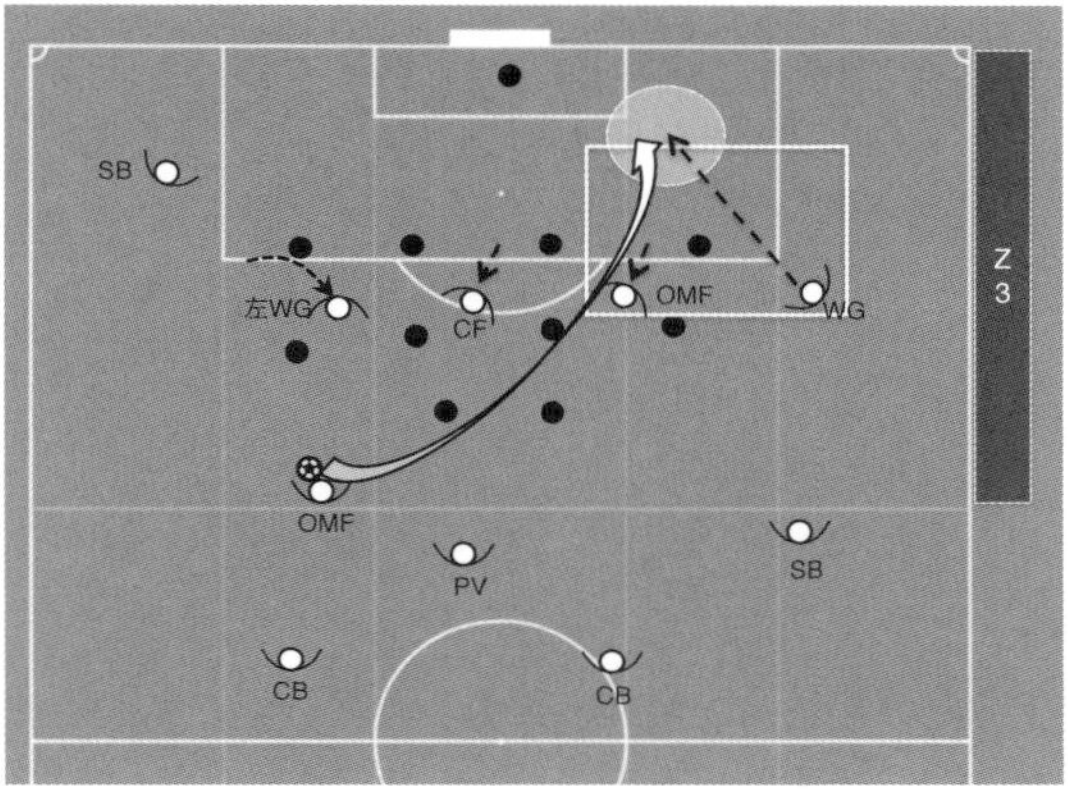

相手の守備のスライドが速く前方にスペースや数的優位がない場合、逆サイドのアシストゾーンへロングパス。WGがアシストゾーンでパスを受ける。中央の３人（左WG、CF、逆サイドのOMF）がポストプレーをする動きを３人同時に入れ、相手をポストに引きつけ、WGをフリーにする。

◉アシストゾーンでボールを受けると決定的チャンス

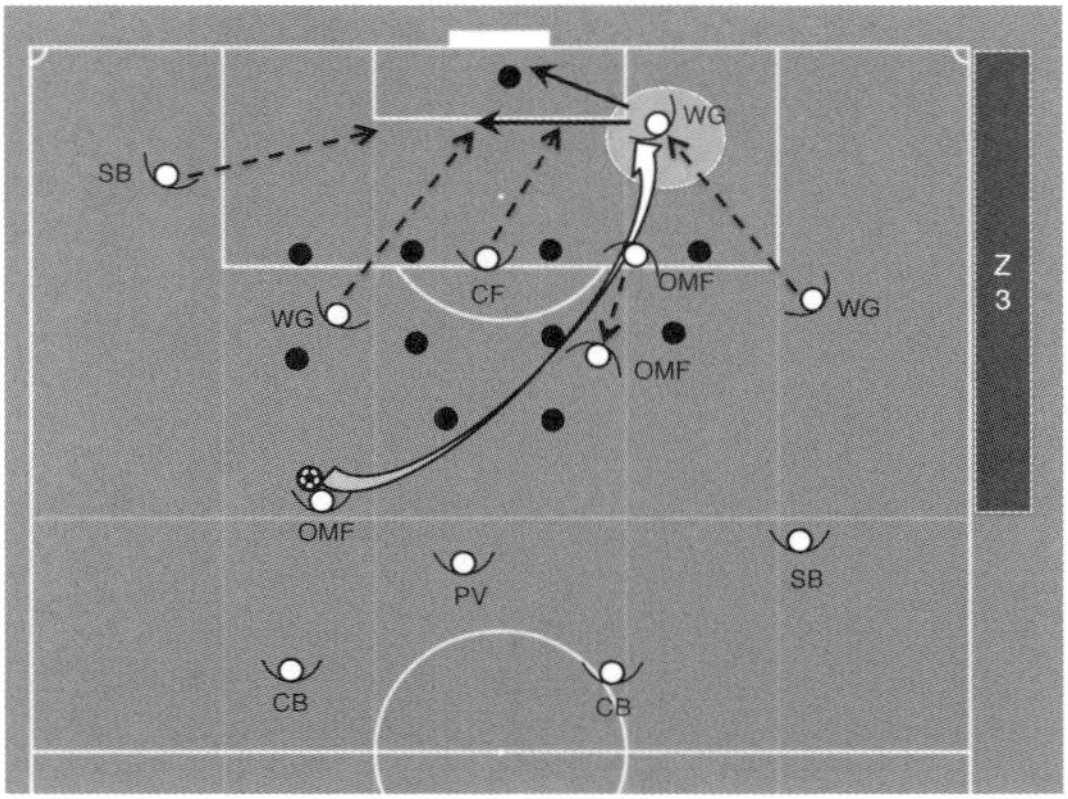

ロングパスを相手の背後アシストゾーンで受けることができれば、センタリング、もしくはシュートができる。

04

サイドレーンダイヤモンドシリーズ第3オプション（ライン間）

第3オプションは横パス。相手MFラインとDFラインのライン間へのパスである。ライン間へのパス（横パス）を受けるのは、主にCFの役割である。

プレー状況は、相手のライン間（MFラインとDFラインの間）にスペースがあり、第1オプションの受け手と、第2オプションのバックパスの受け手が厳しくマークされている場合である。

◉ライン間

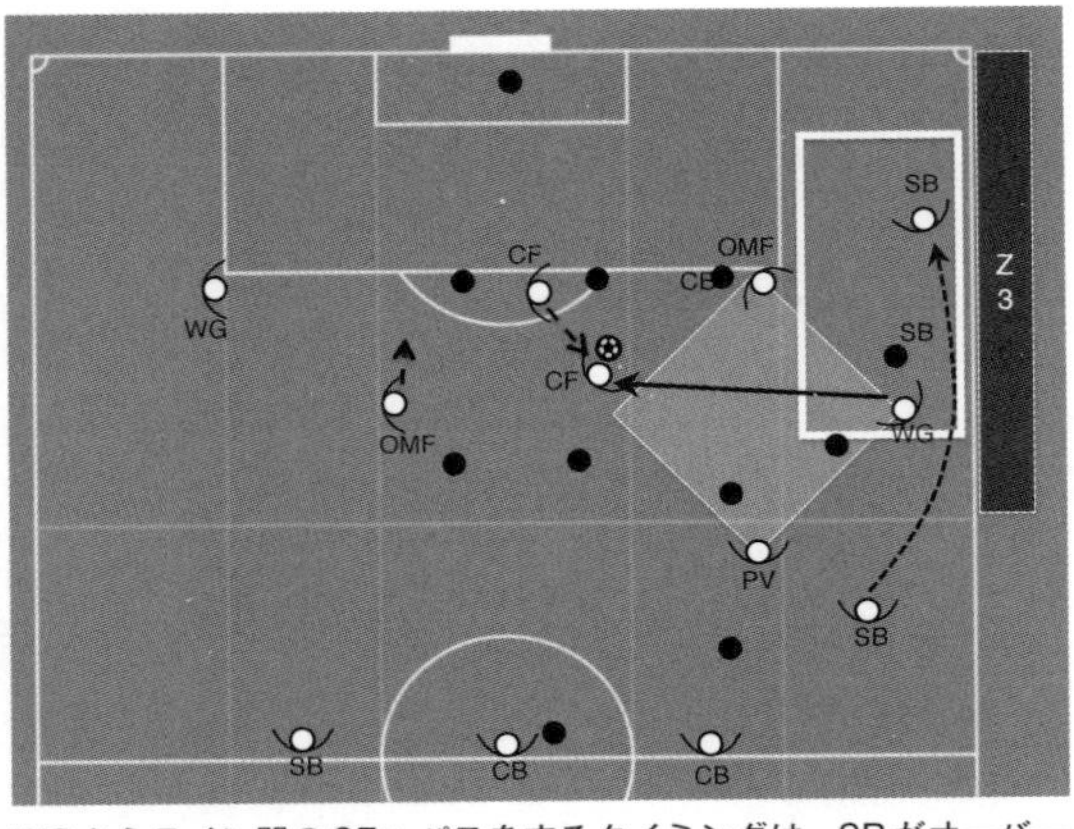

WGからライン間のCFへパスをするタイミングは、SBがオーバーラップし、WGをマークしている相手SBがオーバーラップしたSBに気を取られた瞬間、ライン間へのパスコースが空く。

◉CFのパスアウト（パスアウトの詳しい説明はP140参照）

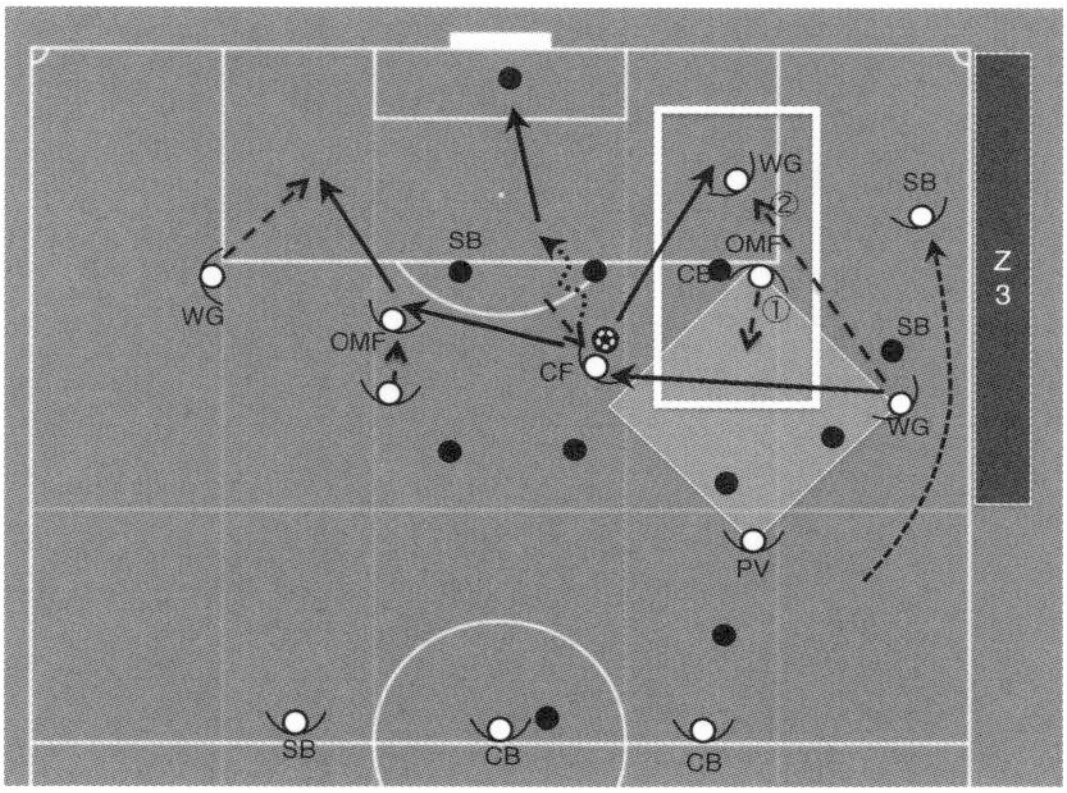

パスアウトの実行。CFにボールが入ったら右サイドはOMFとWGがスプリット。どちらかにパス。左サイドはOMFがCFからパスを受け、相手SBを引きつけWGへパス。CFは自分でシュートしても良い

CFは、ライン間にポジションを取りパスアウトする。相手のどのポジションの選手がプレッシャーをかけに来たかによって、そのプレッシャーをかけに来た相手の背後のスペースへパスを通す。

◉DMFがプレッシャーにきた場合のパスアウト

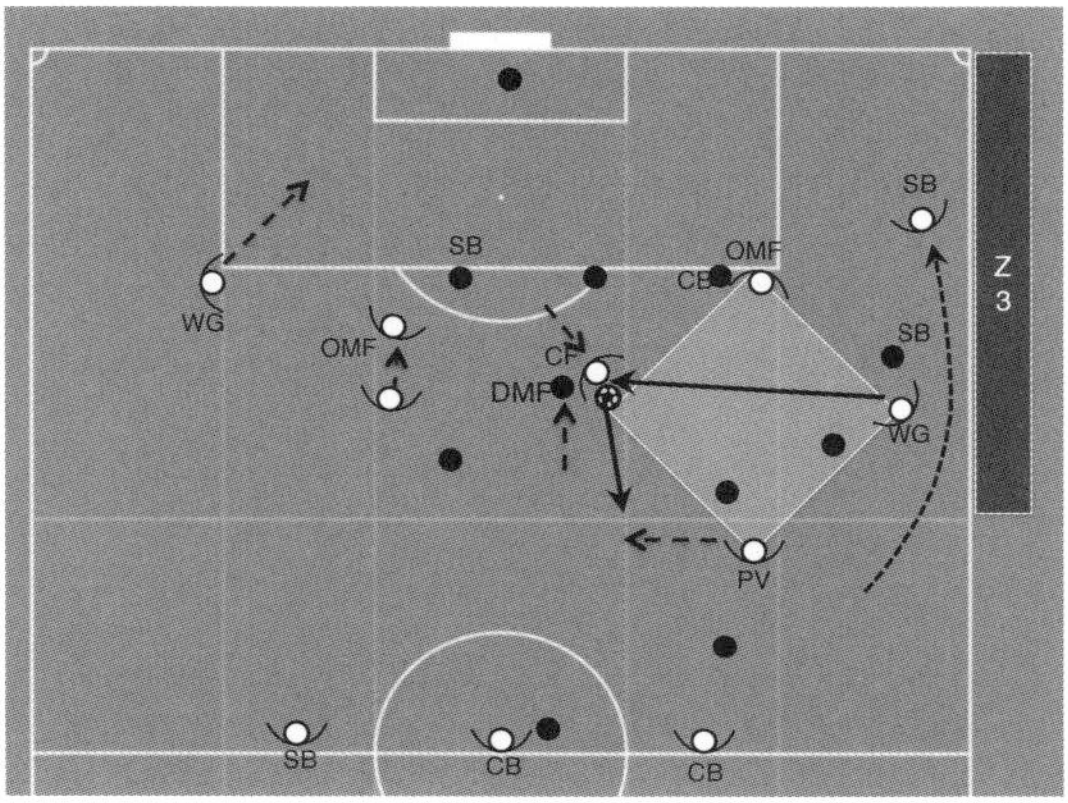

相手のDMFがCFへプレッシャーをかけに来た場合は、自陣方向のスペースを探しバックパス。PVはCFのサポートに入る。

※パスアウト
選手が密集している所から密集していない所へのパス。

◉SBがプレッシャーにきた場合のパスアウト

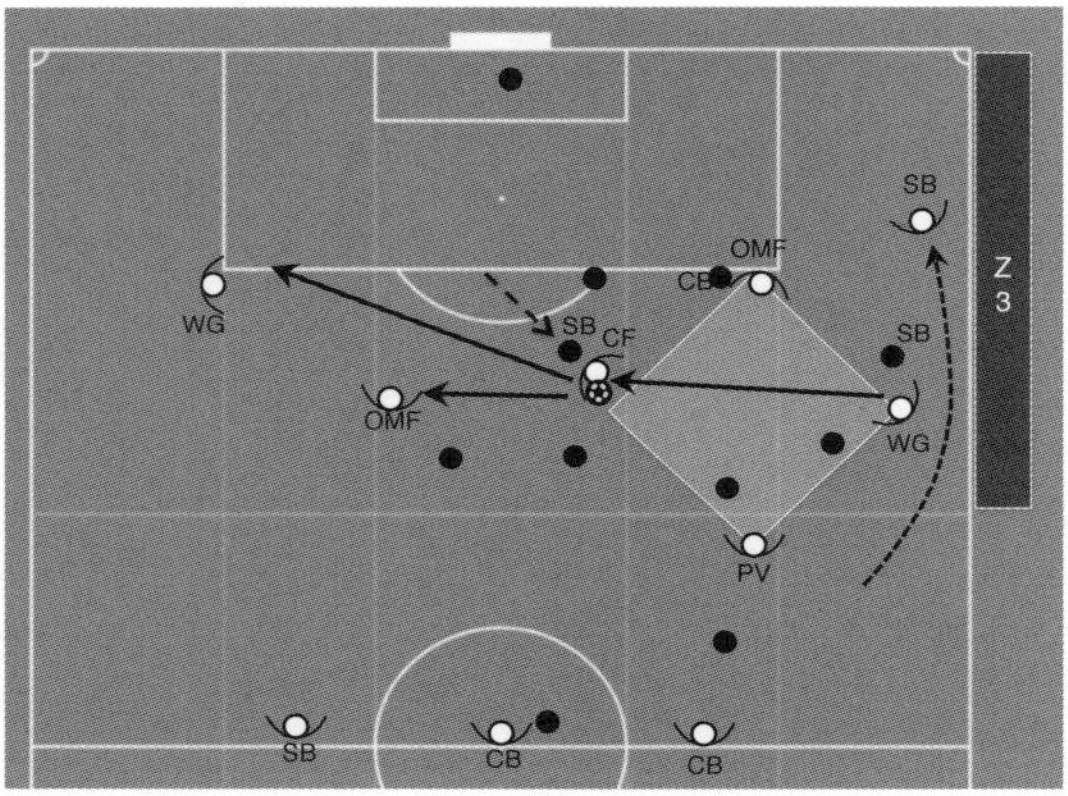

相手SBがCFへプレッシャーをかけにきた場合は、逆サイドのWGやOMFがフリーとなるので、そちらへのパスを最初に考える。

◉CBがプレッシャーにきた場合のパスアウト

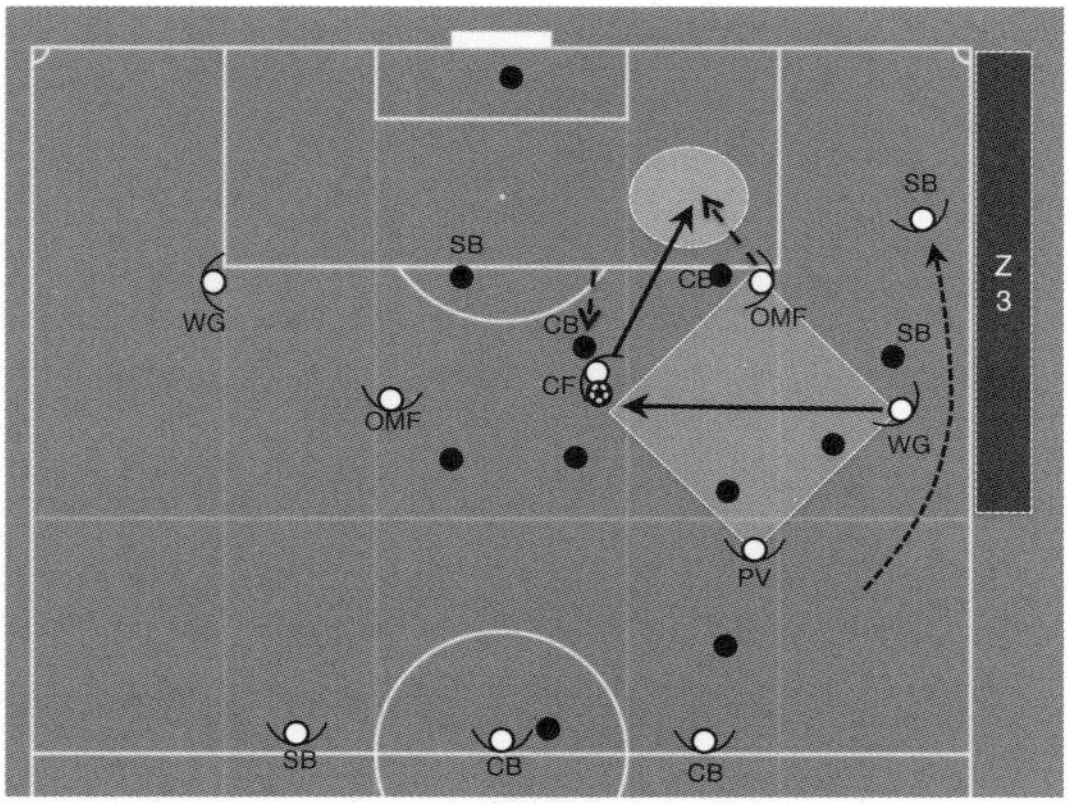

相手のフォア側（２人目）のCBがCFへプレッシャーをかけに来た場合は、プレッシャーをかけに来たCBの背後へ動くOMFへパス。

◉CBがプレッシャーにきた場合のスプリット

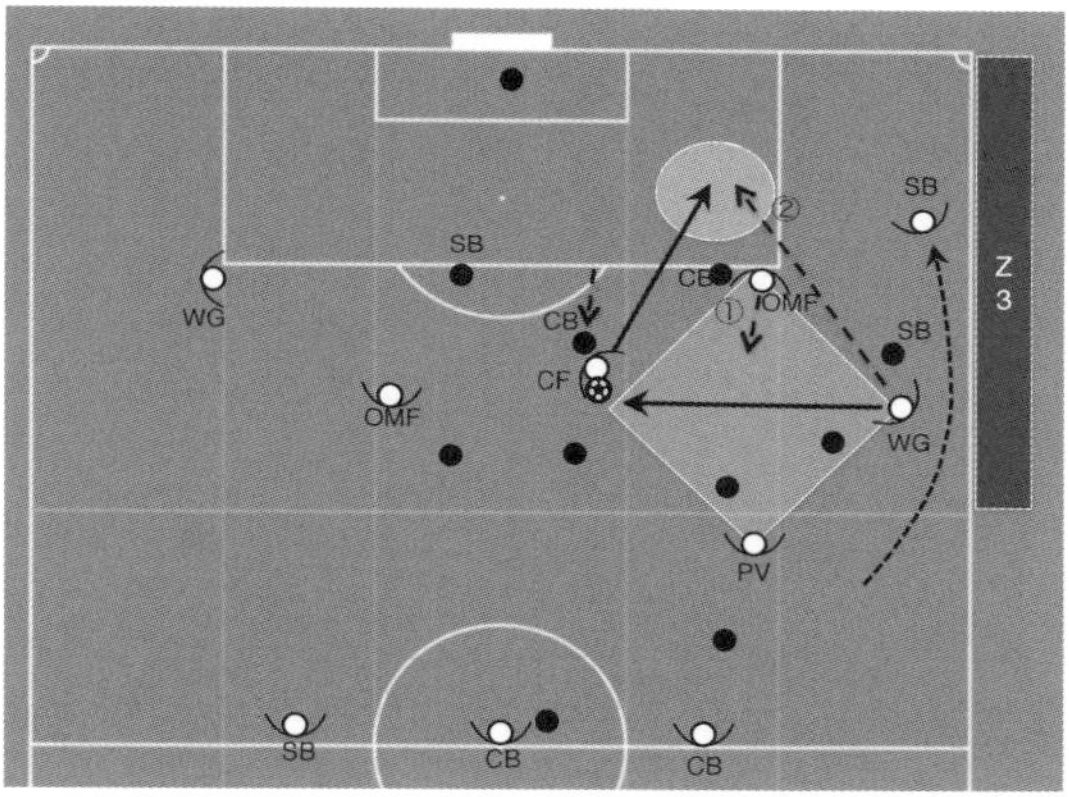

相手CBが第1ポストのOMFを厳しくマークする場合、OMFとWGのスプリットの動きを使う。OMFが囮となってCFをサポートする動きで相手CBを引きつけ、WGがOMFの背後のスペースへ移動しCFからパスを受ける。

◉CBのマークが厳しく相手の背後にパスができない場合

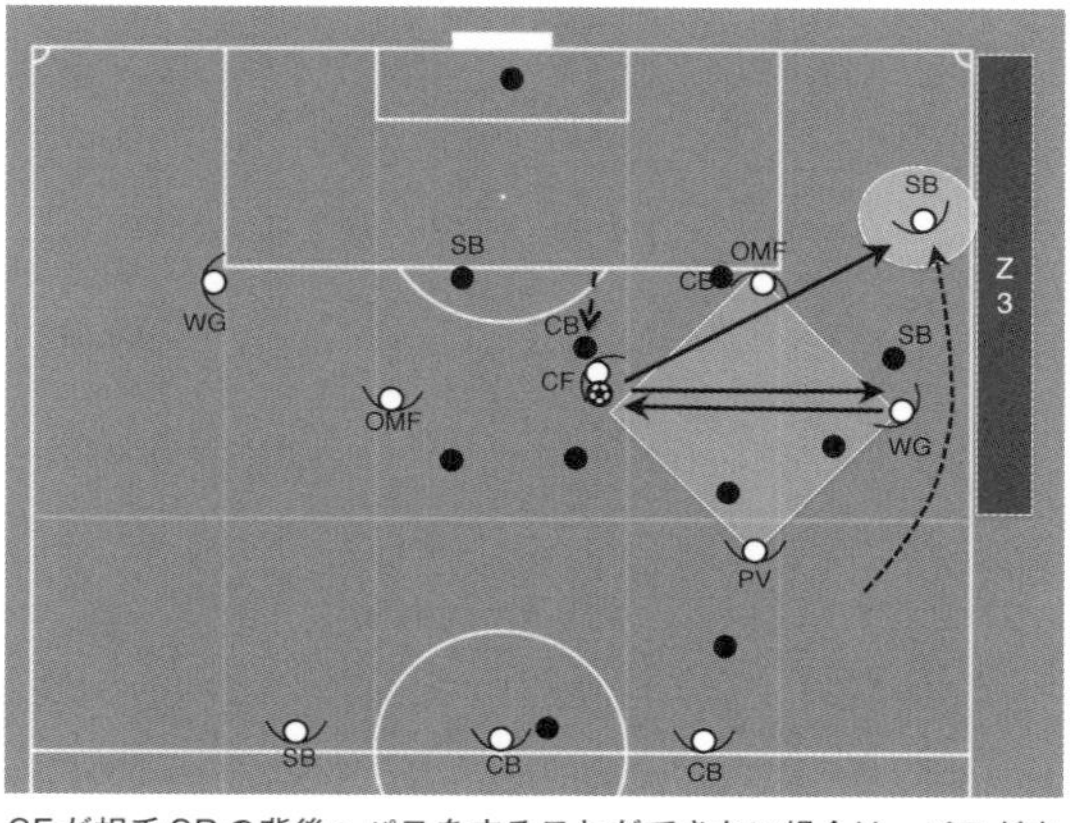

CFが相手CBの背後へパスをすることができない場合は、パスが来た方向のサイドレーンで相手の背後を取るSBへパス。

◉OMFから逆サイドの展開

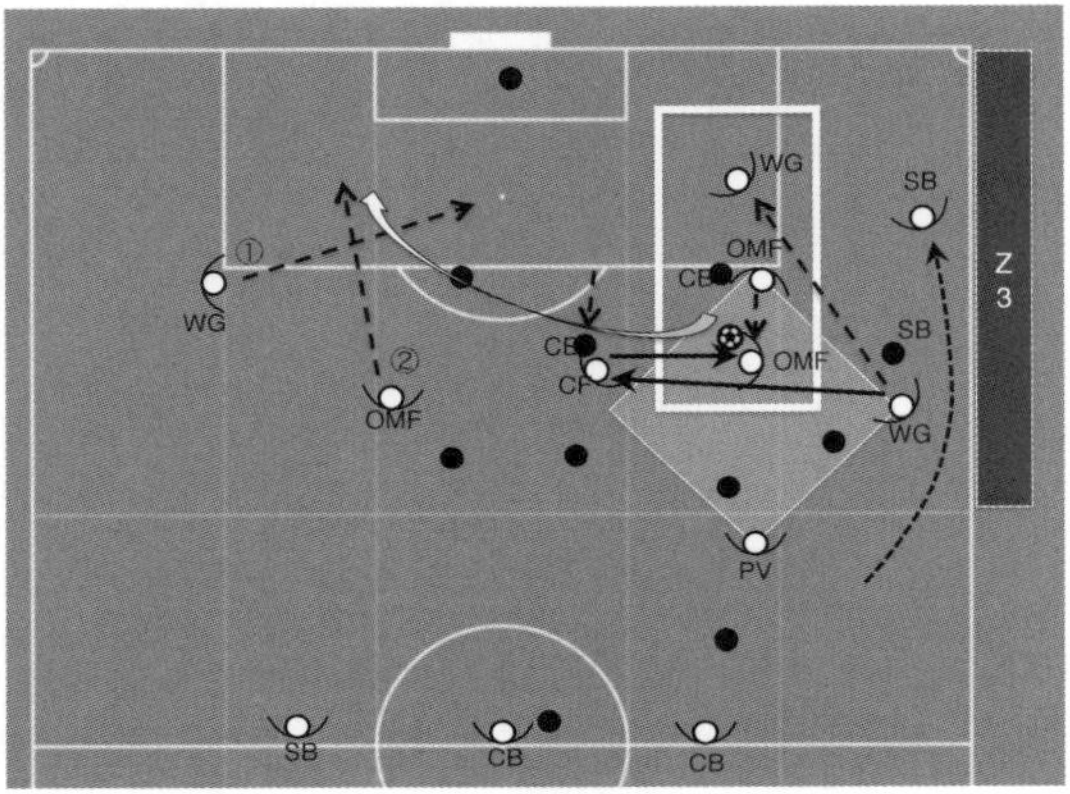

CFがライン間にポジションを取るOMFへパス。逆サイドのWGとOMFがスプリット。OMFはどちらかフリーになった方にパス。

◉ポストチェンジ:オーバーロード

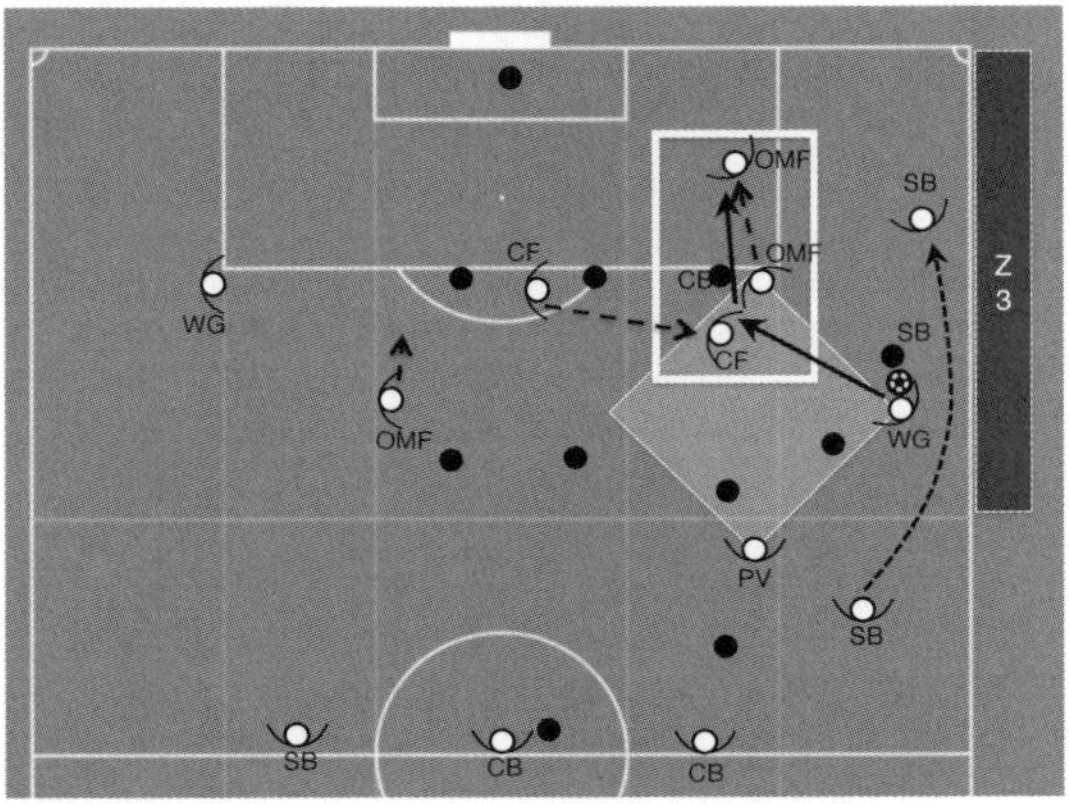

CFが第1ポストのOMFの前のスペースにポジションを取るオーバーロードを実行。OMFをマークしている相手CBは、OMFとCFのどちらをマークするかで迷う。CFがWGからボールを受け、OMFをマークしていたCBがプレッシャーをかけるとOMFがフリーとなり、CFはOMFへパスしシュートチャンス。

COLUMN

パスアウトとオーバーロード

パスアウトやオーバーロードはバスケットボールやラグビーのプレーである。パスアウトは、密集している所から密集していない所へパスを行うこと。バスケットボールでは中央のポストにボールを入れ、相手を引きつけ、空いたスペースにいる選手へパスをして攻撃をする。サッカーにおいても、相手を中央に引きつけサイドにフリーマンを作るために、グラウンド中央のライン間に配置されている選手へボールを入れることでサイドにオープンスペースを作ることができる。

オーバーロードはボールのあるスペースに多くの攻撃選手を配置することだ。ペップ・グアルディオラが監督をするチームやFCバルセロナでは頻繁に行われている。例えば、左サイドのスペース（15m×15m）に7人の攻撃選手が集まりボールポゼッションをする。CBの1人は中央をキープし、逆サイドにWGとSBを配置。相手の多くの人数が左サイドへ引きつけられると、攻撃側は逆サイドにオープンスペースと数的優位を得る。素早いサイドチェンジからゴールを狙う。

ダイヤモンド・オフェンスで紹介しているオーバーロードは、相手が守るゾーンに2人の攻撃選手を配置し、2対1の数的優位を作り攻撃する方法だ。相手チームの選手が数的不利になっているゾーンにヘルプに入ると、今度は、そのヘルプに入った選手が空けたゾーンがオープンスペースとなり、そのスペースを他の攻撃選手が利用してシュートチャンスを作る。

05 サイドレーンダイヤモンドシリーズ第4オプション（縦パス）

第4オプションはサイドレーン内の縦パス。例えば、WGがサイドレーンでボールを保持、同サイドのSBがオーバーラップし、サイドレーン内でオーバーロードの状況（2対1）を作り、そのSBへの縦パスである。

プレー状況は、相手のDFラインとMFラインのライン間にスペースがなく、中央方向へパスコースがない場合である。

◉サイドレーン内の縦パス

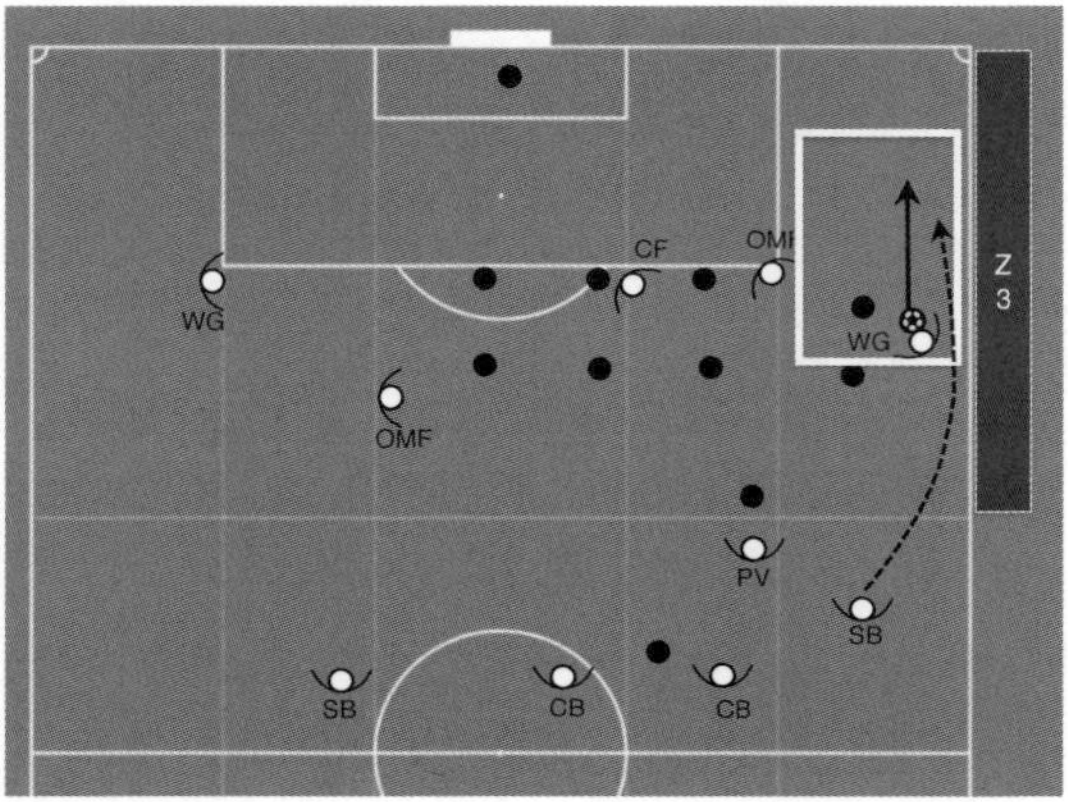

相手MFラインとDFラインのライン間にスペースがない、バックパスも難しい場合、同サイドレーンをオーバーラップしたSBに縦パスを実行。

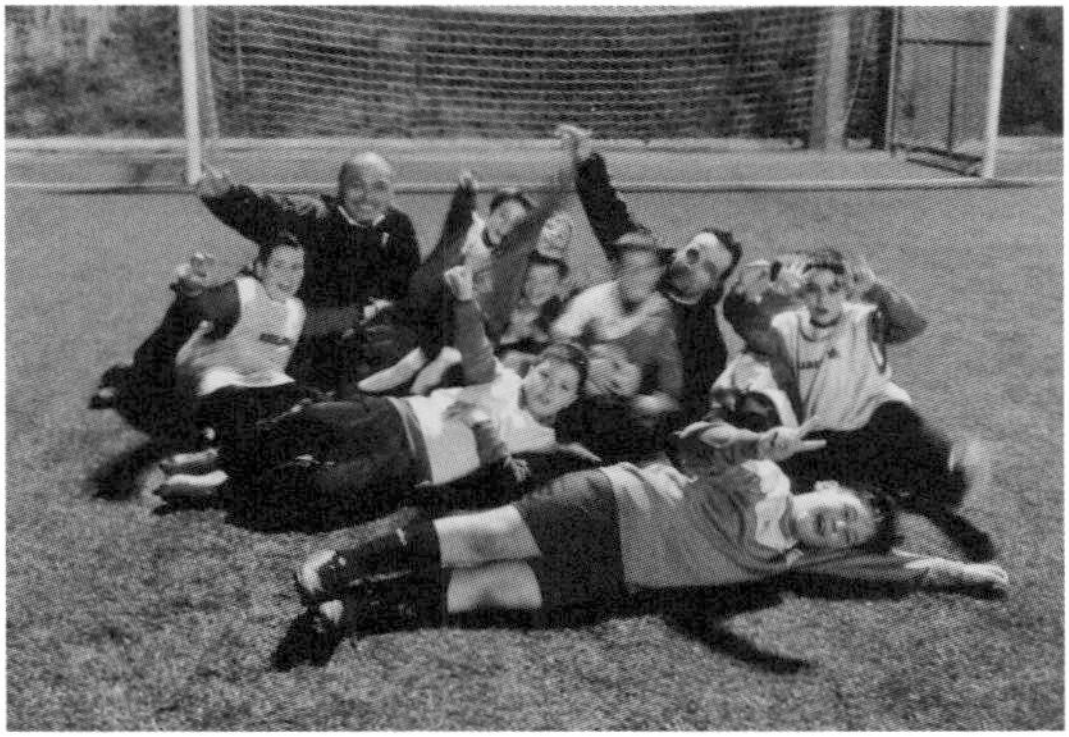

◉WGは相手を引きつけ縦パス

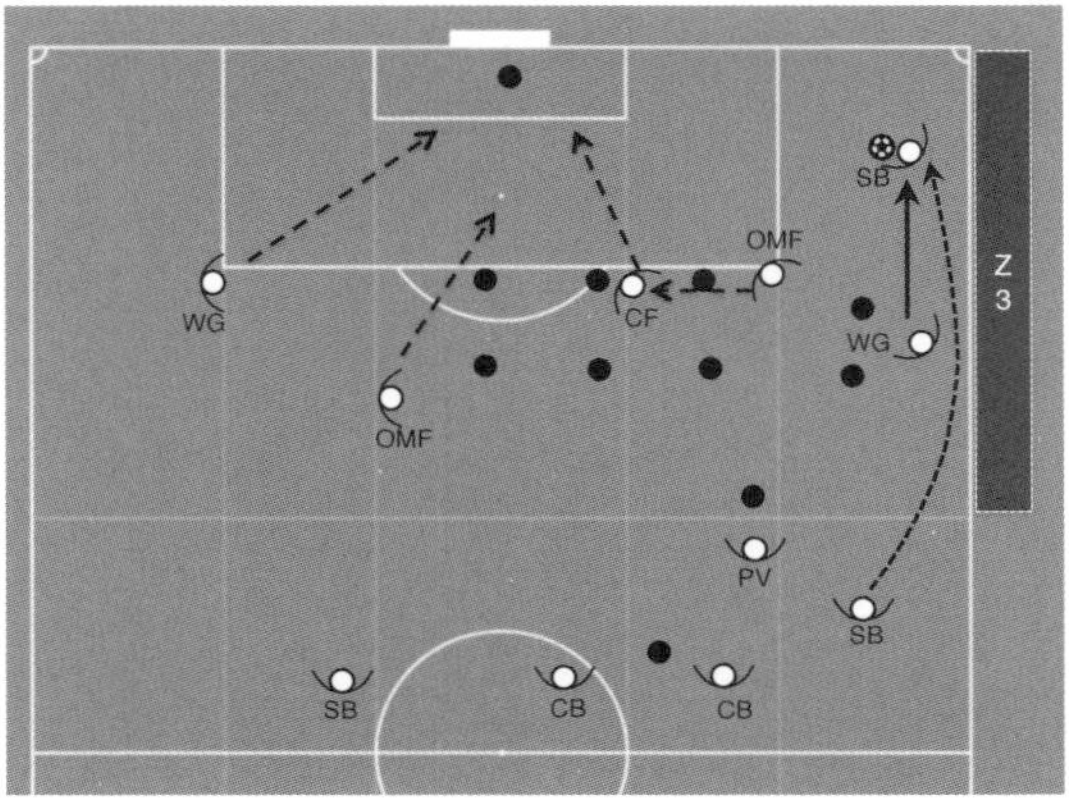

SBがフリーでボールを受けることができれば、相手ゴール前にセンタリングを実行。攻撃に参加している選手は、センタリング時のゴール前の配置にタイミングよくポジションを取る。

◉SBの前方にスペースがない

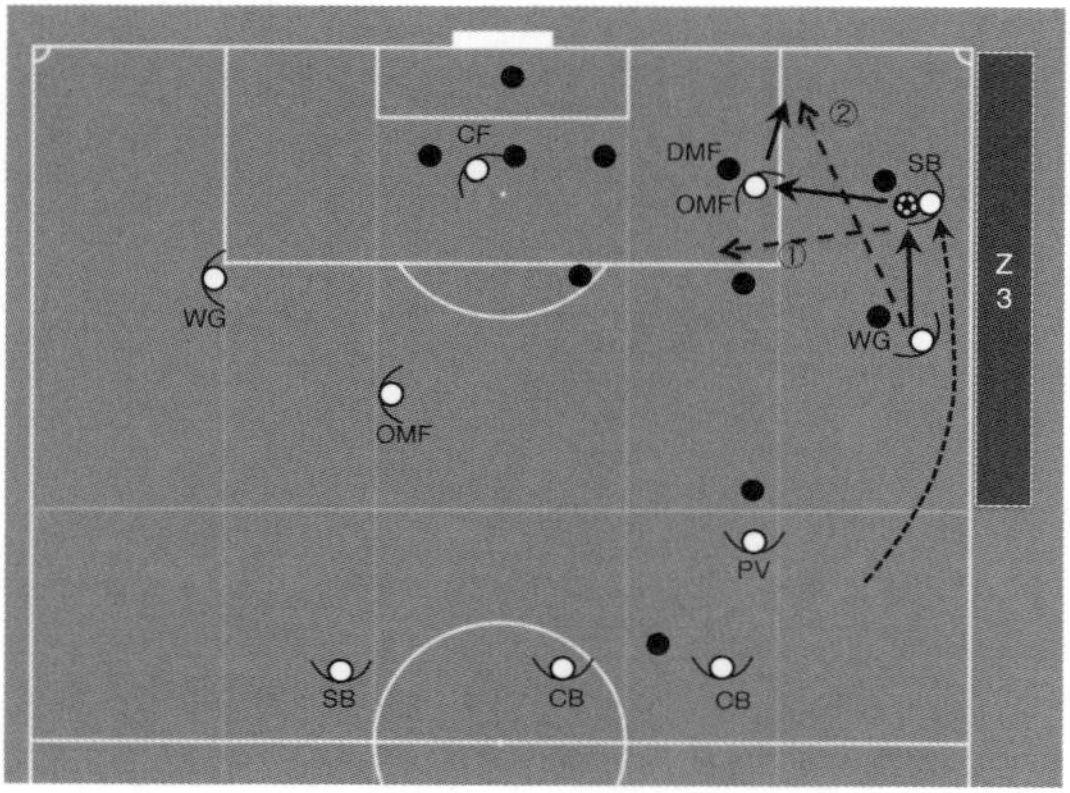

ボールを受けたSBを相手がマークした場合は、相手ゴール方向中央へのポストプレーを実行。ポストのOMFへパスを入れ、グラウンド内側へカットインして、自身のマークを引きつけ、サイドレーンにスペースを作る。WGは、カットインしたSBの背後を通って縦にカットインをしてポストのOMFからパスを受けセンタリング。

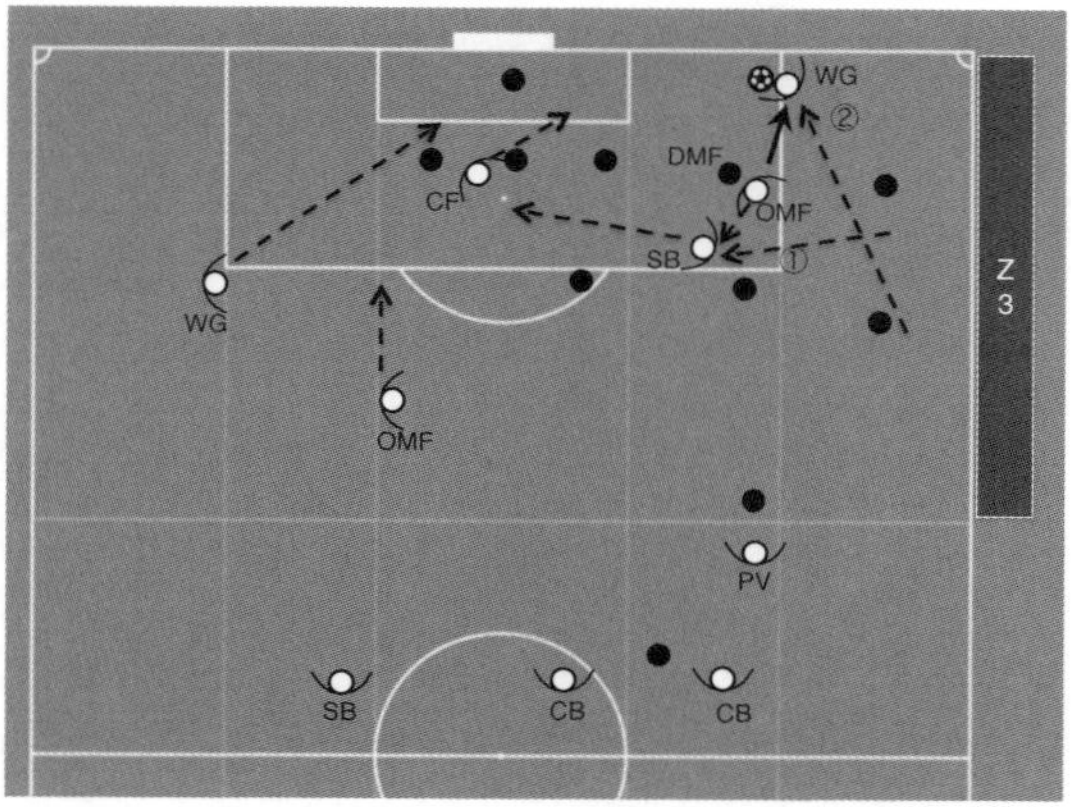

SBからボールを受けたOMFはWGへパス。WGはできる限りアシストゾーン深く侵入しセンタリング。

◉SBの内側へのパスコースがない

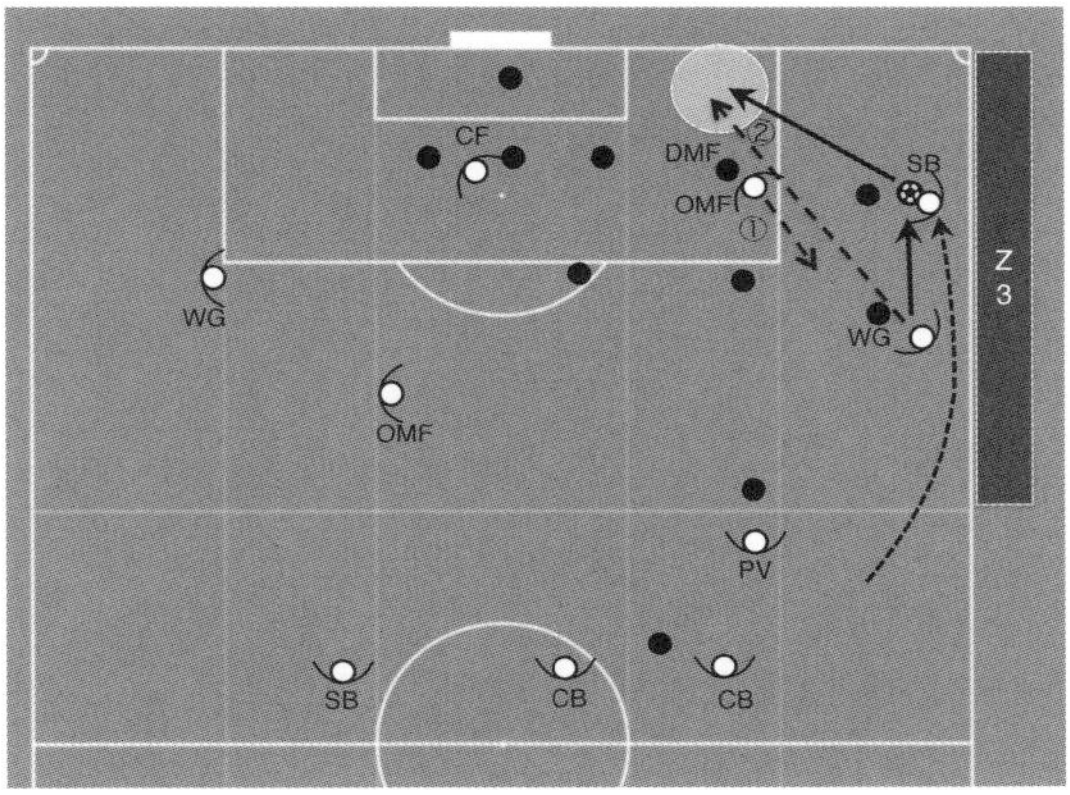

相手に内側へのパスコースを消され、SBからポスト（OMF）へのパスコースがない場合、OMFとWGは配置交換の動き。WGは斜めにカットインしアシストゾーンへ侵入。OMFはWGにスペースを作るために相手CBを引きつけWGがいたスペースへ移動。

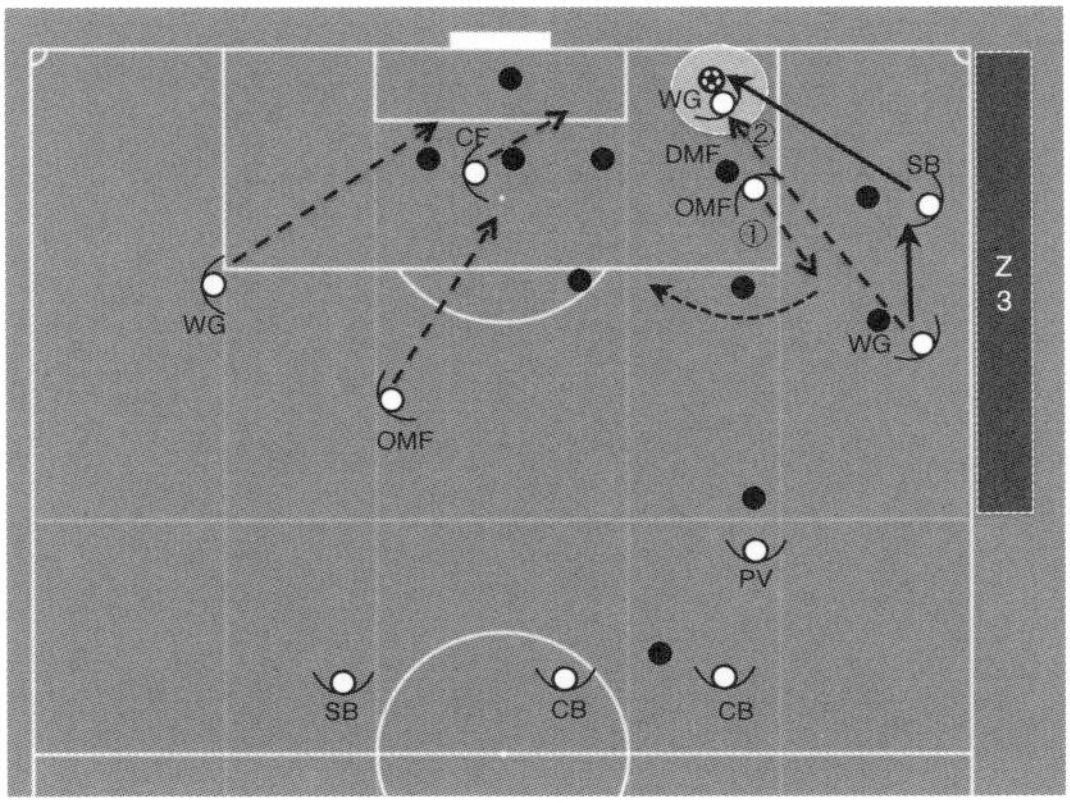

SBはアシストゾーンへ走り込むWGへパス。攻撃に参加している選手はセンタリング時の配置へ移動しシュート。

◉OMFがサイドレーンへ移動

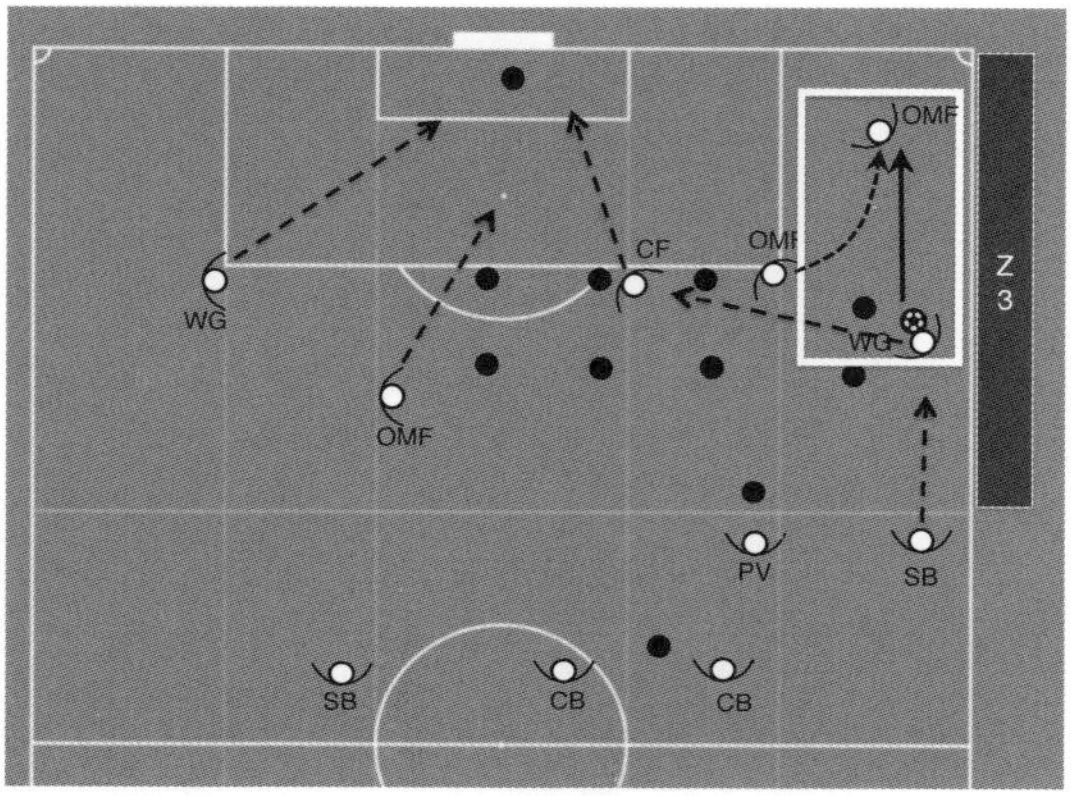

相手の守備のライン間が狭く、WGからポスト（OMF）へのパスコースがない場合、OMFは同サイドレーンへ移動。WGはOMFがオフサイドにならないタイミングで縦パスを出す。

◉オーバーロードの罠1

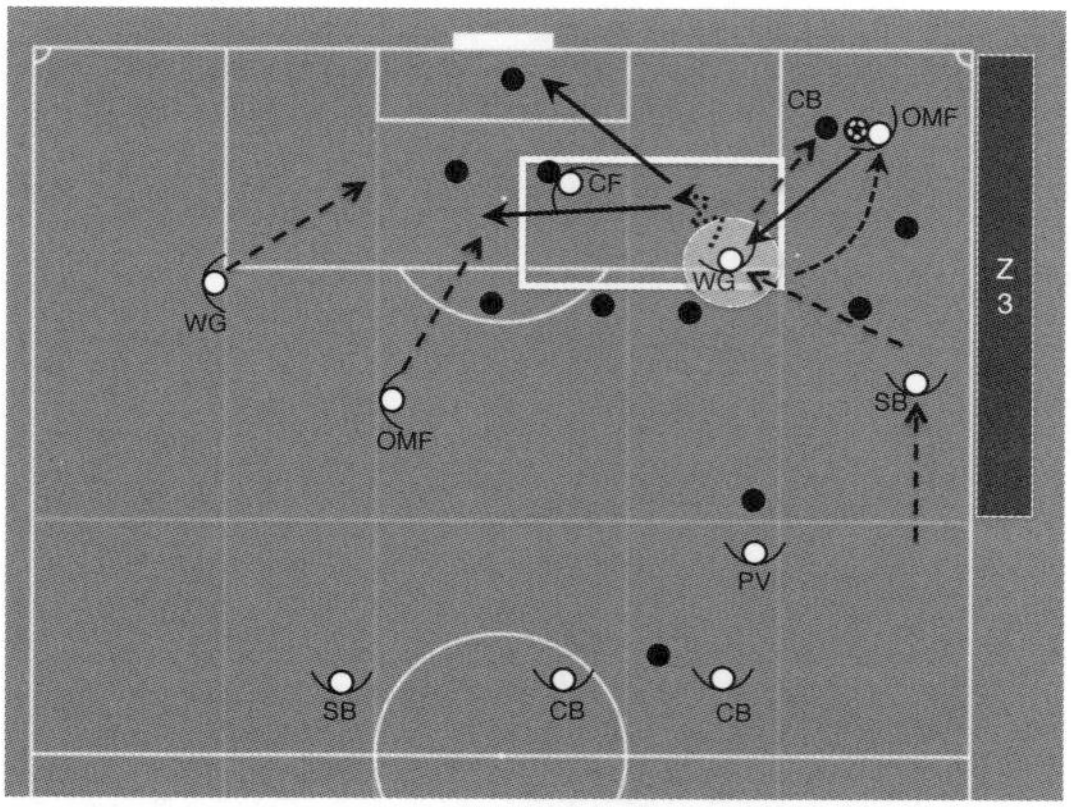

サイドレーンで縦パスを受けたOMFを相手CBがマークした場合、相手CBが空けたスペースがオープンスペースとなり、そのスペースへWGが移動しOMFからパスを受ける。これがオーバーロードの罠である。WGは決定機を迎え、シュート、もしくはパスができる。

◉オーバーロードの罠2（3人目の動き）

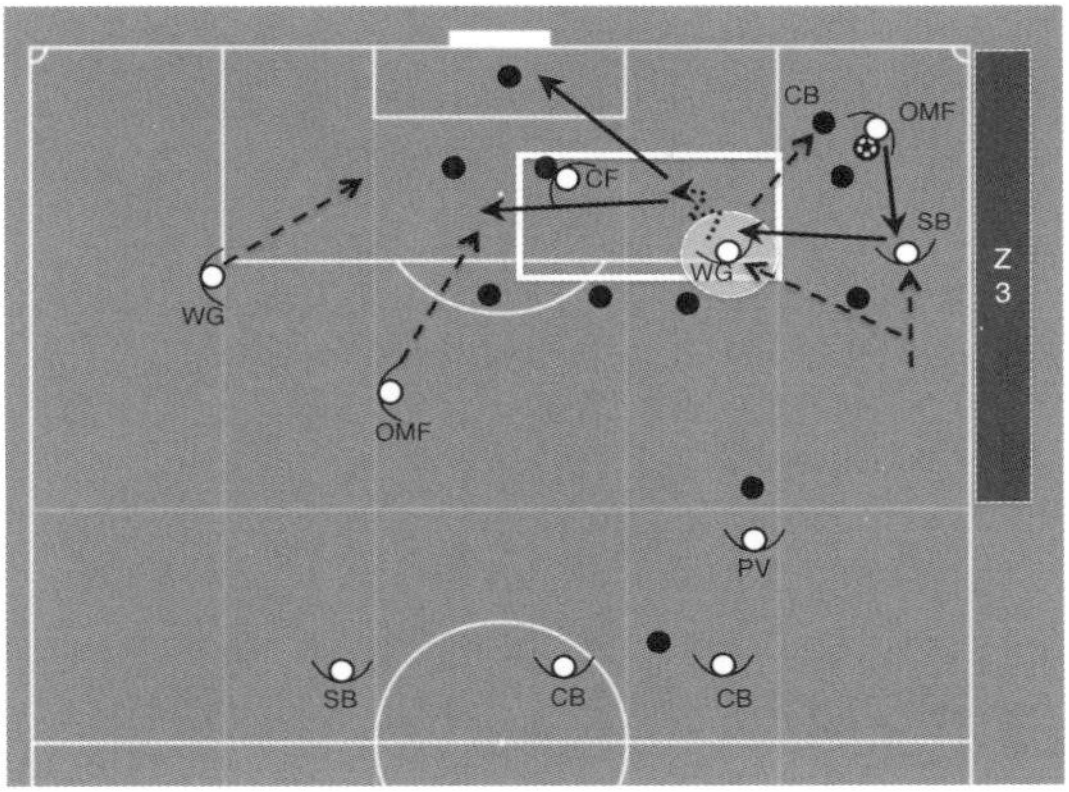

サイドレーンでボールを受けたOMFからアシストゾーンへ移動したWGへパスができない場合は、SBへバックパスし、SBからWGへパスをする3人目の動きを使う。

06 パスアウト（静的な配置からスペースを作り利用する）

ゾーディフェンスを攻略する方法の1つにパスアウトがある。これは選手が密集している所から密集していない所へパスを行うことである。ボールを動かすことで相手を動かし、それによって起こる守備のズレを利用し、スペースを作り、その空いたスペースへパスをする方法だ。

パスアウトをするには相手と逆の配置である静的な配置が適している。選手の静的な配置から、グラウンド中央（センターレーン、ハーフスペース含む）で、相手の守備のライン間やライン上に位置する選手がボールを受けて、相手のどのポジションの選手がプレッシャーをかけにきたかによって、相手の守備のズレが起こり、スペースができる場所が変わる。

ゾーンディフェンスは、プレッシャーをかけにきた相手の背後にスペースができる。ボール保持者、もしくは近くにいるチームメートが、その相手の背後のオープンスペースに移動する選手へパスをすることで相手の守備組織を崩す。

パスアウトは、グラウンド中央（センターレーン、ハーフスペース含む）の選手にボールを入れることで、相手をその選手に引きつけて、いかにサイドや相手の背後にボールを展開するかというゾーンディフェンスを攻略するための有効な方法である。

具体的な方法は、ボールをグラウンド中央（センターレーン、ハーフスペース含む）の相手ディフェンスのライン間、ライン上にポジションを取る選手へボールを入れる。ライン間でボールを受けると最大4人の相手を引きつけ、ライン上では最大2人の相手を引きつけることができる。

ライン間にポジションを取る選手にボールを入れた場合、少なくても1人の相手がボールを受けた選手にプレッシャーをかける。それがどのポジションの選手かによって、次のパスの選択肢が変わる。

◉パスアウト

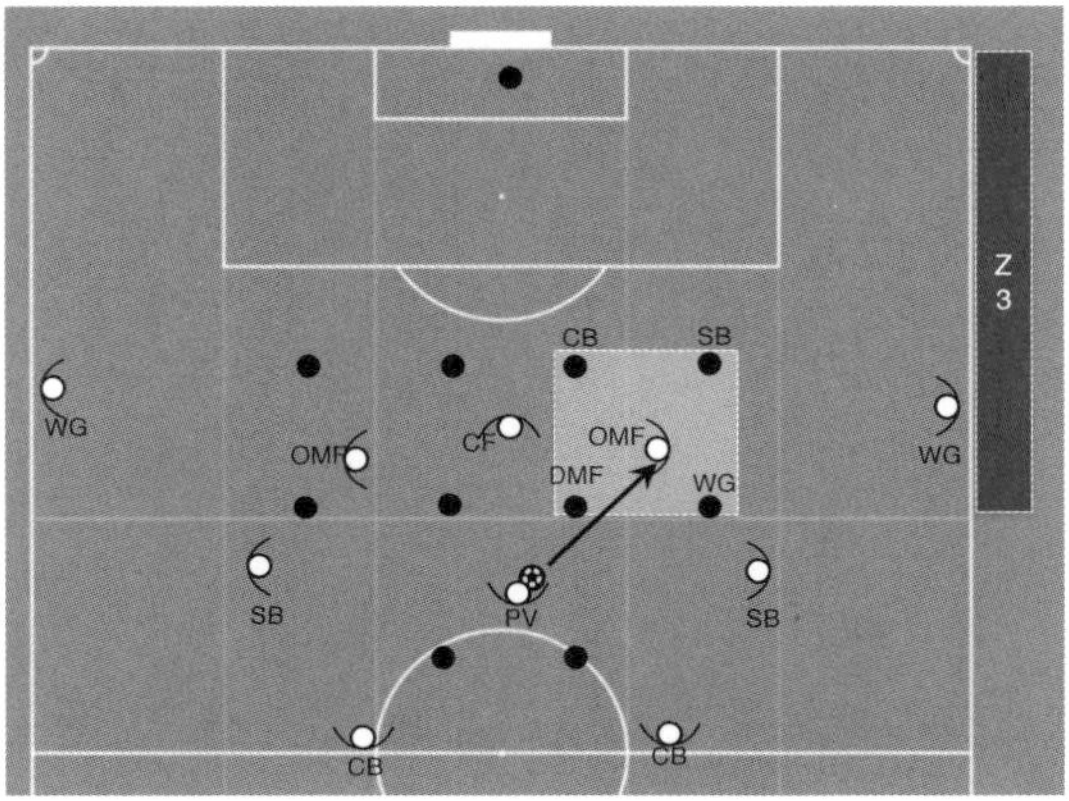

どの相手がプレッシャーに来たかを瞬時に察知し、相手の逆をつく

例えば、ハーフスペースでＯＭＦがＰＶからボールを受けると、相手のＳＢ、ＣＢ、ＤＭＦ、ＷＧのうち最低１人がＯＭＦにプレッシャーをかけにくる。攻撃側はＯＭＦがハーフスペースでボールを受けたときに、相手のどのポジションの選手がプレッシャーにくるかによってフリーになる選手が変わる。ＯＭＦの近くにいるＷＧ、ＣＦ、ＳＢ、ＰＶの４人のうち最低１人がフリーとなり、その他のＯＭＦの近くにいる選手も相手がボールを受けたＯＭＦの方を注視することにより、マークが外れやすくなる。

相手ＳＢがＯＭＦにプレッシャーをかけると、ＷＧがフリーとなり、相手ＳＢの背後でＯＭＦからボールを受けることができる。直接ＯＭＦからＷＧへパスができない場合は、３人目の動きを使う。ＯＭＦの近くにいるチームメートを３人目として使い、その選手を経由してフリーになったＷＧへボールを渡す。例、１人目のボール保持者ＰＶから、２人目のＯＭＦへパス、３人目のＣＦ経由でフリーになったＷＧへパス。

ポジショナルプレーは相手の背後でフリーになっている選手へパスをするための概念であり、パスアウトはその概念を具現化する方法である。パスアウトをするには、ダイヤモンドの形が必要不可欠である。

◉SBがマークに来た場合

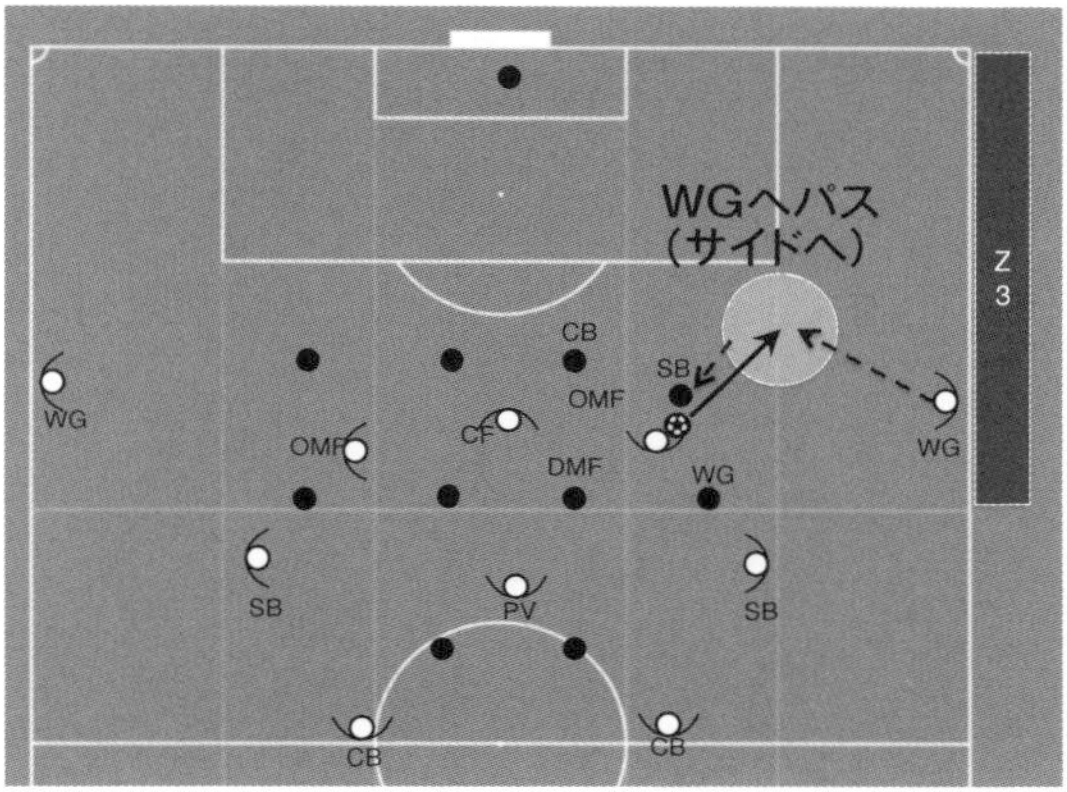

OMFがボールをライン間で受けて、相手SBがプレッシャーに来た場合はWGへパス（サイド、もしくは相手SBの背後へパス）。

ボールをグラウンド中央（センターレーン、ハーフスペース含む）、相手の守備のライン間にポジションを取る選手へ入れる。

◉3人目を使う

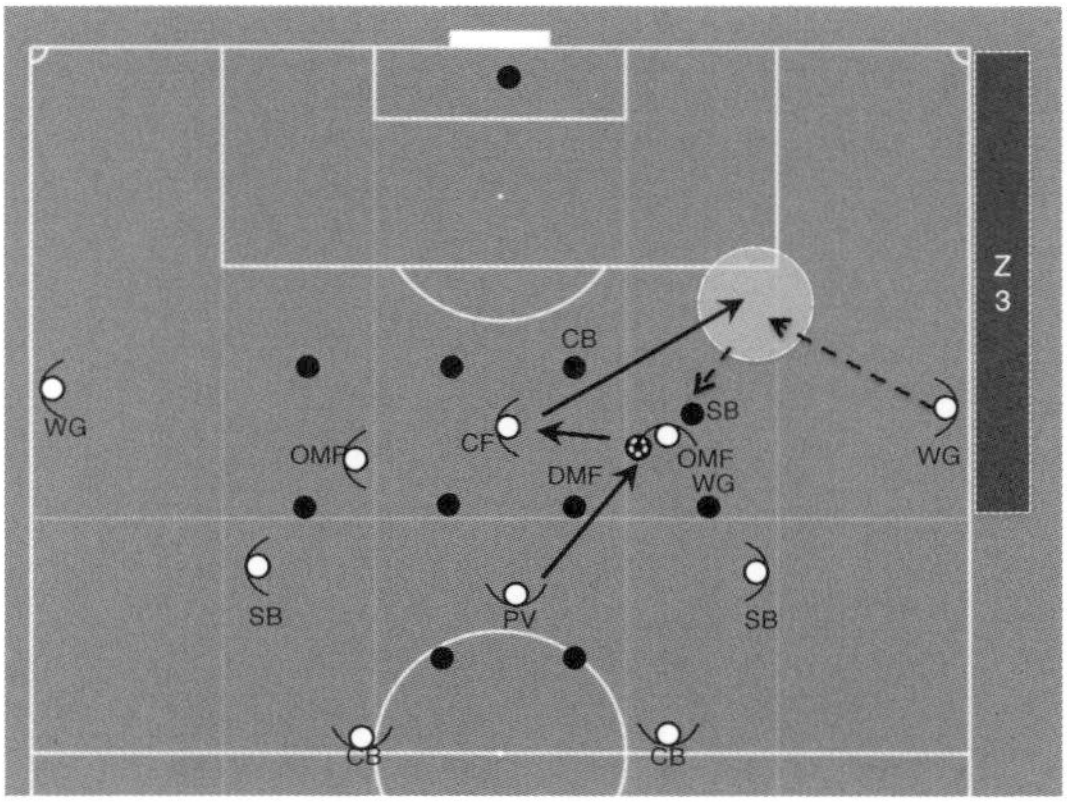

相手SBのプレッシャーが厳しく直接WGへパスができない場合は、3人目（CF）を使う

◉相手CBがプレッシャーに来た場合は、CFへパス（内側へ）

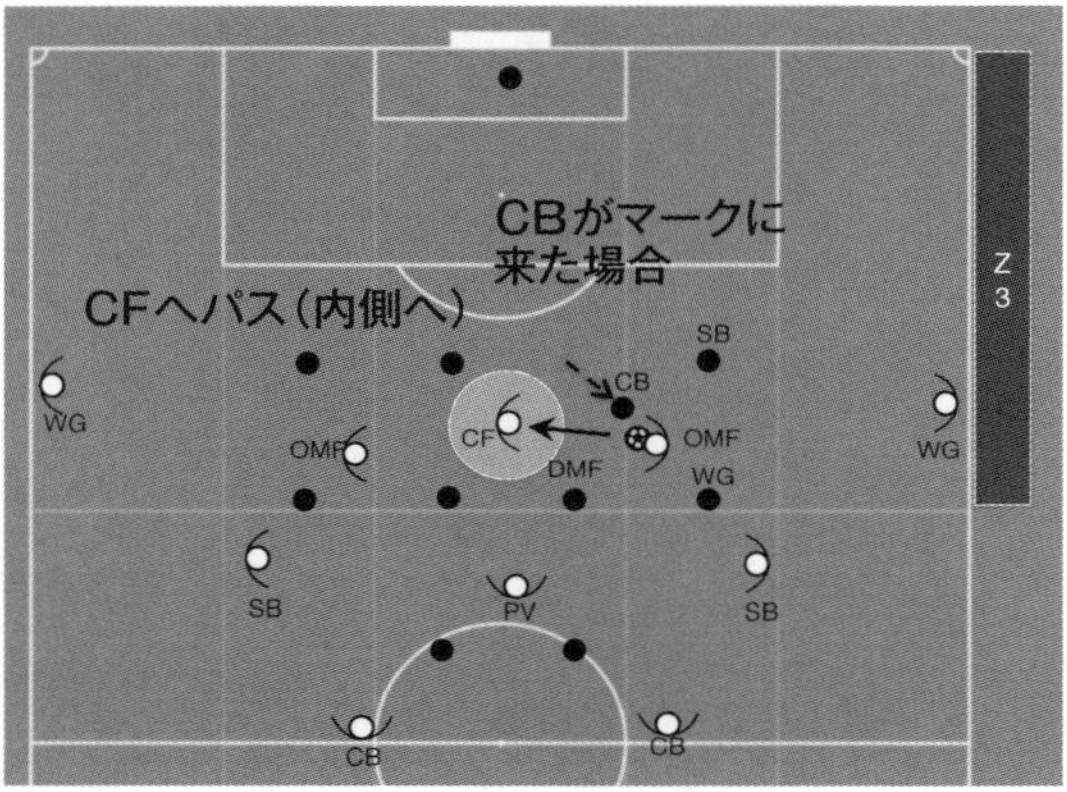

OMFは相手CBがプレッシャーをかけにきた場合、もう片方のCBはカバーリングに入るので、CFがライン間でボールを受けるスペースができる。

◉相手WGがプレッシャーに来た場合はSBへパス（外側へバックパス）

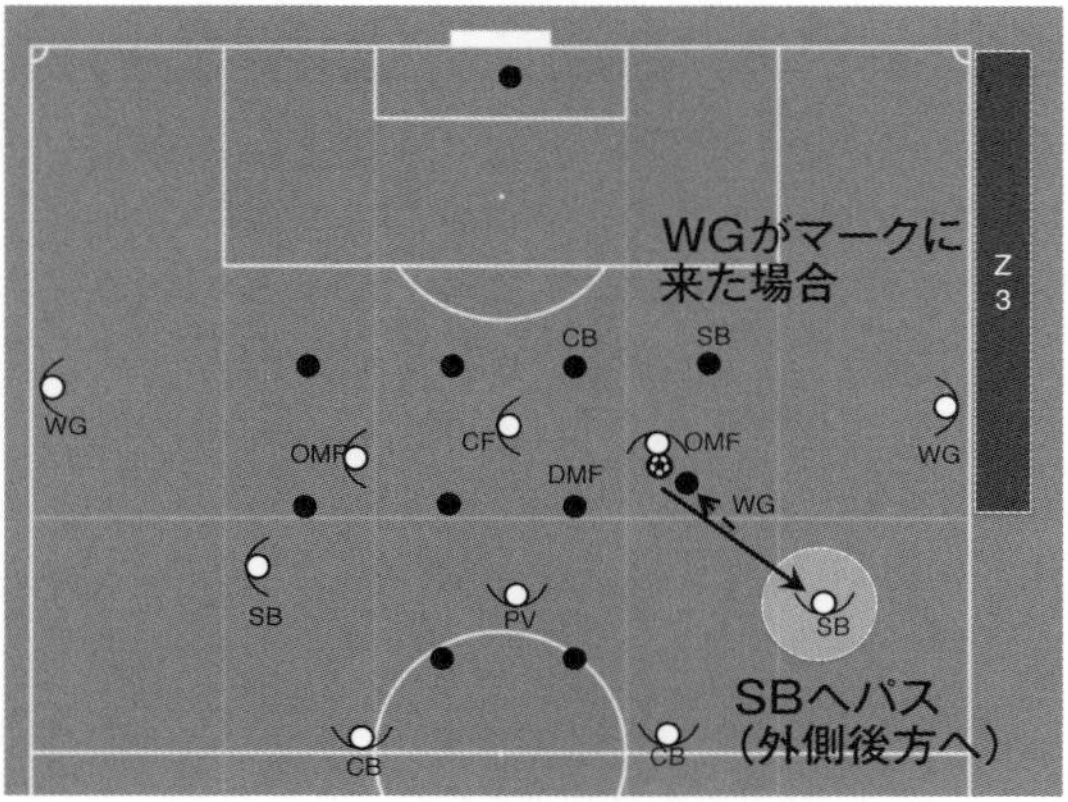

OMFは相手WGがプレッシャーをかけてきた場合、ライン間が狭くなり、WGやCFへパスをするのが難しい。その代わり、斜め後ろにスペースができるのでSBへパスをする。

◉相手DMFがマークに来た場合はPVへパス（内側へバックパス）

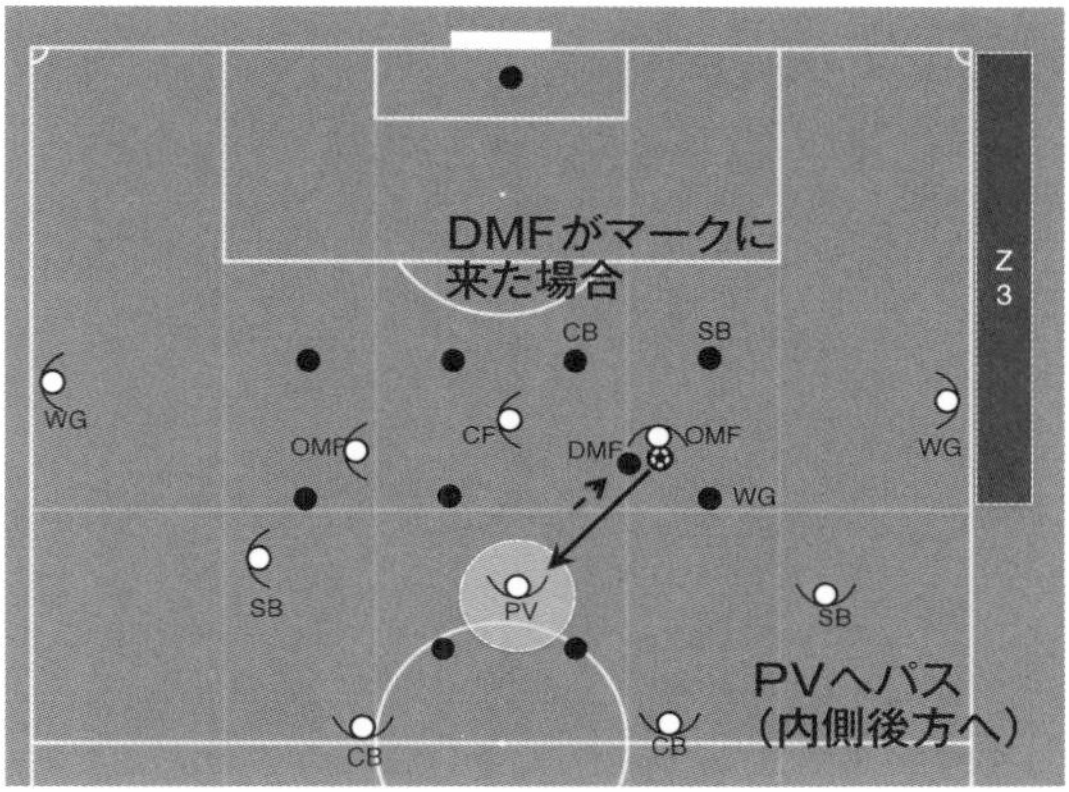

パスアウトをする選手が直接フリーになったチームメートへパスができない場合は、パスアウトをする選手の近くにいるチームメートを3人目として使い、その選手を経由してフリーになったチームメートへパスをする。

このようにパスアウトは、相手の守備のどのポジションの選手が、ライン間でボールを受けた選手へプレッシャーにきたかによって、その背後にできるスペースにパスを実行する方法である。ライン間でボールを受ける選手は、どの相手がプレッシャーに来たのかを素早く察知し、それによって、どこにオープンスペースできるのかを予測し、素早く行動に移すことが重要である。

パスアウトをする場合は「静的な配置」による相手の守備と逆の配置を使うと効果的である。グラウンド中央で相手のライン間やライン上に多くの選手を配置することで、相手はライン間やライン上に配置された位置的優位を獲得した選手を誰がマークするか、しないかの判断に迷い、数的優位やスペースが生まれる。その優位性とオープンスペースを使うのがパスアウトをする狙いである。

◉例　パスアウト1（CFがライン間でボールを受けた場合）

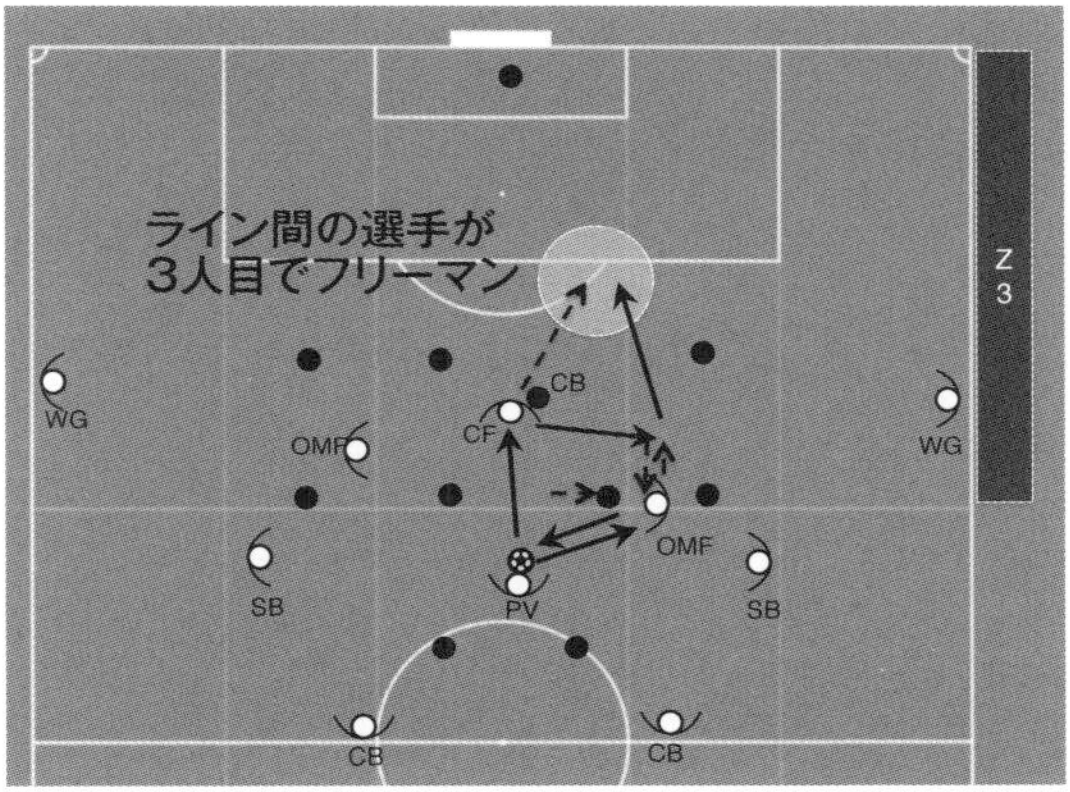

ライン間のフリーマン（OMF）がボールを受けたらCFは相手CBの背後へ走る

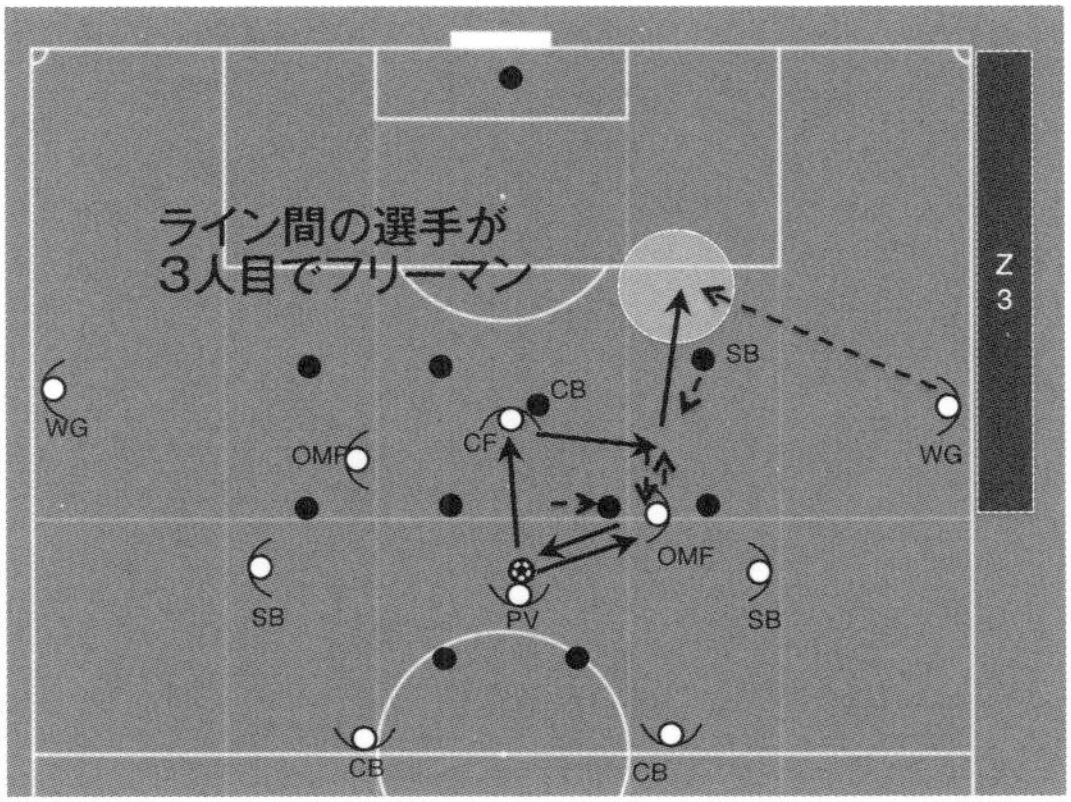

ライン間のフリーマン（OMF）がボールを受け相手のSBがプレッシャーに来たらWGは相手SBの背後へ走る

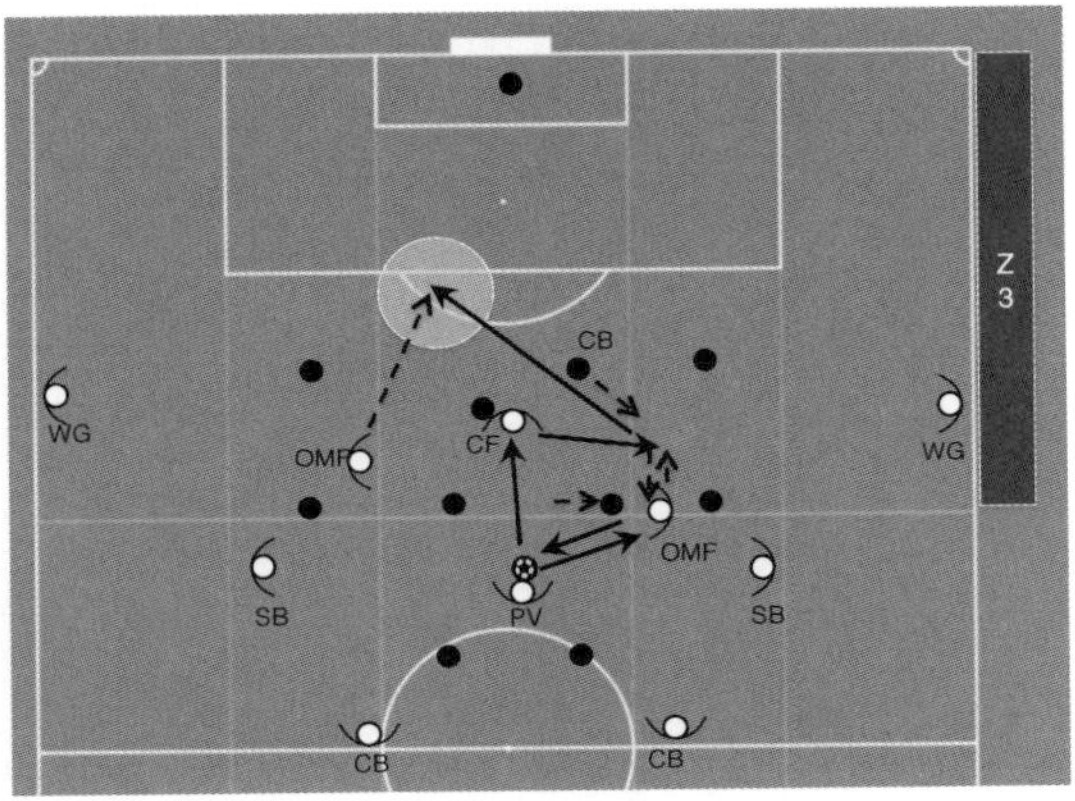

ライン間のフリーマン（OMF）がボールを受け相手のCBがプレッシャーに来たら逆のOMFは相手CBの背後へ走る

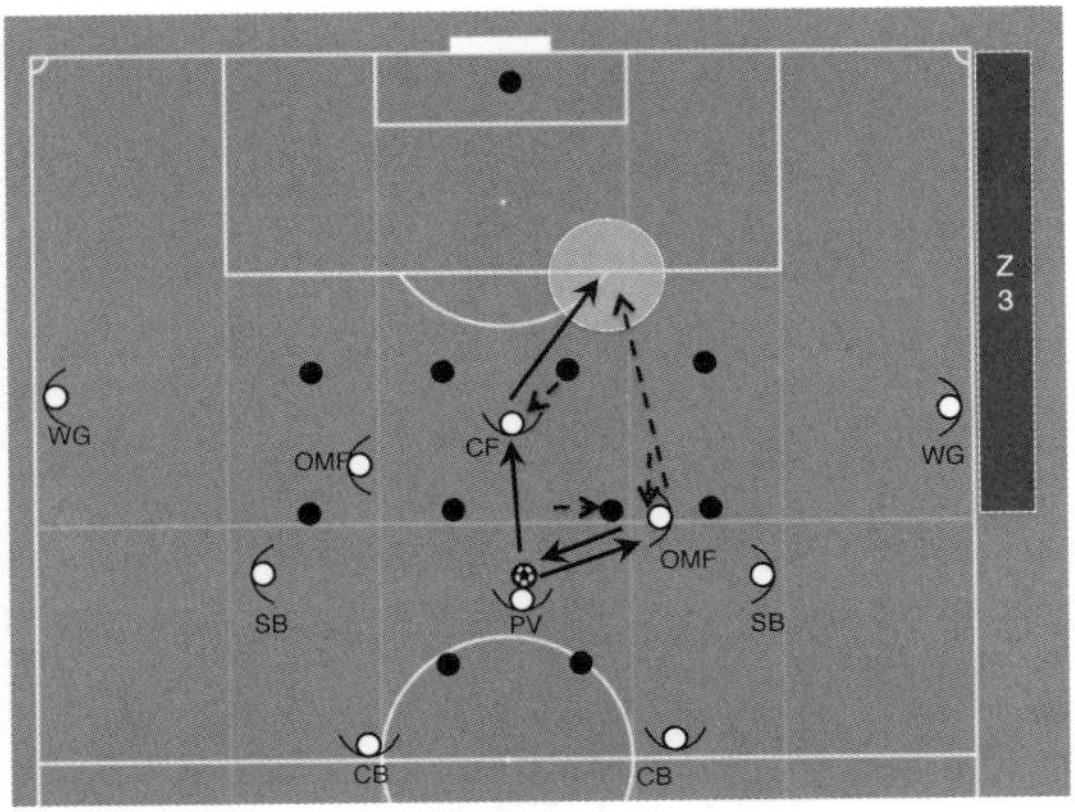

CFがボールを受けフリーであればターン。相手CBがプレッシャーに来たらOMFは相手CBの背後へ走る

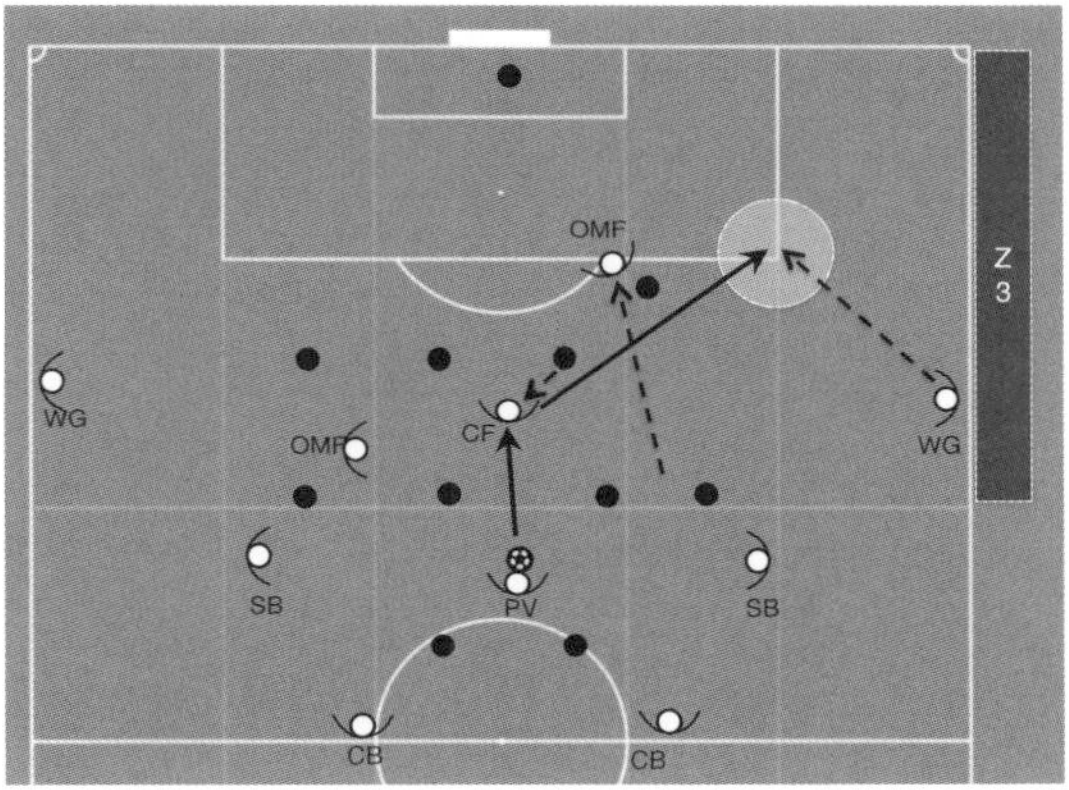

CFがボールを受けフリーであればターン。相手SBがOMFをマークしたら、WGへスルーパス

◉例　パスアウト2（OMFがライン上でボールを受けた場合）

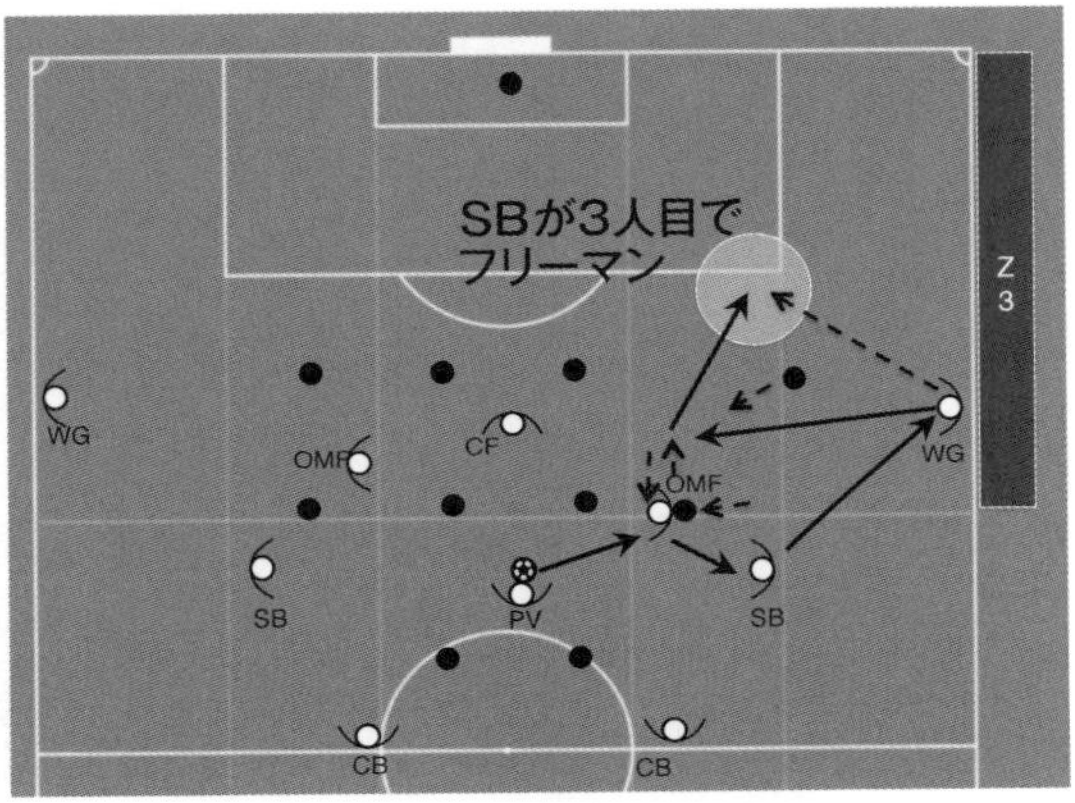

ライン上のOMFが相手を引きつけSBへパス。SBからWGへ。WGはライン間へ移動したOMFへパス。相手SBがOMFへプレッシャーに来たら、相手SBの背後へパス

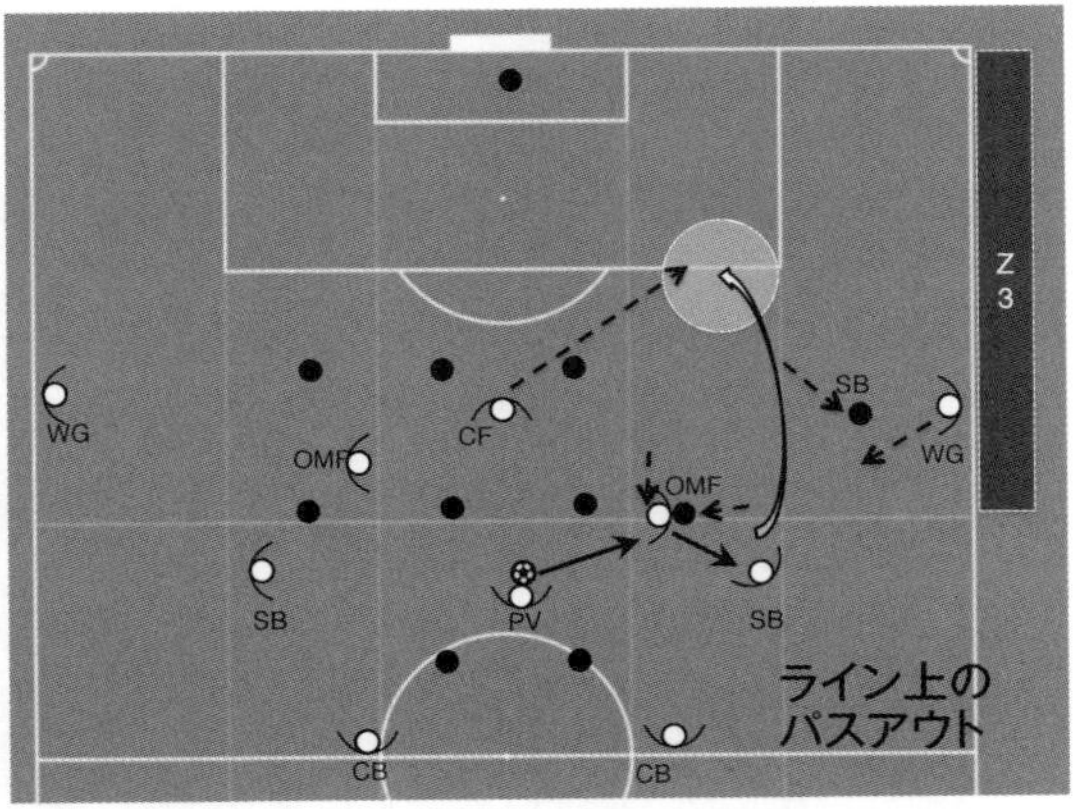

相手SBがWGをマークした場合、WGは足下でボールを受けようと落ちて相手SBを引きつけスペースを作る。SBは相手SBの背後へ浮き球ロングパス。CFは相手CBの背後から走る

◉ライン上のパスアウト

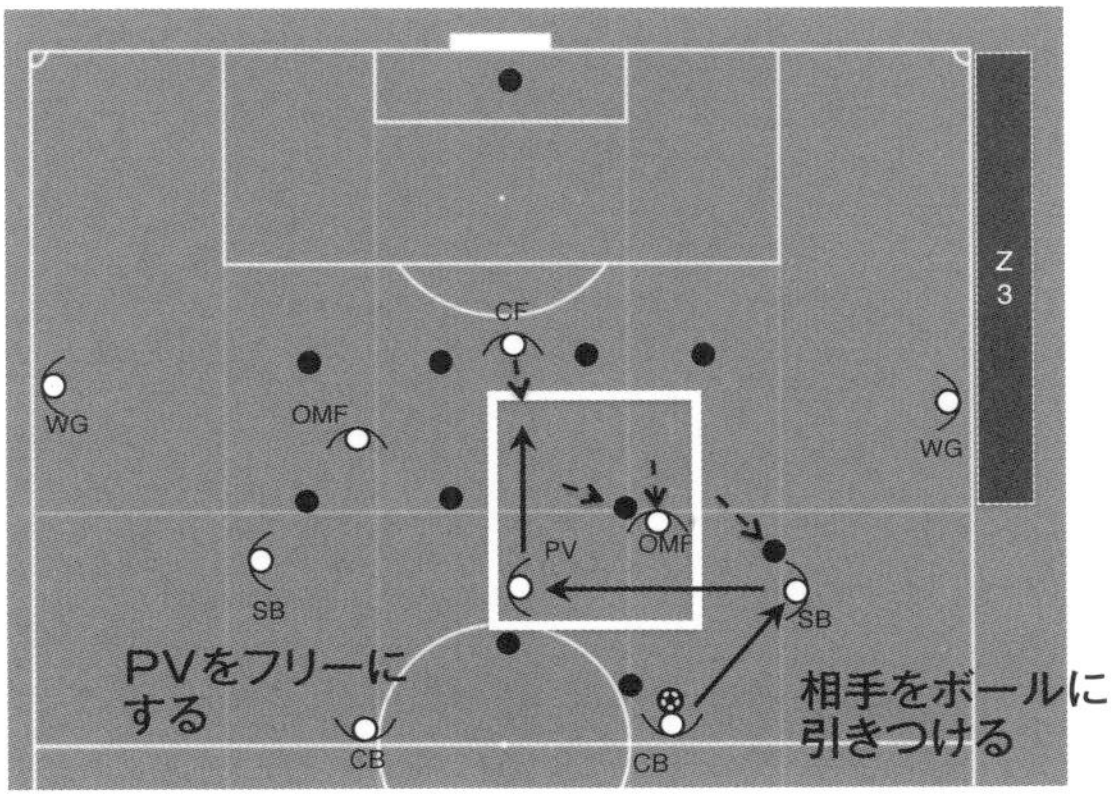

ライン上にポジションを取り、相手を引きつけてボールを動かすことで、相手の守備ラインの選手が、その選手へ引きつけられ、守備ラインにズレができ、ライン間へのパスコースができる

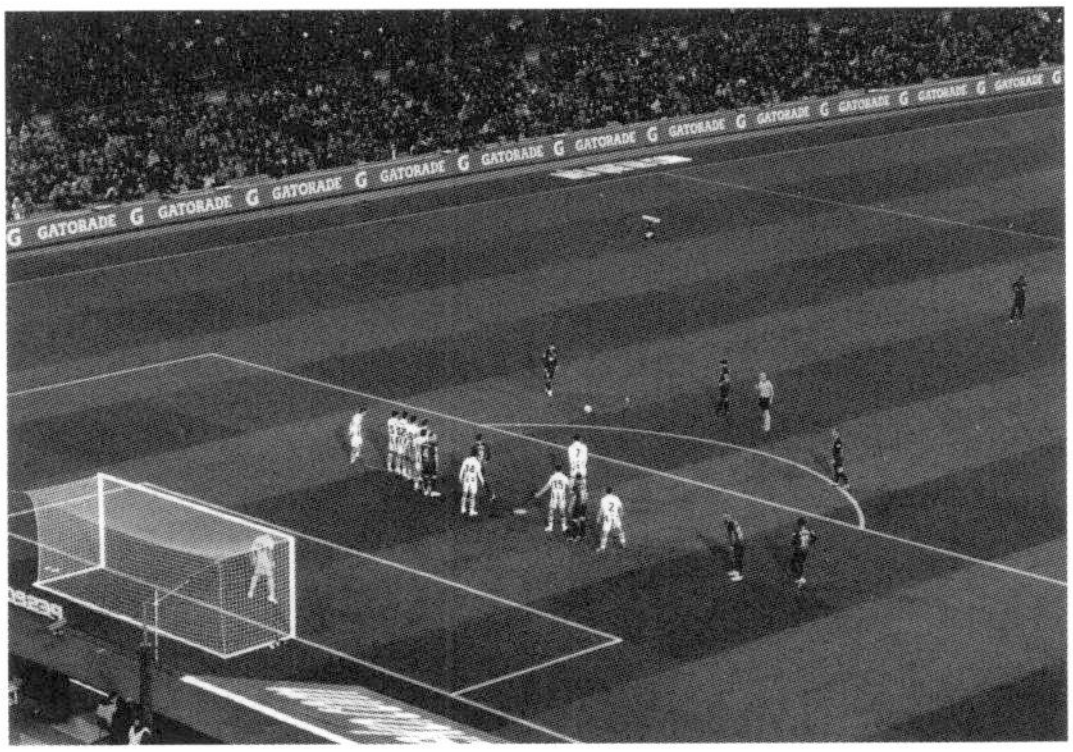

07

ポジションサッカーの実践（相手の守備と同じ配置の攻撃）

ポジションサッカーとは「相手の守備と同じ配置の攻撃」である。相手と1対1の状況をできるだけ多く発生させ、その中でミスマッチが生じるようにして、相手の守備を崩す方法である。

選手全員が自分のポジションからほとんど動かず、チーム内の1人、2人だけが、カットインや、ライン間やライン上にポジションを取り、質的優位を利用してオーバーロードの状況を生み出す。相手のゾーンディフェンスをマンツーマンディフェンスのような状況に追い込むことを狙いとしたものだ。これは、相手の弱みをつくための方法であり、相手の1人1人の選手にプレッシャーを与える。1人が抜かれたら、近くにいる選手はカバーリングしなければならず、そのことで攻撃側にフリーな選手が生み出される。

試合の状況は、相手がゾーンディフェンスで守備ラインが下がり、背後やライン間にスペースがない場合に一時的に使う攻撃方法である（各局面で、できるだけ多くの1対1の状況を作りたいが、攻撃側のＤＦラインで数的優位を作ることを前提とする）。

※ミスマッチ
ある攻撃選手とそれをマークする相手との間に、スピードや身長、パワーなどの要素において著しい差があること。

例えば、１人の攻撃側の選手が１対１で勝つと、他の選手をマークしていた相手は、そのフリーになった選手にプレッシャーをかけなければならず、そうなると、どこかにまたフリーな選手が生み出される仕組みだ。

下図では、位置的優位を持った左ＳＢがフリーである。その理由は、左ＷＧとＣＦが相手と１対１の状況なので、相手は左ＳＢをマークすることができない。相手ＳＢが左ＳＢをマークすると、今度は左ＷＧがフリーとなり、こちらの方が危険である。ＭＦラインを見ると左ＯＭＦがライン上で相手２人を引きつけている。攻撃側はＤＦラインで数的優位であり、ＣＢがボールを前に運ぶと、相手の右ＳＭＦがプレ

◉ポジションサッカー

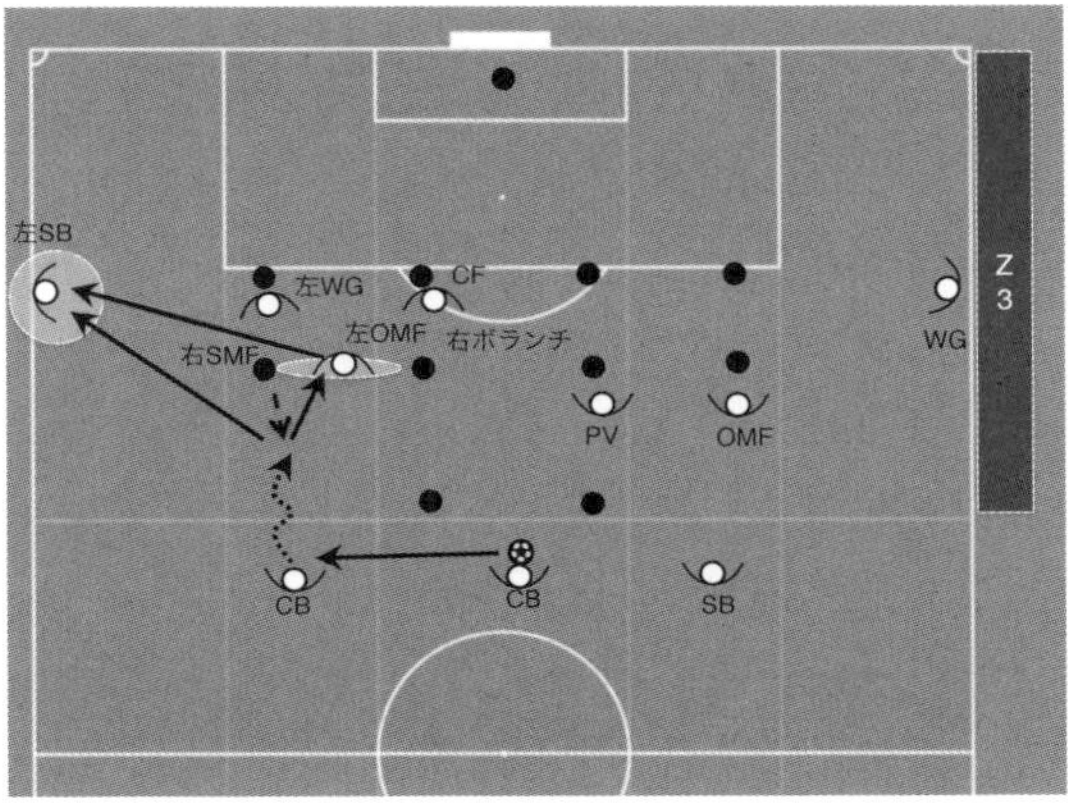

対4−4−2ゾーンディフェンス。左SBが質的優位を持つ。左OMFはライン上で相手２人のMFを引きつける。

ッシャーに来る。なぜなら、相手の右ボランチがプレッシャーに来ると、グラウンド中央にオープンスペースが生じてしまうからである。

そのような理由で相手の右ＳＭＦがＣＢへプレッシャーをかける。ボール運んだＣＢは、相手を引きつけてそのまま左ＳＢへパスをするか、もう１つは、ライン上の左ＯＭＦにパスをして、左ＯＭＦが相手を引きつけて左ＳＢへパスをする。こちらの方が相手をグラウンド中央に引きつけ、左ＳＢがより良い状況でボールを受けることができる。

◉左SBは前へボールを運びセンタリング

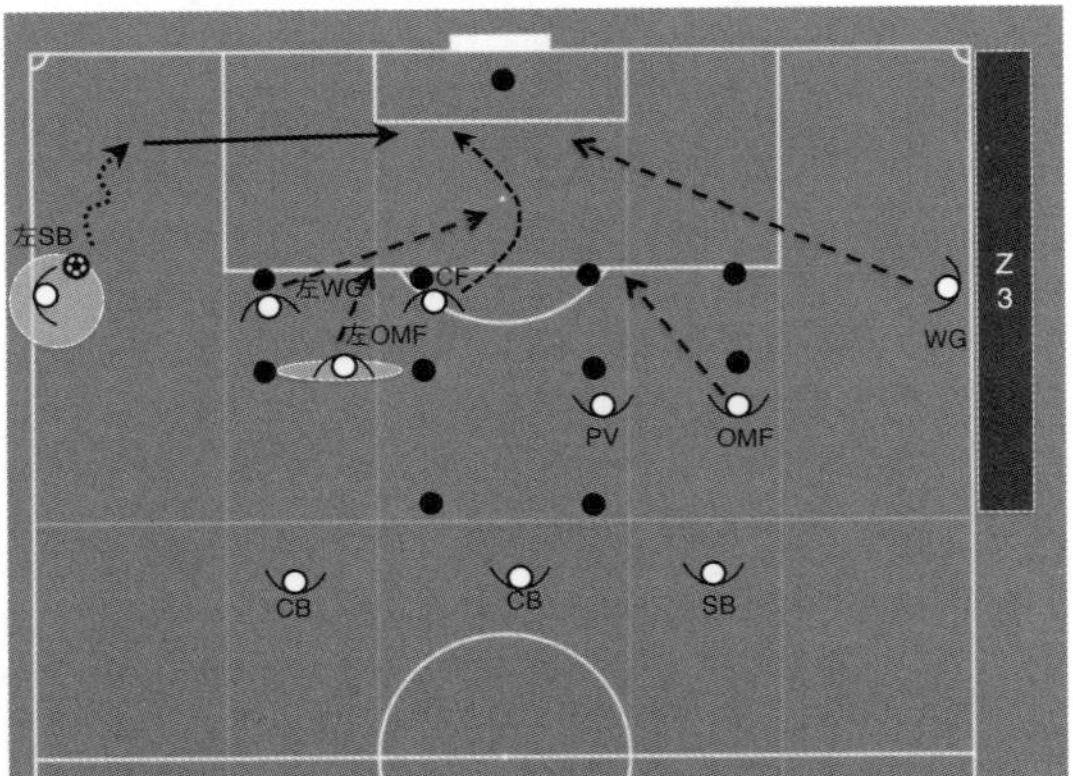

ボールを受けた左SBは素早く前へボールを運びセンタリング。攻撃に参加している選手はセンタリングのタイミングに合わせてセンタリング時の配置へ移動する。

◉センタリングの入り方をクロスにする（マンツーマンの場合）

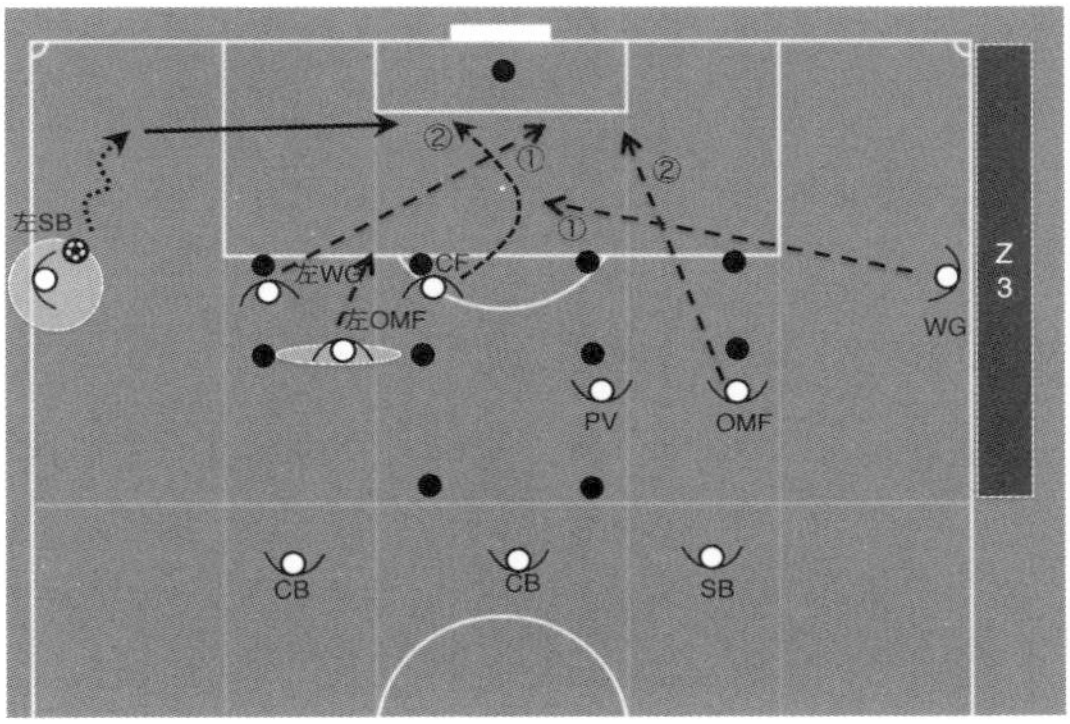

相手がペナルティエリア内でマンツーマンディフェンスをする場合、センタリング時の入り方をクロスにする。スペースを作り、利用する。ニアがフォアに移動、空いたスペースをフォアの選手が利用。逆もある。

◉センタリング時にオーバーロードを使う（ゾーンディフェンスの場合）

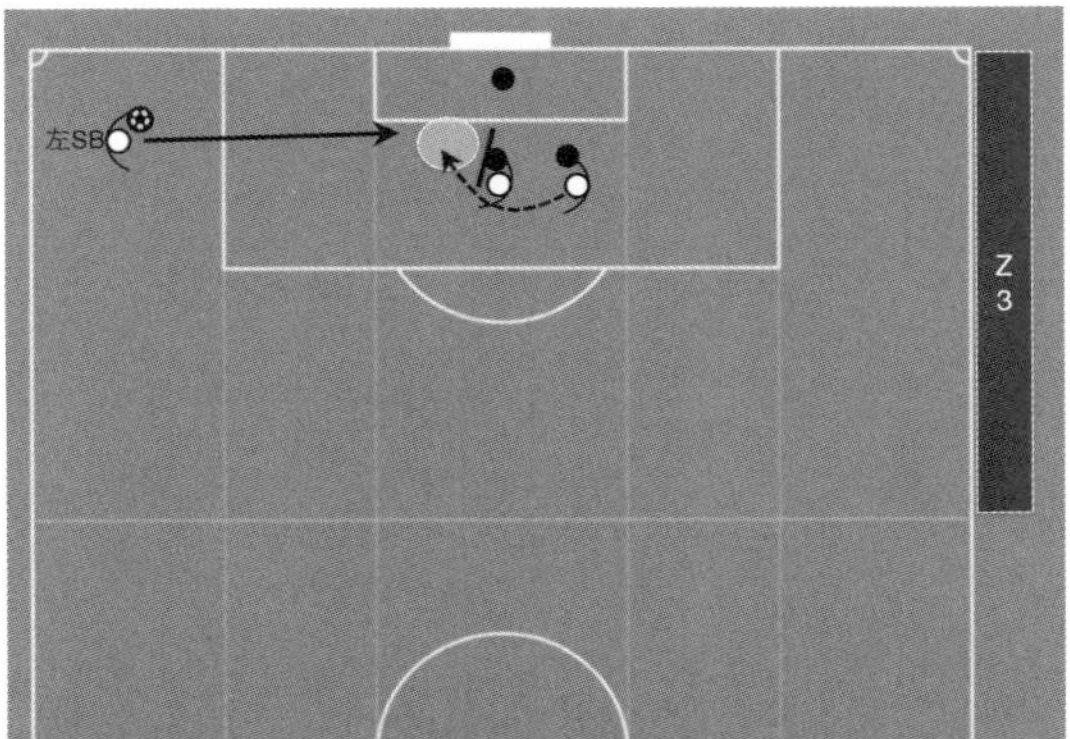

相手がゾーンディフェンスの場合、センタリング時の入り方にオーバーロードを使う。ニアの選手が自身をマークしている相手をブロックし、フォアの選手がニアへ移動しセンタリングに合わせる。

08

ボール出しダイヤモンドシリーズ（ゾーン1からゾーン2へ入る）

ボール出しとは、ゾーン1からパスかコンドゥクシオン（スペースへ運ぶドリブル）を使い、ゾーン2へ侵入するためのボールの出口を探すプレーである。

ゾーン1のグラウンド中央（センターレーン、ハーフスペース含む）でフリーな選手を見つけ、その選手がボールを受け、ゾーン2までコンドゥクシオンで前進するのが最良である。

ボール出しが上手く機能すると、その後のゾーン2からの前進が容易になる。なぜなら、相手は高い位置からプレッシングにきているので、プレッシングを突破されると、背後にはスペースと守備ラインの選手しか残っていないことが多く、前進するスペースがあるからだ。理想的なボール出しができれば、相手は守備ラインの背後のスペースを消すためにハーフラインから下がることになり、必然的に攻撃側に前進を許すことになる。

基本的にGK、DF、PV（ピボーテ、ボランチ）がボール出しに参加する。しかし、近年、相手の高い位置からのプレッシングの人数が多いので、OMFもボール出しに参加しなければならない。その場合、最大（8~9人：チームのシステムにもよる）でボール出しを行う。

通常、高い位置からのプレッシング に参加する相手は6人である。最終ラインは数的優位を確保するのが守備の原則であり、3トップなら相手は4人がハーフラインに留まる。相手チームが最終ラインの人数を相手のFWラインの選手と同数にしてでも、ボールを取り戻したい場合は7人がプレッシングに参加することもある。そのような理由からもGKがボール出しに参加しなければならない。GKがボール出しに参加することによって、ゾーン1で最低1人がフリーマンとなるからだ。

ボール出しダイヤモンドシリーズはGKが常に参加する。

ボール出しの配置

● ボール出しを始める時に使う配置のことである。ボール出しダイヤモンドシリーズでは2−3−2−3システムだけを使う。

◉GKのボール出し（ゴールキック含む）

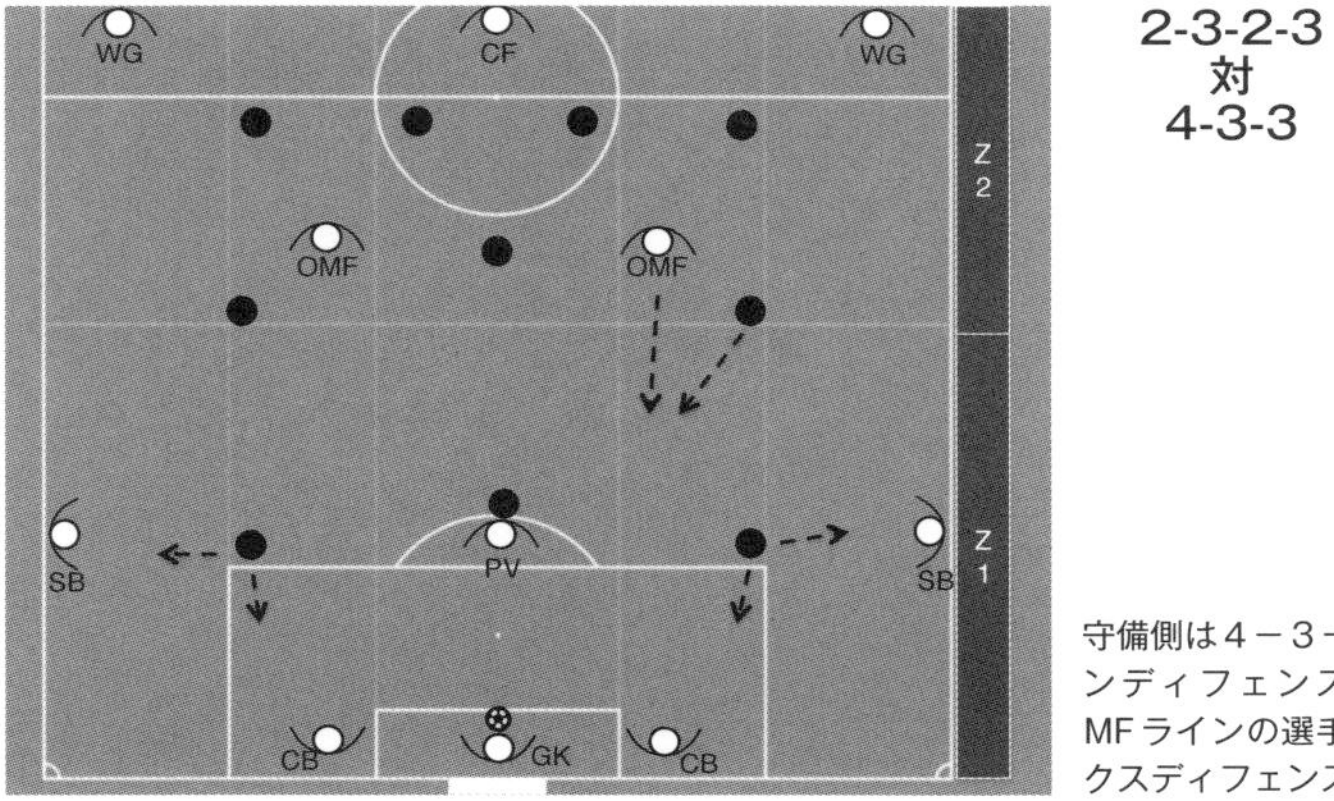

守備側は4−3−3ゾーンディフェンス。一部、MFラインの選手はミックスディフェンス。

ボール出しのキーファクター

選手は以下のキーファクターを念頭にボール出しを行う。

- 相手の守備の構造(配置)、守備のタイプ(マンツーマン、ゾーン、ミックス、コンビネーション)、プレッシングの高さ、プレッシャーをかける方向に応じて状況を分析する。
- ボール出しは、より高い位置に攻撃の選手(FWラインの選手)がいることによって容易になり、可能となる。
- 相手が高い位置からプレッシャーをかけてくる場合は、その相手の背後に生まれるスペースを見る。
- 選手はハーフスペースにコンドゥクシオンで前進するためのスペースを見つける。ハーフスペースにフリーマンとスペースを見つけるまでボールを動かし続ける。
- コンドゥクシオンで相手を引きつける。
- GKをサポートに使う。
- ボール出しは最初のパスが難しいことを認識する。
- 中央のゾーンで数的優位(2対1、3対1)を作る。
- 相手の守備ラインの背後(視野外)でボールを受ける。
- スペースを空けて、利用する(埋める)。

実際、相手に157ページの図のような守備配置と方法でプレッシングされると、ゾーン1でフリーマンと、前進できるスペースをグラウンド中央に見つけるのは非常に難しい。現代の高い位置からのプレッシングは進化しており、静的な配置で行うボール出しだけでは対応できなくなっている。

相手のプレッシングの配置と守備方法の弱点をつく、動的な配置のボール出しが必要である。1人がスペースに動き、その選手に連動して他のボール出しに参加する選手が空いたスペースへ移動する。相手がどのようなリアクションをするかに応じて、GKのパスのオプションが変わる。

ゴールキックとインプレー中のボール出しは、GKがペナルティエリア内でボールを保持した場合、同じ配置に各選手がポジションを取る。異なるのは、FWラインの3選手である。ゴールキックからFWラインの3選手へ直接パスをするのはオフサイドにならないので、相手最終ラインの背後にポジションを取る。

インプレー中はオフサイドになるので、ハーフラインまでFWラインの選手は落ちなければならない。もちろん、相手の背後にいて、タイミングよくパスを受ける方法でも良い。

◉【オプション1】CBがペナルティエリアを出るように横へ動く

2-3-2-3
対
4-3-3

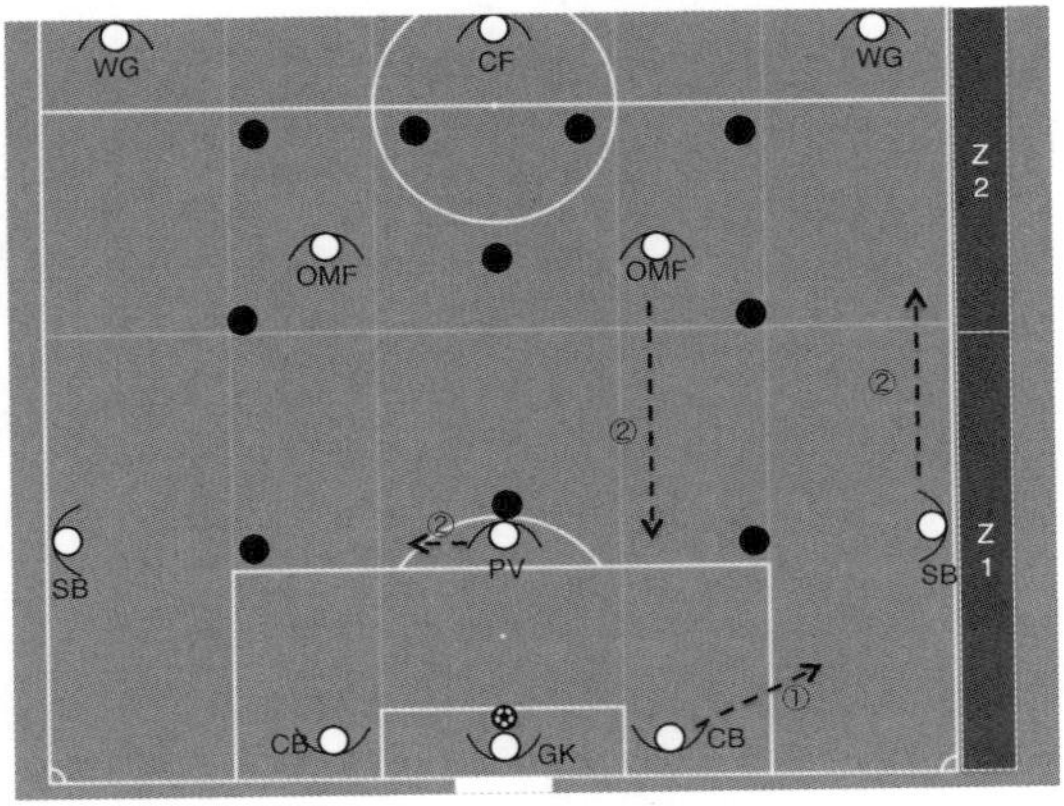

GKがボールをセットしたら、どちらかのCBが横へ移動する。同サイドのSBは、タッチライン沿い高い位置を取る。横へ開いたCBと同じレーンにいたOMFはPVと同じ高さまで落ちる。PVは落ちたOMFにスペースを与えるために逆サイドへ開く。

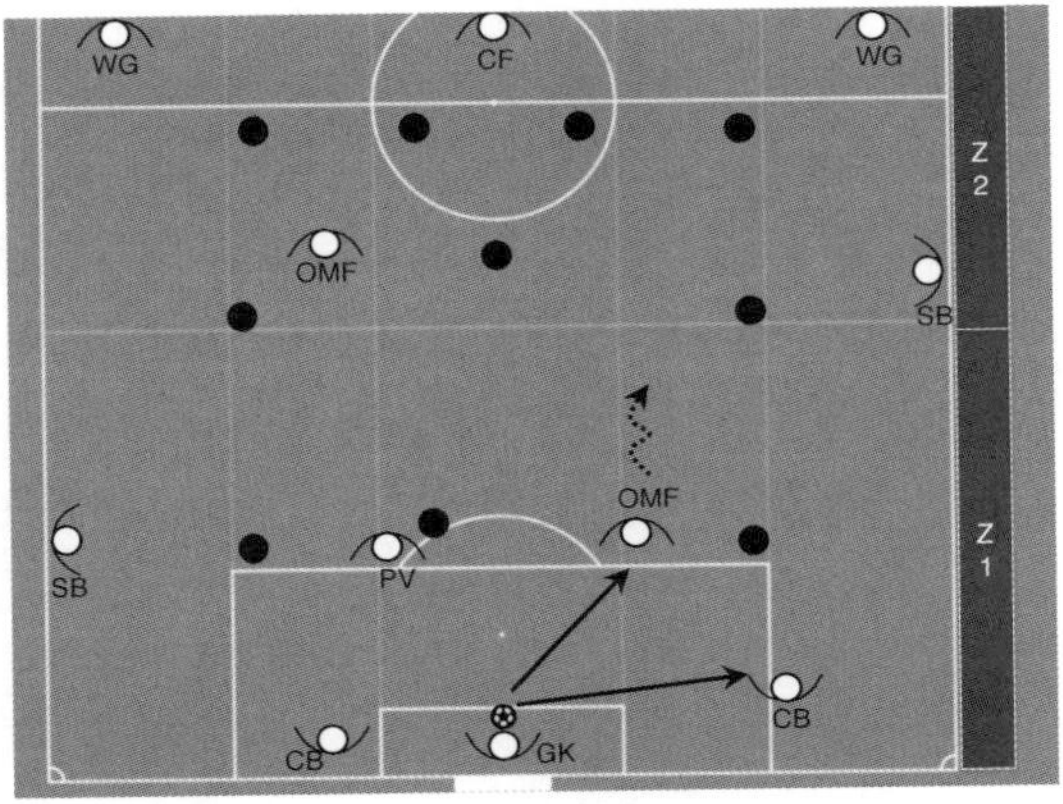

この動きでOMFがフリーになればGKは、OMFへパスし、OMFがゾーン2まで前進しボール出しを完了する。

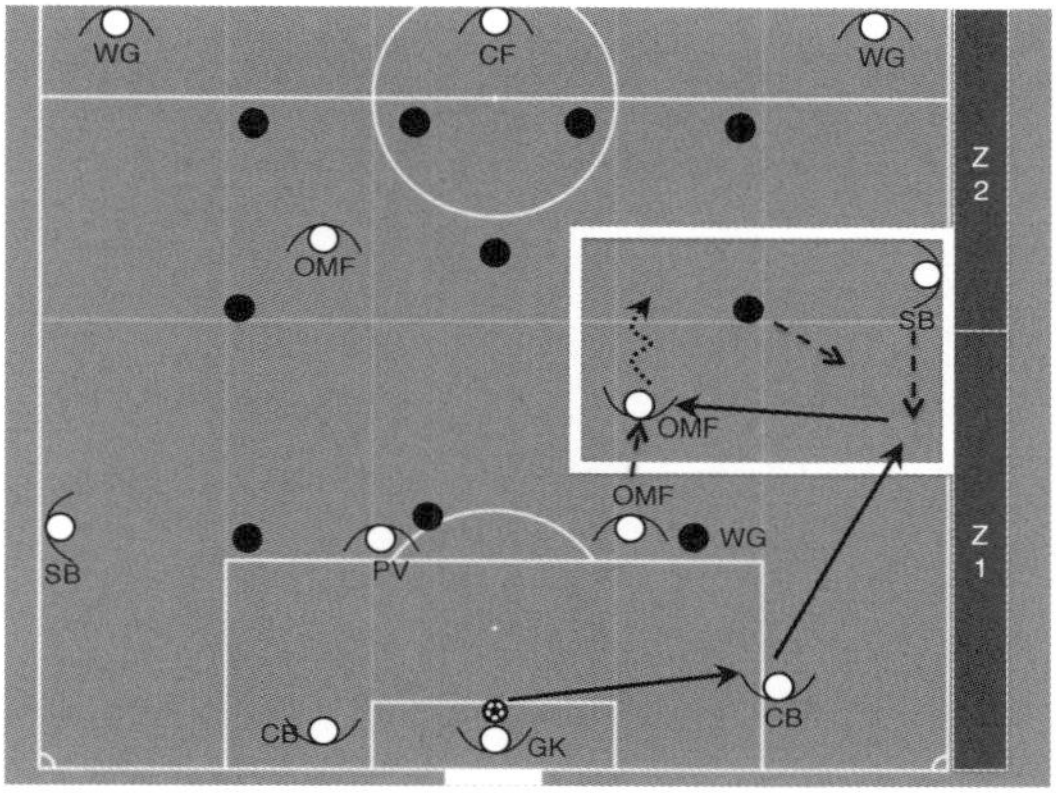

相手WGがOMFをマークした場合、GKはCBへパス。CBはタイミングよくタッチライン沿いを落ちてきたSBへパス。ボールを受けたSBは、相手を引きつけ、前に上がってきたOMFへパスしボール出しを完了する（SB、OMF 対相手の2対1の状況）。

◉【オプション2】CBが開きSBがハーフスペースへ

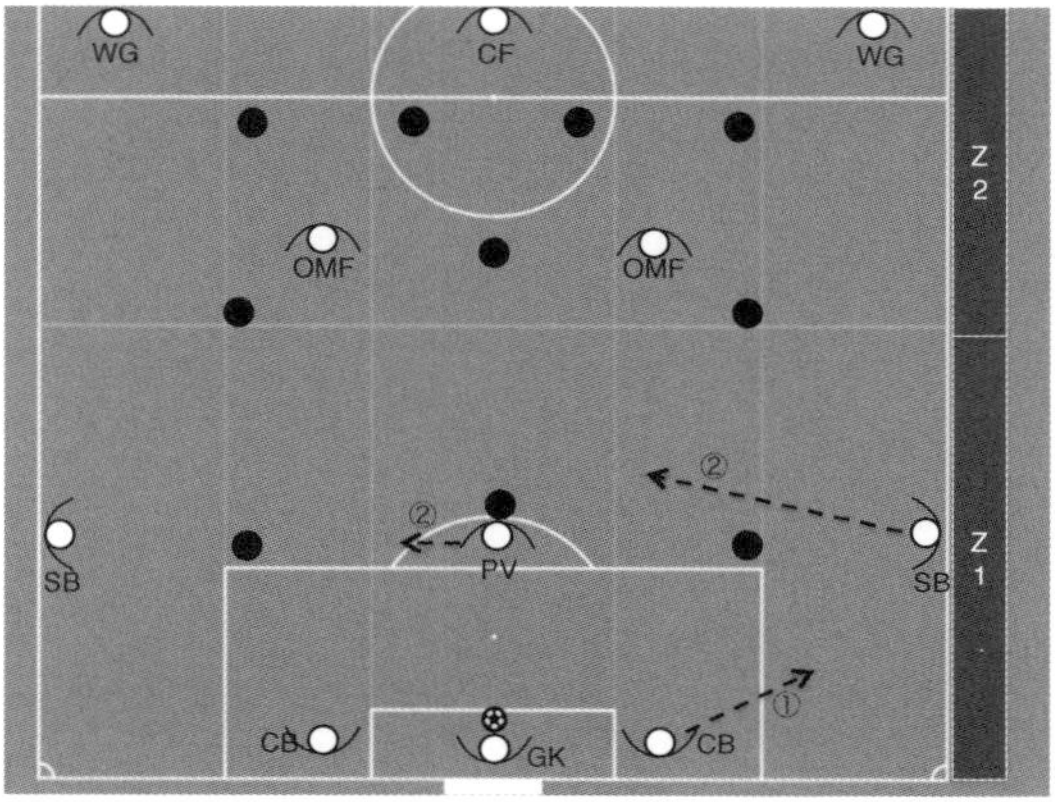

もう1つの方法はCBが横へ開く動きと連動して同サイドのSBがグラウンド内側へ移動。PVが真ん中から、逆サイドへ離れるように横へ移動する。

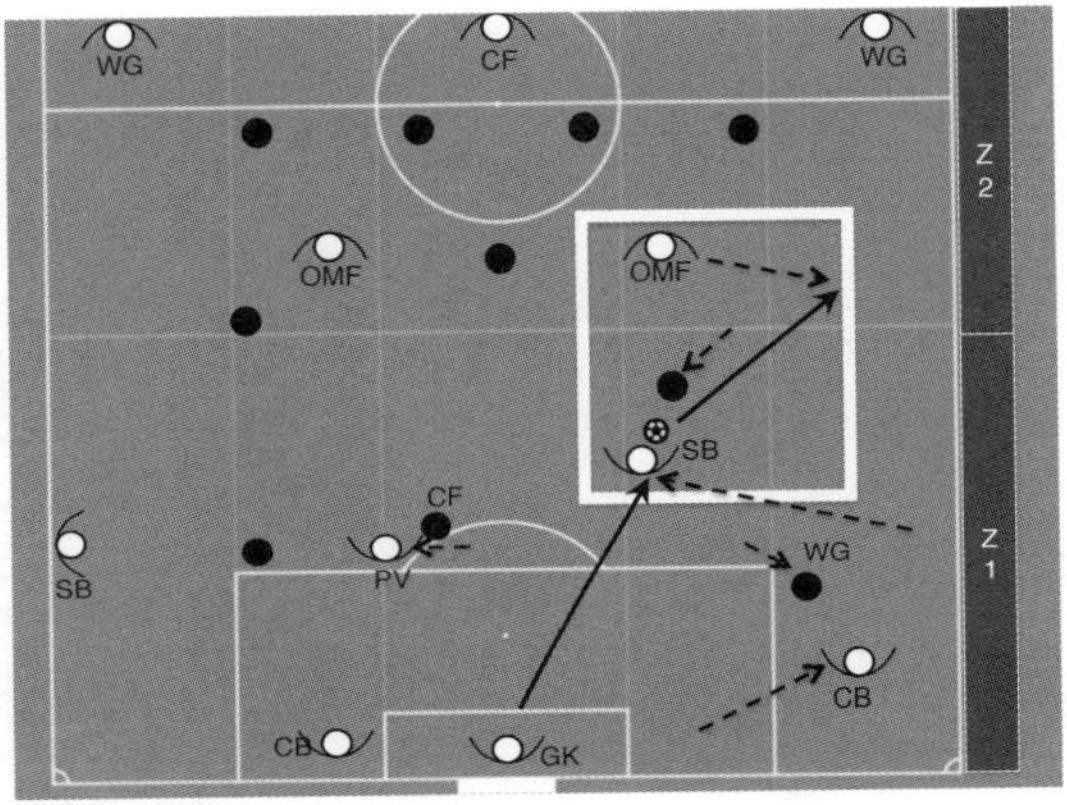

相手のどのポジションの選手がどのようにプレッシャーをかけてくるかによって、フリーな選手とオープンスペースができる場所が変わる。

相手WGがCBをマーク、相手CFがPVをマークすると、ハーフスペースに移動したSBへのパスコースができる。SBは相手WGがCBをマークにするのを見てからハーフスペースへ移動するとマークが外れやすい。GKからパスを受けると２対１の状況になる（SB、OMF対相手）。

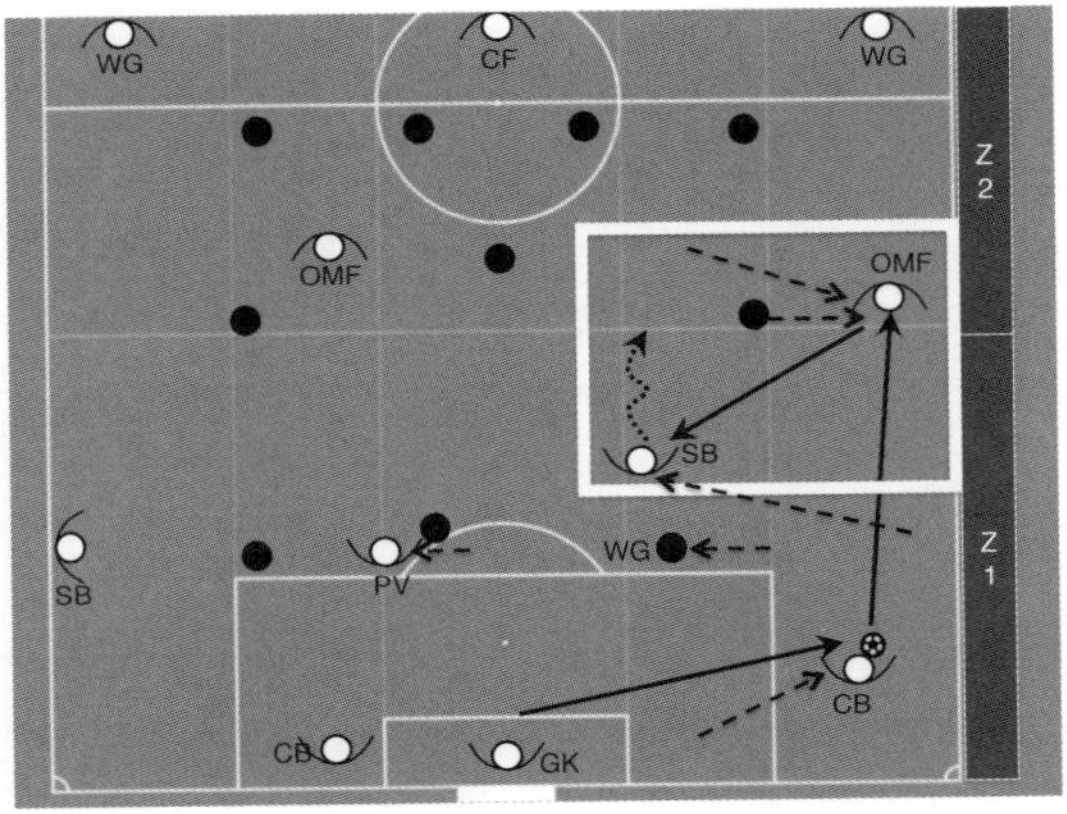

SBへのパスコースを相手WGに消された場合、GKはCBへパス。SBが内側へ移動したことで空いたスペースに、OMFが相手の背後から移動してパスを受ける。ここで一瞬２対１（OMF、SB対相手）の状況ができ、OMFは相手を引きつけSBにパス。SBがゾーン２へボールを運ぶ。

2-3-2-3
対
4-3-3

◉【オプション3】フリーになったPVが中央でボールを受ける

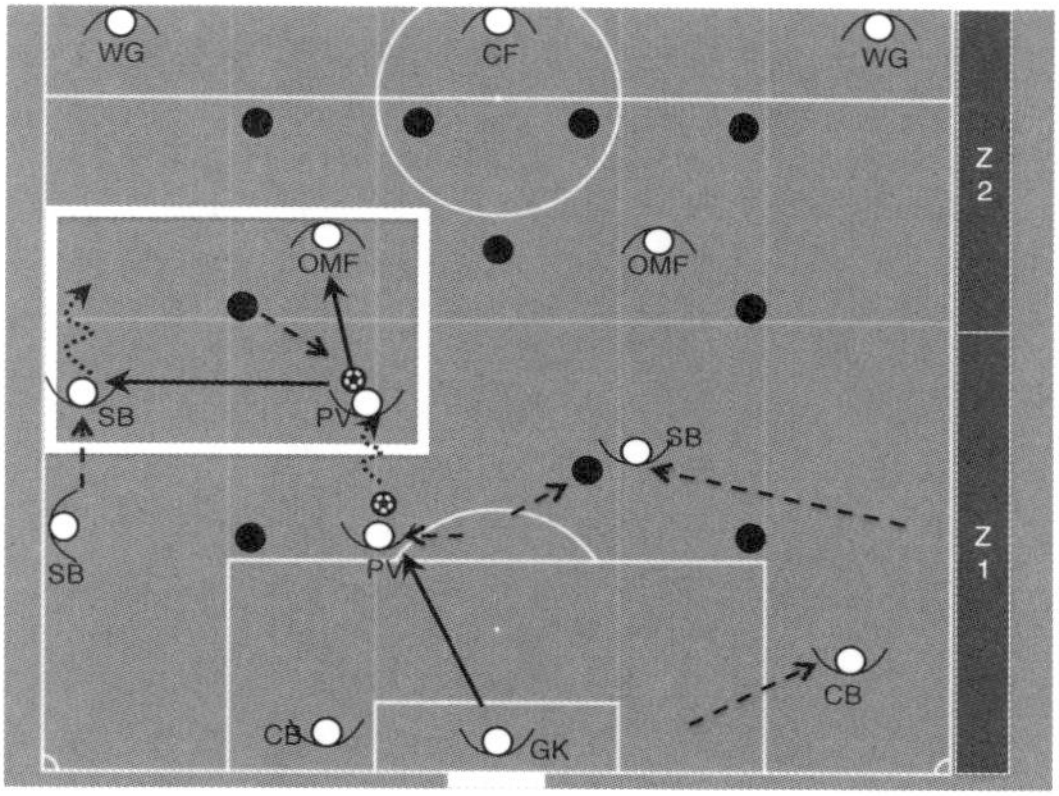

相手CFがSBをマークした場合、GKは中央でフリーになったPVへパス。PVはハーフスペースにボールを運ぶことで相手を引きつけ3対1を作りゾーン2へ侵入する（PV、OMF、SB対相手）。

◉【オプション4】PVがスペースを作りOMFがパスを受ける

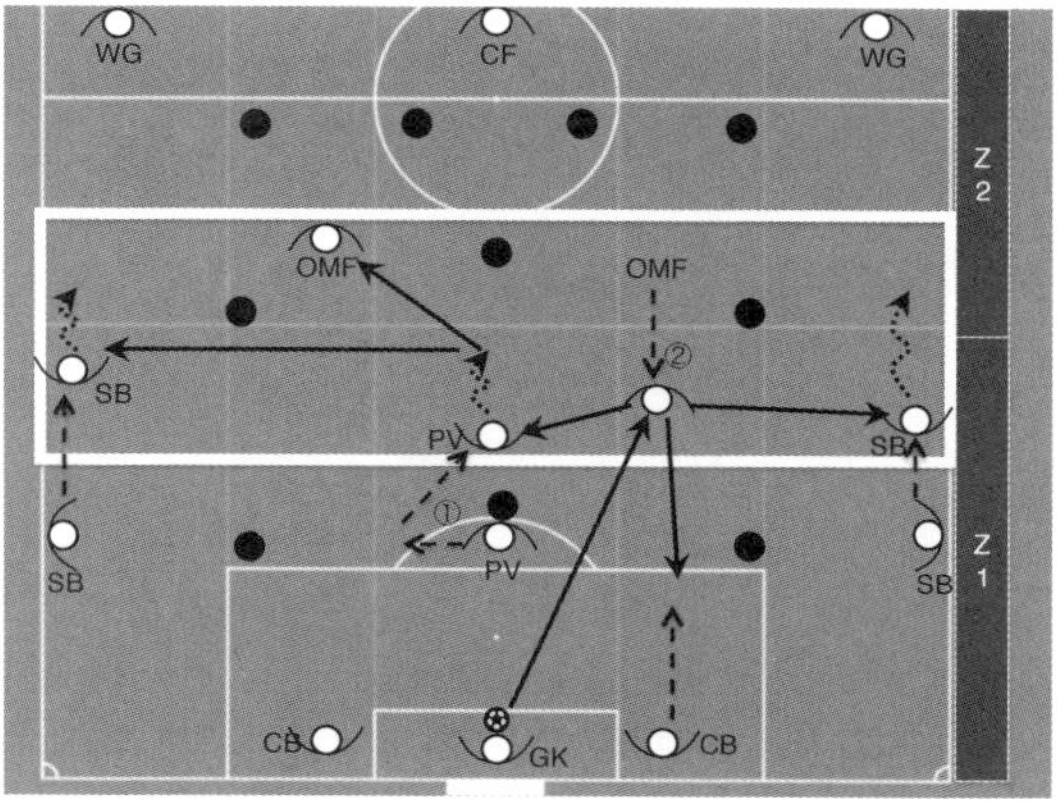

PVが横へ移動しOMFのパスコースを作る。OMFは落ちてパスを受ける。PVは前方へ移動しOMFをサポート。両SBも押し上げ、一瞬5対3の状況になる。OMFは相手を引きつけ同サイドのSBへパスしてゾーン2へ侵入、もしくはPVへパスして逆サイドからボール出しをする。

CBのボール出し

次はゴールキックやインプレー中、GKからCBへ横パスが入った後の、CBから始まるボール出しシリーズである。この場合、その他のボール出しに参加するチームメートは、一度、所定のボール出しの配置についてから、相手のボール出しへの守備配置を確認し、スペースへ移動するか、留まるかを決定する。仮に1人のチームメートがスペースへ動いた場合、動いたチームメートをマークする相手がそのままマークを継続するのか、留まるのかを見てから、その他のチームメートは空いたスペースへ移動する。CBはできる限り遠くでマークを外すチームメートへパスをする。

◉【オプション1】OMFがサイドへ移動して相手を引きつける

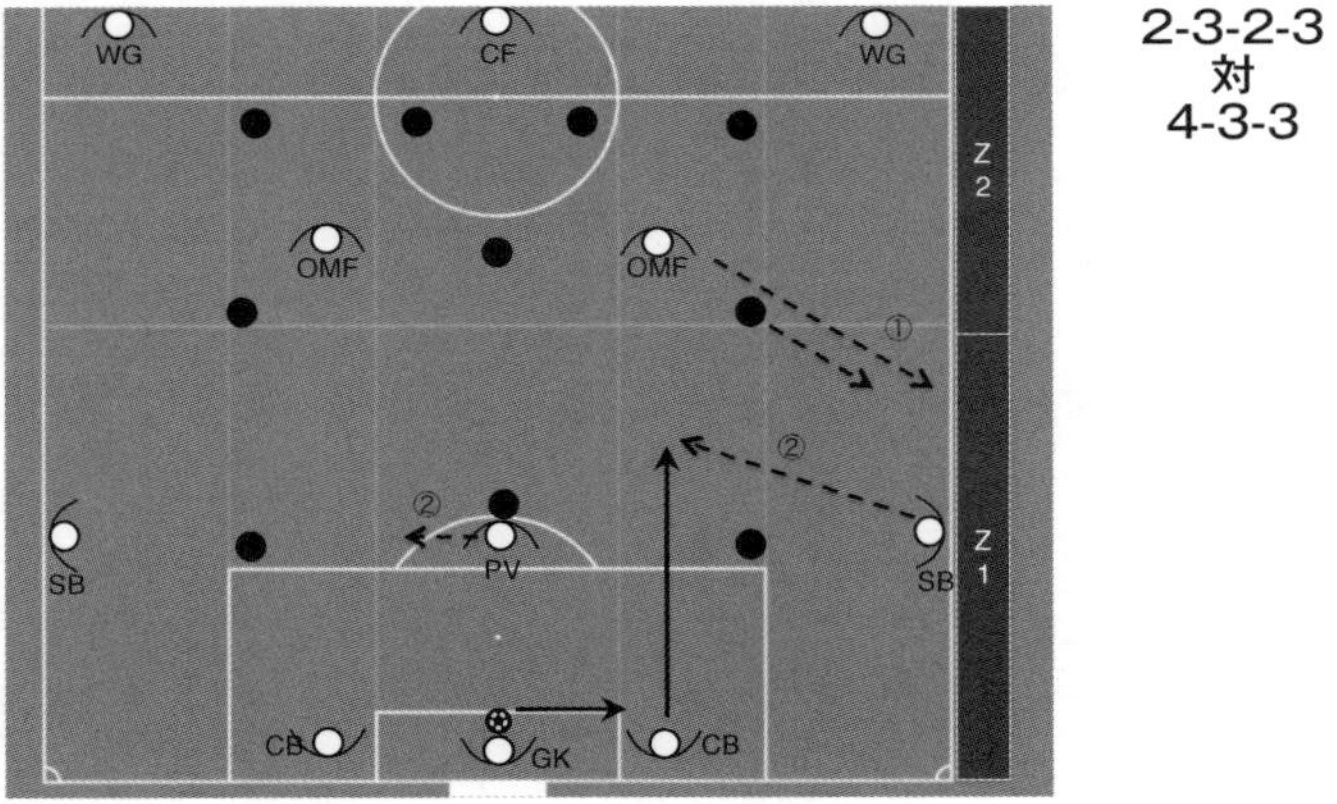

CBがボールを受けたら、同サイドのOMFは相手の背後を通って、同サイドのSBの方へ移動し相手を自身に引きつける。それを見たSBは、ハーフスペースへ移動。PVは逆サイドへ移動し、SBがボールを受けるスペースを作る。CBはフリーになったSBへパス。

◉【オプション2】SBがハーフスペースへ移動して相手を引きつける

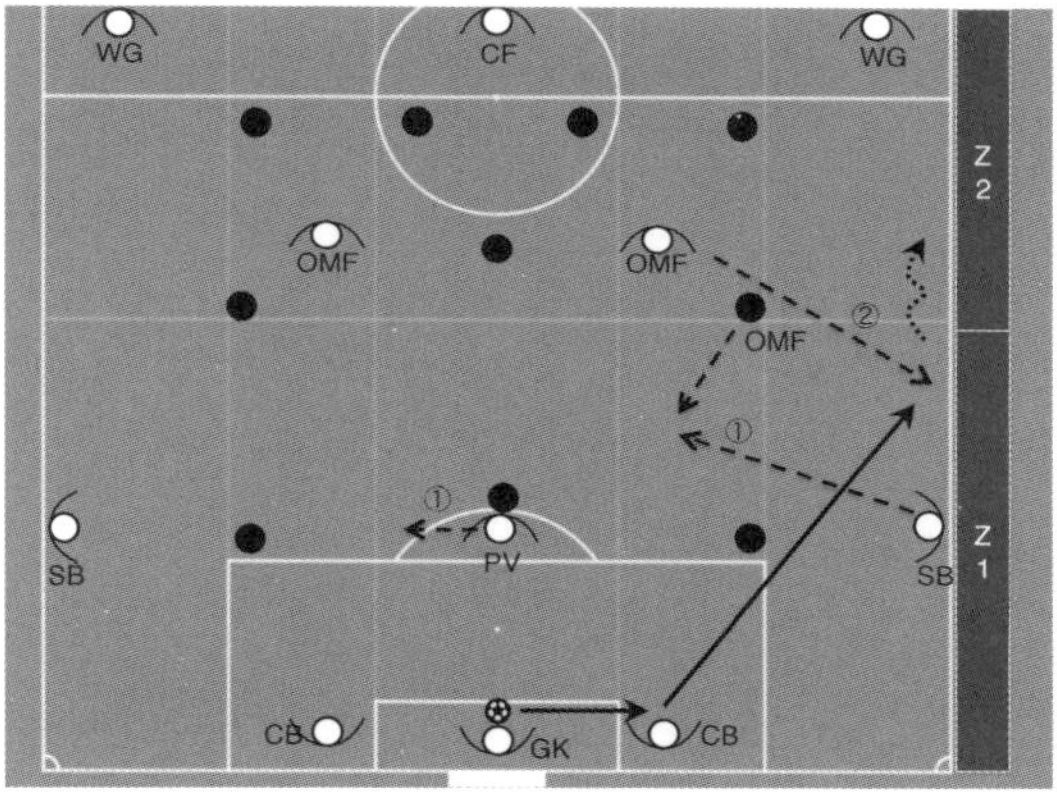

2-3-2-3
対
4-3-3

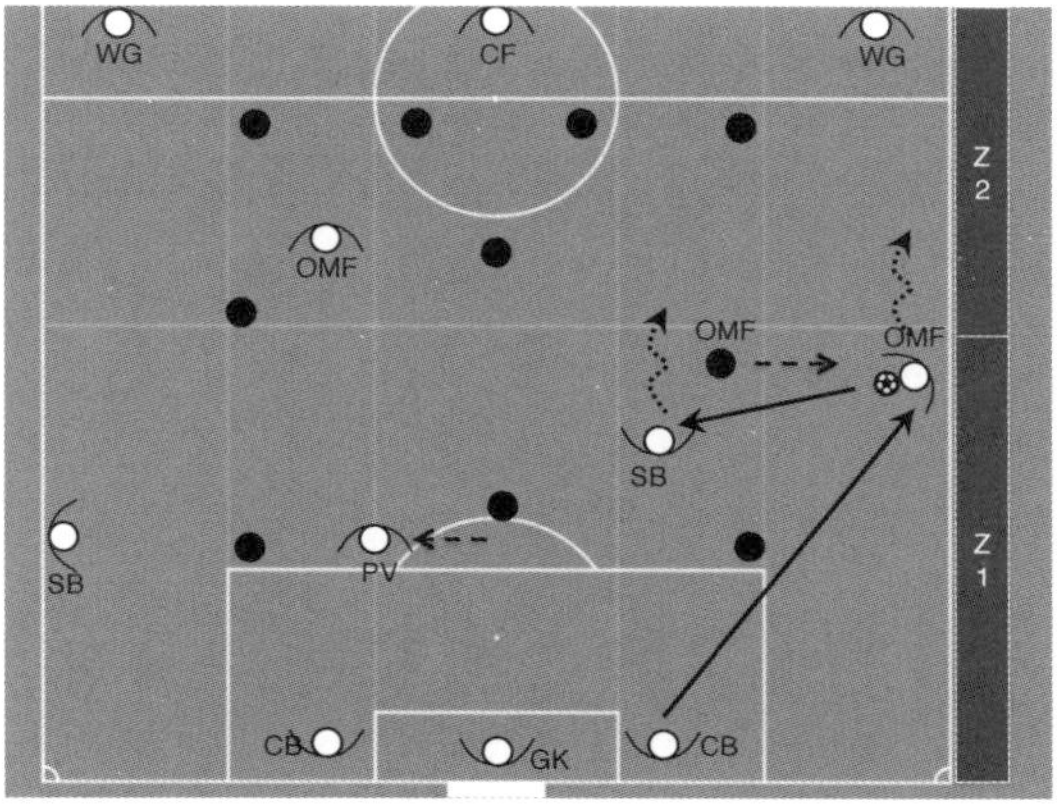

CBから、サイドへ移動しフリーになったOMFへパス。相手OMFはハーフスペースへ移動したSBをマークしたため、OMFがフリーになった。サイドでフリーの状態でボールを受けたOMFは、そのままサイドレーンをコンドゥクシオンで前進、相手OMFがプレッシャーをかけにきた場合は、グラウンド内側のSBがフリーになるのでパス。ボール出しを完了する。

◉【オプション3】CBがコンドゥクシオンで相手を引きつける

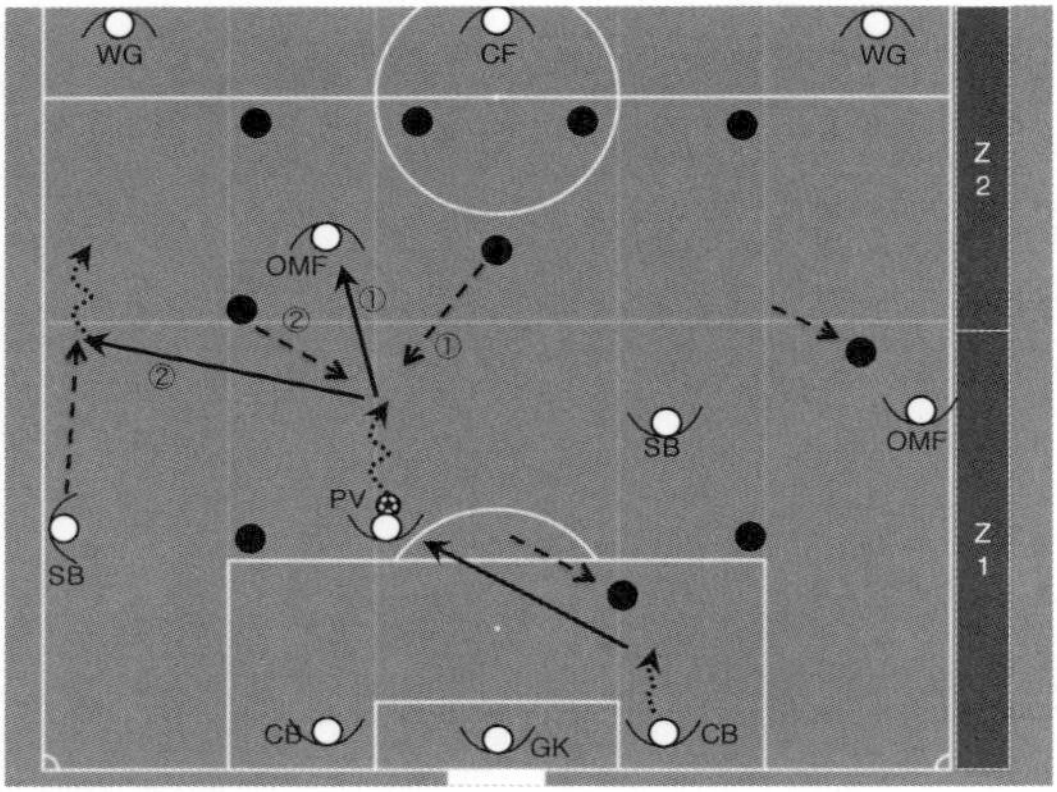

2-3-2-3
対
4-3-3

CBがGKからボール受け、前方にパスコースがない場合、冷静にボールを前へ運び相手CFを引きつける。PVは中央にスペースを見つけパスを受けボールを運びボール出しを完了する。

◉【オプション4】逆のハーフスペースのOMFを見つける

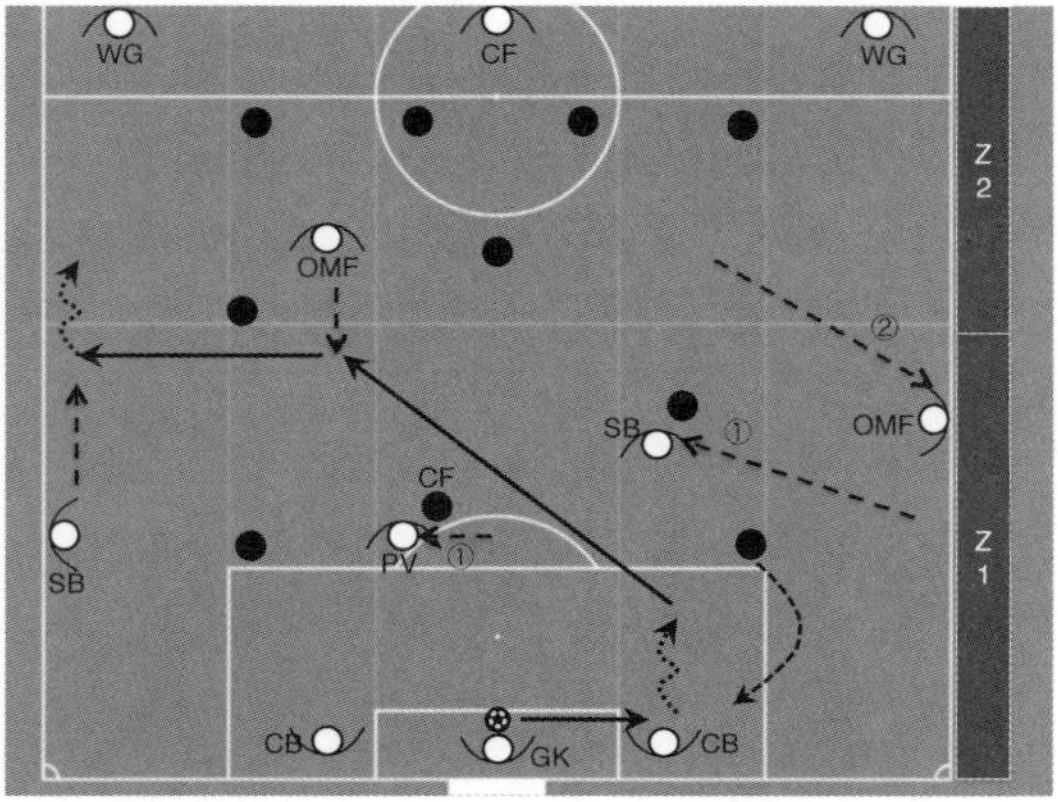

2-3-2-3
対
4-3-3

CBは前方にパスコースがなく、PVも相手CFにマークされた場合、逆のハーフスペースのOMFを探す。PVは相手CFを引きつけ、CBからOMFへのパスコースを作る。CBからOMFへパスが渡れば、逆サイドで2対1の状況からボール出しができる。

◉【オプション5】CBは相手を引きつけSBと壁パス

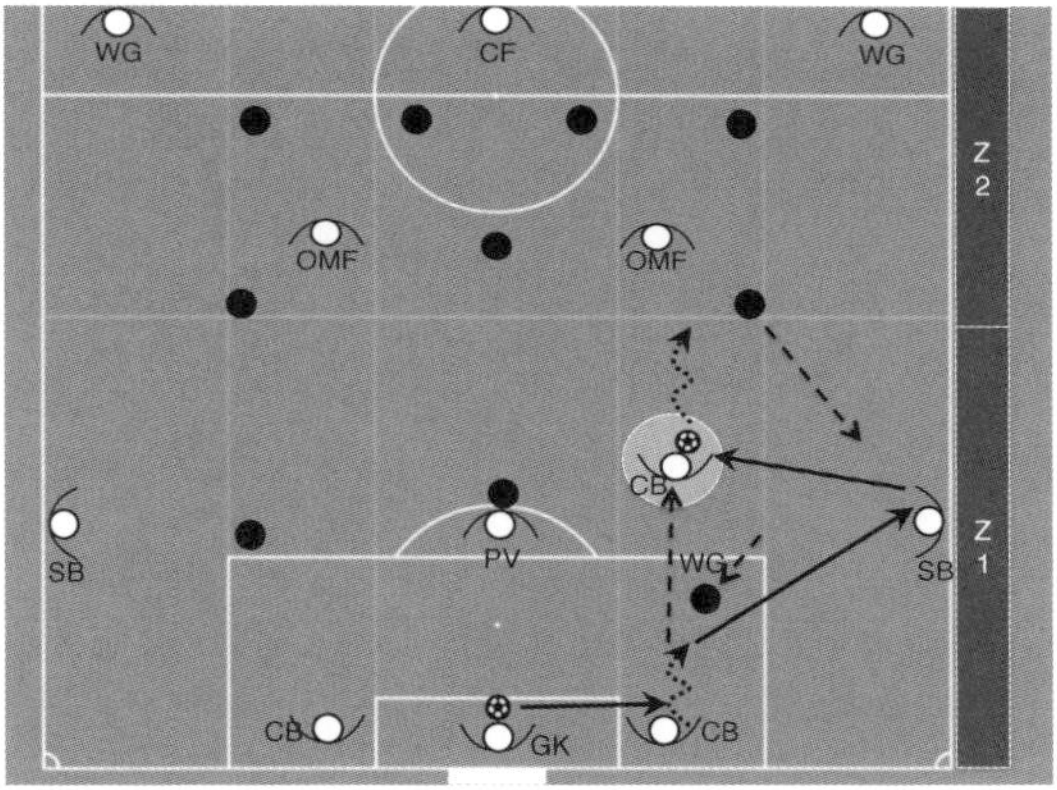

2-3-2-3
対
4-3-3

CBは相手WGを引きつけるために前方へコンドゥクシオン。SBと壁パスをして相手WGの背後でボールを受ける。SBからボールを受けたCBは前進しボール出し完了。

◉【オプション6】PVが相手を引きつけ、スペースを作る

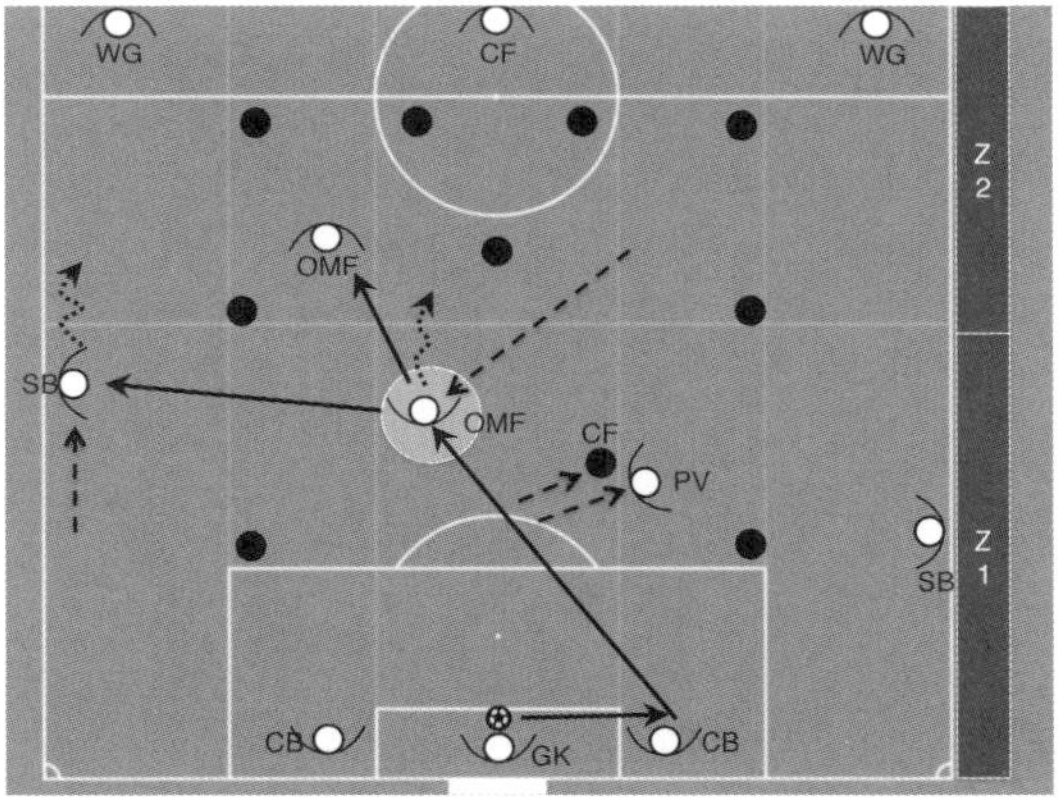

2-3-2-3
対
4-3-3

PVはボール保持者（CB）と同じハーフスペースへ移動。相手CFがマークを継続した場合、センターレーンにオープンスペースができる。そのスペースへボール保持者（CB）と同じハーフスペースのOMFが移動しパスを受け、ボール出しを完了する。

09

ボール出しダイレクトプレー（相手の攻撃的プレッシングに対応する）

ボール出しダイレクトプレーは、相手の高い位置からのプレッシングに対して行うロングパスである。ＧＫや守備ラインの選手からＭＦを経由しないで直接、浮き球のロングパスをＦＷラインの選手へ入れる、もしくは相手の守備ラインの背後へボールを送るプレーである。

ボール出しダイレクトプレーは、ショートパスとコンドゥクシオンによるボール出しができない場合に行うプレーオプションである。ショートパスにこだわり過ぎると、相手のプレッシングの配置や守備方法が見えなくなりやすい。相手が高い位置から激しいプレッシングをするということは、相手の守備ラインの前にはスペースが生じる。相手の守備ラインと攻撃側のＦＷラインでは数的同数の状況にあることも予想できる。そのような優位性がある場合は、直接ロングパスでＦＷラインの選手へ入れることが重要である。相手はダイレクトプレーをボール出しに組み込まれることで、高い位置からのプレッシングが弱まる可能性と多くの人数をプレッシングに参加させず守備ラインで数的優位を保つようになるだろう。そうなると攻撃側はボール出しをすることが容易となる。常に相手のリアクションとスペース、守備方法を観察することで試合を有利に進めることができる。

ボール出しダイレクトプレーのキーファクター

- ボール出しダイレクトプレーは、ボール出しが難しい場合のオプションである。
- 相手の守備方法がマンツーマンやミックスディフェンスの場合に使用する。
- 相手が強烈なプレッシングをかけてきた場合、その背後にスペースができることを見極める。
- 相手がマンツーマンであれば、GKからFWラインの選手へのパスコースを空けることができる。
- ゴールキックはオフサイドがないので、相手の守備ラインの背後にFWラインの選手を配置する。
- FWラインの選手は縦の関係になり、相手を引きつけることで最終ラインにスペースを作り、利用する。

◉ボール出しダイレクトプレーの配置

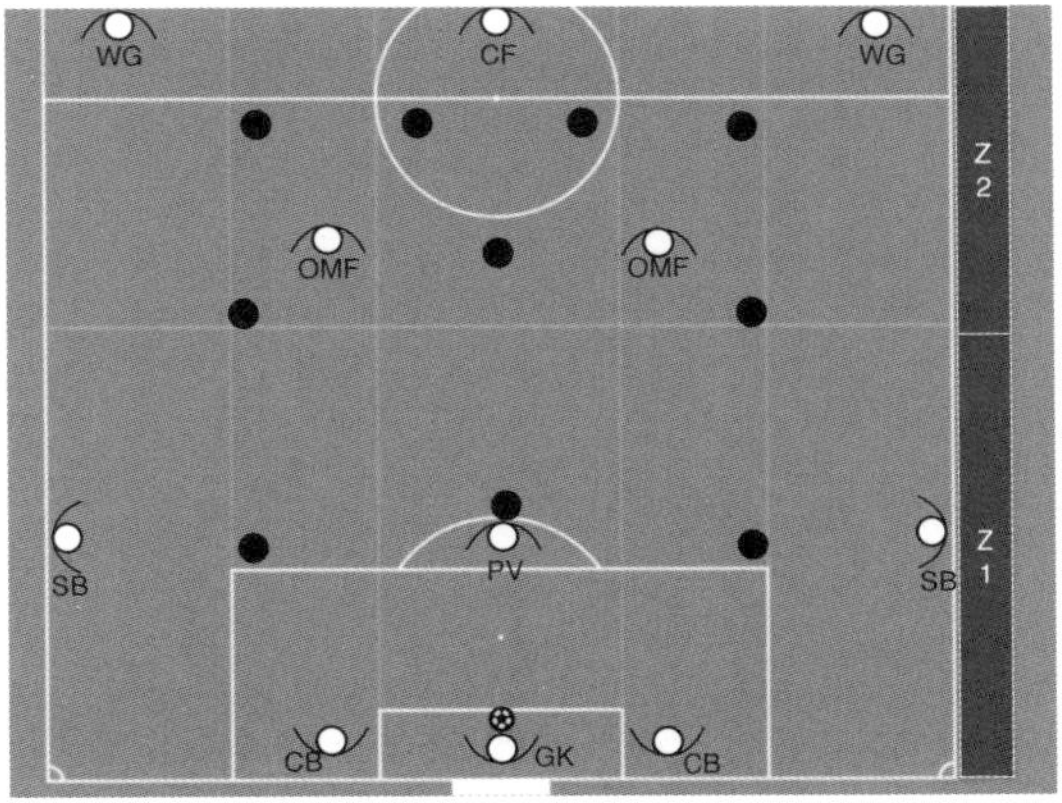

2-3-2-3
対
4-3-3

ボール出しダイレクトプレーの配置は、基本的にボール出しと同じ2－3－2－3にする。ゾーン1にGK、CB、SB、PVを配置。ゾーン2にOMF、ハーフラインの背後にCF、WGを配置する（この配置はあくまでも例なので、チームに最適な配置を使う）。

ボール出しダイレクトプレー

相手の守備方法がマンツーマンやミックスディフェンスの場合に有効なオプションをいくつか紹介する。

ここまで紹介してきた、ダイヤモンド・オフェンスのプレー選択肢はあくまでも基本の形である。監督やコーチはダイヤモンド・オフェンスの方法論、考え方を理解し、チームのレベルや発育発達段階に応じてどんどんアイディアを応用、発展し、チームに適応させて欲しい。

◉【オプション1】GKに中央のパスコースを作る

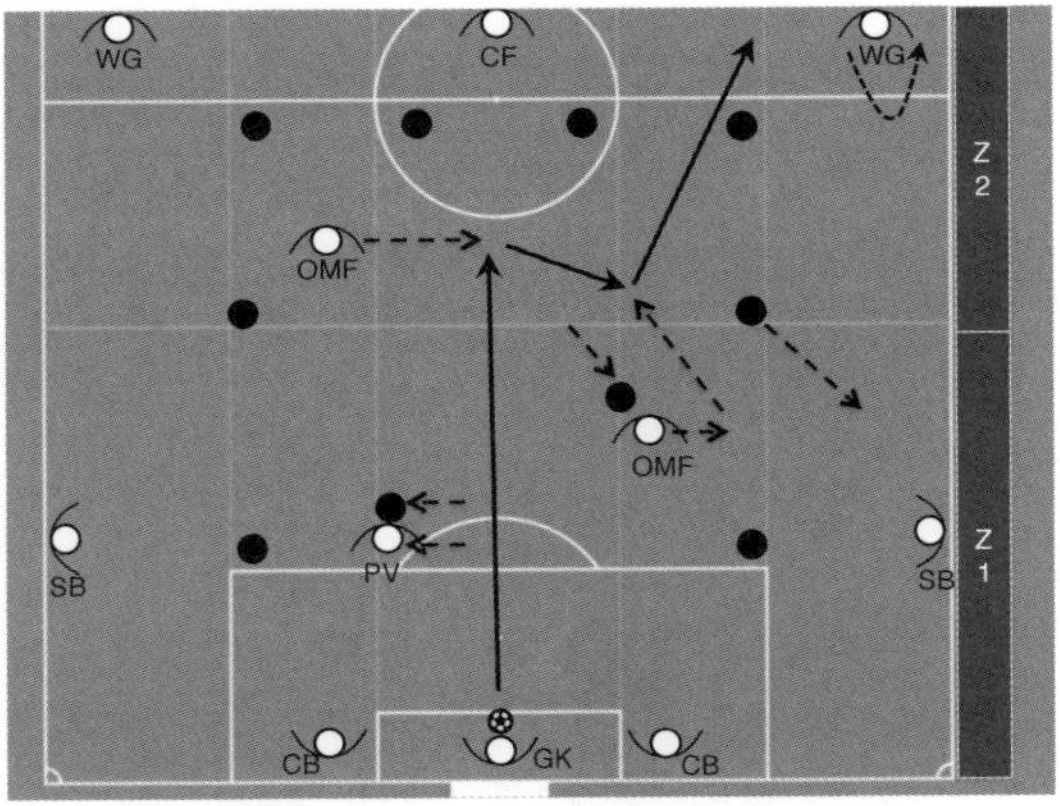

相手がPVやOMFなど、ゾーン１の中央の選手を激しくマークする場合、中央の選手は左右に開く。相手がその動きに付いてくると、ゾーン２の相手MFラインの中央にオープンスペースができる。もう1人のOMFは、そのオープンスペースへ移動しGKから低い速いボールを受ける。OMFがボールを受けたら、中央にスペースを作るために移動したOMFは、素早くサポートに入り、OMFから落としのパスを受け、相手の最終ラインの背後へパス。FWラインの選手（この図ではWG）は、一度ハーフラインまで戻り、その後相手の背後へ移動しパスを受ける。

◉【オプション2】GKからのパスをCFが受ける

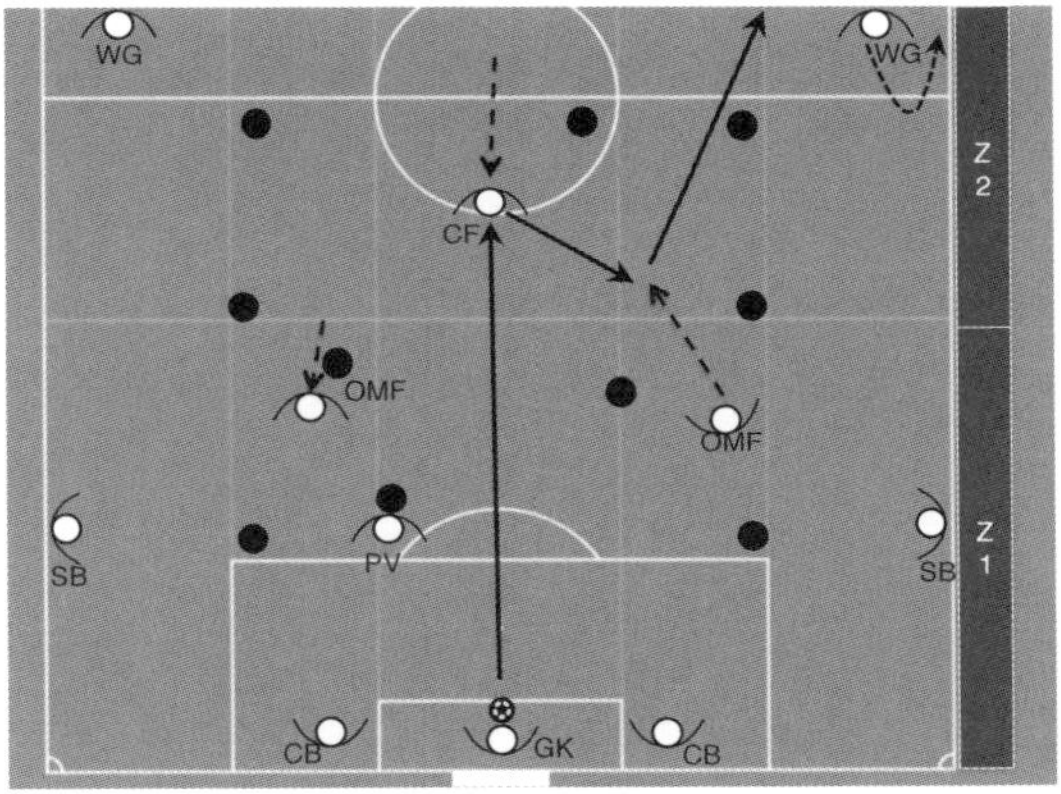

相手がゾーン2のOMFをマークした場合はゾーン1のハーフスペースへ移動。今度は中央のオープンスペースにCFが移動してGKから低い速いボールを受ける（浮き球でも良い）。OMFは素早くCFをサポートする。

◉【オプション3】CFが空けたスペースでWGがボールを受け

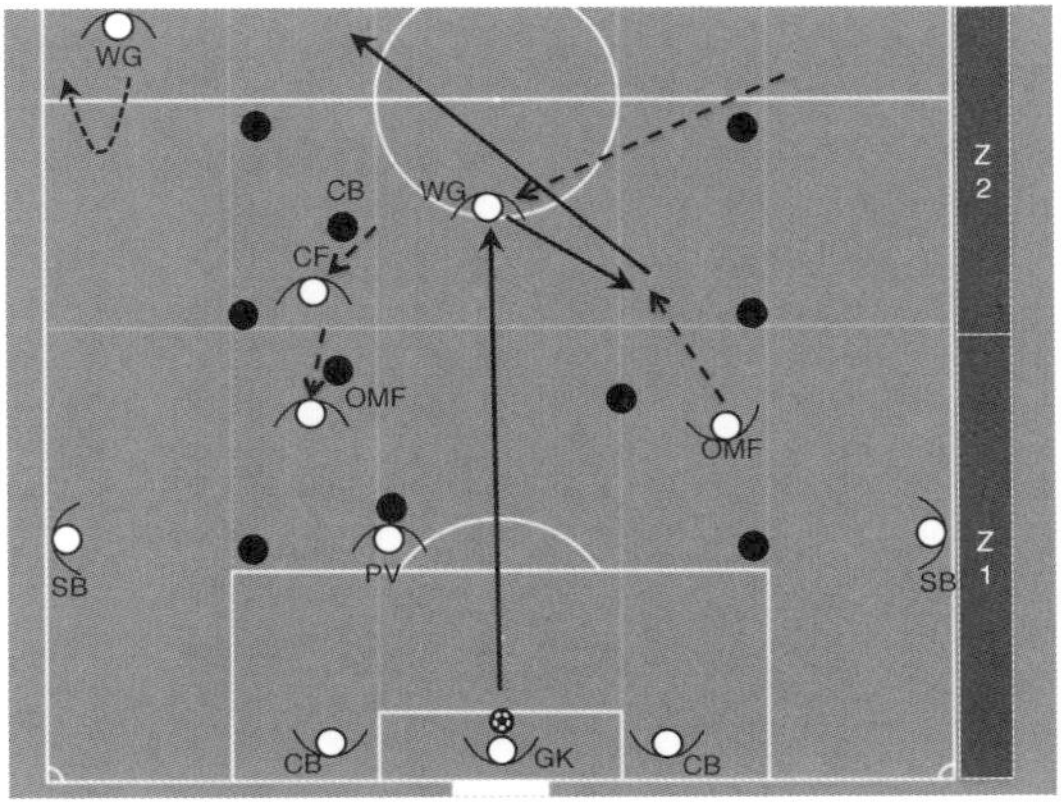

CFが相手CBにマークされた場合はどちらかのサイドのスペースへ移動。逆サイドのWGはCFが空けた中央のスペースでGKからパスを受ける。WGにボールが入ったらOMFは素早くサポート。

◉【オプション4】SBはWGが空けたスペースでボールを受ける

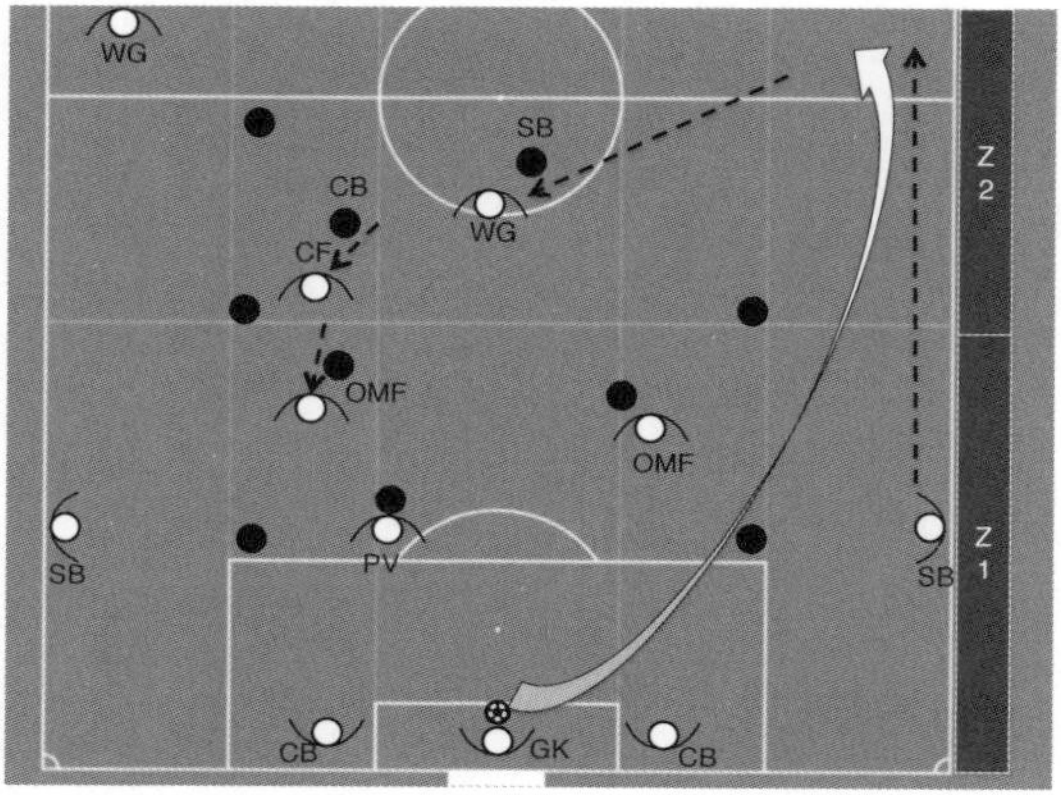

CFが空けたスペースにWGが入ってボールを受けようとしたが、相手SBがマークについた場合、GKはWGが空けたスペースへできるだけ速い浮き球のロングパスを出す。スペースを空けたWGと同サイドのSBがサイドレーンを走り、そのパスを受け、そのまま相手ゴールへ向かう。

COLUMN

予測可能なすべてのオプションを用意する

スペインにはオートマティズモ（自動性、無意識的行為）というシャドウボクシングのようなトレーニング方法がある。通常、相手はGK1人（ゴール前に相手のCB1～2人配置することもある）。選手全員（10、11人）で、相手のリアクションをイメージして、様々な状況に、瞬時に最適なプレーを選択するためのトレーニングである。選手間でプレーイメージを共有し、選手がその瞬間にイメージしたプレーを自発的にチームのプレーオプションの中から選択する、その成功体験を繰り返すことで、それが脳にコード化され、「生きた記憶」として定着する。人間の記憶は「生きた記憶」でなければ脳にコード化されない。「生きた記憶」は試合を通じて得られ、トレーニング方法は試合の状況を設定したものであることが「生きた記憶」の定着に必須である。

オートマティズモを導入するにあたり、選手がプレーをイメージできない場合は、相手を何人か配置してプレー状況をイメージすることができるようにする工夫が必要である。その場合、相手は攻撃側に対してアプローチのみという条件設定にする。選手が多様多様なパターンを習得することで、他のパターンと他のパターンの組み合わせかも知れないが、それ自体が直感性を持ち、予見性を持つようになる。それが創発であり、即興プレーという形で現れる。多くのプレーパターンを習得することで、試合の様々な状況に素早く的確な意思決定を下すことができるようになる。

10 前進パスアウト

前進は自陣ゾーン2からハーフラインをショートパスかドリブルで超えるプレーである。ボール出しが終わった後、一度チームの配置をセットしてから行う。通常、前進の配置はＧＫが基本的に前進のプレーに参加しないため、ボール出しとは異なる配置になる。最近はＧＫも前進に参加するチームもあり、戦術の進化はめざましいものがある。

どちらにしても大事なのは相手の前進への守備の配置と逆の配置にすることである。ここでは、パスアウトを使った前進の静的な配置とその方法を簡単に紹介する。詳しい説明はパスアウトの章を読んで欲しい（Ｐ１４０参照）。

パスアウトは、ボール保持者が相手を引きつけ、ライン間の選手へボールを渡すことで、相手がどのようなリアクションをするか、それによって攻撃側の次のプレーオプションが変化する方法である。

相手の前進への守備が４―４―２のゾーンディフェンスの場合、相手の前進への守備と逆の配置３―２―２―３を使う。３―２―２―３のシステムはアシンメトリーを採用。左ＳＢがサイドレーンまで開いてＰＶと同じ高さにポジションを取る。右ＳＢは３バックの１人となり最終ラインを構成する。3バックはセンターレーン、ハーフスペースに1人ずつ配置する。PVはセンターレーンの相手2トップの背後に配置する。2人のOMFは、ハーフスペースのライン間に配置し、両WGは、タッチラインまで開き、チームに幅を与え、できるだけ高い位置を取る。CFは相手両CBの間の背後にポジションを取り、チームに深さを与える。

基本的にサイドレーンは選手を1人配置するのが理想である。中央に多くの攻撃側の選手を配置して相手を中央に引きつけてサイドの選手をフリーにしたいからだ。ここでは左サイドに2人の選手を配置している。

前進のキーファクター

- DFラインの選手は、縦パスか、斜めに深い前進するパスを優先する。絶対的に必要な場合（ボールを失う可能性がある場合）以外、選手は近づかない。
- 前進できるレーンやスペースがあれば、どこにいようとも素早くパスかコンドゥクシオンを使って前進する。
- 前進することができない場合は、プレーの方向を変える（サイドチェンジ）
- 最大限、ライン間の距離（15メートル～20メートル）を取り、より有利な時間とスペースの関係を維持する。
- ボール保持者は、コンドゥクシオンで前進できない、もしくは前のラインの選手へパスができない場合は、他のパスコースを持っていなければならない（バックパス、相手の最終ラインの背後へのパスなど）。

◉前進パスアウトの例

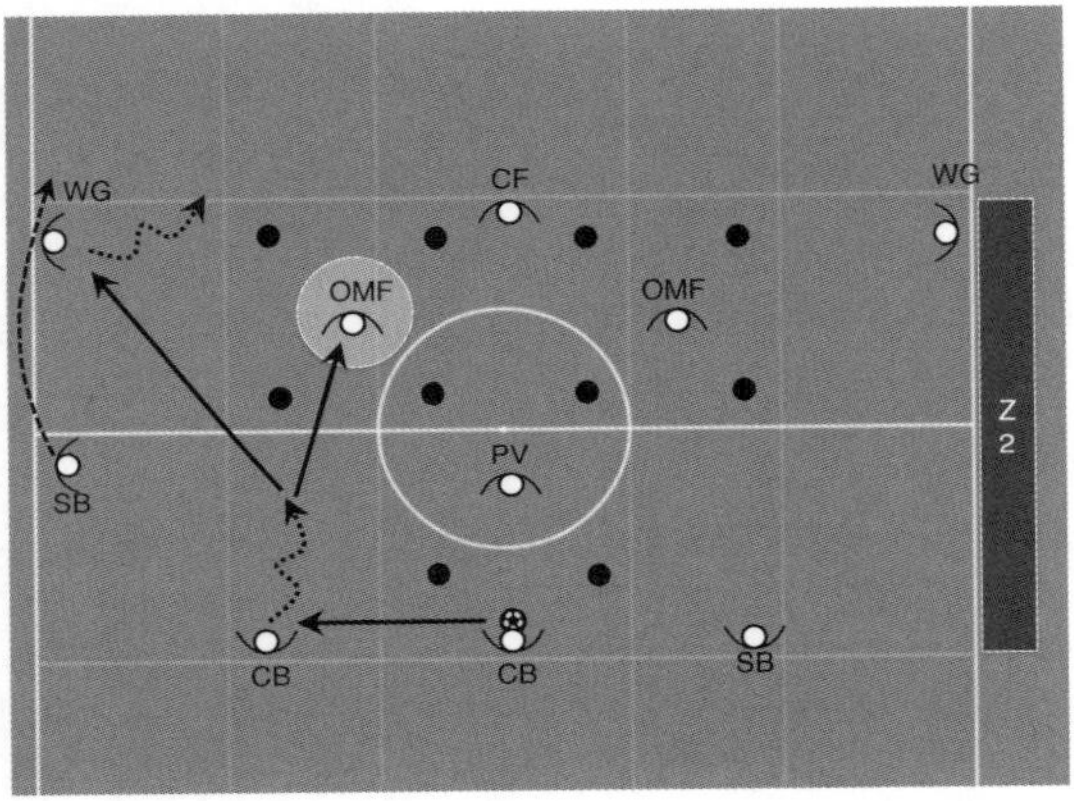

サイドレーンに配置する選手は1人だけだが、左サイドはSBとWGを配置。WG がボールを受けたら、SBはオーバーラップ。

左サイドは2人を配置したシステムを例として挙げる。この場合、WGがボールを受けたら、そのまま内側へドリブル、SBがオーバーラップする方法と、SBが前方ハーフスペースへインナーラップをしてポストに入る方法の2つがある。

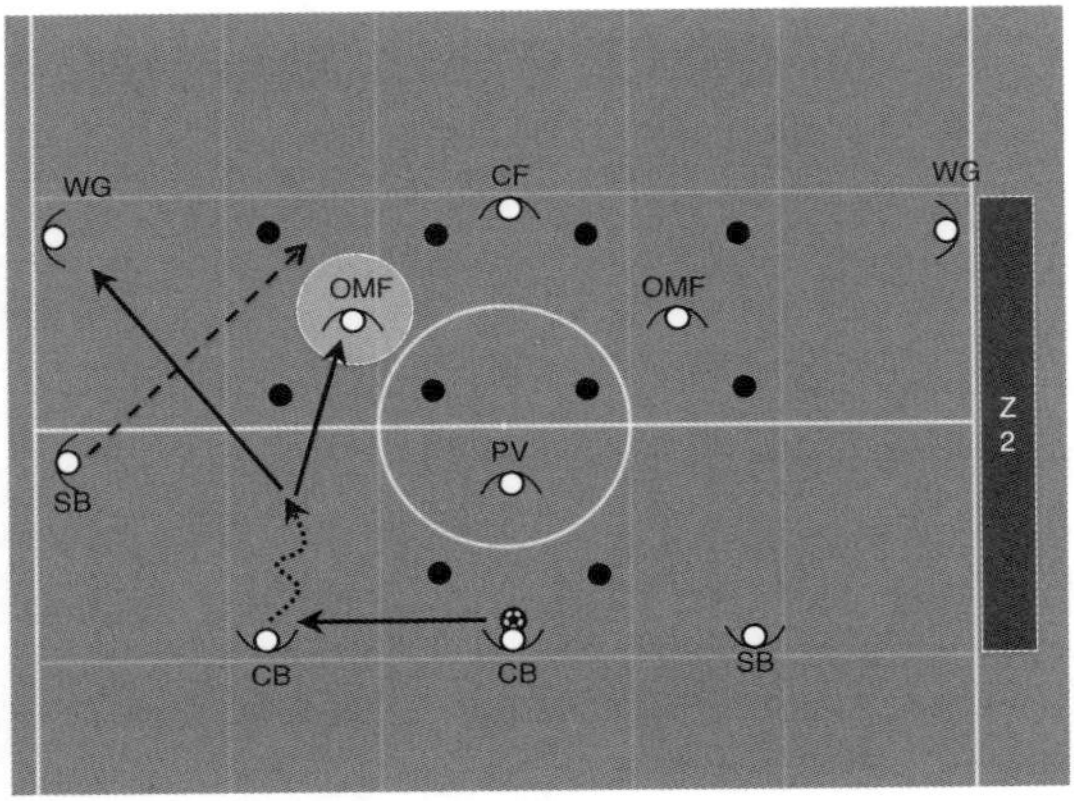

WG がボールを受けたら、SBはインナーラップ。

◉4つのラインで構成する3—2—2—3システム

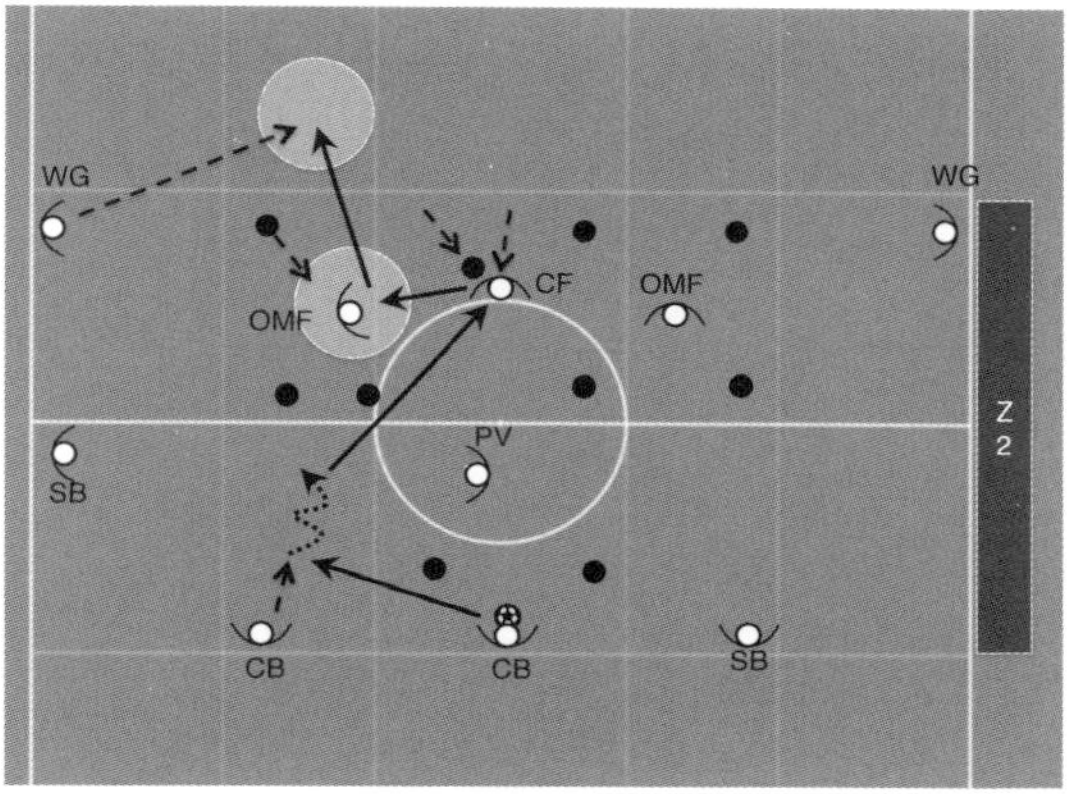

相手を引きつけ、相手の背後を狙うパスアウト。OMFへのパスコースがない場合は、CFへパス。OMFがサポート、WGは背後でボールを受ける。

相手の4—4—2のゾーンディフェンスには4つのラインで構成する3—2—2—3が適している。この配置はライン間に多くの選手を配置でき、ダイヤモンドを形成しやすい。相手の2トップを3バックとPVで超えるのは容易であり、静的な配置で相手を引きつけ、相手の背後にポジションを取る選手へボール渡すのに好都合である。

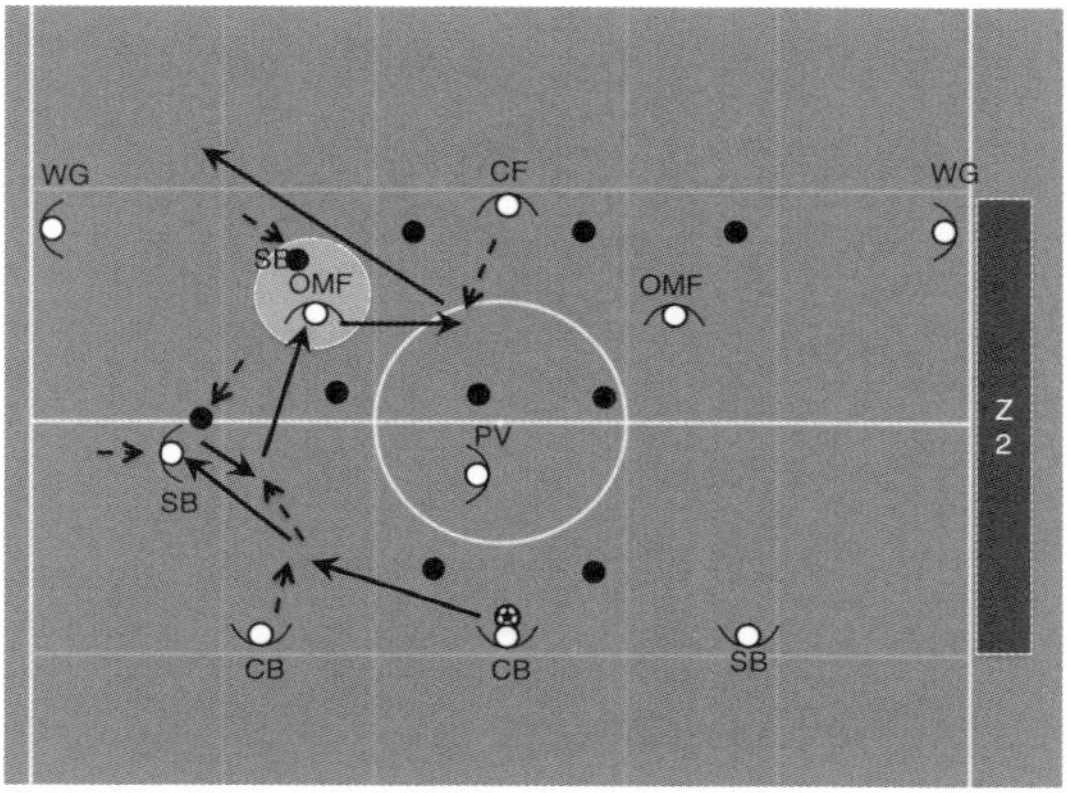

相手を引きつけ、相手の背後を狙うパスアウト。ライン間が狭く、パスコースがない場合、CBはSB、もしくはPVとパス交換して相手を引きつけ守備のズレを作りOMFへ縦パスを入れる。OMFは相手SBがプレッシャーに来た場合はサポートに入ったCFへパス。CFはSBの背後へ移動するWGへパス。

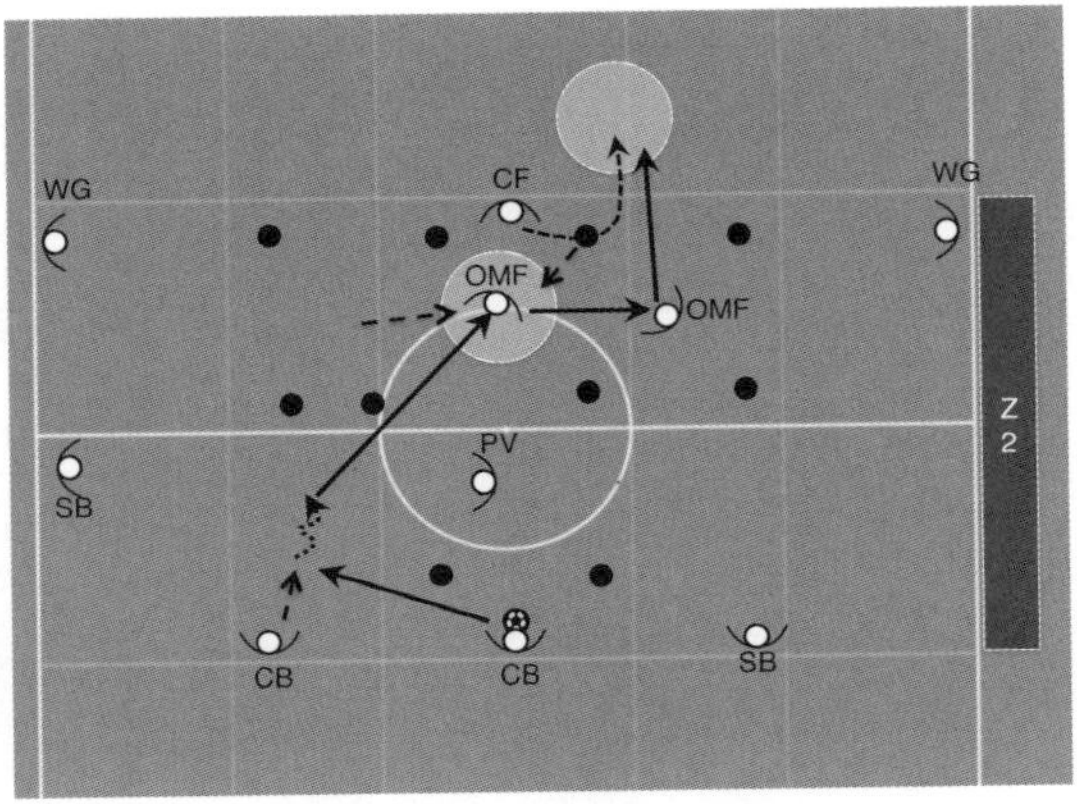

OMFが移動してCFの前でボールを受けると、相手CBが守るゾーンでオーバーロードの状況が発生。相手CBがOMFへプレッシャーをかけると、CF、もしくはもう1人のOMFのどちらかがフリーとなりパスを受けることができる。

COLUMN

自己組織化が働くのはカオスの縁

サッカーの試合は「カオスの縁」のような特徴を持っている。試合のプレー状況は完全に無秩序ではなく、完全に秩序があるわけでもない。「カオスの縁」とは、近傍の秩序側にシステムがあるときであり、それはサッカーのプレー状況が秩序と無秩序の間の移行の空間にあることを示している。

サッカーは非常に複雑な状況が連続する非線形のスポーツであり、同じプレーは2度と存在しないが、目指すゴールと守るゴールがありプレーには方向性があるので完全な無秩序(決定論的カオス)の状況にはない。決定論的カオスの状況になるとシステムはランダムな動きを見せ、適切な秩序への道は閉ざされる。

自己組織化が起こるのは「カオスの縁」である。クラックと呼ばれる超一流選手が予測不可能なプレーをするのは、彼らが常に「カオスの縁」のアンバランスな境地にいて、反復の多い同じトレーニングに従わないからだ。クラックは非線形なアンバランスな境地である「カオスの縁」の住人であり、絶えず自己組織化し新しいプレーを創造することができる。クラックは常にプレー中に学習し、自己組織化することで、自動的に試合やトレーニング中に多くの「生きた記憶(プレーオプション)」を増やしていると考える。逆に、普通の一般的な選手は「カオスの縁」の現象が現れる試合の状況を設定したトレーニングが必要である。選手によって能力が異なるので、その選手やチームのレベルに適した試合の状況を作り出すことが重要である。

※「自己組織化が働くのは『カオスの縁』(秩序とカオスの境界線)近傍の秩序側にシステムがあるとき」(スチュワート・カウフマン　理論生物学者、複雑系の研究者)

※カオスの縁

振る舞いが秩序からカオスへ移るようなシステムにおいて、秩序とカオスの境界に位置する領域。(ウィキペディア)

11 前進サイドチェンジローテーション

前進する方法で最も有効なのはサイドチェンジである。相手の守備ブロックをどちらか一方のサイドに引きつけて、逆サイドで数的優位を確保した状態で素早いサイドチェンジを実行して前進する。

その1つにSB、WG、OMF3人のローテーションがある。

サイドレーンでボールを保持しているSBからCBへパスが入ったら、逆サイドのSBはハーフスペースからサイドレーン高い位置へ移動、SBの動きを察知したWGはサイドレーンから、内側のハーフスペースへ移動し、相手SBのマークを自身に引きつけ、サイドレーンにスペースを作る。ハーフスペースにポジションを取るOMFはSBが配置されていたハーフスペースに移動してCBからサイドチェンジのボールを受け、サイドレーンでフリーになったSBへパス。

これが3人でスペースを作り、利用する前進サイドチェンジローテーションである。

◉左サイドローテーション

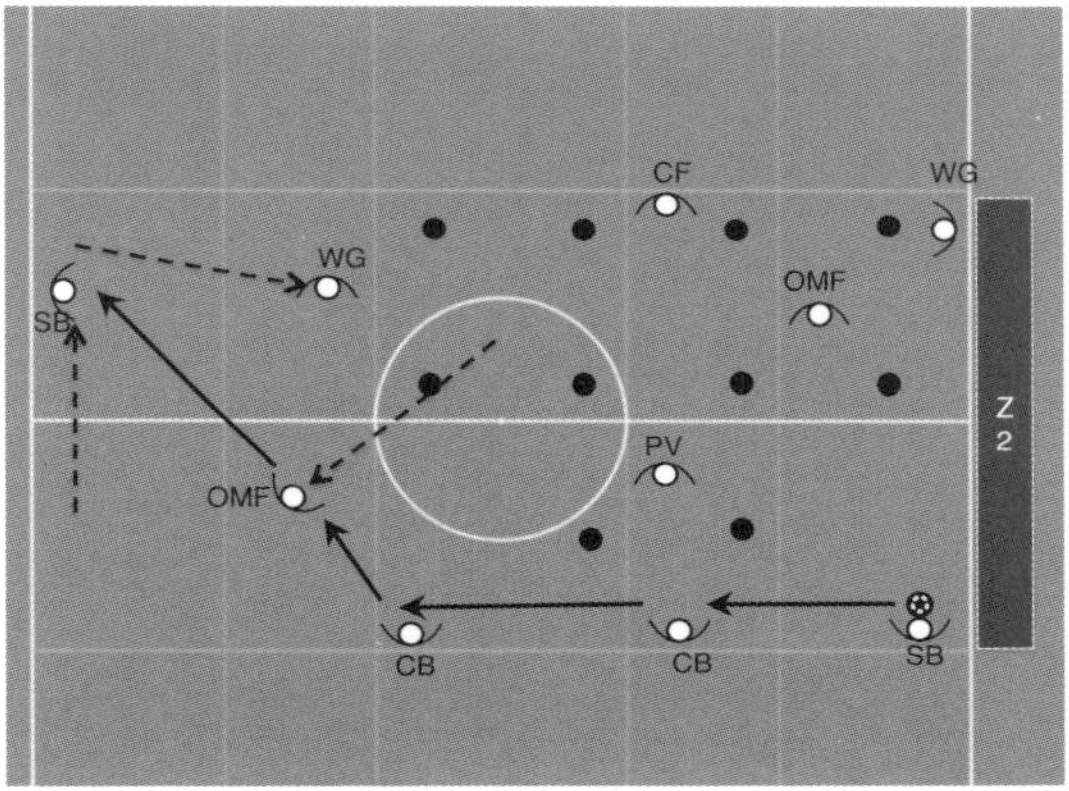

右サイドに相手を引きつけて、サイドチェンジ。SBが上がる、WGが内側へ、OMFがハーフスペースへ移動しCBからパスを受け、高い位置に移動するSBへパス。

◉右サイドローテーション

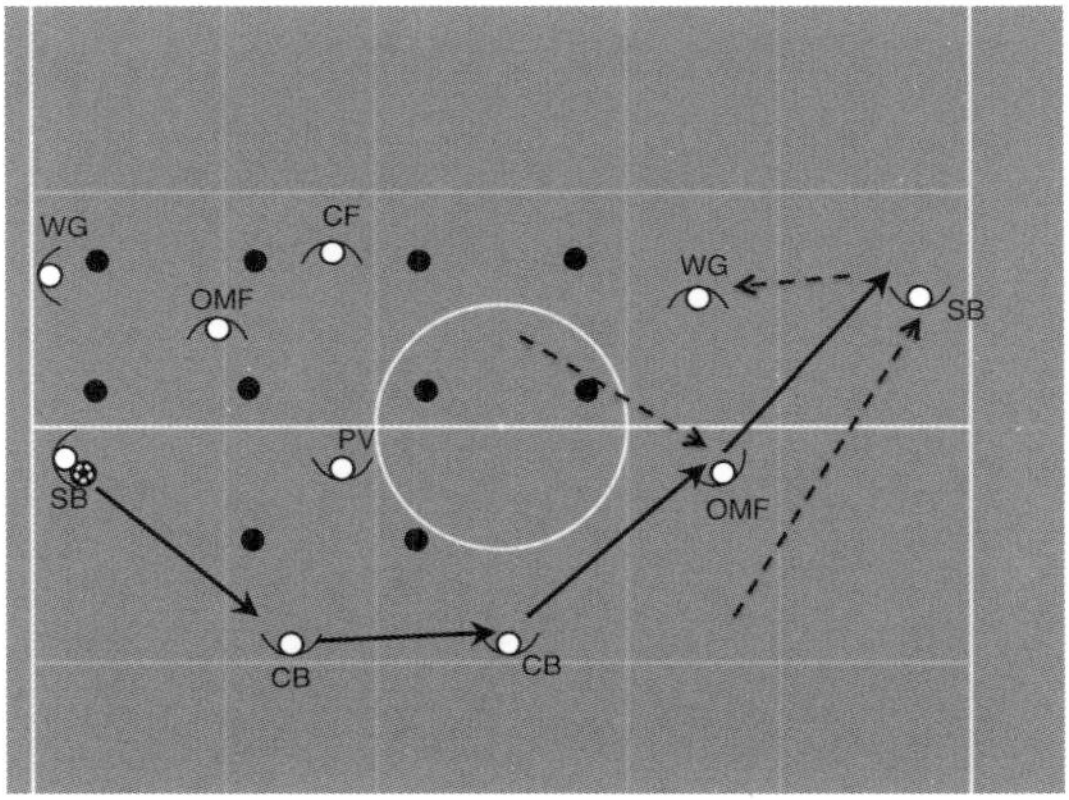

左サイドに相手を引きつけて、サイドチェンジ。SBが上がる、WGが内側へ、OMFがハーフスペースへ移動しCBからパスを受け、高い位置に移動するSBへパス。

12 ダイレクトプレー（ロングボールを相手の背後へ）

ダイレクトプレーは、プレーを前進させる方法の1つである。ショートパスとコンドゥクシオン、サイドチェンジによる前進と組み合わせて行うことで良い効果が得られる。相手の守備ブロックがコンパクトで、ライン間が狭くパスをするスペースが見つからない場合は、相手のDFラインの背後へ浮き球のロングパスを送る。パスアウトの動きを利用して、ボールをライン間で受けようとする選手、その選手をマークする相手の背後へ走り出すチームメートにロングパスを送り前進する。ダイレクトプレーがうまくいくと一瞬でシュートチャンスを作ることができる。

相手は攻撃側にダイレクトプレーがあることを理解すると、DFラインを高く保ち、ライン間をコンパクトにすることが難しくなる。必然的にDFラインが下がり、ライン間にスペースができる。そうなると今まで説明してきたパスアウトやサイドチェンジが機能する。

ダイレクトプレーのキーファクター

- 相手の守備システムに異なる間隔を提供する（MFラインとDFラインを開かせる）。
- 相手にとって都合の悪い場所へボールを入れる（例:最終ラインの相手が攻撃選手にプレッシャーをかけたその背後）。
- 相手の背後（視野外）にスペースを見つけ、相手のDFラインを破壊するために相手に近づいてマークを外す。
- 相手のマークを避けるために、DFラインは最大限に幅を取る。
- パスをしたら、ボール方向にラインを閉じてコンパクトな状態でDFラインを素早く上げる。
- MFラインの選手は2列目のラインから、相手のDFラインの背後でボールを受ける。
- セカンドボールを拾う。
- 最も高いラインにポジションを取る選手は、オフサイドにならないようにして、できる限り深さを取り、常にパスコースを提供する。

◉OMFが相手を引きつける

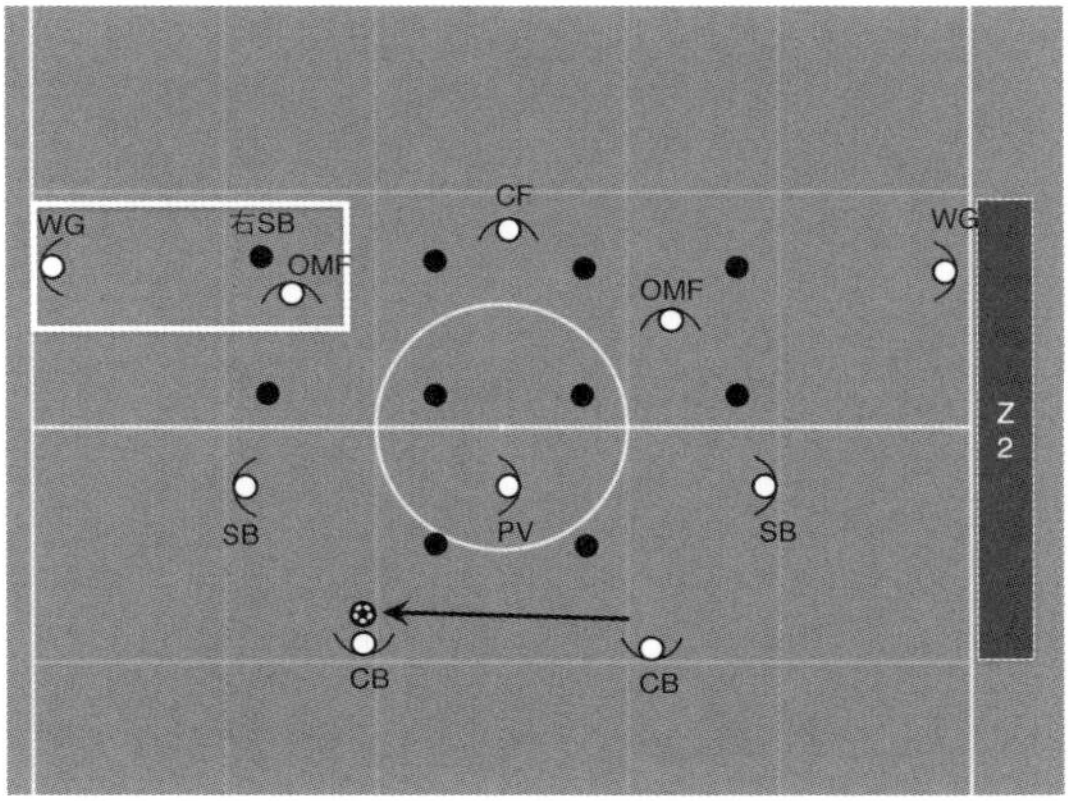

ライン間にポジションを取るOMFは、WGが相手右SBの背後を取るために、相手右SBに近づく。この時、相手の右SBはOMFとサイドに開いたWGの２人をマークしなければならないオーバーロードの状況（２対１）が発生。

◉オーバーロードを使ったダイレクトプレー

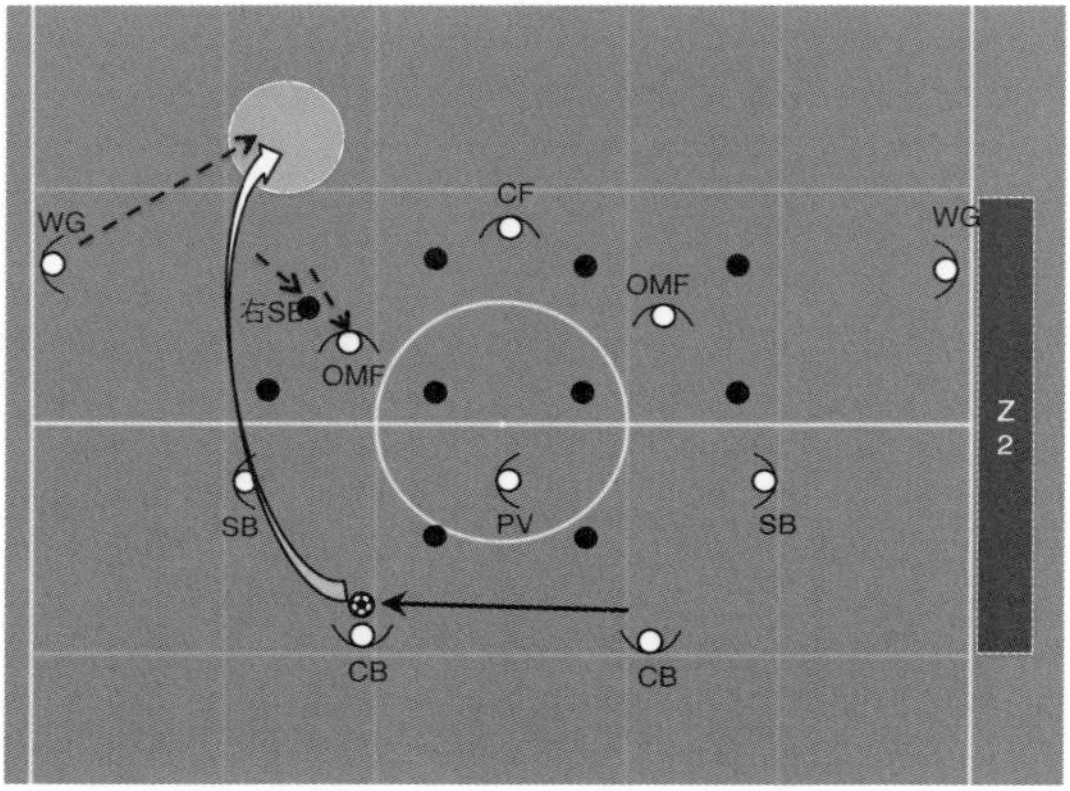

OMFがライン間でボールを受けようと移動。相手右SBがOMFついていく。CBは相手右SBの動きを見て、その背後へ浮き球のロングパス。WGは空いたスペースでボールを受け、シュートまで持っていく。

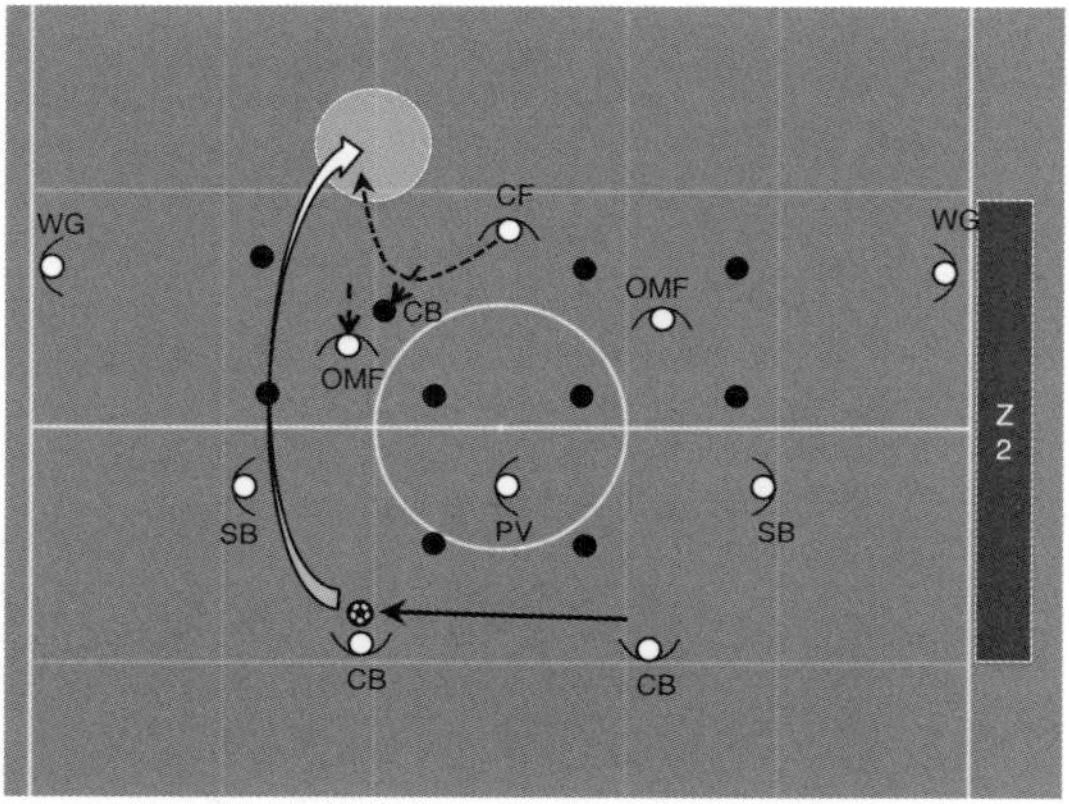

OMFのライン間へ移動する動きに相手CBがマークについた場合は、マークについた相手CBの背後にスペースができる。CBはその相手CBの背後に浮き球のロングパス。CFはオフサイドにならないようにして、オープンスペースでボールを受け、シュートまで。

◉CFが相手を引きつける

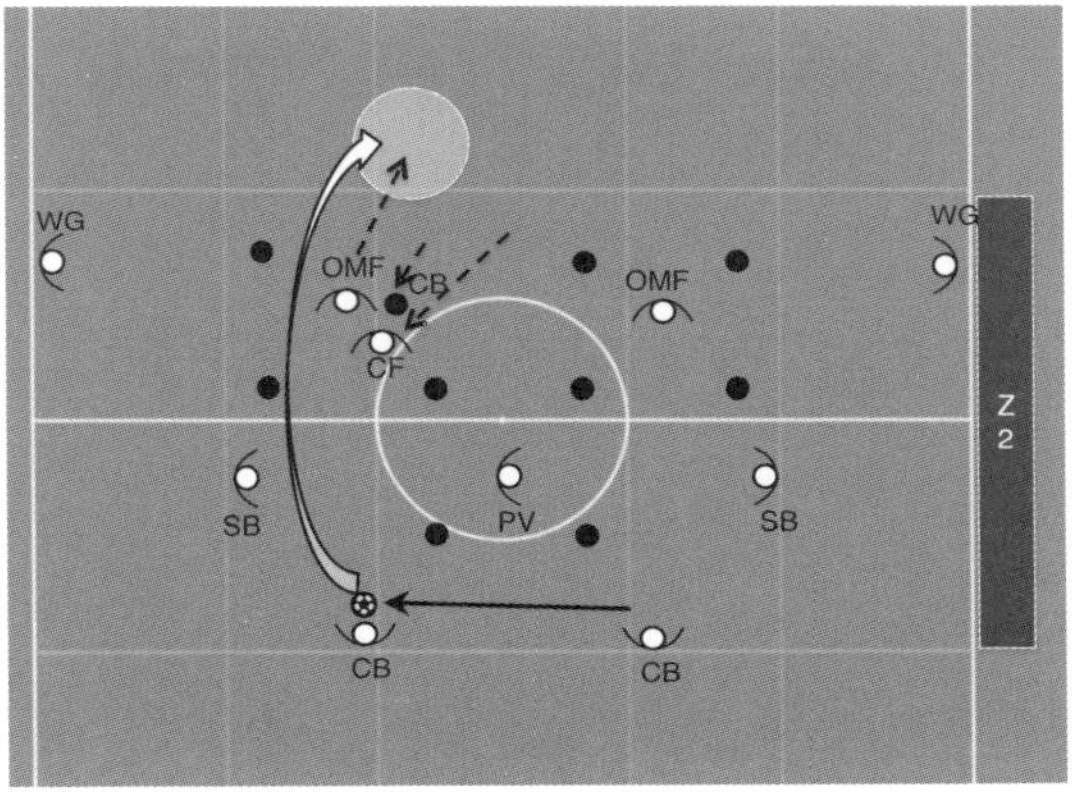

CFは、ライン間でボールを受けようと移動。その動きに相手CBがつく。CBは、マークについた相手CBの背後のスペースに浮き球のロングパス。ライン間にいたOMFは、オープンスペースでボールを受け、シュートまで。

◉オープンスペースを見極める

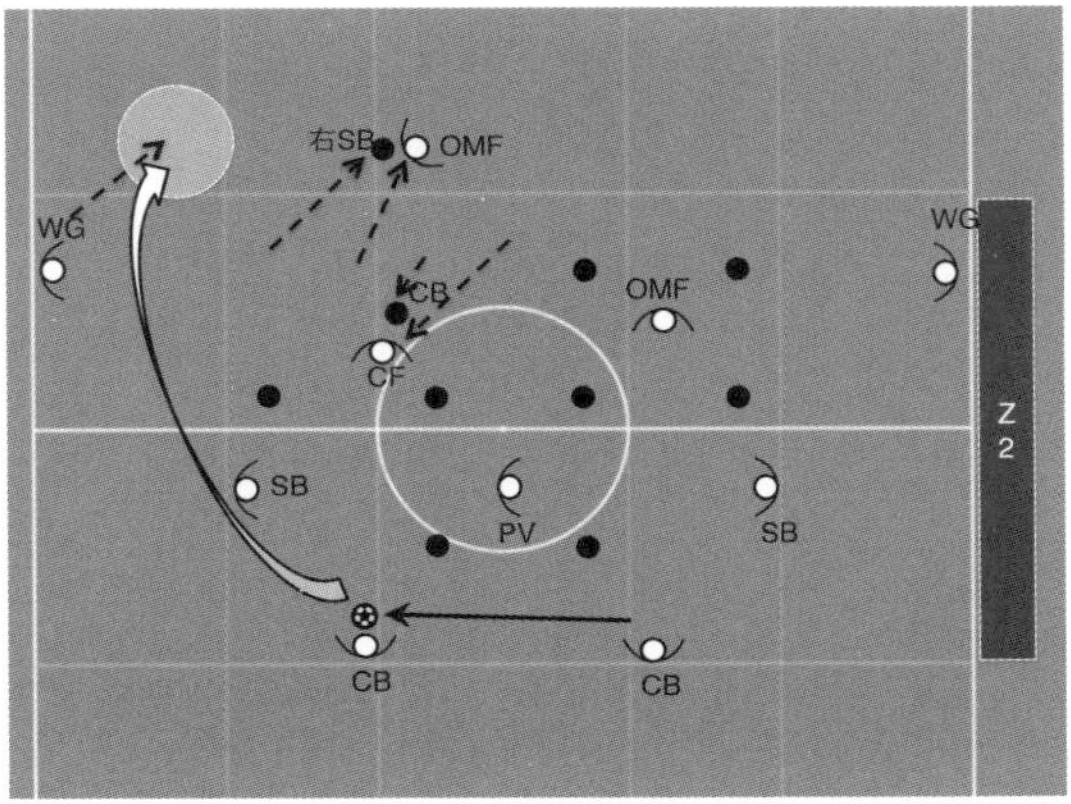

仮に、OMFが相手CBの背後のスペースでボールを受けようとするアクションに相手右SBがマークについた場合は、ボール保持者であるCBは、相手右SBが空けたスペースへ浮き球のロングパス。WGは、そのスペースでボールを受け前進する。

◉OMFとCFが相手2人を引きつける

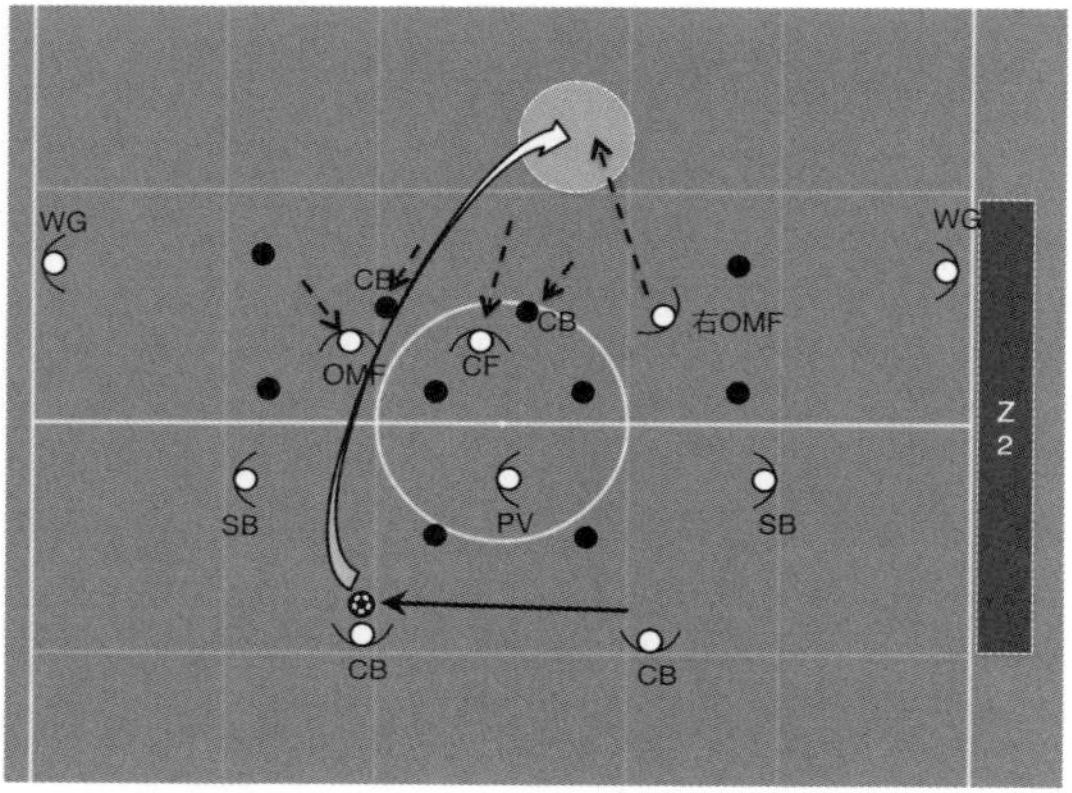

相手両CBがOMFとCFの２人をマーク。OMFとCFは２人同時にライン間へ移動しボールを受けようとする。CBは両CBの背後にできたオープンスペースへ浮き球のロングパス。もう１人のOMFがパスを受け、シュートまで。

◉内側の3人がマークされた場合

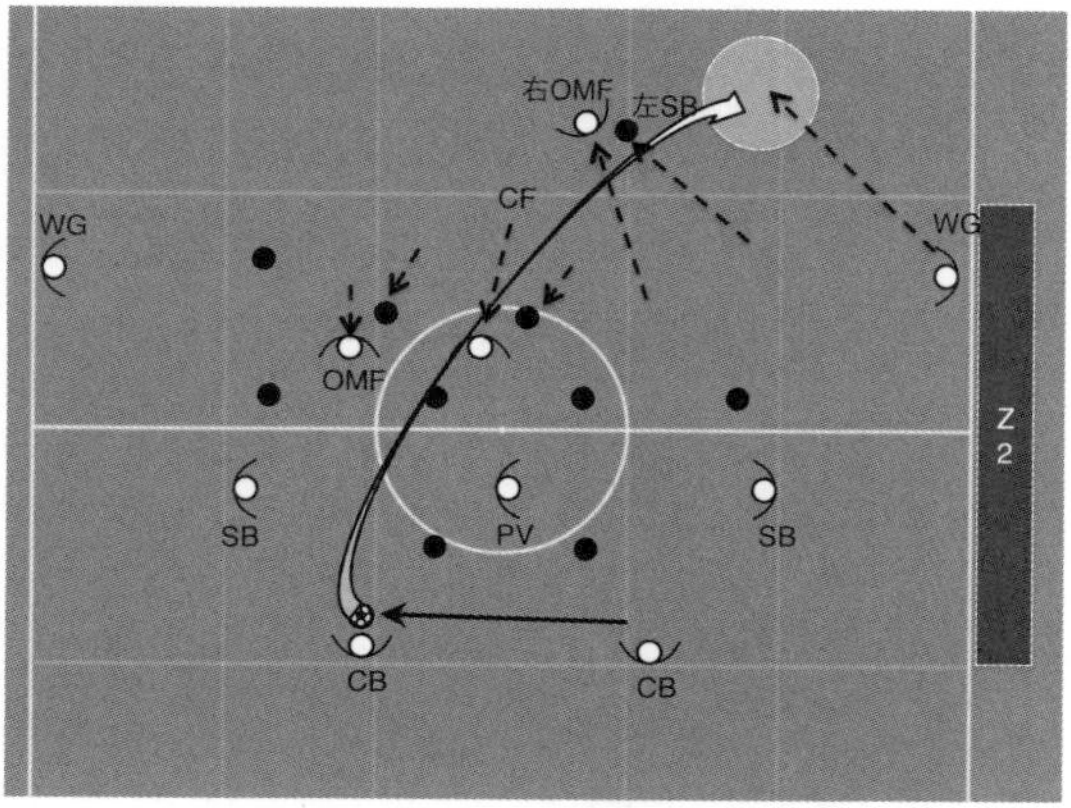

もう１人のOMFが相手両CBの背後でパスを受ける動きを相手左SBがマークした場合、CBは、左SBが空けたスペースへ浮き球のロングパス。WGがそのスペースでボールを受け前進、シュートまで。

このようにゾーン2において、ショートパスとコンドゥクシオンによる前進と、相手の背後へ浮き球のロングパスを送るダイレクトプレーによる前進を組み合わせることで、相手チームは対応することが難しくなるだろう。相手チームはダイレクトプレーを恐れるようになると、背後のスペースを消すためにDFラインを下げるようになり、守備ブロック全体が後ろへ下がり、攻撃側に前進するスペースを与えることになる。もしくは、相手のDFラインがダイレクトプレーを警戒するあまり、MFラインとDFラインのライン間が開いてしまい、攻撃側の選手にライン間でプレーするスペースを与え、そこから前進を許すことになる。

今回のダイレクトプレーの例の場合、攻撃側は2―3―2―3、配置を4ラインで構成しており、守備側の4―4―2の　3ラインの間にポジションを取り、最後は相手DFラインの背後を取ることを目的としたシステムである。

相手FW2人に対してCB2人だけであるが、一列前のSBはハーフスペースにポジションを取り、PVが相手FW2人の背後にいる。仮にボールを失っても、SBとPVが両CBの近くにいるので、相手にカウンターアタックを受けるリスクは少ない。5対2の数的優位の状況とも言える。両CBは相手FW2人を引きつけ、PV、もしくはSBにパスをして相手FWラインを超える。

次に攻撃側は、ボール保持者（CB）の、一列高い位置いるSB、PVの3人と相手MFラインの背後にいる2人のOMFの5人で、数的優位と位置的優位（OMF）を確保した状態で相手の4人のMFラインを超えることができる。

相手4人のMFラインの背後にいるOMFにパスが入ると、相手4人のDFラインは2OMF、2WGとCFの5人を相手することになり、攻撃側は数的優位を確保した状態で相手ゴールに向かうことができる。

このような理由により、最終的に守備側は5バックになるだろう。そうしなければDFラインで数的不利（4対5）の状況で守備をすることになり、攻撃側のこの配置から行うパスアウトを利用したダイレクトプレーに対応することは難しくなる。

守備側が5バックにして、MFの選手を最終ラインに入れる5―3―2にしたとする。この場合、守備側のMFラインは3人であり、攻撃側にMFラインで数的優位とスペースを与えることになるので、ダイレクトプレーを使わなくても前進が可能となる。

もしくはFWの選手1人をMFラインに入れて、MFラインの1人をDFラインに入れる5―4―1にする。そのような守備の配置になると、今度は攻撃側のDFラインでボールを保持する余裕が生まれ、プレッシャーがかからず、MFラインの誰かが前に出てプレッシャーをボール保持者にかけないとサイドチェンジを繰り返されて、守備ラインがズルズルと下がり、攻撃側に前進を許す。MFラインから1人が前に出て攻撃側のCBへプレッシャーをかけると、今度はMFラインが3人になり、攻撃側にスペースと数的優位をMFラインで与えることになり、前進を許すことになるだろう。

ゾーン2で行う前進は、相手の配置、守備方法（ゾーン、マンツーマン、ミックス、コンビネーションなど）を分析し、どこにスペースがあるか、できる可能性があるかを観察する必要がある。相手のDFラインの高さ、ライン間のスペース、相手を片方のサイドへ引きつけた時に、逆サイドにスペースと数的優位が確保されているかなどを念頭にプレーしなければならない。

ゾーン2において、ダイヤモンドの形は、前進を行う配置の基礎となる。常にボール保持者に5つのプレーオプションを周囲の選手が提供することで、ダイヤモンド・オフェンスは機能する。

COLUMN

サッカーはジャズである

サッカーはジャズのように即興性のあるスポーツだ。ジャズは基本的なメロディがあり、基本となるコード進行を覚えてバンドで即興演奏をする。サッカーも攻撃のコード進行（プレーオプション）を覚えることで、チームとしてハーモニーのある即興プレーができる。

ある日、ジャズ音楽に詳しい妻に尋ねた。「ジャズは即興演奏するよね。ジャズ・ミュージシャンはコード進行を覚えているの？」

「そう、ジャズ・ミュージシャンは全てのコード進行を覚えて即興演奏するの。無からは何も生まれないよ」。

この言葉を聞いた瞬間、サッカーの攻撃戦術もジャズと一緒ではないかと閃いた。ジャズのコード進行について調べた。コード進行とは和音のことである。3和音と4和音を混ぜ合わせると全部で432個。即興性と言うものは、無からは生まれない。無から生まれているように見えて、何かしらの影響を受けて即興性が生まれている。例えば、昨日メッシが凄いゴールを決めたのをテレビで見て、そのプレーをイメージしてシュートをしたら決まった、そのような個人の即興性はあるだろう。しかし、チームプレーとしての即興性はチームメートと何回もトレーニングをするなかで身につくものだ。サッカーの攻撃は、類似したプレーオプションが無数に存在する。最終的に、個人として、チームとしてどのくらい多くのプレーオプションの抽斗があるかで即興プレーの創造性があるか、ないかが決まってくる。ここにダイヤモンド・オフェンスを学ぶ意義がある。

第4章

ダイヤモンド・オフェンスのトレーニング方法

01 サッカー選手をダイナミックシステムとして理解する

サッカー選手をダイナミックシステムとして理解することによって、サッカーというスポーツが理解でき、トレーニング方法を構築するのにも役立つ。

ダイナミックシステムをサッカー選手に例えて説明すると、私たちの行動は文脈（プレーの状況）や個人のこれまでのサッカー経験値、遺伝的な能力の差異に基づき再構築されるという考え方である。サッカー選手の行動は、プレーの状況や今までのサッカー経験に基づいて、プレーの瞬間、瞬間に現れる様々な要素（ボール、チームメート、相手など）と相互作用しながら再構築（自己組織化）され、その結果、創発が起こり即興プレーとして現れると考えるのがダイナミックシステムである。

プレーをする環境と選手間の相互作用がチームと各選手のパフォーマンスに影響を及ぼす。技術、戦術、フィジカル、メンタルをそれぞれ分割してトレーニングするデカルト主義（精神と身体は全く別の存在であると考える）的な方法では、選手のパフォーマンスの向上には反映されない。

サッカーや選手を分割しないで集団・組織として分析することが重要だ。

フランシスコ・セイルーロは、選手を非常に複雑な構造をしているダイナミックシステムとして考え、その構造を「8つの構造」に分けて、常に8つの構造間の相互作用とフィードバックから選手は構成されていることを提案した。それは「構造化トレーニング」と呼ばれ、FCバルセロナやペップ・グアルディオラが監督をするチームで取り入れられている。

著名人の言葉

「選手をダイナミックシステムとして理解する。選手は、非常に複雑な構造をしており、構造間の相互作用とフィードバックによって構成されている。」

フランシスコ・セイルーロ（FCバルセロナフィジカルコーチ、大学教授）

創発とは

創発とはミクロレベルの複雑系において、平衡からほど遠い状態（無作為の事象が増幅される）で、自己組織化（創造的かつ自然発生的な順応志向の振る舞い）が行われた結果、それまで存在しなかった新しい性質を持つ構造が出現し、マクロレベルで新しい秩序が形成されることだ。

（マイケル・S・ガザニガ 心理学者）

創発とは、部分の性質の単純な総和にとどまらない性質が、全体として現れることである。局所的な複数の相互作用が複雑に組織化することで、個別の要素の振る舞いからは予測できないようなシステムが構成される。

（ウィキペディア）

02 フランシスコ・セイルーロが提案した選手の8つの構造

1 認知構造

選手がアクションの可能性を識別するために、環境から受け取る刺激を得て処理する役割を担う。継続的に現れる状況の変化に効率的かつ効果的に対応するためには、重要な情報を識別し解釈する必要がある。

2 コーディネーション構造

思い通りに自分の身体を動かす役割を担う（サッカーの技術も含む）構造である。知覚アクションのサイクルにおいて、空間と時間への適応における動きの導入により、動きをコントロールし調整しなければならない。

3 コンディション構造

選手の活動の発展にフィジカルのサポートを与える役割を担う構造である。コンディション構造の代表的な基本となる能力として、スピード、体力、持久力の3つがあり、その3つを手助けするのが、柔軟性とリラックスである。

※自己構造化

学生が自分を教育する考案者であり、その方法、もしくは状況まで範囲が及ぶ。学生の知識を構築するのは学生自身であると言う考え方。

4 社会的感情構造

選手とチームの他の選手との選手間の関係性を確立する役割を担う構造である。戦略・戦術と関係している。戦略・戦術の最適化を優先シミュレーション状況でトレーニングをするときは、認知構造と並び最も優先される構造である。

5 感情・意思構造

自分自身の個人の識別を担う。基本的に主題（例トレーニングの目的）と関係しており、自己構造化において自分自身が認識していると感じること。もし、選手がトレーニングのプロセスを信用していない場合、負のフィードバックループが発生する。これがトレーニングの進行を難しくしたり、妨げたりするため、選手が積極的にトレーニングのプロセスに参加することができるようにする（例トレーニングの目的や内容を選手が理解できるように説明する）。

6 創造的表現構造

スポーツ活動に自分自身を投影することができる（例コーチはトレーニングにおいて選手の創造性を妨げないようなトレーニングメニューを作成する）。

7 生物的エネルギー構造

内分泌系、神経筋系、循環系、呼吸系などの間の相互作用を獲得し、選手のパフ

※散逸
（まとまっていた書物・文献などが）散りうせること。

※全体論
全体を部分や要素に還元することができない。

※非線形
非線形な現象とは、ある量を倍にしたからといって決して結果が倍になるわけではなく、式として書き下すことはできても、解の挙動として予想外のことが生じるといったところがあるものなのである。(野村慎一郎と小平將裕(1998)

ォーマンスは、生物的エネルギー構造とコンディション構造を優先して、多くの様々な能力を獲得する。それらの相互作用は生きるエネルギーと、生命の動的な現れを私たちに与える。生物的エネルギー構造は優先シミュレーション状況のトレーニングをするときは、コンディション構造に含まれる。

8 メンタル

頭脳活動。外部環境がその最適なパフォーマンスを変えないようにする選手の能力。対戦相手、スコアボード、審判の決定、観客、監督、チームメートとの相互作用、もしくは自分自身の自己判断によって、試合中に生じる可能性がある逆境への回復力（元気の）。精神力の強さなど。優先シミュレーション状況のトレーニングをするときは認知構造に含まれる。

以上サッカー選手を構成する8つの構造は、超複雑な散逸（さんいつ）構造をしている。それらは通常、全体論的な能力と非線形のヴィジョン（多様性と可変性）を獲得する。

選手のパフォーマンスを最適化するには、違いのある8つの構造（要素）の結合が、サッカーのような集団スポーツのトレーニングには必要であり、それは選手間の相互作用が起こる状況を設定したものでなければならない。

トレーニングは、この場合はこれ、この場合はこれというように1つの状況に1つの解決策を与えるのではなく、サッカーの試合の状況は複雑であり同じ状況は2度とないスポーツである。解決策には可変性（プレーの選択肢）を与え、選手自身がプレーを選択するようなトレーニングをオーガナイズすることで選手が主体的にプレーできるようになる。

◉選手を構成する8つの構造

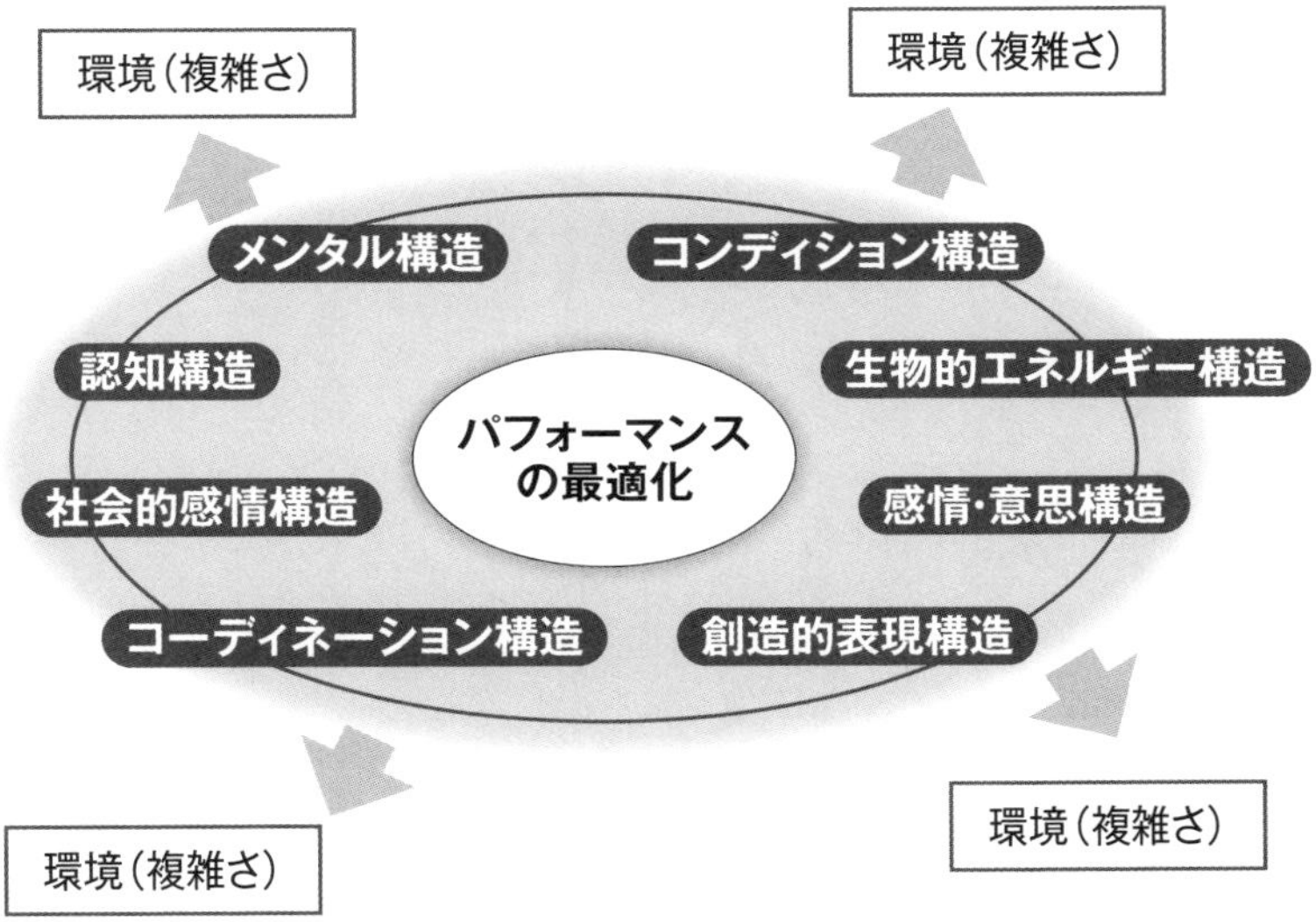

フランシスコ・セイルーロ（2002）のコンセプトを解釈したものである

03 選手は異なる最適化をする

私たちは異なる人間であり、異なる環境、言語、文化で育ち、各個人の才能も異なる。そのように考えるとサッカーの戦術やポジションは各選手の特徴を活かしたものでなければならない。

同じトレーニングを実践しても、人生を通じてどのようにそのスポーツを学んだか、何を学んだか、個人の特徴（遺伝含む）によって、全く異なる方法で自己最適化するので解決策も異なる。これが「異なる最適化」である。

各選手がダイヤモンド・オフェンスの同じトレーニングをしても、試合では各選手で試合の状況に対応し、ダイヤモンド・オフェンスの異なるパフォーマンスの最適化が起こるのだ。

例えば、ボール保持者がタッチライン沿いで相手と1対1で相手の背後には大きなスペースがある状況。ボール保持者は、ドリブルで相手を抜くか、それとも近くのチームメートへパスをするか、その状況に最適なプレーを自身の特徴に応じて選択する。ドリブルが得意であればドリブルで相手を抜くかもしれない。そうでなければパスを選択する。それもできなければボールをキープするかもしれない。もしかすると相手にボールを取られるかもしれない。これは選手自身や相手、チームメートの能力によって、その時のプレー状況によって変わる。これが、選手は同じトレーニングをしても、異なる最適化をする理由である。

陸上競技とサッカーを比較すると、陸上選手は自分自身のことだけに集中することができるが、サッカー選手は自身のプレーに集中しながら、チームの一員としてのプレーにも集中しなければならない。サッカー選手の試合中のプレーの意思決定の大部分が無意識で行われ、チームメートと相互作用する複雑な環境がそのとき選んだ、創発的な精神状態の結果が各選手の異なるパフォーマンスの最適化を生む。

サッカーはチームスポーツであり、選手間で相互作用してプレーしている。各選手を部分として考えるデカルト主義（還元主義）的な方法で分析するのではなく、サッカーを全体論的な方法で観察して、選手は全体の一部であると考える必要がある。同時に選手のパフォーマンスの最適化は、選手1人1人が異なる人間であり、異なる最適化をすることを前提として考える。

著名人の言葉

「各選手が遺伝的および能力の差異によって様々な最適化をすることを『異なる最適化』と言う。」

フランシスコ・セイルーロ（FCバルセロナフィジカルコーチ、大学教授）

04 認知構造（チームの戦略・戦術の最適化）

ダイヤモンド・オフェンスはポジショナルプレーを実践するための戦術であり、ポジショナルプレーの概念は戦略である。戦術とは、実際の試合の局面における相手との戦いであり、相手との相互作用によって引き起こされる即興的な意思決定である。攻撃側の選手の「きっかけのアクション」に、相手がどのようなリアクションをするのかによって、次のプレーの意思決定が即興的に行われる。戦略は戦術と技術の上にあり、どのような哲学や概念の元に試合をするかであり、監督・コーチが責任を負う。

戦術は戦略を実行するための手段であり、相手によって引き起こされた周囲の状況に即時の適応をすることであり、監督・コーチと選手の両方に責任がある。

技術は選手の意思決定の結果であり、選手が責任を負う。

ダイヤモンド・オフェンスのトレーニングは、フランシスコ・セイルーロが考案した構造化トレーニングの方法を使用する。構造化トレーニングは前述した「8つの構造」を、トレーニングしたい内容に応じて構造に優先順位をつける。それが「優先シミュレーション状況（ＳＳＰ）」と言うトレーニング方法である。

選手がトレーニング中、自身の興味や感情を表し、自由にプレーを表現、選択できる環境を設定し、選手自ら能動的に解決策を見つける発見学習の特徴を優先シミュレーション状況は持っている。指導者は、選手に解決策を与えるのではなく、選手自らプレー状況を解決できるトレーニングを構築しなければならない。

選手が自身を教育できるトレーニング環境を指導者は構築する必要がある。優先シミュレーション状況のトレーニングはパターンなどを強制することが目的ではなく、優先シミュレーション状況を通じて、選手の能力を開発することを目的としている。選手は優先シミュレーション状況を通じて、それぞれが異なる解決策をそのプレーの状況において選択し表現する。

優先シミュレーション状況を実行する場合、指導者が望むアクションが頻出する、現在の選手の能力に応じて達成できそうな状況を設定する。選手間で相互作

優先シミュレーション状況(SSP)とは

優先シミュレーション状況は、構造化トレーニングを実践するためのトレーニングメニューである。人間は自己構造化(自ら学ぶ力を持つ)する生物であると考えることから優先シミュレーション状況の考え方は出発している。選手の知識の習得は、自身の興味と必要性に基づいて行動し体験することで生きた記憶としてトレーニング内容が定着する。それは選手がトレーニング内容を理解し、積極的に参加することが前提である。なぜなら選手(人間)は、自らを教育する考案者であるからだ。

用するプロセスを通じてプレーを開発する状況を設定するのだ。ただし、選手の中には、そのプレーの状況を理解するための知識（戦術）を持たない者もいる。その場合は、プレーオプションをいくつか与え、プレー状況を解決する知識（戦術）を得ることで、選手自らその状況を解決することができるようになる。選手のプレーを制約するのではなく、プレーに選択肢を与え、可変性のある解決策を提示することで選手のプレーを最適化する。

選手のプレーを制約して、例えば、1つのパターンや解決策だけを教える。そうすると、そのパターンが通用しない場合、新たなパターンを指導者が構築しなければならない。このような方法では、選手はパターンが通用しない時の解決策を見つけることが難しくなる。

優先シミュレーション状況の指導者が考慮するポイント

- 発見学習（選手自ら解決策を発見することができるような質問）
- 体験学習（試合の状況を設定したトレーニングを体験し、選手がプレーを成功することで学ぶ）
- 暗示的学習（直感的、無意識的行為、身体で覚える「手続き記憶」（P247参照）でプレー状況を解決する）
- 非介入主義（選手自ら解決策を発見させるために、できる限りトレーニングを止めないようにする。質問も最小限にする。プレー時間を長くする）

8つの構造をトレーニングに生じさせる

優先シミュレーション状況では、特定のトレーニングの状況で、関連する構造（8つの構造）の全ての要素を生じさせる必要があり、それらの特定の状況で優先的に刺激する構造がある。これはまたそのように選手の考え方をも刺激する（トレーニングの内容によっては8つの構造の全てを含まないこともある）。

もう1つは、選手がトレーニング中に各構造のシステム間（構造間）で相互作用することで、絶え間なく複雑な構造を自然に形成する「自己組織化」が起こることである。これは生物の特性であり、1人1人の人間は異なるので、各選手がトレーニングを通じて異なる最適化をする。選手は同じトレーニングをしても、個々の選手は異なるパフォーマンスをする。選手は優先シミュレーション状況を通じて、絶え間なく自己組織化して、その結果として創発が起こり、それが即興プレーとして現れる。

優先シミュレーション状況を実践する理由は、ある特定の構造を優先した試合の状況に類似したトレーニングを実践することによって、選手に「生きた記憶」として脳にその内容を記憶させるためだ。試合の状況に類似したトレーニングをすることで実際の試合でその状況に適合するプレーや動きを無意識的に選択し有効的に発揮できるようになる。

監督・コーチは、トレーニングしたい内容によって、優先する構造を決め、その上で試合の状況をシミュレーションすることができるトレーニングメニューを作成する。試合の状況をシミュレーションするとは、試合で実行するアクションに類似したアクションをシミュレーションすることも含まれる。その場合、ボールなしでも可能であるが、できればボールを使い、可能な限り相手をつけることで選手は試合をイメージすることができる。例えば、相手が背後にいる状況で選手がボールをキープする場合、片足でボールを保持する。この時、選手は固有受容感覚（身体のバランスを取るため）が必要になる。優先シミュレーション状況を実践する理由はこのようなところにもある。

優先シミュレーション状況は3つに分けることができる。

①チームの戦略・戦術の最適化
②技術・コーディネーションの最適化
③生物的エネルギー・コンディションの最適化

ダイヤモンド・オフェンスは、チームの戦略・戦術を最適化するトレーニングをするので優先する構造は認知構造と社会的感情構造である。コーディネーション構造とコンディション構造は、主にトレーニングにおいて認知構造と社会的感情構造をサポートする。

◉チームの戦略・戦術の最適化をするために考慮するポイント

▶**チーム戦略・戦術を最適化することを優先する**
▶**優先する構造（認知構造、社会的感情構造）**
▶**メンタル構造はトレーニング時、認知構造に含まれる**

認知構造と社会的感情構造を特にサポートするのが、コンディション構造（サッカー特有の持久力、スピードなど）、コーディネーション構造（技術・コーディネーション能力）である。

構造化トレーニングは優先順位のみを考慮に入れて、優先シミュレーション状況を構築する。

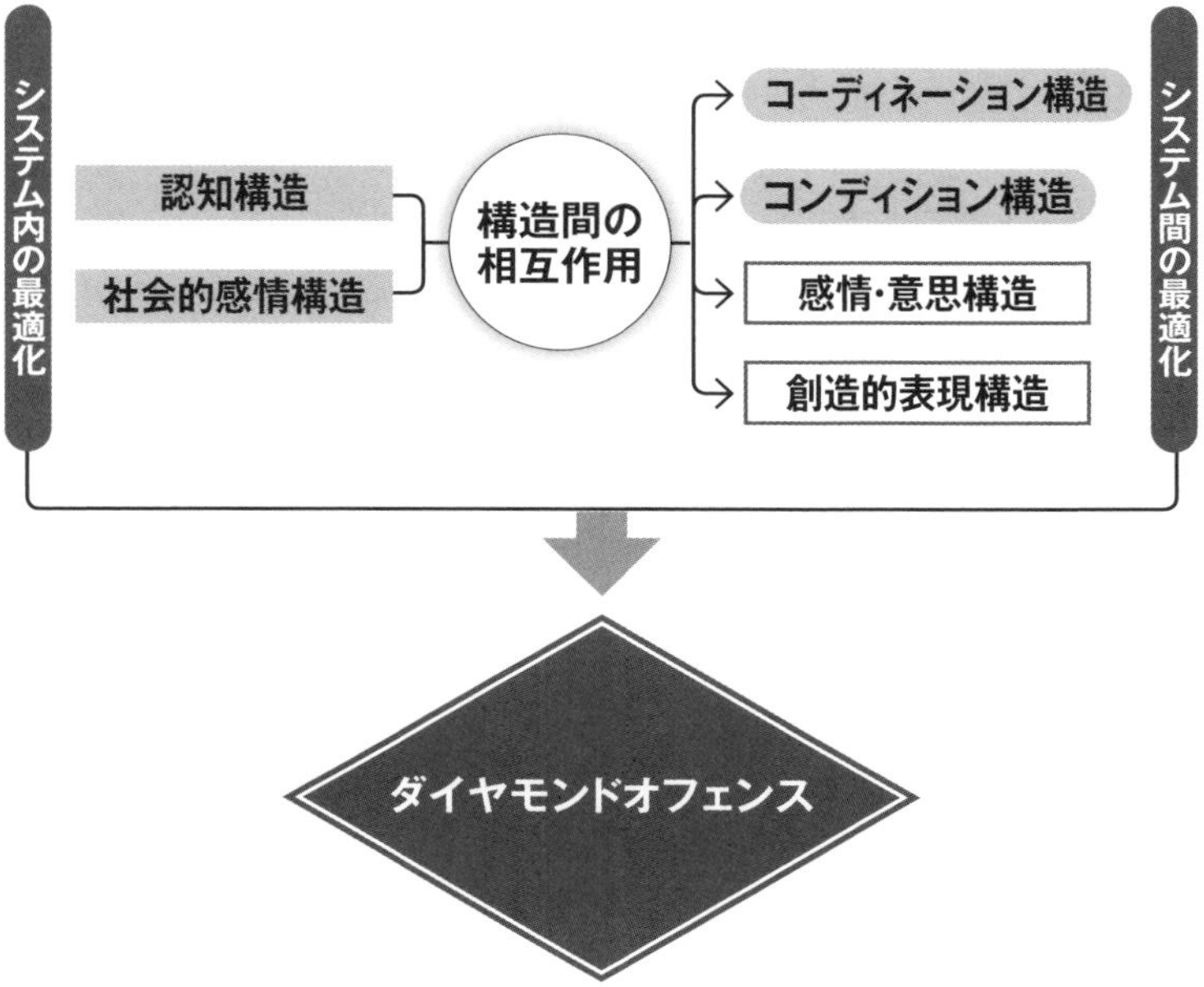

チームの戦略・戦術の最適化の主な目的はシステム内の構造（認知構造と社会的感情構造）を刺激するトレーニングをすることで、2つの構造のシステム内を最適化することである。

この2つの構造のシステム内を最適化しながら、そのほかの4つの構造と相互作用するトレーニングメニューを構築することで、システム間（構造間）の最適化が可能になる。

例えば、トレーニングの目的と合致する、ある特定の試合の状況を設定することで、認知構造と社会的感情構造は最適化される。

その他にトレーニングメニューで考慮される4つの構造がある（コーディネーション構造、コンディション構造、感情・意思構造、創造的表現構造）。

試合の状況を設定したボールポゼッションのトレーニングであれば、サッカー特有のスピードと持久力が身につく。これはコンディション構造を刺激している。

ボールポゼッションにはパス、ドリブル、コンドゥクシオン、ボールコントロール、ボールキープ、タックルなどの技術や、ボールポゼッションに必要な選手個々のアクション（マークを外す、マーク、その他ボールポゼッションに必要なステップワークなど）のコーディネーション構造を刺激している。

感情・意思構造は前述しているので省略する。創造的表現構造は、例えば、ボールポゼッションは2タッチ以内などのルールを設けると、それによる良い点と悪い点があることを考慮しなければならない。良い点は選手のサポートと意思決定が速くなり、ボールコントロールも改善する。悪い点は、試合の状況から少し離れることで、選手の創造性を制限していることである。

試合にタッチ制限はないので、これらの点を考慮して指導者はトレーニングを構築しなければならない（2タッチ以内などのルールが悪いわけではなく、何かの目的を達成するためにはそのルールも良いが、常に2タッチ以内という同じルールだと試合の状況からは遠くなり選手の創造性が制限される）。

人間は、まばたき以外2度と同じ行動はできないので、トレーニングにおいては「高い多様性の内容」がある状況を設定しなければならない。これによって全ての構造を刺激し「高い可変性のある実践」ができ、多様性と可変性が選手間の動的な相互作用を引き起こし、選手の自己組織化のプロセスを刺激する。

構造化トレーニングの考え方は、選手間の相互作用のプロセスから各選手の能力を開発する。なぜなら選手1人1人は異なる人間であり、異なる最適化をするからである。

05 社会的感情構造（チームの戦略・戦術の最適化）

優先シミュレーション状況において、チームの戦略・戦術を最適化することを優先する際に、認知構造と並び優先されるのが社会的感情構造だ。社会的感情構造とは、チーム内の選手間の関係性であり、「息の合ったプレー」や「阿吽の呼吸」などがそうだ。これはチームで長い間トレーニングや試合を経験することで学び獲得されていく。

フランシスコ・セイルーロ（2004）が提案した社会的感情構造は、3つの異なる側面「共感」「アサーティブネス〈自他を尊重した自己表現〉」「自己管理」から構成されている。

チームという「自己管理グループ」を最適化するための方法として「相互扶助」と「協力」がある。これ

◉社会的感情構造3つの異なる側面

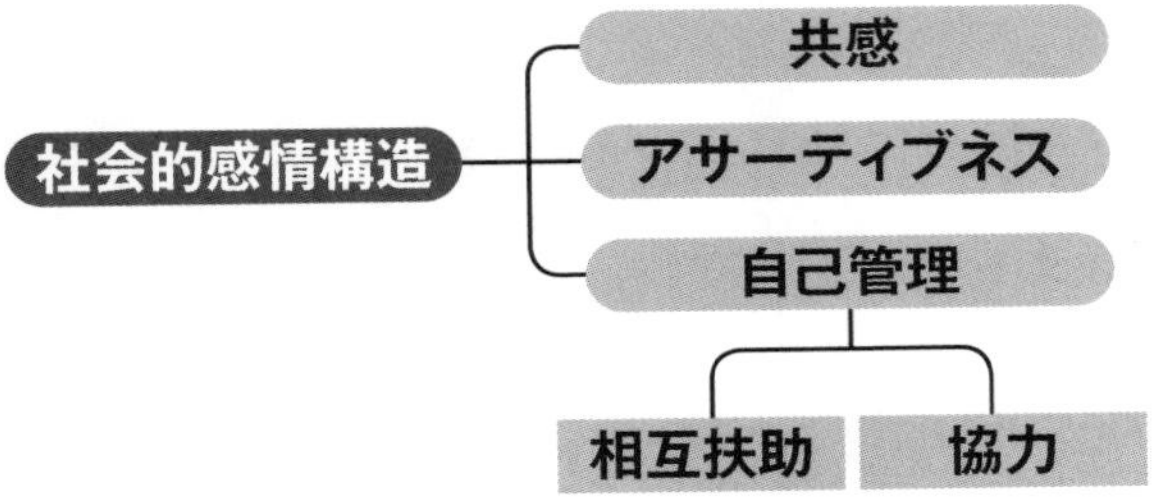

※フランシスコ・セイルーロのコンセプトを解釈したもの
（ダニエル・ボカネグラ・カマーチョからの引用）

らはチーム内の選手が社会的感情を共有するための手段である。

チーム内の情報経路を最適化する

チーム内のコミュニケーションの取り方が試合やトレーニング、ロッカールームなどチーム内のあらゆる場面で重要である。「共感」と「アサーティブネス〈自他を尊重した自己表現〉」は、チーム内の情報経路であるコミュニケーションを最適化する。チーム内の選手がお互いに善い関係を築くのに役立つのだ。

試合中、チームメートとコミュニケーションを取る場合、その試合の状況に適した方法でコミュニケーションを取らなければ、チーム内の情報経路を最適化し、社会的感情構造で優位に立つことはできない。すなわち戦略・戦術で優位に立つことができないのだ。

共感（コミュニケーション）

自己と他者は感情・考え方が違うということを前提に、他者の考えを知ることで、お互いが必要としていることを探る。

アサーティブネス〈自他を尊重した自己表現〉

個人の感情や思考を誠実な方法で表現し、他者の心を傷つけず、その目標に達する行動である。相手の感情や考えを受け入れ自分に対しても、相手に対しても「誠実」に、人間として「対等」に接する（上下関係があったとしても）。自身の感情や考えを言うときは、誰かの意見に左右されず、忖度せず、率直に自分の考えをはっきりを言う。自分のコミュニケーションによって生じた結果は自分で引き受ける「責任」がある。これが「アサーティブネス〈自他を尊重した自己表現〉」である。

個性と異文化性を考慮したパフォーマンス

人間は1人1人それぞれが異なり、個性を持ち、異なる文化背景を持っていることを考慮する。「共感」と「アサーティブネス〈自他を尊重した自己表現〉」は、対人コミュニケーションの社会的スキルであり、サッカーの試合やトレーニングにおいて、言語と非言語（ジェスチャーなど）によるコミュニケーションの具体的な手段として活用できる。監督やコーチは非言語的な選手（あまり話さない選手）をもっと頻繁にトレーニングに参加させるために、より多くの言語の手段を確立しなければならない。「共感」と「アサーティブネス〈自他を尊重した自己表現〉」は、互いに補完し合うので、選手間の衝突や争いを取り除くことができる。このように考えると社会的感情構造はチームスポーツのパフォーマンスを最適化するために非常に重要であることがわかる。

例えば、大観衆の前でプレーをする場合、声でチームメートに指示することが難しい場合もある。そのような場合はジェスチャーが有効であろう。フリーキックなどのセットプレーではサインプレーや近くの選手と小声で話すことが有効な場合もある。このようにサッカーの試合環境や状況によって、どのような言語手段を使うのかも考慮する。

チームスポーツであるサッカーは個人だけが学習するのではなく、チームが学習しなければ、組織的なプレーはできない。チーム内の互いの選手の意見にじっくり耳を傾ける必要がある。なぜなら非常に複雑なスポーツであるサッカーは、1人が考えるよりも、チームで考えることでより良いアイディアが得られ、選手個々の能力を引き出し、チーム力をアップさせるからだ。サッカーは何人かの優れた選手だけが目立つのではなく、優れたチームになることが必要なスポーツだ。優れたチームの選手は、個々の選手は自発的でありながら協調的に行動する。優れたチームの選手はチームメートを意識し、互いの行動を補うように行動することで信頼関係を築いている。そして、優れたチームは互いに教えあうことで、学び合い、チーム力が増していく。

ダイヤモンド・オフェンスの鍵となる要素は、社会的感情構造の優位性を獲得することである。チーム内の全ての選手が長い時間をかけてトレーニングや試合を通じて選手間の関係性を構築し、ある選手の「きっかけのアクション」からボール保持者の近くにいる選手が「きっかけのアクション」を起こした選手の意図を読み、次のアクションを起こしていく。

トレーニングや試合においての生きた経験が、選手間の互いのプレーを直感的に理解することに繋がる。選手が無意識レベルでプレーをすることによって、選手間で相互作用し、自己組織化される。その結果として創発が発生する、それが即興プレーであり、ダイヤモンド・オフェンスである。

自己管理グループの最適化

自己管理とは、自分自身の能力で対峙した事柄を解決することである。しかし、チームスポーツは個人だけではなくチームと言う組織で自発的に管理しなければ組織はそのプレー状況を学習することができない。ボール保持者である自己、ボール保持者の近くにいる選手（グループ）、その他の選手を含めたチーム組織が自己管理グループである。

自己管理グループには、「相互扶助」と「協力」が存在し、「相互扶助」には「介入スペース」があり、「協力」には「位相空間」がある。

相互扶助

ボール保持者に最も近い選手の行動である。ボールを受けるか、もしくは取り戻すことができる。ボール保持者の近くにいる選手が現在のプレー状況を十分に解決することが可能な状態。

介入スペース

ボールが近くにあるスペースである。この介入スペースで、選手はプレーに参加し、選手間で直接的な相互作用をする。ボール保持者と一緒にプレーに介入でき、相互扶助の関係にある。この介入スペースでは「予測できない状況」が起こる。

◉サッカーにおける相互扶助と協力の関係（自己管理グループ）

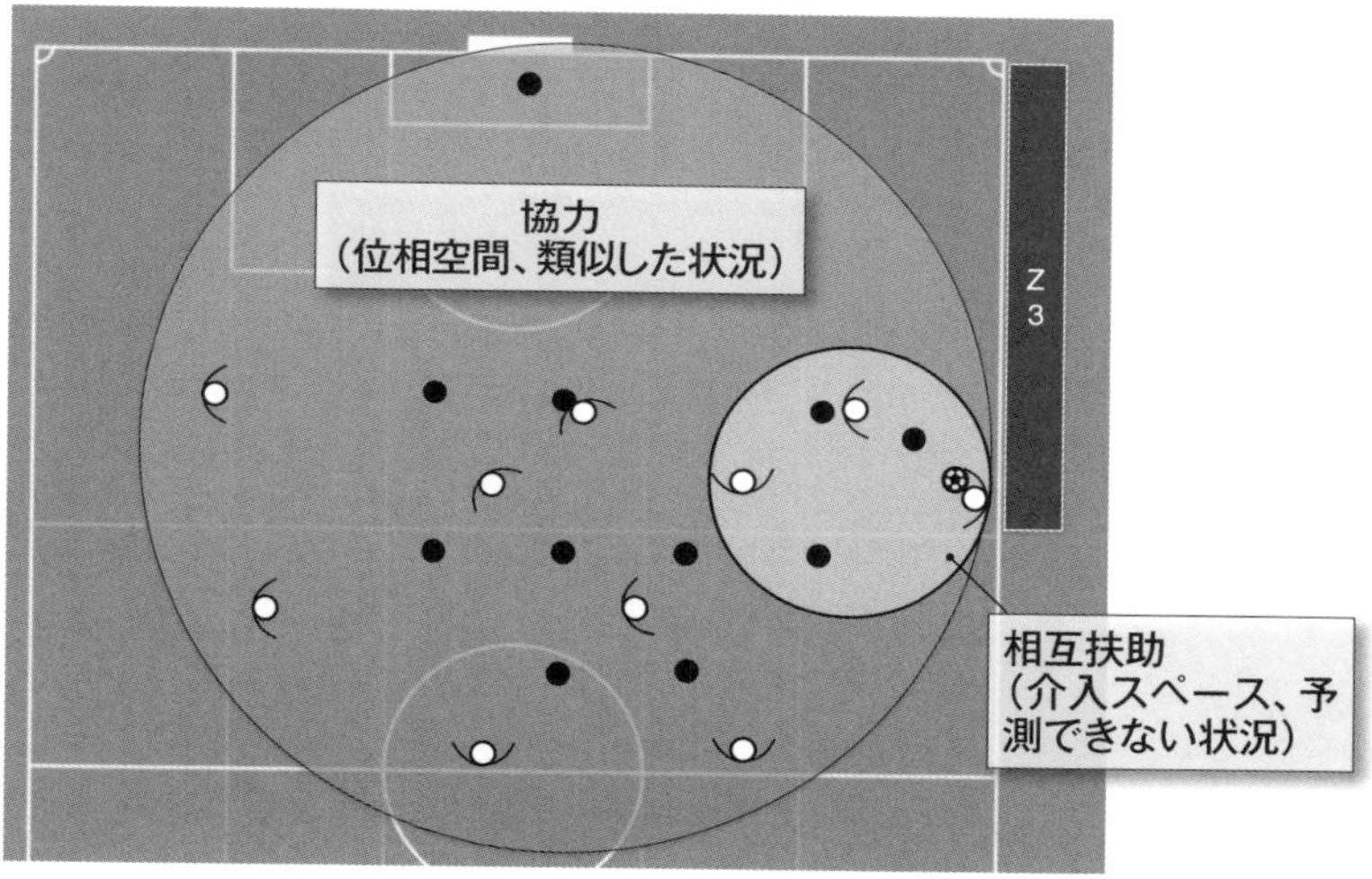

セイルーロが提案する、ボール保持者とその近くにいる選手（相互扶助）と近くにいない選手（協力）の関係性をグラウンドに表したもの。サッカーの試合中における自己管理グループである。

※セイルーロのコンセプトを解釈したもの

協力

ボール保持者の近くにいない残りのチームメートの行動である。ボールを保持するか、取り戻すことができる。可能であれば、効果的かつ効率的な方法でプレーに参加することが可能な状態。

位相空間

ボールの近くにいない残りの選手がいるスペースでプレーに間接的に相互作用する。位相空間にいる選手がプレーに参加する時は、効果的かつ生産的な方法でチームのためにプレーできるようにポジションを取る。この位相空間では「類似した状況」が起こる。

試合中は、自身が今どこでプレーをしているのか、ボールの近くなのか、遠くなのかを知覚する。介入スペースでプレーをしているのであれば、「予測できない状況」も考慮して、どのようにボール保持者と関係して互いに助け合うことができるのかを素早く認知し意思決定する。位相空間にいる選手は、試合の大局的に「類似した状況」が起こるので、プレーを予測して、次のプレーの準備をしなければならない。

サッカーは複雑な状況の連続

サッカーの試合は複雑な状況が連続するスポーツである。試合の中でチーム内の社会的感情構造を最適化するには、自己管理グループを最適化することが必要だ。次の図では、相互扶助と協力が、複雑さの連続する自己管理グループのプレー状況を効果的かつ効率的に解決するサイクルを示している。

下図が示すように、相互扶助（ボール保持者の近くにいる選手）と協力（ボール保持者の近くにいない選手）が相互作用して自己管理グループの行動に影響を与え、戦術的再調整、技術の可変性（状況に適応した技術の発揮）をして、そのプレーした結果の識別で自らの行動をフィードバックする。そしてまた相互扶助と協力で相互作用を通じて自己管理グループに影響を与える。このように非常に複雑な状況が連続する。このサイクルを繰り返すのがサッカーの試合である。

戦略・戦術を最適化するには、認知構造と社会的感情構造が非常に重要である。社会的感情構造が密接にチームのパフォーマンスに影響を与え、戦術や技術に直接的に影響を与えている。チームは1つの社会であり、サッカーの試合そのものが社会的・社交的な営みである。

●複雑さの連続

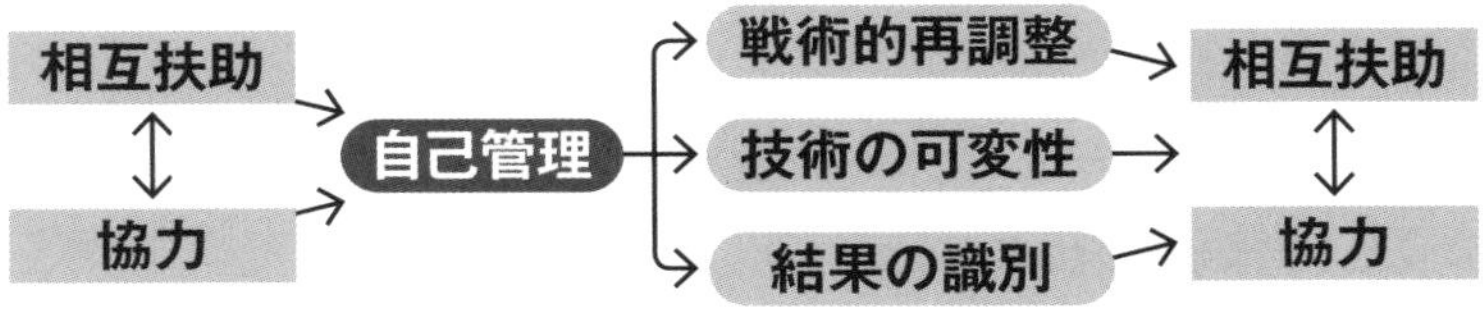

※フランシスコ・セイルーロ（2004）が提案するサッカーの試合の複雑な状況の連続を表したもの

06 構造化トレーニング

ダイヤモンド・オフェンスの目的は、相手のプレーを読み、攻撃側のきっかけのアクションから、相手のリアクションと選手間の相互作用によって即興プレーを創造して、シュートチャンスを得ることである。

選手間の相互作用から即興プレーを生み出すには、フランシスコ・セイルーロが考案した構造化トレーニングが適している。

下の図表のように構造化トレーニングには4つのレベルがあり、筋力と持久力のためにある。スピード（サッカーの試合における）は、特有と試合形式のトレーニングにのみ存在する。

筋力と持久力については、4つのレベル（一般的、方向付けられた、特有、試合形式）の全てにおいて適用するこ

◉構造化トレーニング4つのレベル

1	一般的
2	方向付けられた （サッカーの動きに）
3	特有
4	試合形式

構造化トレーニングは、実際の試合の類似性に関連して、4つのレベルのトレーニングがある。実際の試合の類似性に関連するとは、試合の状況を設定していない一般的な運動から、段階的に試合に類似する状況を4つのレベルに設定することである。

とができる。ただし、スピードについては、そのスポーツ特有（特有、試合形式）のトレーニングをしなければ、そのスポーツのスピードは身につかない。
サッカーにおけるスピードとは、相手とボールと決められたスペースと意思決定がある状況で実行するアクションでなければならない。そのようなサッカーの試合の状況を設定したトレーニングの中で選手のスピードは磨かれる。

著名人の言葉

「戦術アクションには技術、フィジカル、認知および感情の側面が含まれている。例えば、1つのパスを、技術のみ、もしくは戦術のみの要素と分類することは適切ではない。パスとは、そのスポーツの特定の文脈（プレーの状況）内のアクションであり、技術と戦術の側面をもっている。」

ビクトル・ロペス・ロス（ジローナ大学のスポーツと身体教育の教授）

3	**特有のトレーニング** 選手の技術的-戦術的な側面を最適化することにアプローチする。グローバルトレーニングもこれに当たる。特有のトレーニングでは明確にポジションを決めることはなく、試合時のポジションでプレーをするわけでもない。選手の普遍的なサッカーの理解と基本的な個人能力の向上をするためのトレーニングとして最適である。選手は自分がどのようなトレーニング状況で、どこにポジションを取るべきか、どのようなプレーが良いのかを常に意思決定しなければならない。ただし、試合時のポジションについてトレーニングをするわけではないので、チームのポジション別の役割を身につけることは難しく、実戦に向けて即効性があるわけではない。ボール、相手、決まったスペース、意思決定がある状況で、サッカー特有のアクションが頻出する状況をオーガナイズすることが大事だ。
4	**試合形式のトレーニング** 部分的に試合の性質が現れる状況を克服する、もしくは適応するためのトレーニングである。試合形式は各選手を、試合を想定したポジションに配置してトレーニングするので、そのトレーニング状況での個人の役割を明確に理解しトレーニングすることができ、実戦にすぐに役立つ。ただし、特有のトレーニングをシーズン中に織り交ぜないと、長い期間で見るとサッカーをどのようにプレーするかという普遍的で基本的なプレーへの理解や向上には繋がらない。シーズン中、試合形式のトレーニングが多くなるのは当然であるが、特有のトレーニングを1日のセッションの中で1つは入れるなどして選手の普遍的で基本的な能力と専門的（ポジション別）な能力の両方を向上させることが重要である。ボール、相手、決まったスペースとゴール（ラインゴールも可）があり、プレーをする方向性が決まっていて、意思決定があり、試合と同じポジションやシステムで行う、試合のある局面を切り取ったトレーニングである。

◉構造化トレーニング4つのレベルの説明

1	**一般的トレーニング** スポーツの基本的な能力（筋力、持久力、スピード）に類似する一般的な基準である。スポーツの基本的な能力、アスリートとしての一般的な能力が、その選手の基盤になる。高いレベルでプレーをするには、この一般的なアスリートとしての基盤があってこそ、次の段階に入ることができる。健康のための筋力トレーニングやランニング、他のスポーツをするなどがこれに当たる。アスリートとしてのベースとなる一般的なスポーツの基本的能力である。
2	**方向付けられたトレーニング** 方向付けられたとは、専門分野のスポーツの特有の箇所を開発するために必要な側面（アクション）に焦点を当てることである。サッカーでは、ボールを使ったサーキットトレーニングなどがこれに当たる。ダッシュ、ジャンプヘッド、急停止、急発進、ドリブルスラローム、コーチにボールを壁パスしてシュートなど様々なサッカーに必要なアクションである。複雑ではない意思決定のある状況を設定し、選手の技術、コーディネーション能力やコンディション能力（サッカーに方向付けられた持久力、シュートを打つ筋力、競り合う筋力、ジャンプする筋力、移動する筋力、障害予防）を最適化するのに適している。

「一般的トレーニング」は主にプレシーズンの最初やリハビリ、障害予防、オフシーズンのトレーニングなどで行う。「方向付けられたトレーニング」は、コーディネーション構造（技術、ボールなしのアクション含む）の要素が強いので、プレシーズンを始め、シーズンを通して毎週のトレーニングで定期的に行う。

ダイヤモンド・オフェンスは戦術なので、「特有のトレーニング」と「試合形式のトレーニング」を使い優先シミュレーション状況でトレーニングをする。これら2つのトレーニング（特有、試合形式）を行うことで、選手間の相互作用から選手がその状況を学ぶことで自己組織化が起こる。チームスポーツのトレーニングは、そのスポーツ特有の選手間の相互作用が起こるトレーニング方式を選択する必要がある。

一般的トレーニングでは優先シミュレーション状況でトレーニングをするのは難しいが、方向付けられたトレーニングではできる限り、サッカーの試合の状況で行うアクションや技術を、ボールと相手がいて、認知（簡単な意思決定）がある状況を設定して実行する。選手はそのアクションや技術を学ぶことで自己組織化が起こり、それが実際の試合で使えるコーディネーション能力（技術含む）となる。

優先シミュレーション状況（SSP）

　ダイヤモンド・オフェンスのトレーニングは、フランシスコ・セイルーロが考案した構造化トレーニングの特有、もしくは試合形式で行う。実際のトレーニングメニューは「優先シミュレーション状況　SSP（Situación Simuladoras Preferenciales）」である。スペイン語の頭文字を取ってSSPと呼ばれている。

　フランシスコ・セイルーロが提案する選手の「8つの構造」の中で「優先シミュレーション状況」を行うときに主要な柱となる4つの構造がある。認知構造、コーディネーション構造、コンディション構造、社会的感情構造である。

　ダイヤモンド・オフェンスは、優先シミュレーション状況（SSP）の3タイプのうち、「チ

◉優先認知状況（チームの戦略・戦術の最適化）

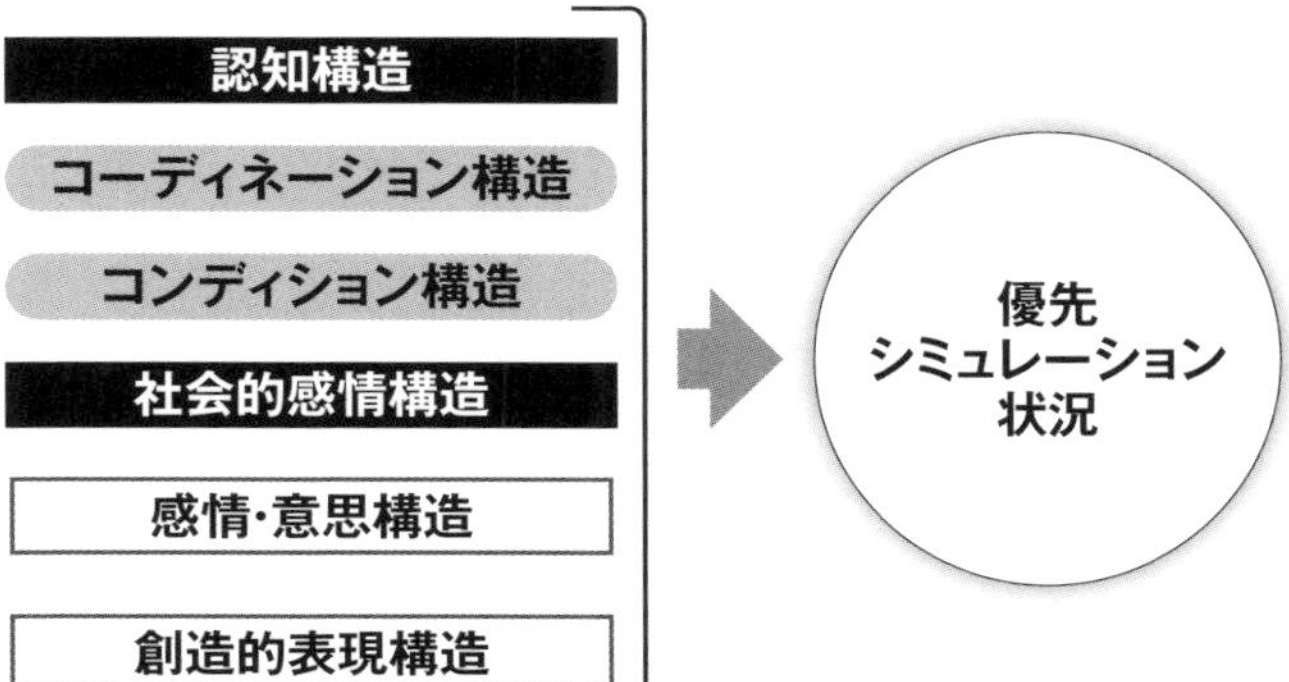

ームの戦略・戦術の最適化」を優先するトレーニングを行う。優先するのは、認知構造と社会的感情構造であり、どちらも認知が主要な働きをするので、トレーニングメニューは「優先認知状況」と呼ぶ（認知構造にはトレーニング時はメンタル構造も含まれている）。

「技術・コーディネーションの最適化」トレーニングをする場合、優先されるのは、コーディネーション構造であり、それを主要にサポートするのが、認知構造、コンディション構造である。できれば社会的感情構造を入れることができると、さらに良いトレーニングになる。社会的感情構造は選手間の関係性であり、他にもチームの一体感など様々な意味も含まれているが、トレーニングの場合は、シンプルに言うと「戦術」である。技術・コーディネーションを最適化するには、戦術的要素が入っているとさらに良いトレーニングになる。優先するのはコーディネーション構造なので、「優先コーディネーション状況」と呼ぶ。

「生物的エネルギー・コンディションの最適化」トレーニングをする場合、優先されるのは、コンディション構造である（生物的エネルギー構造は、トレーニング時コンディション構造に含まれる）。コンディション構造を主要にサポートするのが、認知構造、コーディネーション構造である。優先するのはコンディション構造なので「優先コンディション状況」と呼ぶ。

最後に忘れてはならないのが、感情・意思構造と創造的表現構造である。この2つは、端的に言うと、指導者が作り指導しているトレーニングメニューの評価基準である。感情・意思構造は、選手がトレーニングの内容を理解し積極的にトレーニングに参加しているかの指標になる。

創造的表現構造は、このトレーニングの設定は選手の創造性を制限していないだろうかという指標になる。気をつけたいのは創造的表現構造を重視するあまり、常にフリータッチ、できるだけ制限を設けないでトレーニングをすることである。

トレーニングに制限を設けるのは、指導者がトレーニングにおいて選手に発生させたいプレーをできるだけ多く生じさせるためである。その発生させたいプレーを生じさせるためのルールや制限は必要である。ボールコントロールをトレーニングしたいのであれば、2タッチ以内のルールを設けるのも良い。

トレーニングの負荷

トレーニングの負荷とは選手の身体にもたらす効果であり、負荷の値はボリュームと強度である。ボリュームとは時間である。強度には個人差があり数値で表すが、本人が「きつい」と感じることを尺度とする。

優先シミュレーション状況の強度は常にマックスであり、サッカーの通常のトレーニングにおいても強度は常にマックスで行うべきである。

これから実際のダイヤモンド・オフェンスを学ぶためのトレーニングを紹介する。

トレーニングは優先認知状況を基本とするが、一部のトレーニングは優先コーディネーション状況も含まれている。

なお、トレーニングにキーファクターが数多く出てくるが、通常、1つのトレーニングに1つ多くても2つで十分である。キーファクターは、選手全員に当てはまる一般的なものと、各選手個人（ポジション別）のキーファクターに分かれることもある。その場合は、一般的なキーファクター1つと、各選手個人のキーファクターを1つ選択する。もしくは自身のトレーニングの目的に適合するキーファクターを作っても良い。

◉優先認知状況　ロンド（発見学習）

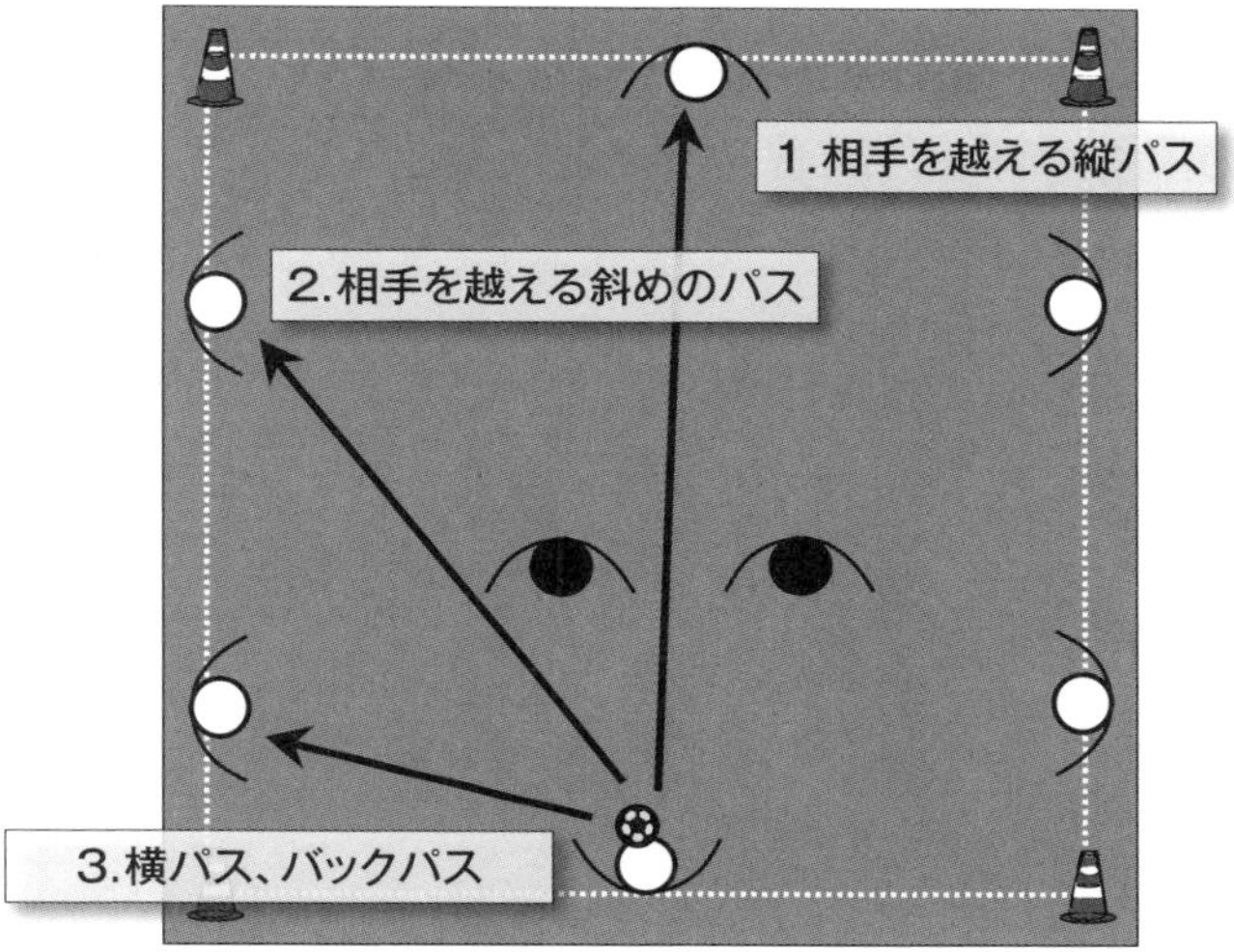

◎認知構造（主目的）
【戦術教授法】ロンド（特有のトレーニング）
【局面】攻撃
【参加者】6～8対2
【スペース】8m×8m（選手の人数やレベルによって変える）

【説明】

正方形のスペースで、攻撃側の選手は正方形のライン上、ボールを取り戻す守備の選手は、内側に配置。目的は、守備選手２人の間を超えるパスコースや背後へのパスコースを見つけ、ボールポゼッションを継続する。


【ルール】

ワンタッチ。ボールがスペースの外に出るか、守備の選手がボールをインターセプトしたら、ボールを失った選手と役割を交代する。


【得点】

ボールポゼッションしている側が相手２人の間にパスを通すと２ポイント、斜めのパスか、パスを１５本繋ぐと１ポイント（選手のレベルに合わせる）。

【キーファクター】

攻撃側

・半身になり、ボール保持者、チームメート、相手を視野に入れる。

・チームメートがボールを受ける時に有利になるパスを出す(ボールから遠い方の足にパス)

・相手の背後にいる選手(遠くにいる)にパスを出すために、相手をボールに引きつける。

守備側

・選手間の距離を狭くする(2人の間を通させない)

・ワンサイドカット

【パスの優先順位】

「相手2人の間を超える縦パス」は、試合中、縦に深さのあるパス、プレーを前進させるパス、ゴールの意味がある。「相手を超える斜めのパス」は、相手2人の間ではないが相手を超えるパスである。試合中、斜め前方への深さのあるパス、プレーを前進させるパスの意味がある。ボール保持者の隣にいる選手への横パス(相手を超えることがない、試合中、危険回避のバックパスや近くの選手への横パスの意味がある)

【社会的感情構造(主目的)】

選手間の相互扶助を開発する(ボール保持者の近くにいる選手が現在のプレー状況を十分に解決することが可能な状態)

【コンディション構造(副目的)】

プレーへの介入スピード(2～3m)。プレーに参加するスピードである。

【選手のスピード】

・アクション前(ボールを受ける前)　意思決定のスピード(識別のスピード、情報を集めるスピード)

・アクション中(ボール保持者)　アクションのスピード(2～3m)

・アクション後(ボールを離したあと)　意思決定のスピード

【コーディネーション構造(副目的)】

攻撃の技術アクション

・パス(状況に適したキックの種類を使う。パスの強さ、精度など)

　コーディネーション能力

・マークを外す動き、パスコースを作る動き

【感情・意思構造(副目的)】

ボールポゼッションするための、パスの優先順位とキーファクターを念頭に積極的にプレーに介入する。

【創造的表現構造】

ボールポゼッションの戦術的問題のあらゆる解決策を支持する。

◉ロンド2（応用編）

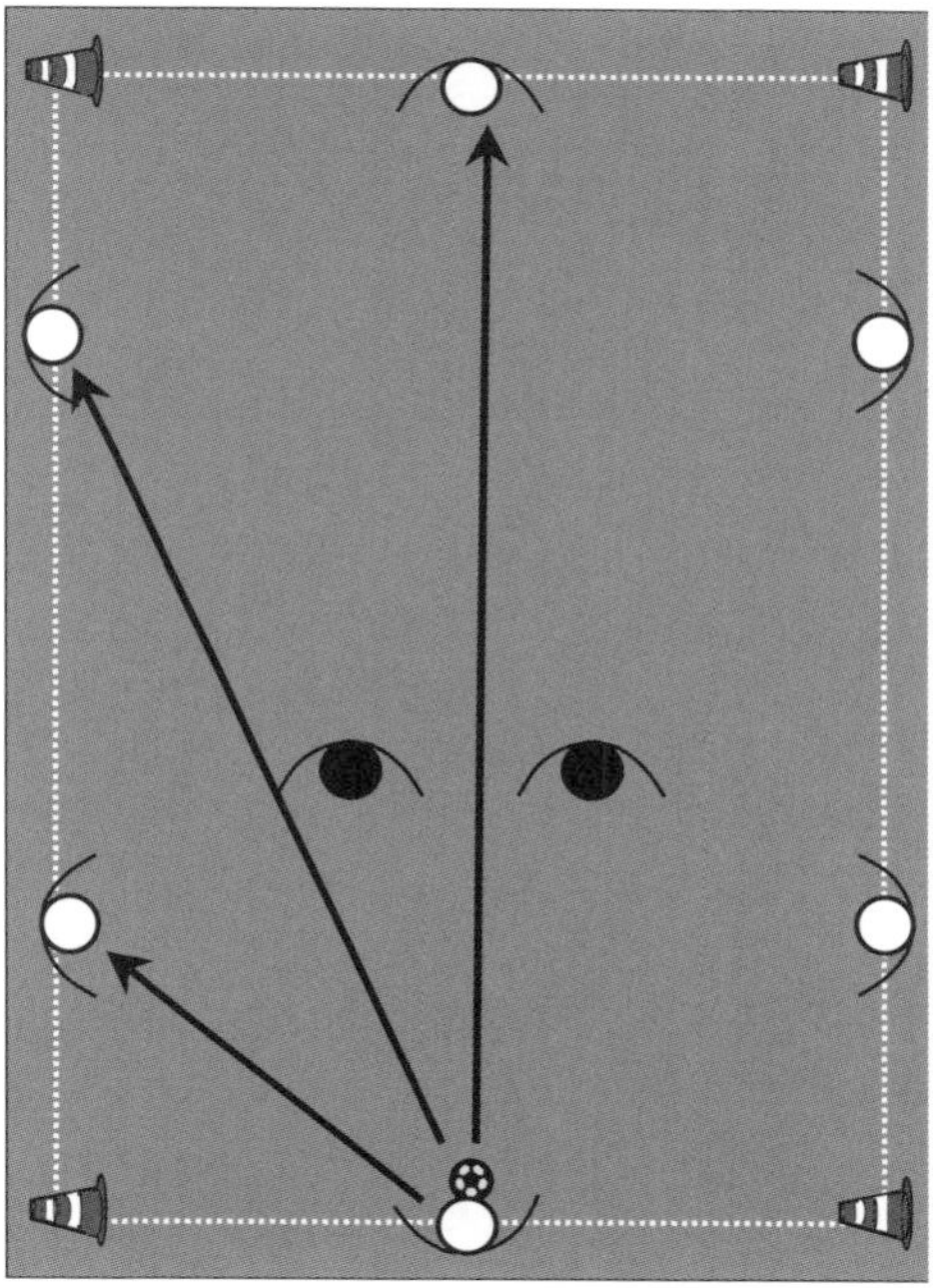

長方形のロンド。各選手はスペースのライン上に立ち、180度の視野を保つ。選手間の距離を一定にする（近づかない）。できる限り遠い選手へのパスを優先する。

◉優先コーディネーション状況　パスドリル（暗示的学習、身体で覚える）

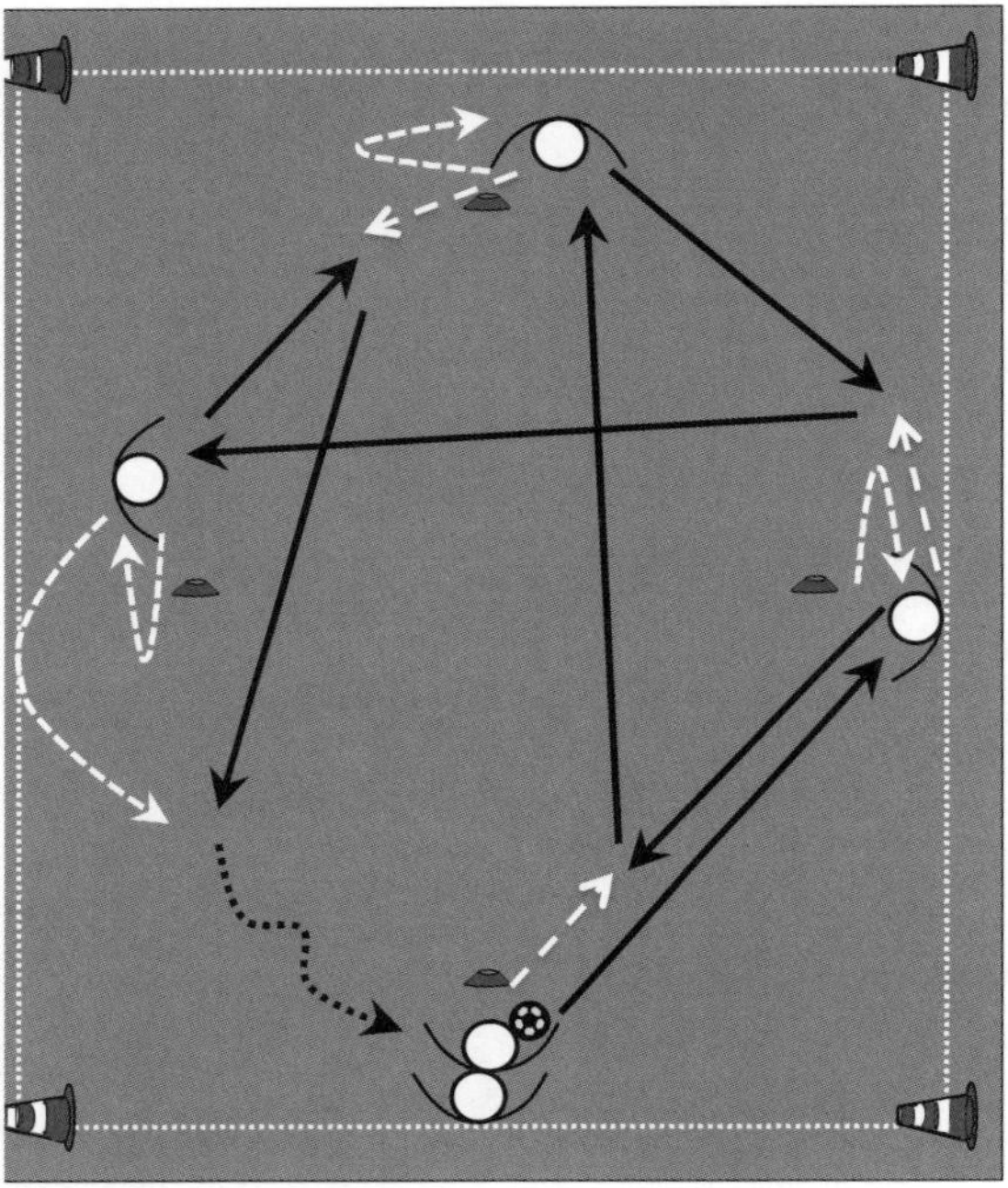

戦術教授法はオレアーダ（スペイン語）と言って、文脈化されている、されていない状況（ゴールがあり、プレーに方向性がある）で、選手の技術-戦術を矯正するトレーニング。断続的で一つの局面のプレーで終わらせる（得点、攻撃側がボールを失う、ボールがタッチラインを割るなど）。試合形式で行うこともできるが、プレーの始まりと終わりになるプレーを設定する（攻撃は得点、守備はボールを取り戻してラインゴールなど）。

◎**認知構造（主目的）**
【戦術教授法】オレアーダ（方向付けられたトレーニング）
【局面】攻撃
【参加者】４人～
【スペース】２０m（縦）×１５m（横）

【ノルマ】
ワンタッチでパス（難しい場合は２タッチも可）。選手はボールを受ける前にボールを受けたい場所と逆方向にチェックの動きを入れてからボールを受ける。最後にボールを受ける選手は、深い（相手の背後）マークを外す動きでボールを前方のスペースで受け、コンドゥクシオンでスタート地点まで運ぶ。右回り左回り両方行う。

【キーファクター】
・常に相手の背後（人形やマーカー）にポジションを取る。
・常に遠い方の足でプレーをする。
・ボールを受ける選手は半身なり、１８０度の視野を保つ
・最初にボールを受ける選手はボールを受ける前に次に受ける選手を見る。
壁パスと３人目の動き
・パスを受けるときは、相手の前（人形やマーカー）でボールを受ける。
・マークを外すためにボールを受けたい場所と逆方向にチェックの動き。
・ゲームと同じスピードでプレーする。
・足の左右差の改善
・最後にボールを受ける選手はインサイドでボールをコントロールし、素早く前へボールを運ぶ。

【バリエーション】
２タッチ以内、他のパターンを実行する。

【社会的感情構造（主目的）】
選手間の相互扶助を開発する。

【コンディション構造（副目的）】
スタートのスピード（３m～５m）無酸素運動非乳酸系

【コーディネーション構造（副目的）】
攻撃の技術アクション
・パス（状況に適したキックの種類を使う。基本的にインサイドキック。パスの強さ、精度など）、コントロール、コンドゥクシオン。
コーディネーション能力
・マークを外す動き、パスコースを作る動き、反転。

【感情・意思構造（副目的）】
良いプレーをするためのキーファクターを念頭に積極的にプレーに介入する。

【創造的表現構造（副目的）】
技術-戦術の結合で解決策を探すことを奨励する。

◉優先認知状況トレーニング　ダイヤモンド1ロンド（発見学習）

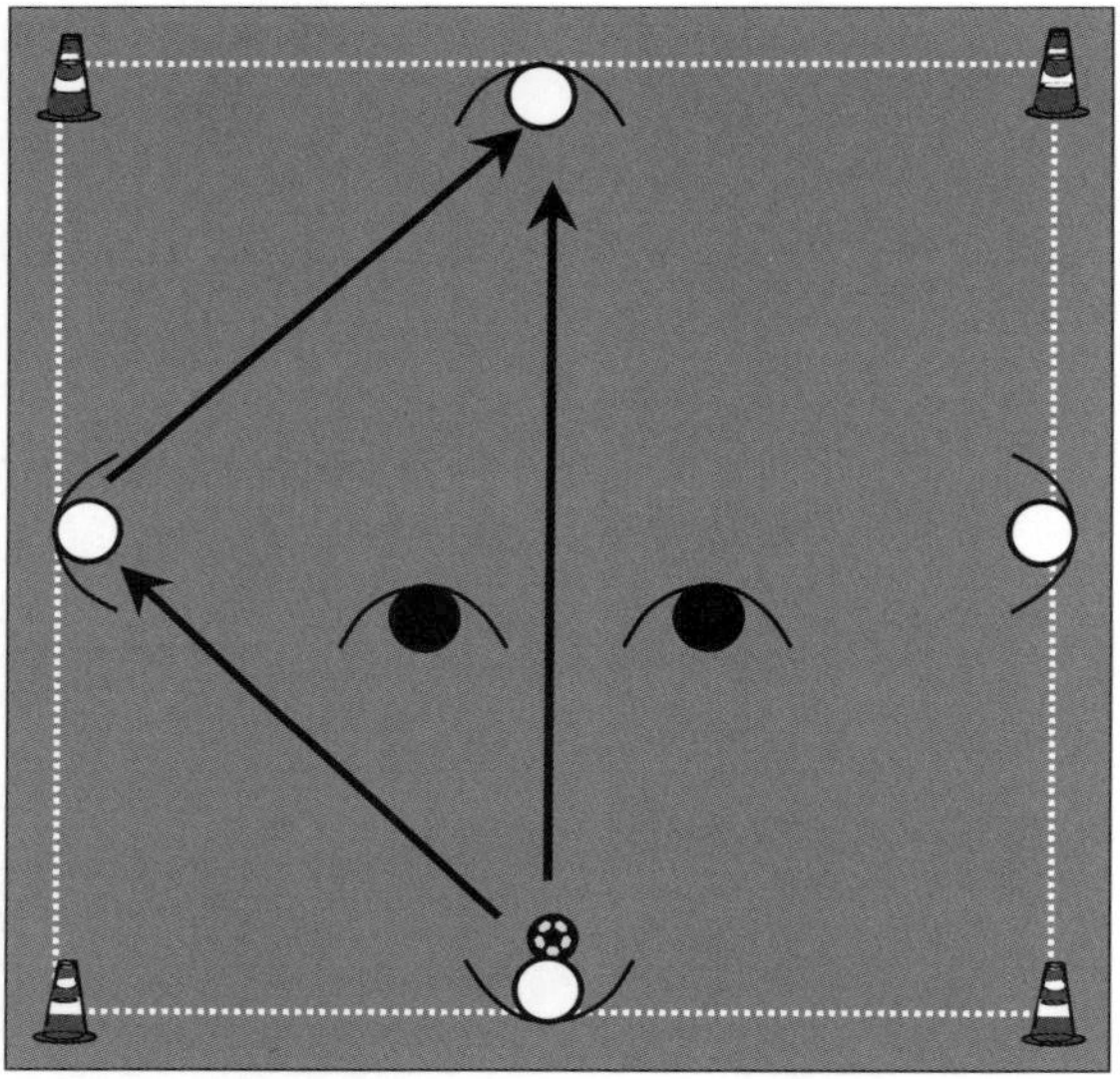

◎認知構造（主目的）
【戦術教授法】ロンド（特有のトレーニング）
【局面】攻撃
【参加者】４対２
【スペース】１０m×１０m（選手の人数やレベルによって変える）

【説明】

正方形のスペースで、攻撃側の選手は正方形のライン上、ボールを取り戻す守備の選手は、内側に配置。目的は、守備選手２人の間を超えるパスコースや背後へのパスコースを見つけ、ボールポゼッションを継続する。


【ルール】

ワンタッチ。もしくは２タッチ以内。ボールがスペースの外に出るか、守備の選手がボールをインターセプトしたら、ボールを失った選手と役割を交代する。


【得点】

ボールポゼッションしている側が相手２人の間にパスを通すか、パスを１５本繋ぐと１ポイント（選手のレベルに合わせる）。

【キーファクター】
攻撃側
・半身になり、ボール保持者、チームメート、相手を視野に入れる(180度の視野を保つ)。
・チームメートがボールを受ける時に有利になるパスを出す(ボールから遠い方の足にパス)。
・ダイヤモンドの形を意識する。
・パスコースは相手を超える縦パス、もしくは左右へのパス。
・相手の背後にいる選手(遠くにいる)にパスを出すために、左右の選手とパス交換し相手をボールに引きつける。
・フェイントや相手を騙すプレーが必要。
守備側
・選手間の距離を狭くする(2人の間を通させない)
・ワンサイドカット

【バリエーション】
攻撃側
・選手にとってその目的が簡単な場合、攻撃側　タッチ数を限定する。ワンタッチ、2タッチ、12、1、2(ワンタッチ、2タッチを交互)。
守備側
・ボールを取り戻す回数を決める(3回ボールを取ったら交代など)。

【社会的感情構造(主目的)】
選手間の相互扶助を開発する。
【コンディション構造(副目的)】
プレーへの介入スピード(2～3m)。プレーに参加するスピードである。

【選手のスピード】
・アクション前(ボールを受ける前)　意思決定のスピード(識別のスピード、情報を集めるスピード)
・アクション中(ボール保持者)　アクションのスピード(2～3m)
・アクション後(ボールを離したあと)　意思決定のスピード

【コーディネーション構造(副目的)】
攻撃の技術アクション
・パス(状況に適したキックの種類を使う。パスの強さ、精度など)、コントロール
コーディネーション能力
・マークを外す動き、パスコースを作る動き

【感情・意思構造(副目的)】
ボールポゼッションするための、キーファクターを念頭に積極的にプレーに介入する。

【創造的表現構造】
ボールポゼッションのための戦術的問題のあらゆる解決策を支持する。

◉優先認知状況
ダイヤモンド2縦と横(体験学習)

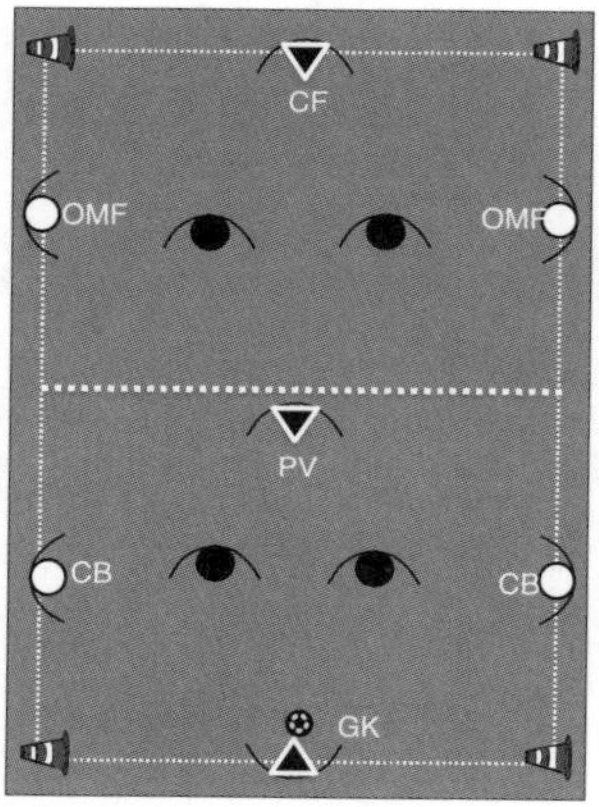

◉ダイヤモンド2横(体験学習)

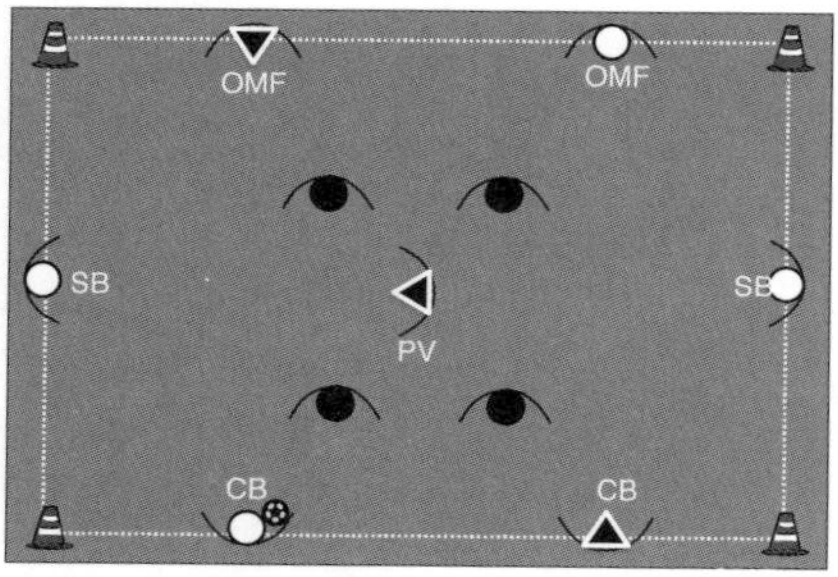

【説明】できるだけ長い時間ボールを保持する。

◎認知構造(主目的)
【戦術教授法】ポジショナルプレー(試合形式のトレーニング)
【局面】攻撃
【参加者】4対4+3
【スペース】縦18m×横12m(選手のレベルによって調整)
【目的】ボール保持、ボールを失ったらできるだけ早く取り戻す。

【説明】

スペースを2つに分割する。4人組の2チームは、3人のフリーマン(外側、内側)を利用して、ボールを支配しプレーを前進させる。

【ルール】

攻撃側の選手4人は、コートのライン上でプレーする。守備側の選手はゾーンが2つに分割され、各ゾーン2人でプレッシャーをかける(自身のゾーンから出られない)。守備側の選手は、ボールを取り戻したら、フリーマンを使ってボールを支配する(攻守の切り替え)。外側のフリーマンはライン上、内側のフリーマンは2つのゾーン内でプレーする(相手2人の背後でプレー)。

【キーファクター】

攻撃側
・相手の背後（視野外）でボールを受ける。
・相手を引きつけ、近くと遠くのパスの可能性を探る。
・ダイヤモンド２つを維持することが、パスコースを増やすことになる。
・遠くの選手やオープンスペースを優先的に認識して使う。
・３人目の動きのコンセプトの基礎の習得。３人目の動きを使い遠くの人にパス。
・時間とスペースを作るために、時々バックパスを使う。
・選手間の距離を調整する（幅と深さ）。
・選手は不必要に重ならない（全ての選手がパスコースを作り、その位置に留まる）。
守備側
・選手間の距離を狭め、幅と深さを縮小する。
・ゾーンディフェンスでボールを取り戻す適切なタイミングを探す。
・ボールを取り戻したら、ボールを失わない。

【バリエーション】

攻撃側のボール保持者から遠い方のスペース（2つに分割した）にいる選手は、内側のフリーマンが遠い方のゾーンにボールを持ち運ぶまで、プレーに関与することはできない。ゾーンを２つに分割しないで、守備側の選手がゾーン内を自由に動く。

外側のフリーマン同士の浮き球のロングパス（ワンタッチでの）を許可する。


【社会的感情構造（主目的）】

選手間の相互扶助（近い選手）と協力（遠い選手）を開発する。


【コンディション構造（副目的）】

プレーへの介入スピード（２～３m）。プレーに参加するスピードである。

【選手のスピード】
・アクション前（ボールを受ける前）　意思決定のスピード（識別のスピード、情報を集めるスピード）
・アクション中（ボール保持者）　アクションのスピード（２～３m）
・アクション後（ボールを離したあと）　意思決定のスピード

【コーディネーション構造（副目的）】

攻撃の技術アクション
・パス（状況に適したキックの種類を使う。パスの強さ、精度など）、コントロール

【個人戦術のコーディネーション（ボールなし）】

攻撃
・マークを外す動き、幅と深さを取る動き
守備
・マーク、カバーリング

【感情　意思構造（副目的）】
戦術記憶（生きた記憶）に基づく予測できない状況の修正
【創造的表現構造】
ゲームの戦術的な問題に対する様々な解決策を支持。

◉優先認知状況　サイドレーンダイヤモンドシリーズ1ポストプレー（暗示的学習、身体で覚える）

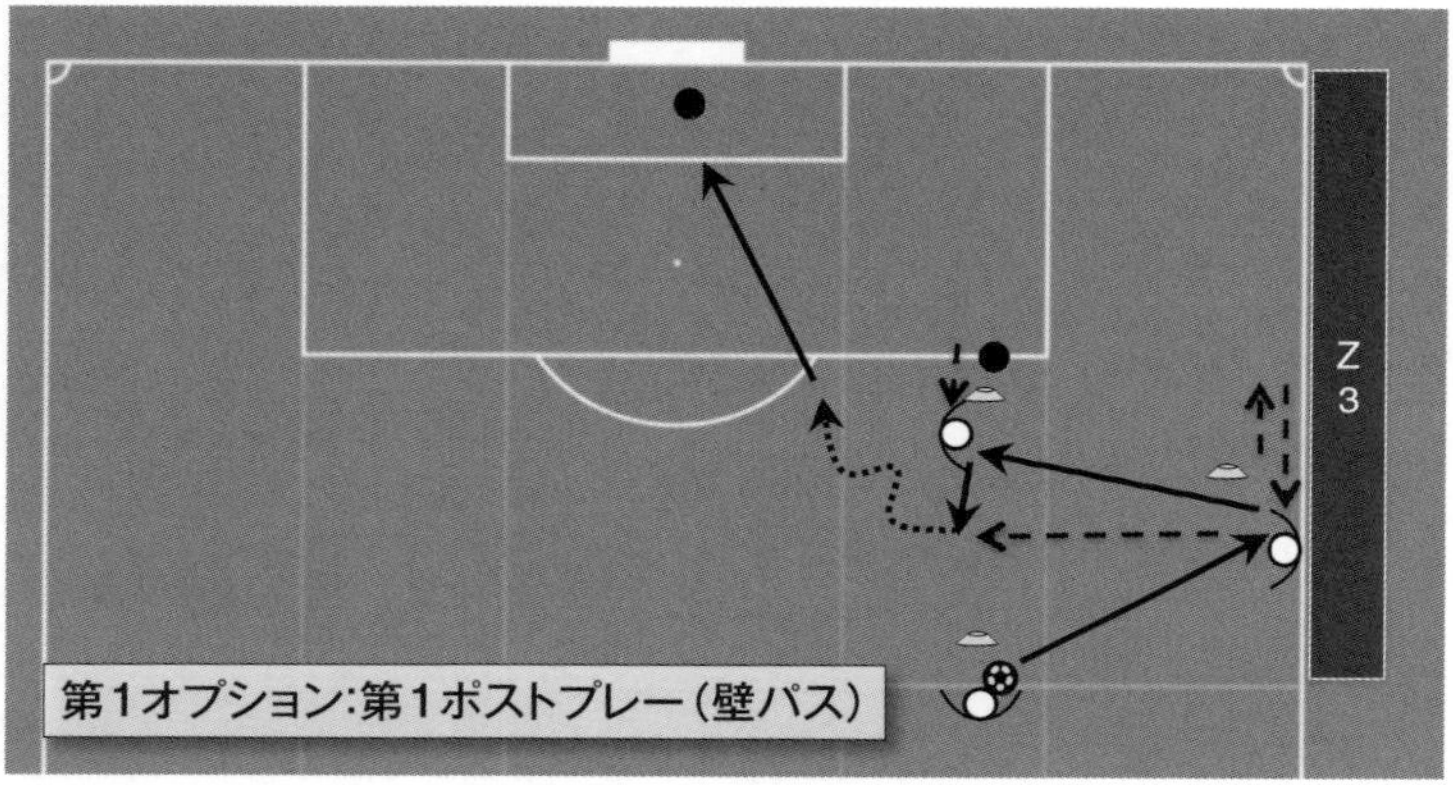

サイドでボールを受ける選手がチェックの動きからパスを受ける。ポストが相手の背後から移動しサイドの選手と壁パスしてシュート。

◎**認知構造(主目的)**
【オートマティズモ(自動性、無意識的行為)】
選手間の相互作用を引き起こすことを目的としている。全てのプレーオプションをトレーニングし、無意識的に行動できるようにする。
【戦術教授法】オレアーダ　オートマティズモ(試合形式のトレーニング)
【局面】攻撃
【参加者】3～10人対0～4人+GK
【スペース】ハーフコート
【行動】セットオフェンス(ファイナルゾーンのプレー)
【トレーニング内容】第1オプション(ポストプレー)
【条件付け】相手DFラインが後退し、相手のMFラインとDFラインのライン間にスペースがある。相手がゾーンディフェンスの時の攻撃。
【ノルマ】シュートする時のタッチ数を制限する(例ワンタッチ)。
【キーファクター】
相手DFのアクションをイメージし、ポストにボールを入れた後のアクションを瞬時に決定する。
ボールと選手は絶対に止まらない。
可能な限り少ないタッチと時間で前進する。
コンドゥクシオンよりもパスを優先する。
【バリエーション】2タッチ以内、ペナルティエリアの前に1、2人のDFを配置。

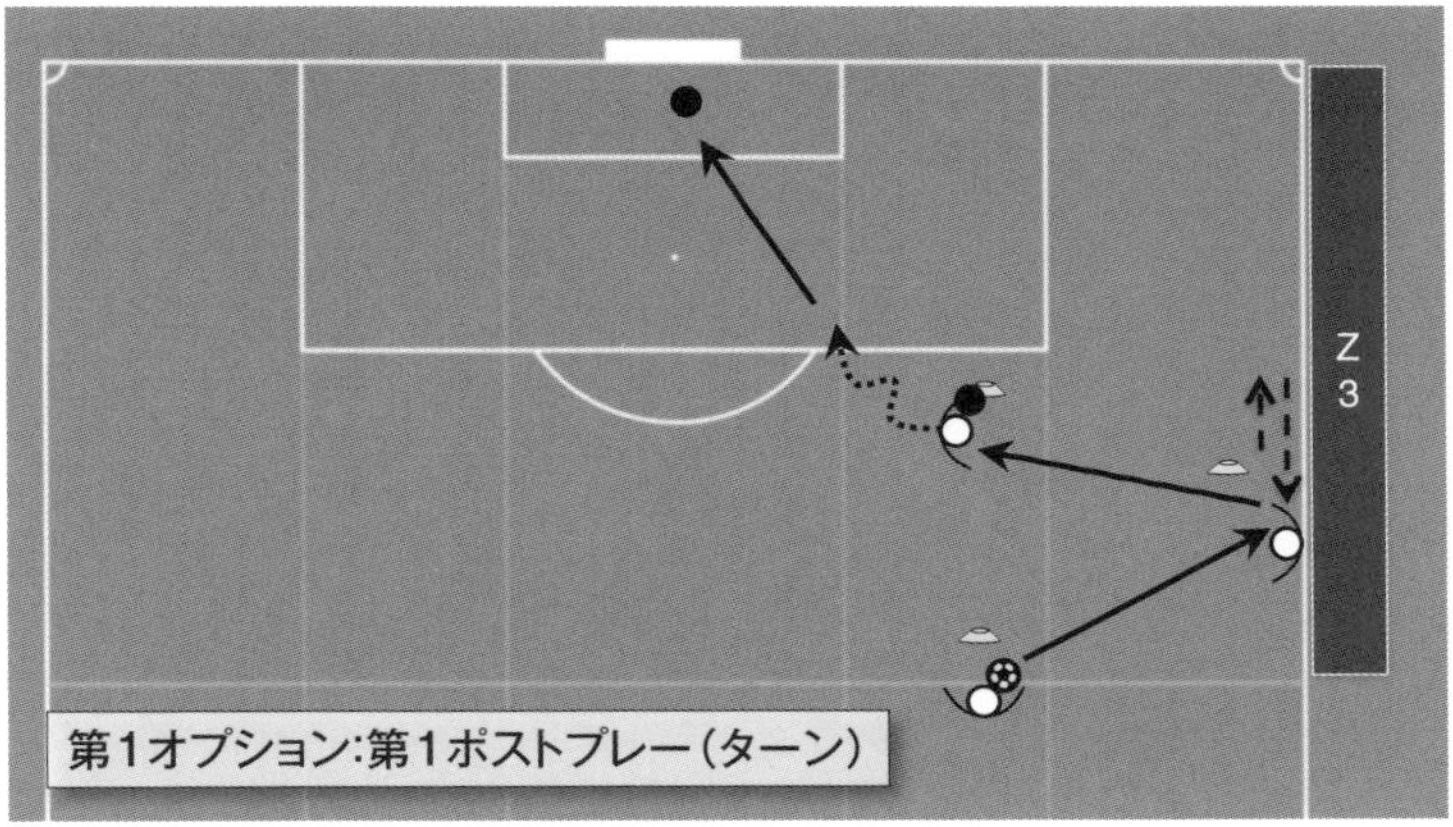

第１ポストをマークしている相手が背後から密着して激しいプレッシャーをかけてくる場合、第１ポストはサイドの選手からボールを受けターンしてシュート。

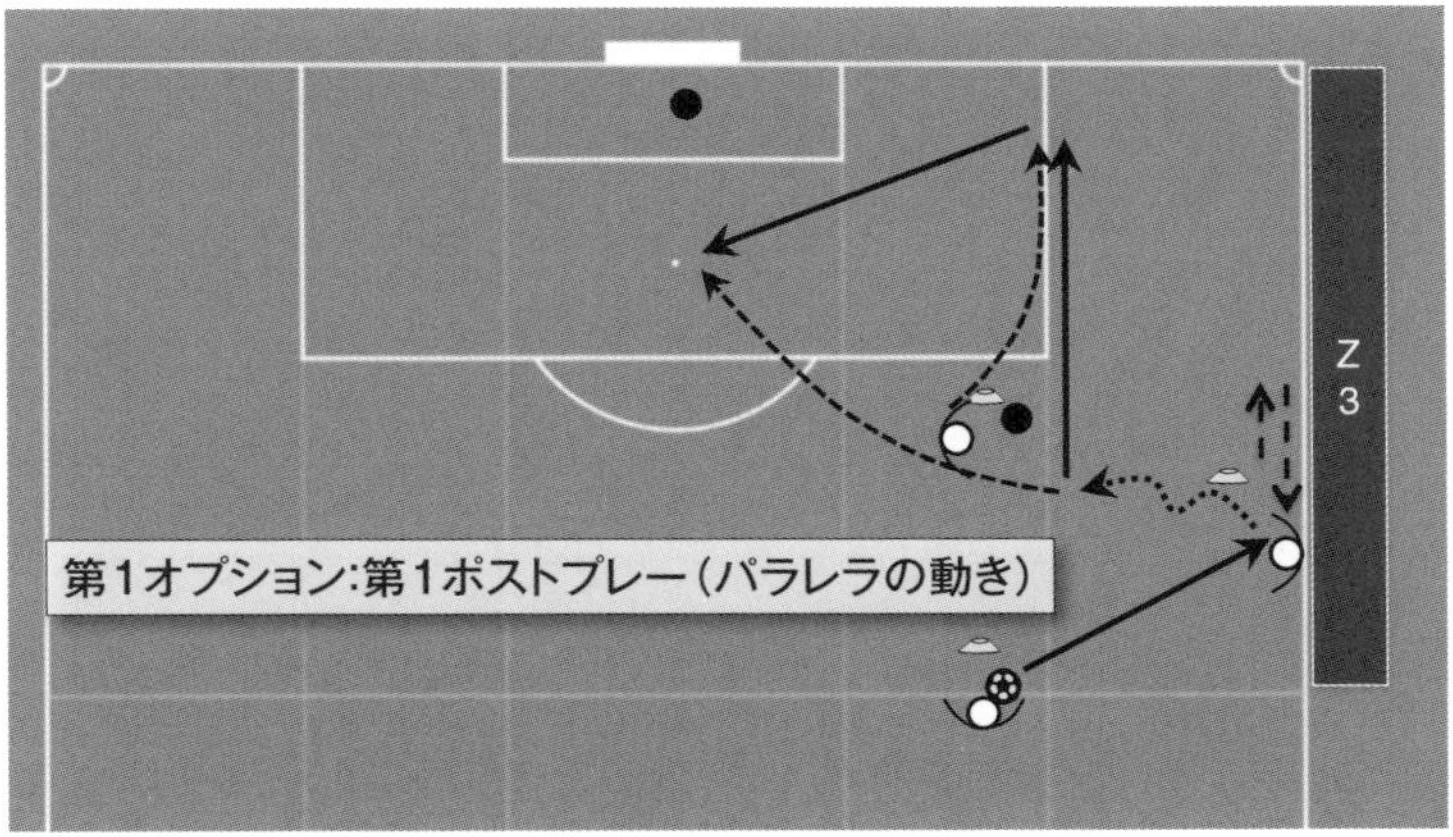

サイドの選手がボールを保持した時、相手が第１ポストへのパスをインターセプトしようと前に出てきた場合、サイドの選手は内側へコンドゥクシオン。第１ポストはパラレラの動きをして相手の背後でボールを受けセンタリング。サイドの選手は第１ポストへパスした後、ペナルティスポットへ移動しシュート。

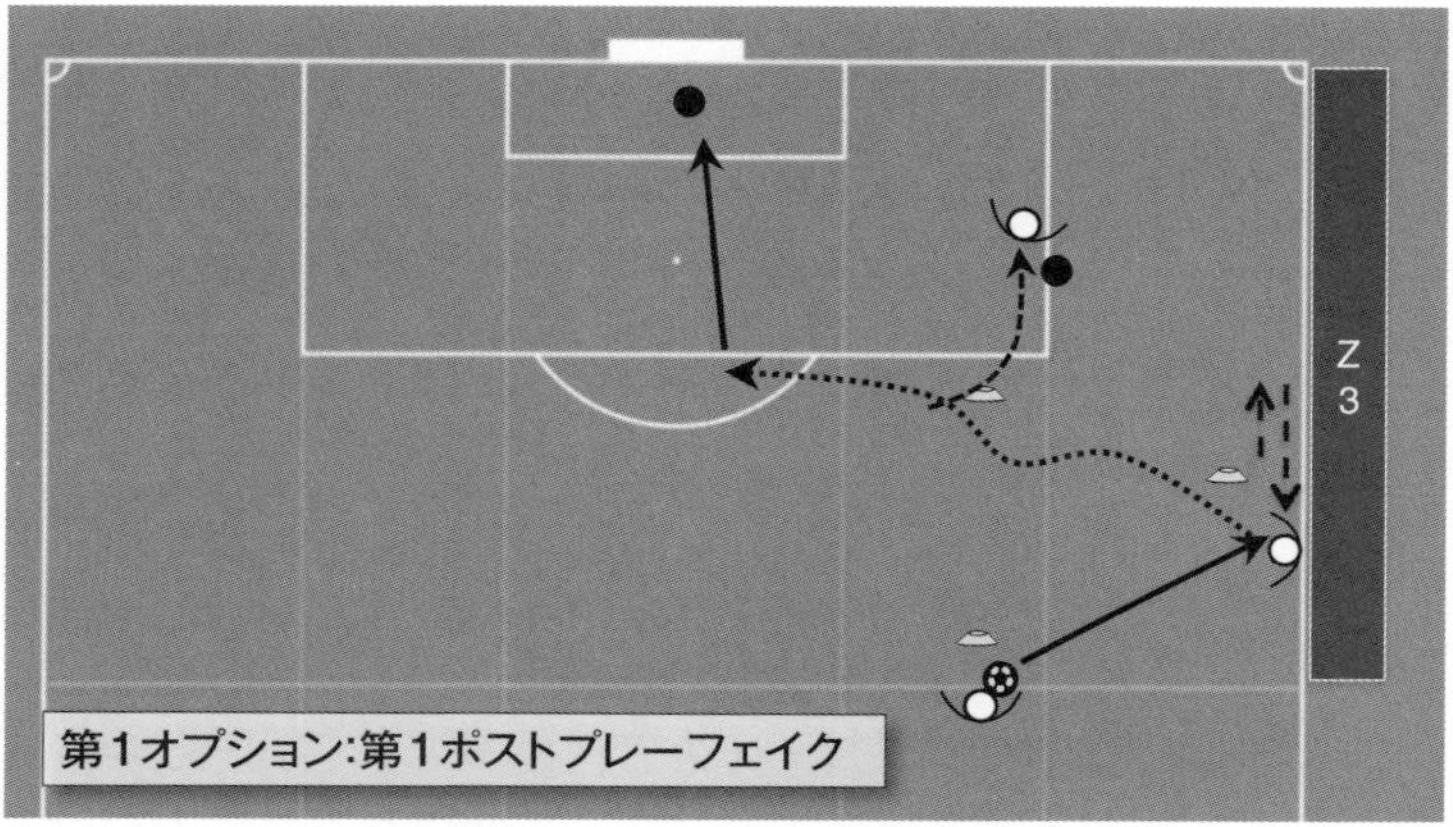

第１ポストをマークしている相手が第１ポストのパラレラの動きについて行く場合は、サイドの選手はコンドゥクシオンを継続し、シュート。

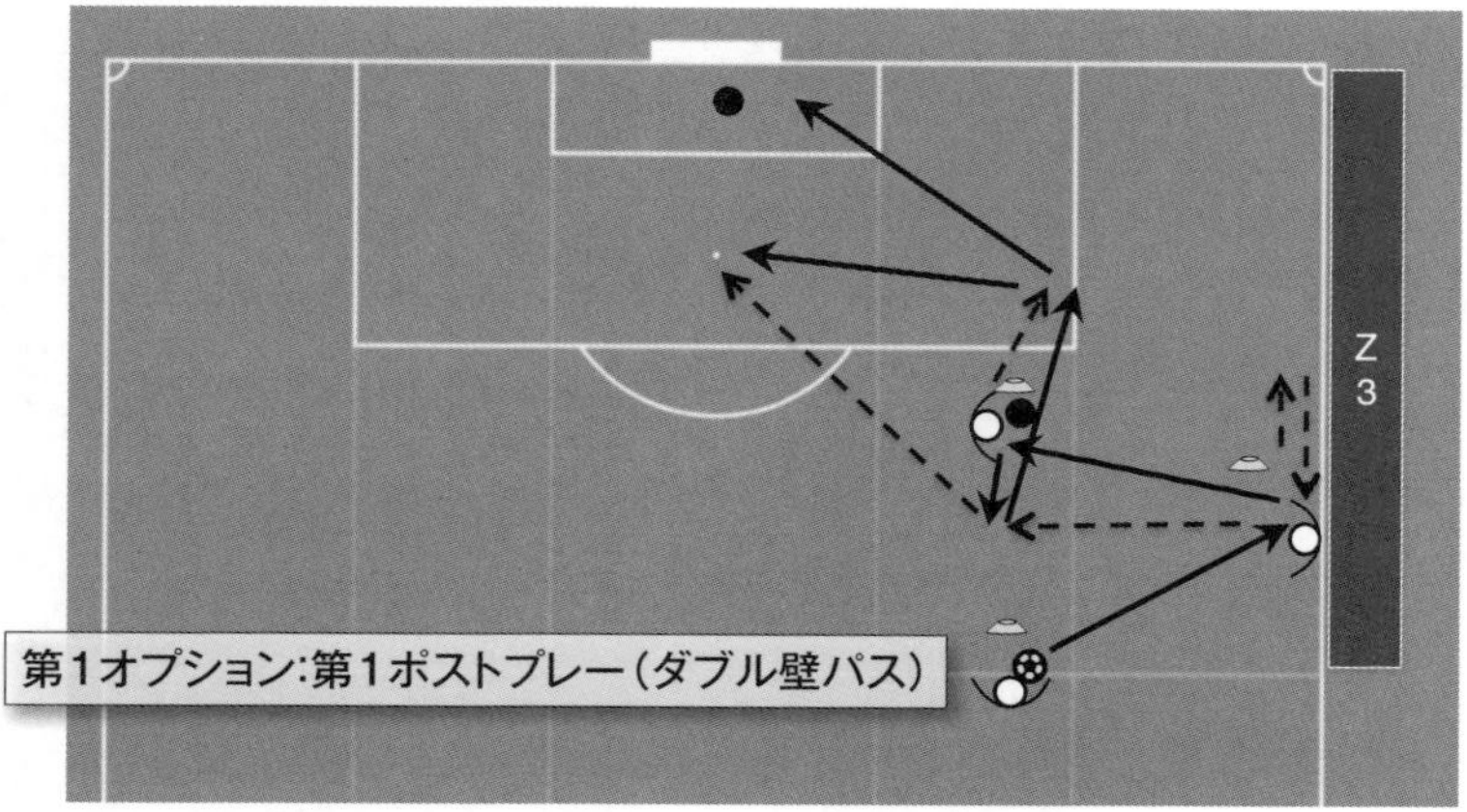

第１ポストへ壁パス後、第１ポストをマークしている相手の背後にスペースができた場合は、第１ポストは相手の背後へ移動しパスを受けセンタリング、もしくはシュート。サイドの選手はペナルティスポットへ移動しセンタリングに合わせる。

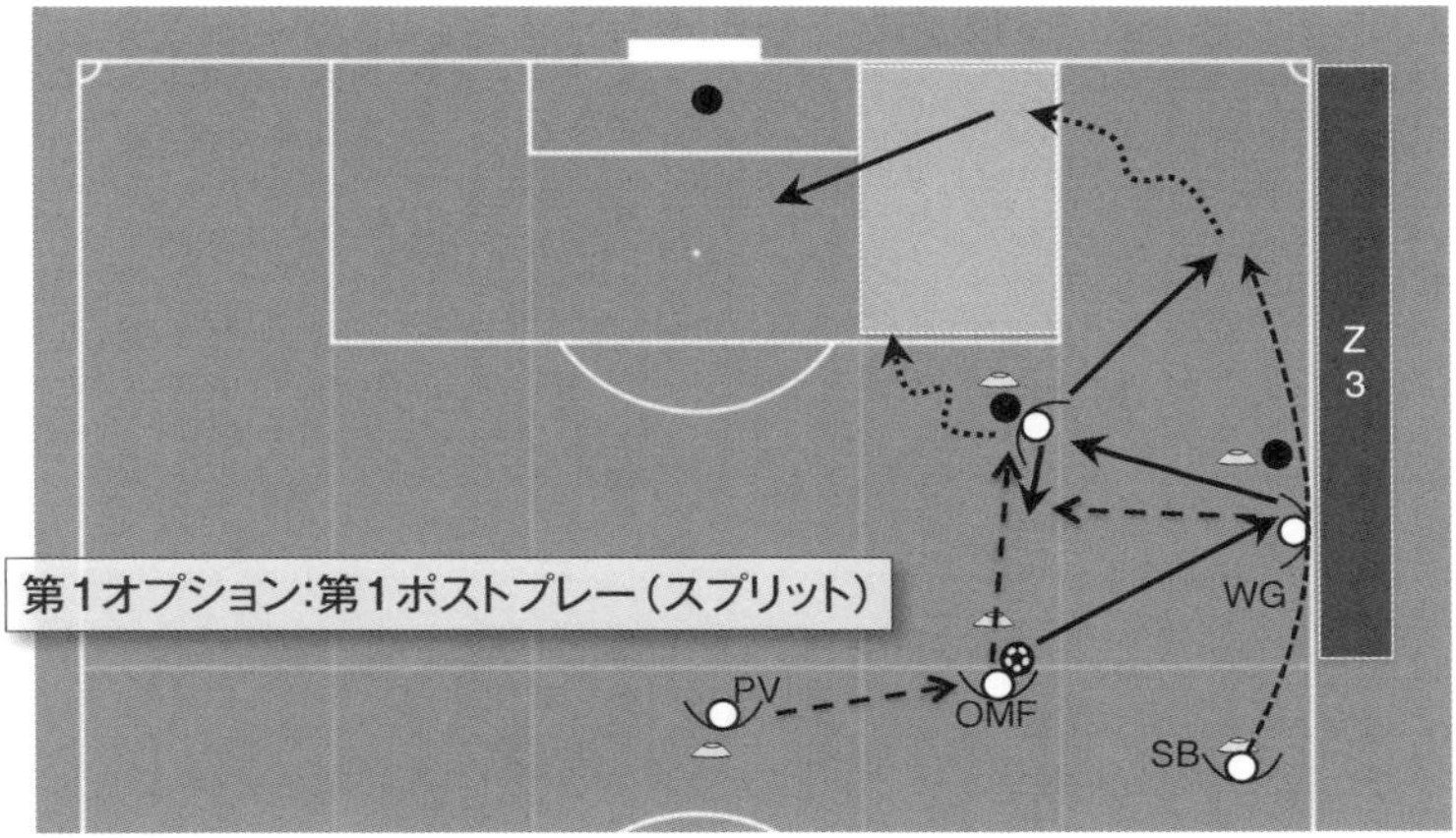

OMFは、WGへパスをしたら、第1ポストへ移動。PVはOMFが空けたスペースを埋める。SBはWGへパスが入る瞬間オーバーラップ。WGをマークしている相手がSBのパスコースを消した場合、WGはOMFへパス。OMFはWGかSBへパス、もしくはターンして個人プレー。SBはボールを受けたらアシストゾーンへ深く侵入しセンタリング。

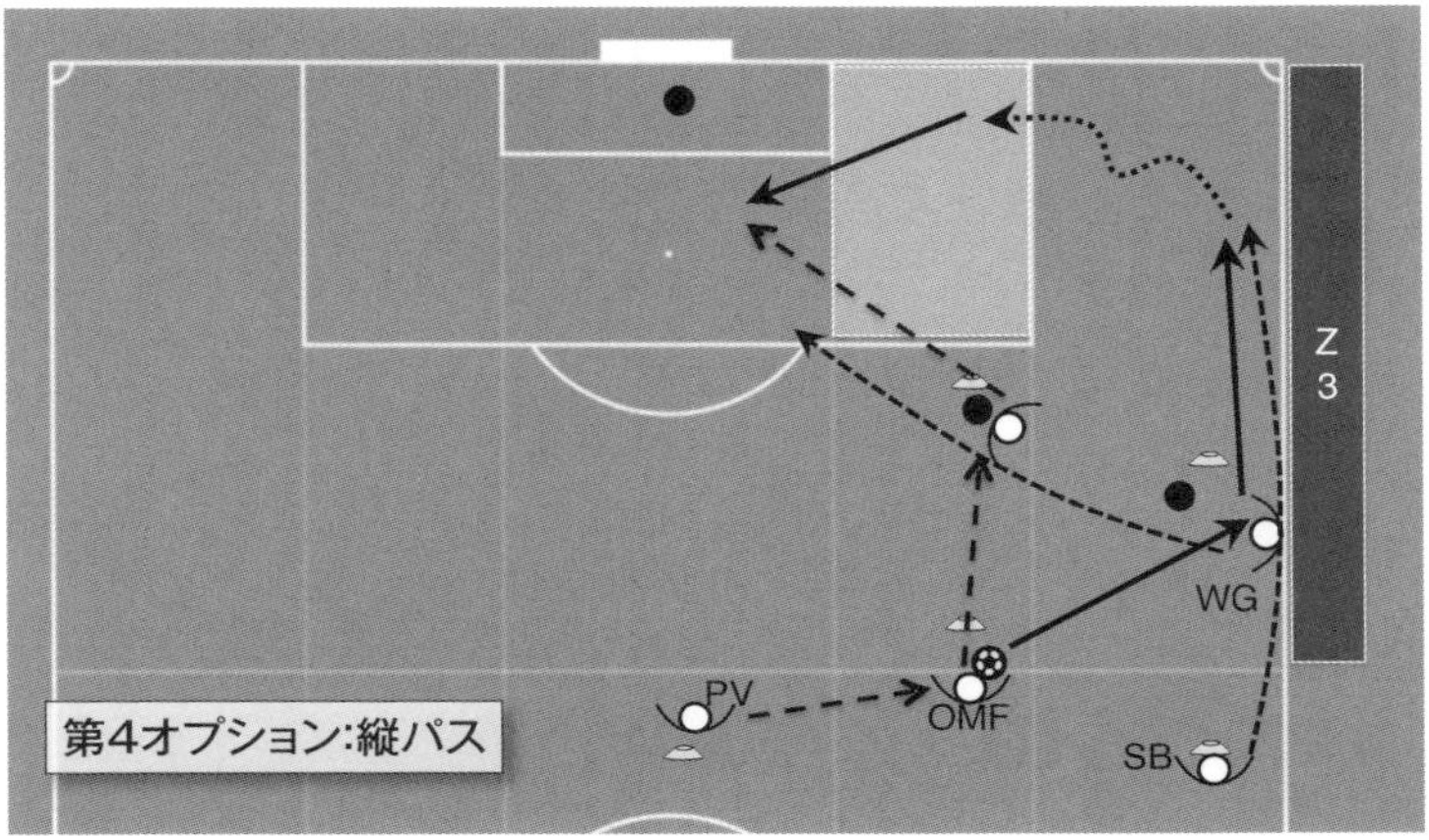

OMFは、WGへパスをしたら、第1ポストへ移動。PVはOMFが空けたスペースを埋める。SBはWGへパスが入る瞬間オーバーラップ。WGをマークしている相手がOMFのパスコースを消した場合、WGはSBへパス。SBはアシストゾーンへ深く侵入しセンタリング。

◉第1オプション発展1（SBを使う）

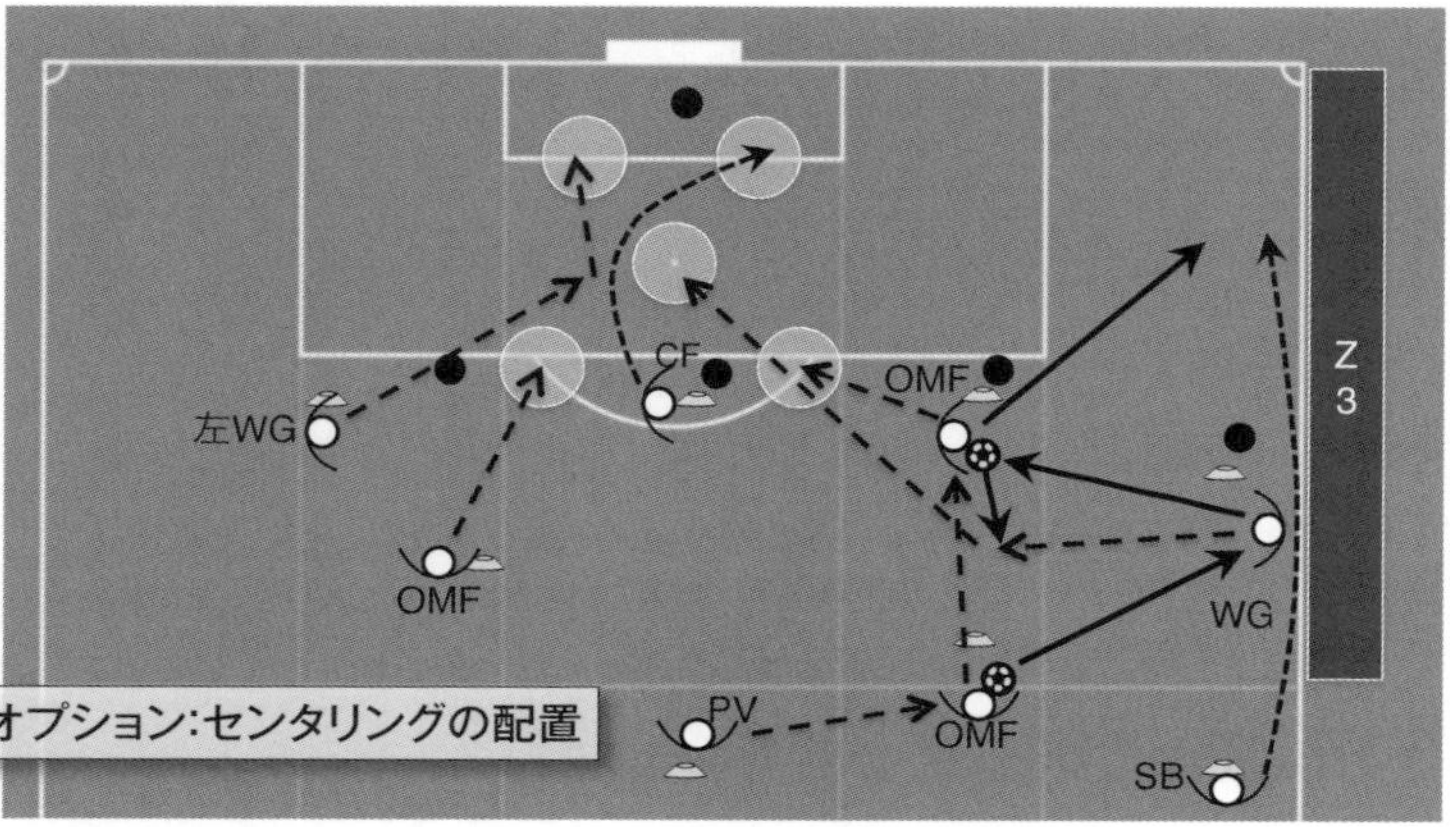

第1オプション:センタリングの配置

OMFからボールを受けたWGは、オーバーラップしたSBへ縦パスを出す振りをして第1ポストのOMFへパス。OMFは、SB、もしくはWGと壁パス。SBへパスが入ると、その他の選手はセンタリング時のゴール前の選手配置にタイミングを合わせて入る。

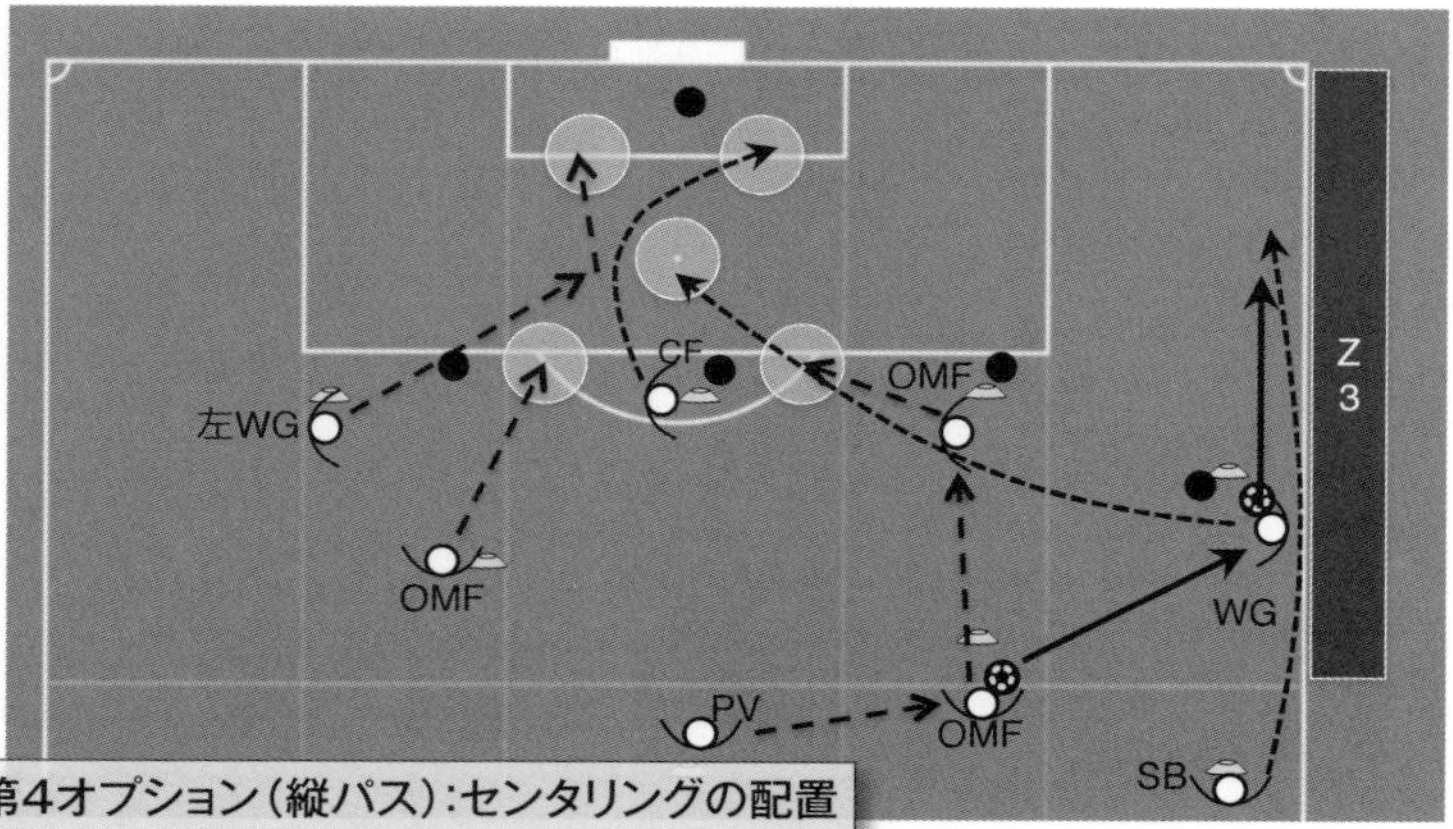

第4オプション（縦パス）:センタリングの配置

OMFからボールを受けたWGは、相手が第1ポストのOMFへのパスコースを消したので、SBへ縦パスを出すと第4オプションのトレーニングになる。その他の選手はセンタリング時のゴール前の選手配置にタイミングを合わせて入る。

◉第1オプション発展2（第2ポストプレー）

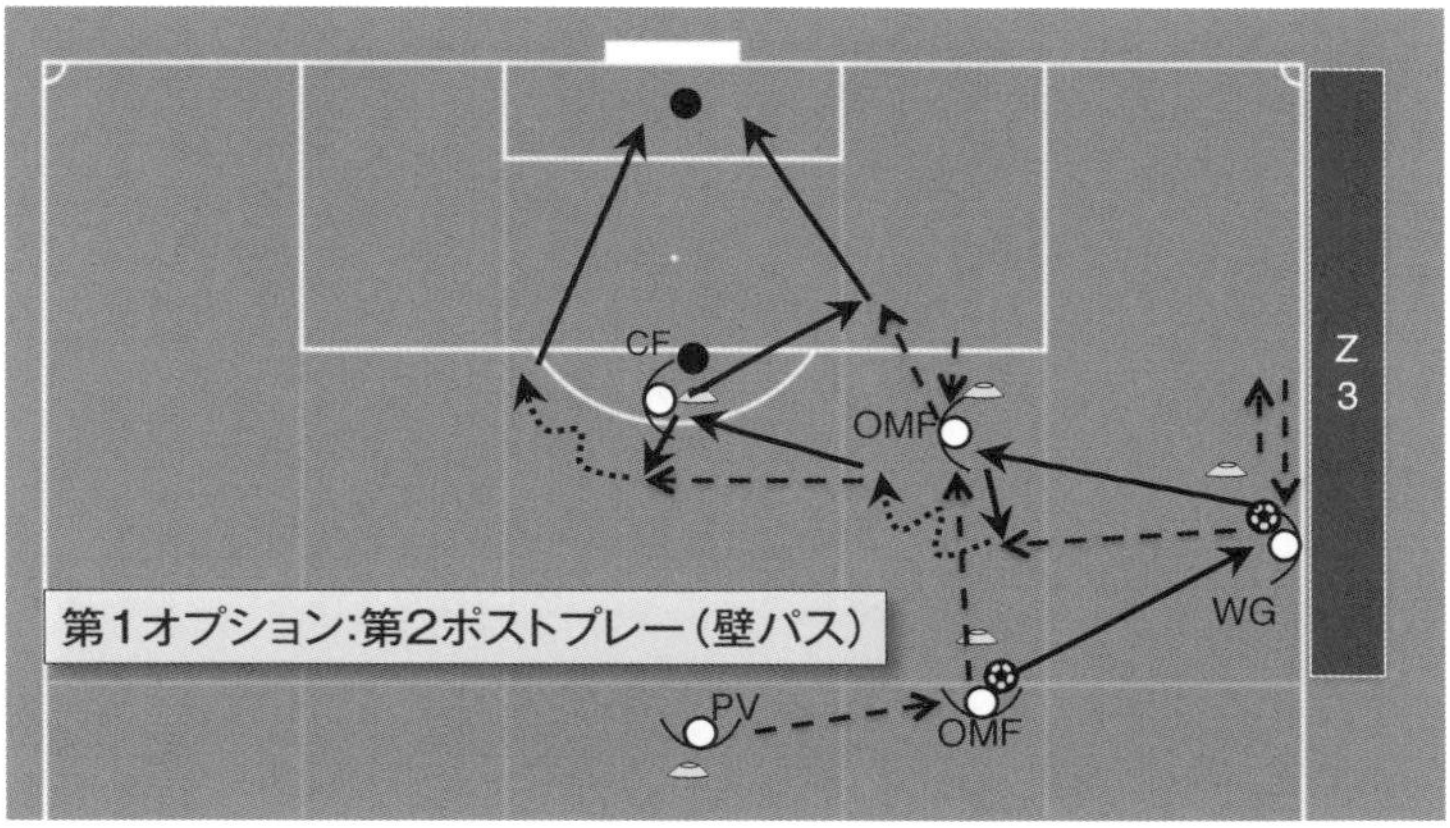

OMFはWGへパスの後、第1ポストへ移動。WGは第1ポストのOMFと壁パスの後、第2ポストのCFと壁パス、もしくは第2ポストは3人目の動きをする第1ポストへパスしシュート。

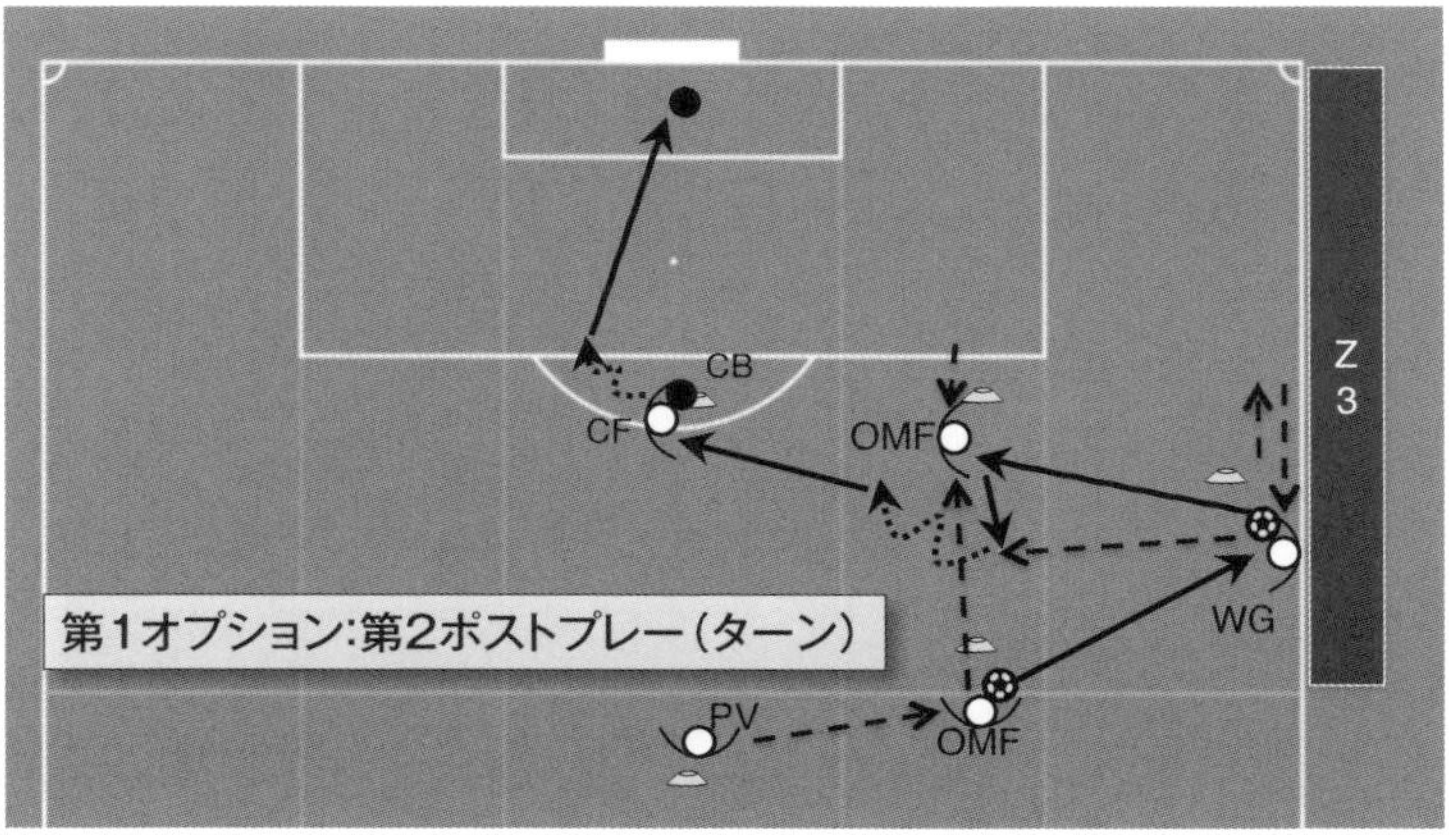

第2ポストのCFをマークしている相手CBが背後から密着して激しいプレッシャーをかけてくる場合、第2ポストはWGからボールを受けターンしてシュート。

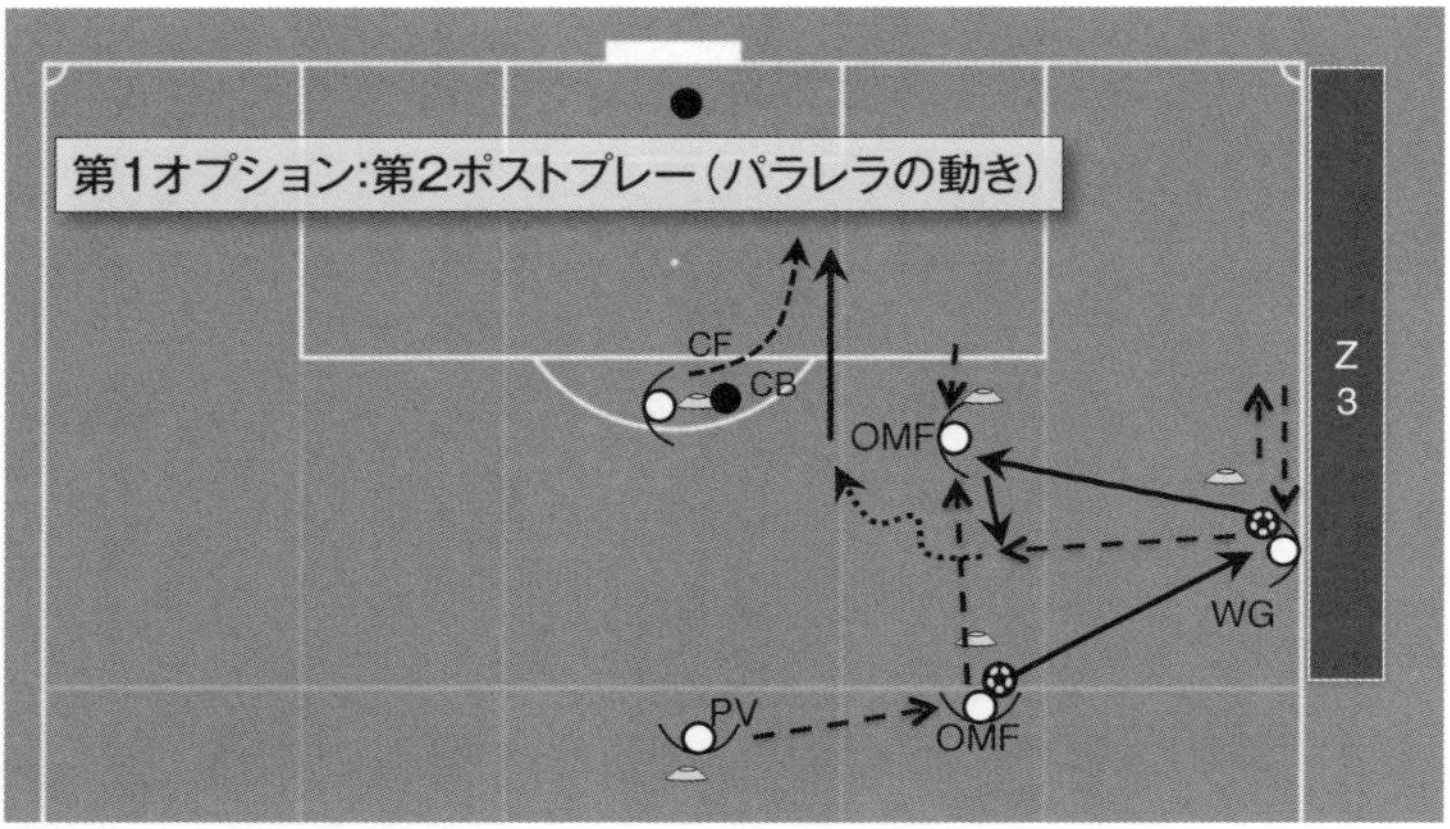

WGが第1ポストのOMFと壁パス後、第2ポストのCFをマークしている相手CBが第2ポストへのパスのインターセプトを狙い、前に出ている場合は、第2ポストはパラレラの動きでパスを受けシュート。

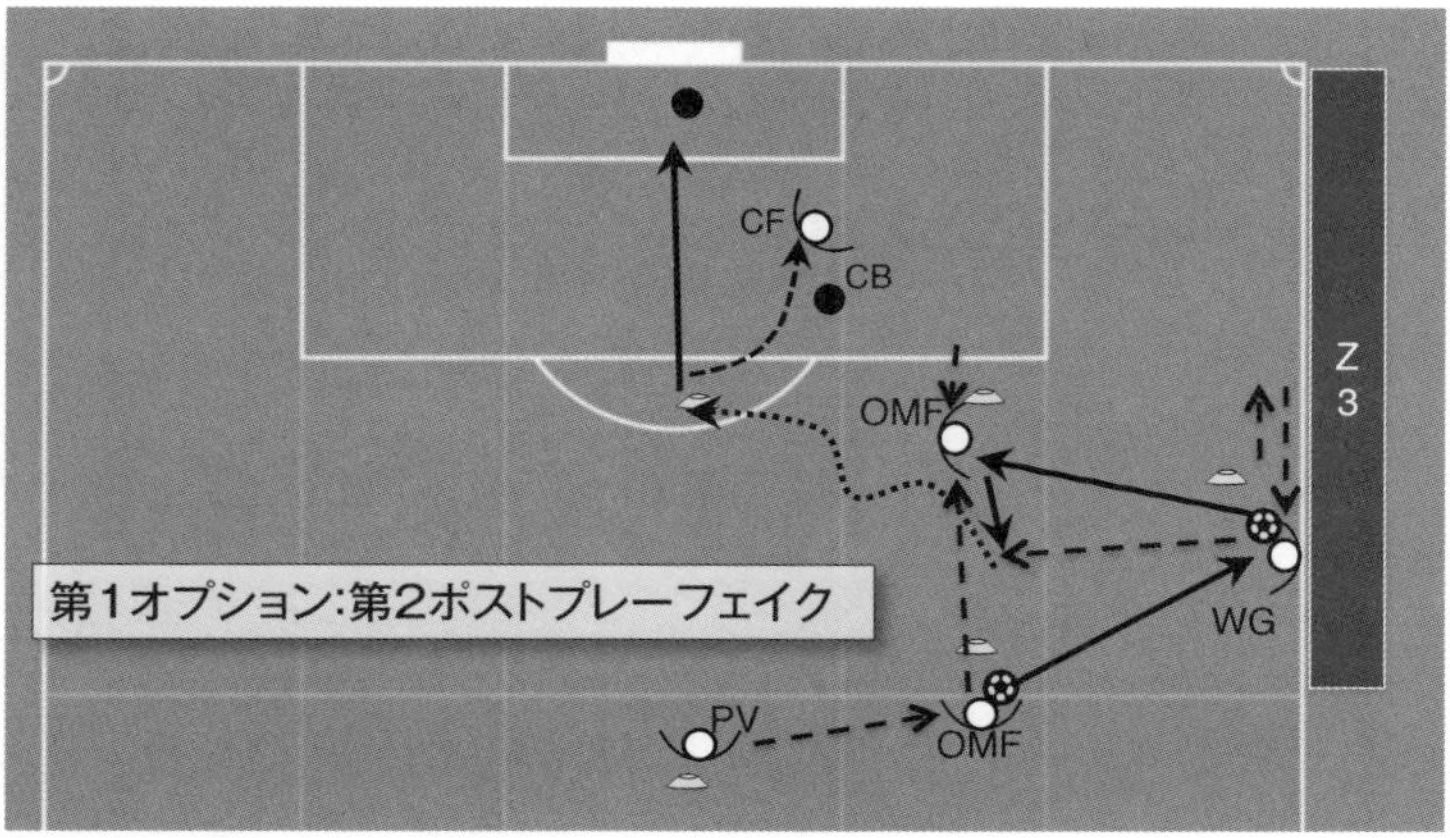

第2ポストのCFのパラレラの動きに、マークしていた相手CBがついて行く場合、WGはコンドゥクシオンを継続し前方にスペースがあればシュート。

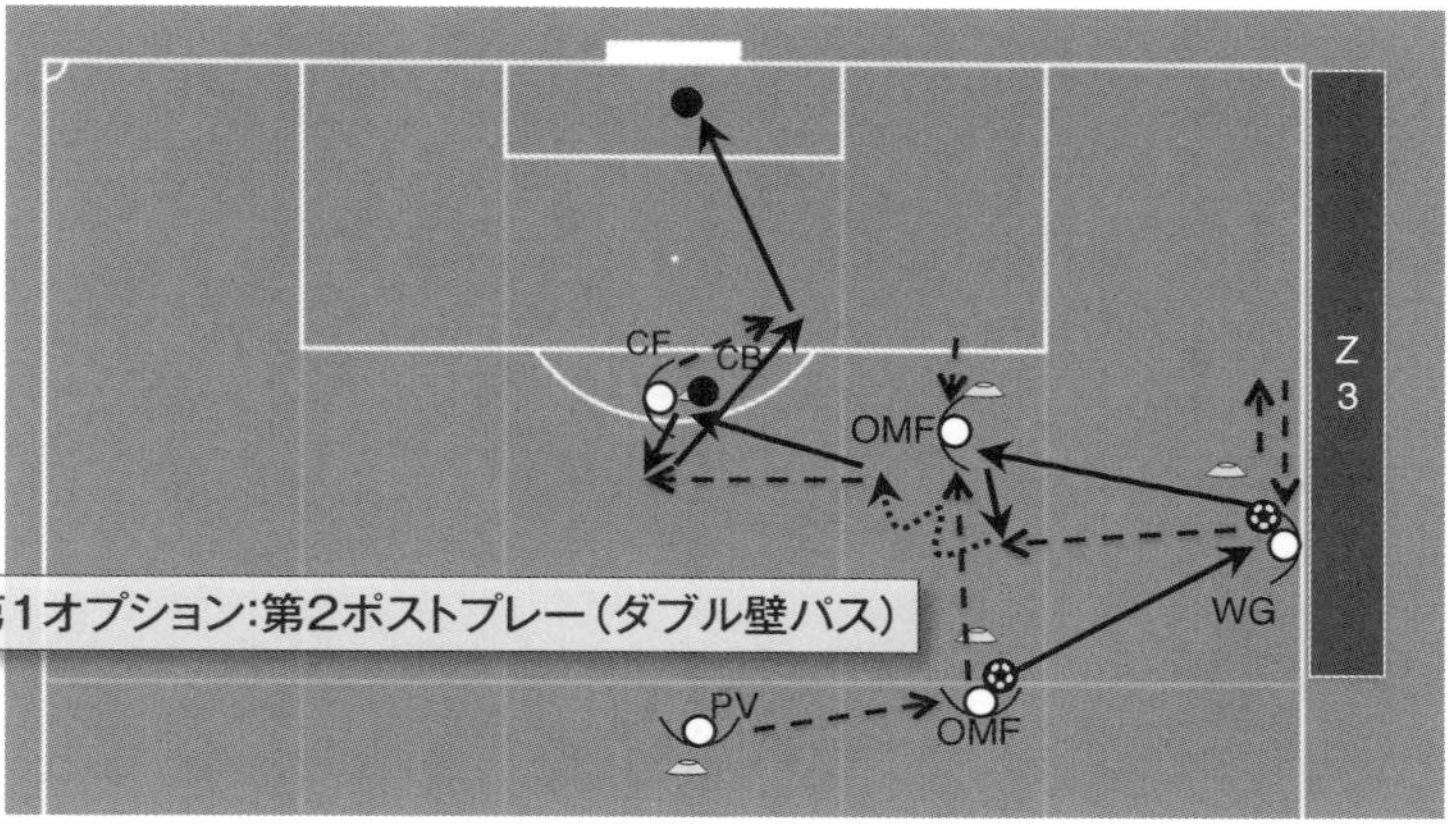

第２ポストのCFへ壁パス後、第２ポストをマークしている相手CBの背後にスペースができた場合は、第２ポストは相手の背後へ移動しパスを受けシュート。

◉第1オプション発展3(第3ポストプレー)

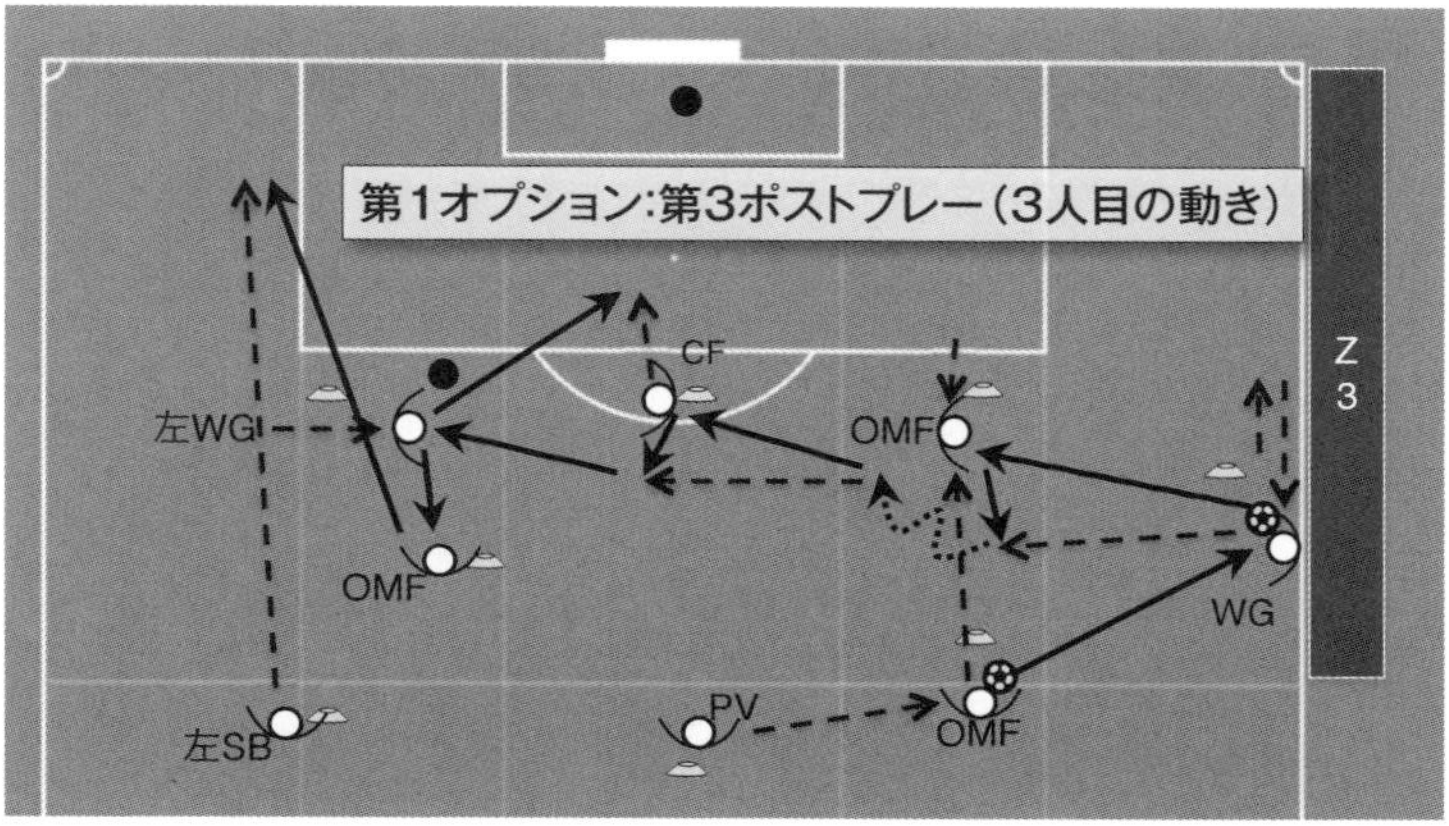

第２ポストのCFから壁パスを受けたWGは、第３ポストの左WGへパス。第３ポストは、OMF、もしくはCFへパス。OMFがボールを受けた場合は、左SBがオーバーラップしOMFからパスを受けセンタリング。CFがパスを受けた場合はシュート。

第1オプション:第3ポストプレー(ドリブル)

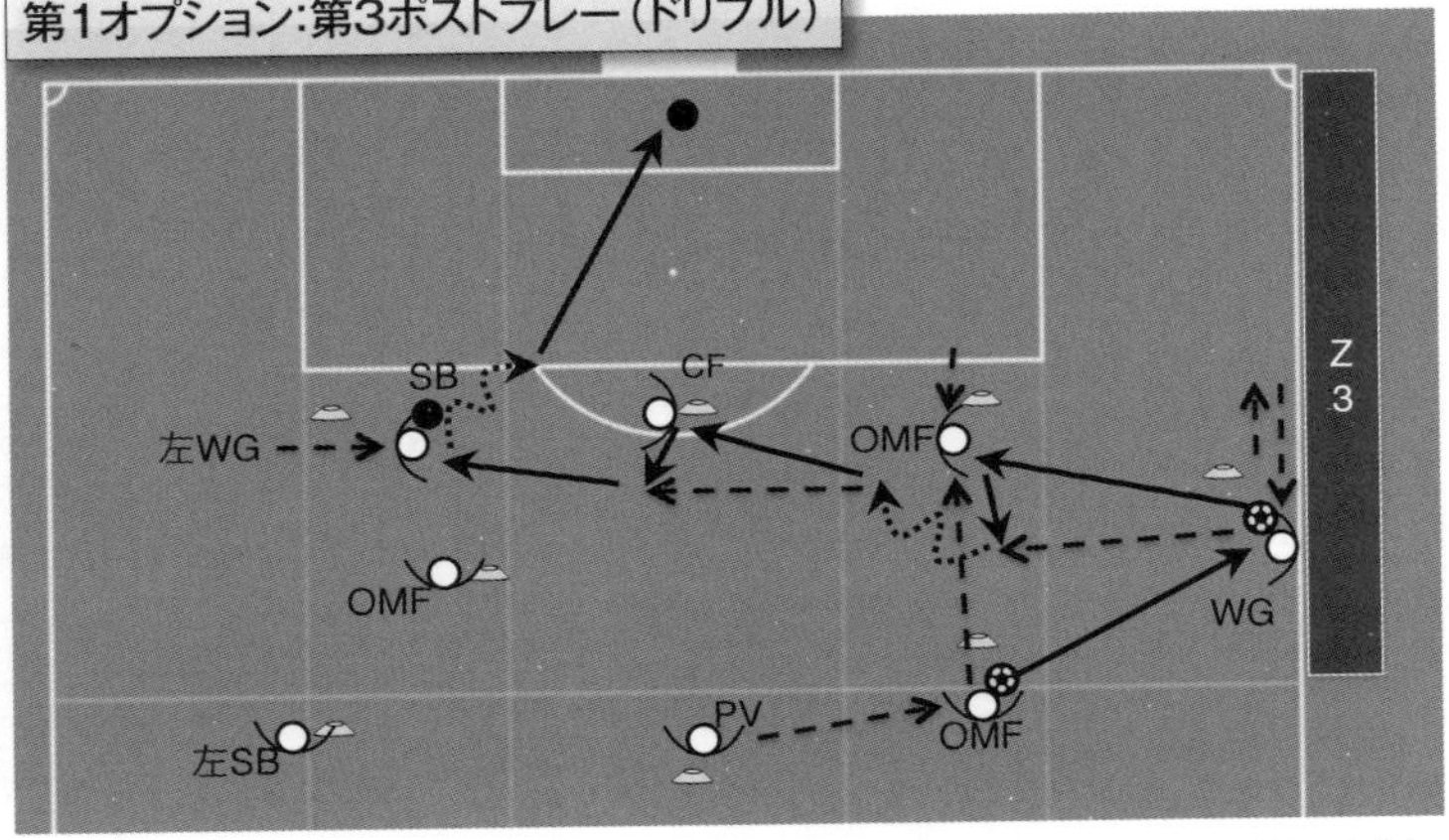

第3ポストの左WGをマークしている相手SBが、第3ポストがボールを受ける瞬間、密着した守備をする場合、第3ポストはボールをスペースへコントロールして、ドリブルシュート。

第1オプション:第3ポストプレー(ディアゴナルラン)

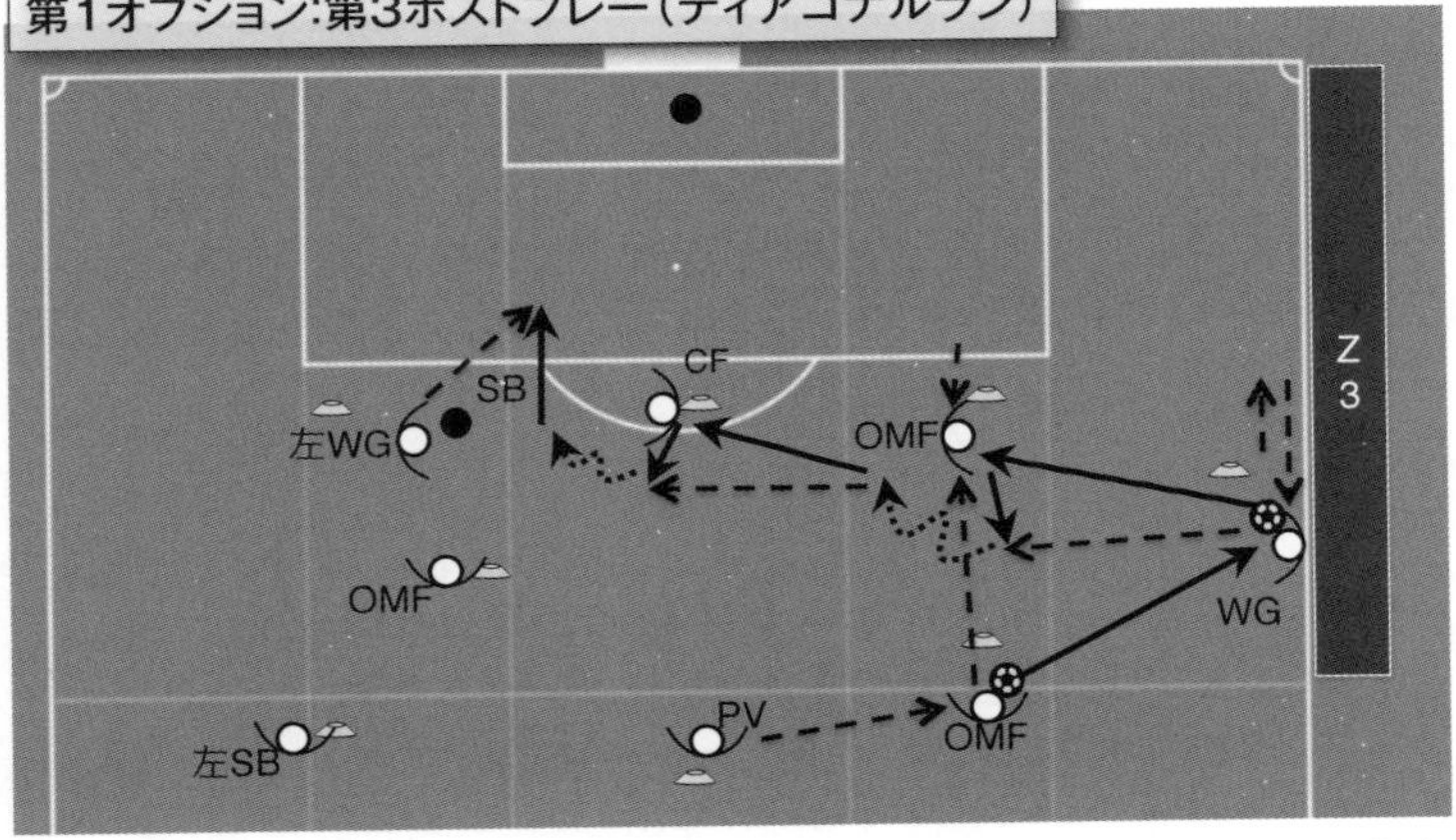

第3ポストの左WGをマークしている相手SBがインターセプトを狙って前に出てくる場合、WGはコンドゥクシオン、第3ポストは相手SBの背後でパスを受けシュート。

第1オプション：第3ポストプレーフェイク

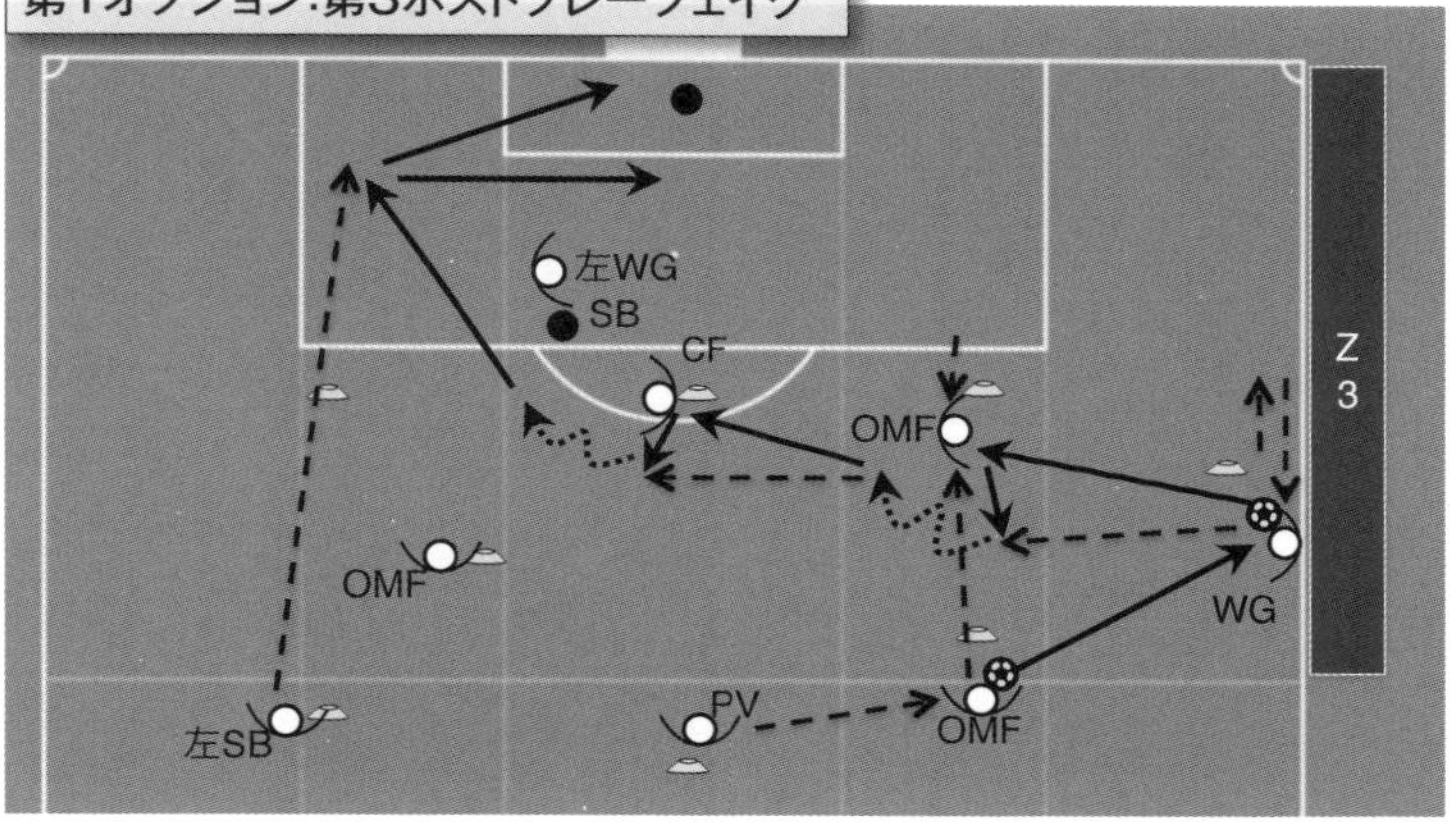

第３ポストの左WGをマークしている相手SBが第３ポストのマークを継続した場合、WGは、オーバーラップする左SBへパス。左SBはシュート、もしくはセンタリング。

【社会的感情構造（主目的）】
選手間の相互扶助（近い選手）と協力（遠い選手）を開発する。集団プレーの強化。

【コンディション構造（副目的）】
スピードの変化（２０～３０メートル）。無酸素運動非乳酸系。

【コーディネーション構造（副目的）】
攻撃の技術アクション
・パス（状況に適したキックの種類を使う。パスの強さ、精度など）、コントロール、コンドゥクシオン、シュート
コーディネーション能力
・マークを外す動き、パスコースを作る動き、ディアゴナルラン。

【感情・意思構造（副目的）】
様々な状況への適応。相手の背後にポジションを取ること、相手のリアクションによって最適なプレーを選択することを学ぶ。

【創造的表現構造】
プレー状況に応じて他の集団プレーの可能性を探すことを奨励する。

◉優先認知状況　オートマティズモ（自動性、無意識的行為）

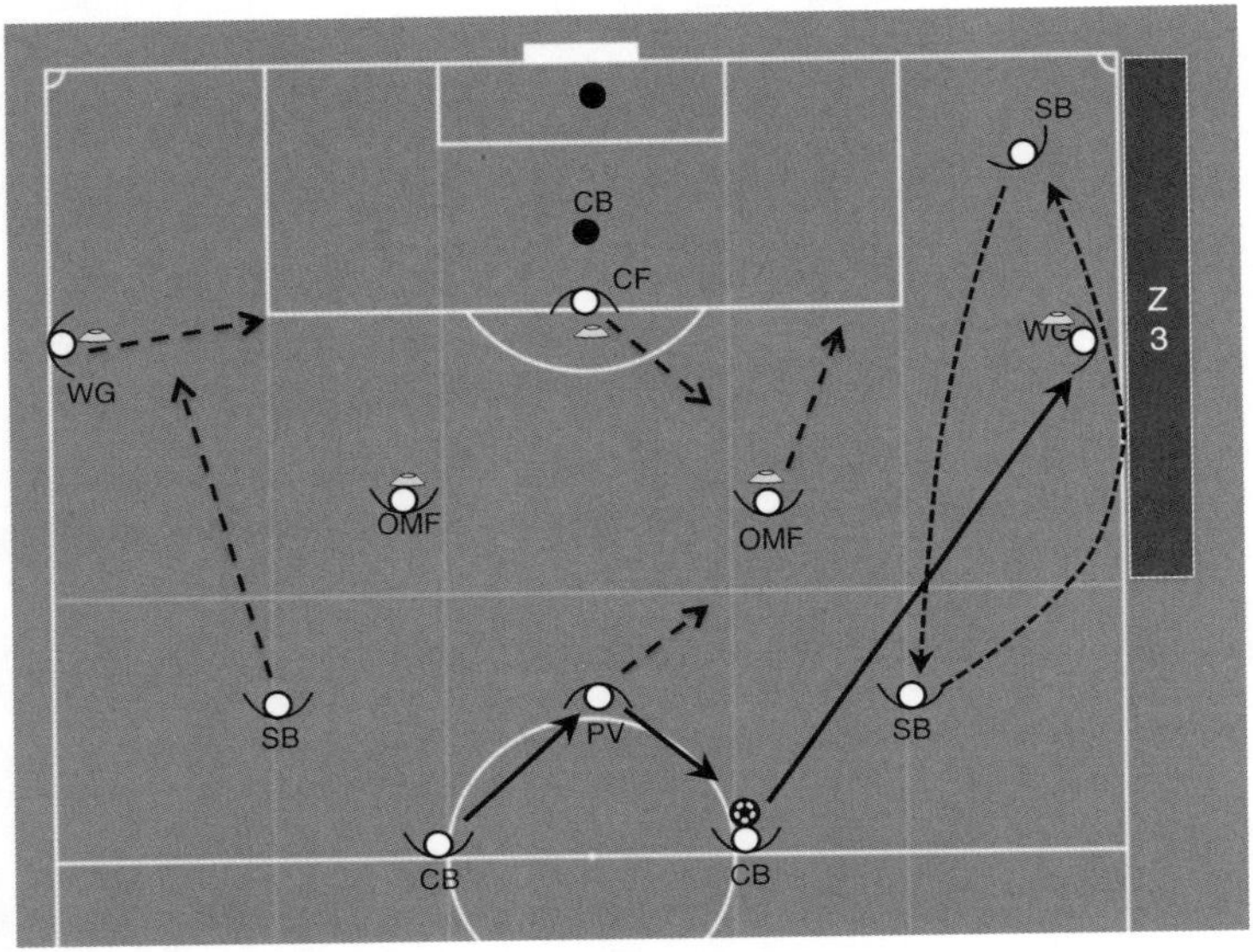

オートマティズモ（自動性、無意識的行為）は、守備の選手をつけない、もしくは最小限にして、選手にあらゆるプレーオプションを体験してもらうことで、ある状況に対して選手間の相互作用を通じて無意識的に行動することができるようにするためのトレーニングである。選手がプレー状況をイメージすることが難しい場合は、少ない人数から始め、相手を何人かつけても良い。その場合、守備の選手はボールを取り戻すのではなく、ペナルティエリア外はアプローチだけにするなどの条件をつける。最終的にはフィールド選手全員で行う。グラウンド全面を確保できるチームはGKからのパスで始めても良い。大事なことは試合と同じ意思決定や移動のスピードでプレーをすることである。

◉優先認知状況　4つのパスコースオプション（体験学習）

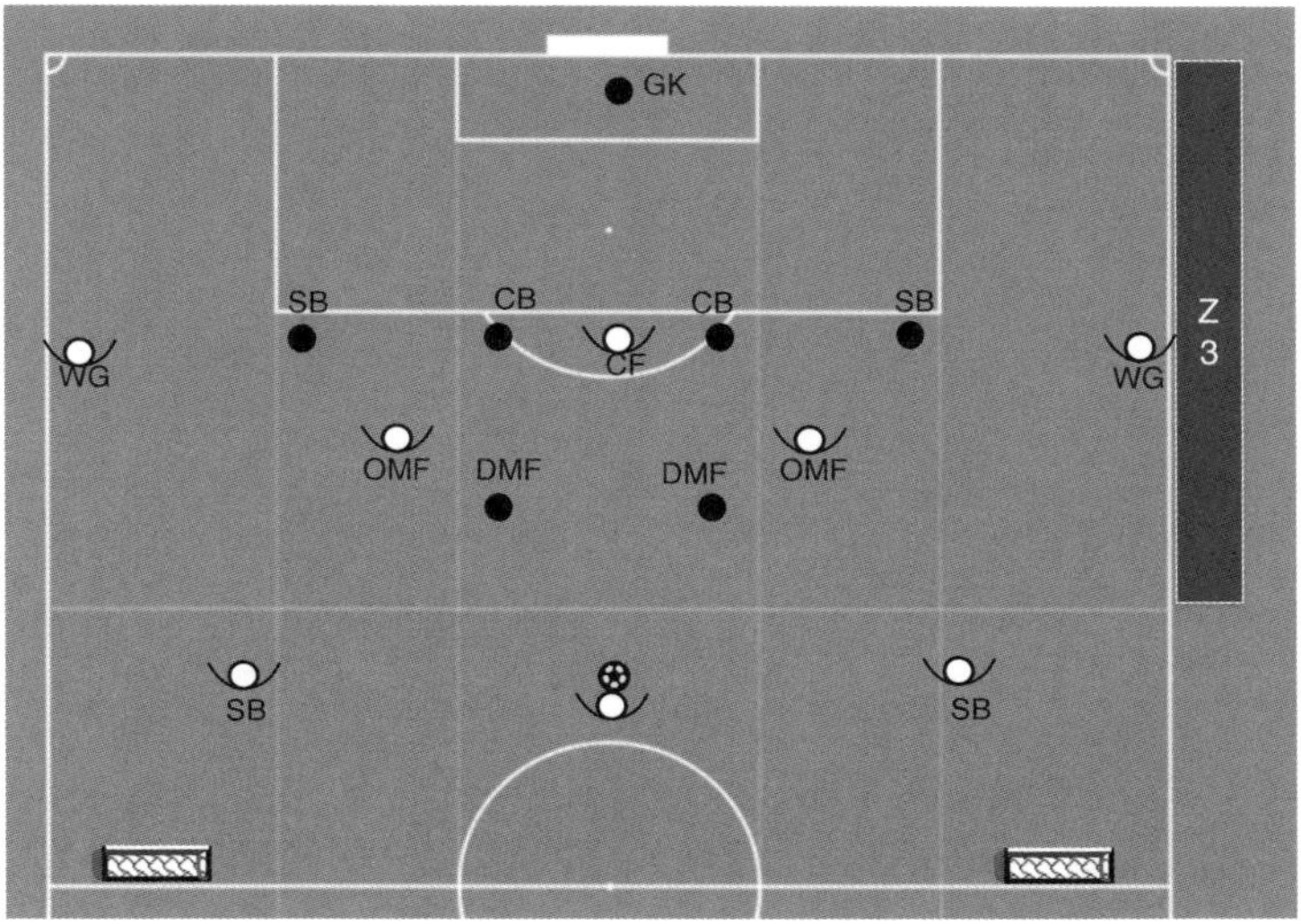

◎認知構造（主目的）
【戦術教授法】オレアーダ（試合形式のトレーニング）
【局面】攻撃
【参加者】8人（3-2-3：2SB、PV、2OMF、2WG、CF）対7人（4-2：2SB、2CB、2DMF）＋GK
【スペース】ハーフコート
【行動】セットオフェンス（ファイナルゾーンのプレー）
【ファクター】4つのパスコースオプションを使った攻撃

【説明】ハーフラインに2つのミニゴールを配置。攻撃側：大きなゴールを目指し、2つのミニゴールを守る。守備側：大きなゴールを守り、2つのミニボールを目指す。PVからスタート。ハーフラインにボールを準備してすぐにプレーできるようにする。

【ノルマ】攻撃側の選手は、セットオフェンス時のダイヤモンド・オフェンスの4つのパスコースオプションから相手の配置やアクションによって、その状況に最適なパスコースオプションを選択する。

【キーファクター】
攻撃側
・安易なボールロストを避け、ボールを保持する。

・できる限りパスを速く回す。
・WGのきっかけのアクションからスピードアップ。
・相手をグラウンド中央に引きつけ、サイドのWGをフリーな状態にしてからパスをする（内側、外側、内側とパスをつないで、相手を中央に引きつける）。
守備側
・ボールを取り戻したら素早く２つのミニゴールのどちらかを目指す。

【選手のキーファクター】
・WGはタッチラインまで開く。WGにボールが入ったら、逆サイドのWGは同サイドのハーフスペース外側ラインまで閉じる。
・CFは、WG、SB、第１ポストのOMFの動きと連動してポジションを取る（センタリングに合わせるのか、ポストに入るのか）。
・OMFがポストに入った場合は、PVがハーフスペースでWGにバックパスのコースを作る。
・SBがWGのポジションに入り、WGがポストに入った場合は、OMFはハーフスペースでSBにバックパスのコースを作る。
・相手SBがWGをミックスディフェンスした場合は、SBがWGとCFの間のスペースへ移動しパスを受ける。

【バリエーション】

２タッチ以内。シュートはワンタッチ。


【社会的感情構造（主目的）】

選手間の相互扶助（近い選手）と協力（遠い選手）を開発する。集団プレーの強化。


【コンディション構造（副目的）】

スピードの変化（２０～３０メートル）。

【コーディネーション構造（副目的）】

攻撃の技術アクション
・パス（状況に適したキックの種類を使う。パスの強さ、精度など）、コントロール、コンドゥクシオン、シュート、ボールキープ。ドリブル（相手を抜く）
守備の技術アクション
・インターセプト、タックル、クリアー

【個人戦術のコーディネーション（ボールなし）】

攻撃
・マークを外す動き、幅と深さを取る動き、ディアゴナルランなど。
守備
・マーク、カバーリング、ペルムタ。

※ペルムタ：カバーリングのカバーリング。カバーに入った選手の背後のスペースを埋める。（例：右WGが右SBの背後にカバーに入るなど）

【感情・意思構造（副目的）】

どこにフリーマンを作るか、どのようにしてスペースとフリーマンを作るかを理解する。

【創造的表現構造】

ゲームの戦術的な問題に対する様々な解決策を支持する。

COLUMN

即興プレーは身体で覚える（手続き記憶）

「手続き記憶」は、身体が無意識的に動くまでトレーニングをすることを意味し、日本でも昔から言われている学習方法の1つである「身体で覚える」ということになる。

例えば、週のトレーニングで相手チームのゲームモデルに対応するトレーニングメニューを作成し実践する。選手はそのトレーニングを何度も反復することで、学習し記憶する。それが脳にコード化された「生きた記憶（プレーの選択肢）」になると、試合中に無意識的に働く直感モデル（予測モデル）として、その状況に最適なプレーオプションを無意識的に探し、直感的に選択することができるようになる。

トレーニングは、選手が直感的にプレーできるようになるまで繰り返すことが必要である。毎日、同じトレーニングを反復するのではなく、獲得したい原則や目的や強度は同じでも、トレーニングには多様なオプションを持たせることが重要だ。選手は同じトレーニングばかりだと、飽きてしまい習得したいことの獲得を遅らせてしまう。選手は常に新しいトレーニングに適応することでフレッシュな気持ちでプレーを学習し習得する。

前述したオートマティズモ（自動性・無意識的行為）は、まさしく「手続き記憶」にするための方法である。各選手がチームメートとの相互作用を通じて、攻撃・守備の配置や動きを、無意識的に身体が動くようになる（手続き記憶）ことを目的としたトレーニング方法である。

◉優先認知状況 ボール出し(体験学習)

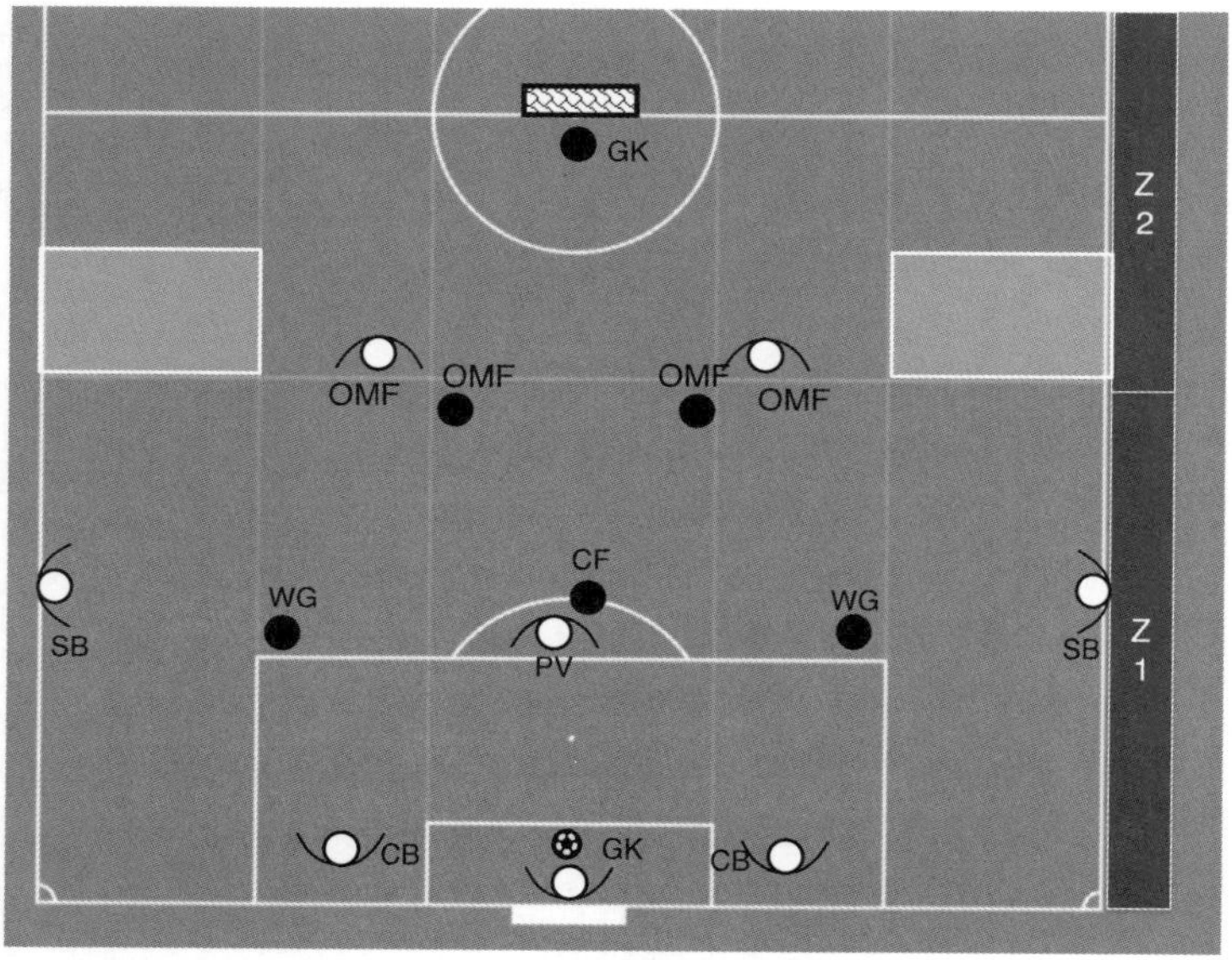

◎**認知構造(主目的)**
【戦術教授法】文脈化された条件付け試合(試合形式のトレーニング)
【局面】攻撃
【参加者】8人(GK+2CB、PV、2SB、2OMF対6人(GK+2OMF、2WG、CF)
【スペース】ハーフコート
【行動】ボール出し(ゾーン1からゾーン2へボールを運ぶ)
【ファクター】ボール出しの配置(攻撃:2-3-2対守備:2-3)

【説明】
GKのゴールキックからスタート。攻撃側がボールを失った場合は、実際のゲームの状況。GKが守る大きなゴールへの得点は1ポイント。サイドレーンのラインゴールは1ポイント。サイドレーンのラインゴールを通過した後、大きなゴールへ得点した場合は2ポイント。サイドレーンのゴールを通過し、中央の大きなゴールにシュートできない場合は、逆サイドレーンのラインゴールを通過すると2ポイント。

【キーファクター】
攻撃側

・相手のマークを避けるために、DFラインは最大限に幅を取る。
・パスラインに選手の密度が濃くなるのを避けるために、ライン間の距離を取る。
・中央（センターレーン、ハーフスペース）からのボール出しアクションを優先する。
・相手を引きつけ、フリーマンをゾーン２に作る。
守備側
・ボールを取り戻したら素早く相手ゴールを目指す。
【選手のキーファクター】

攻撃側
・GKはボール出しに積極的に参加し、数的優位を作る。
・CBはセンターゾーン（センターレーン、ハーフスペース）で２対１を作り、相手FWを越えるために最大限に幅を取る（ペナルティエリア幅）。
・SBはGKからのフィードを容易にするために可能な限り幅を取る（タッチラインまで）。
・PVはゴールキック時GKと同じセンターレーン、ペナルティエリア中央にポジションを取る。
・OMFは基本的にボール出しには参加せず、ゾーン２の相手の背後の両ハーフスペースに１人ずつポジションを取り、チームに深さを与える。
・ゾーン１のグラウンド中央で優位性を保つことができない場合は、OMFの１人がゾーン１に移動しボール出しに参加する。

【社会的感情構造（主目的）】

選手間の相互扶助（近い選手）と協力（遠い選手）を開発する。集団プレーの強化。


【コンディション構造（副目的）】

サッカー特有の持久力。間欠的なスピード。


【コーディネーション構造（副目的）】

攻撃の技術アクション
・パス（状況に適したキックの種類を使う。パスの強さ、精度など）、コントロール、コンドゥクシオン、シュート、ボールキープ。
守備の技術アクション
・インターセプト、タックル、クリアー。

【個人戦術のコーディネーション（ボールなし）】

攻撃
・マークを外す動き、幅と深さを取る動き。
守備
・マーク、カバーリング、ペルムタ。

【感情・意思構造（副目的）】

どこにフリーマンがいるか、どこのスペースで、どのようにして２対１を作り相手を超えるのかを理解する。

【創造的表現構造】

ゲームの戦術的な問題に対する様々な解決策を支持する。

◉優先認知状況 前進(体験学習)

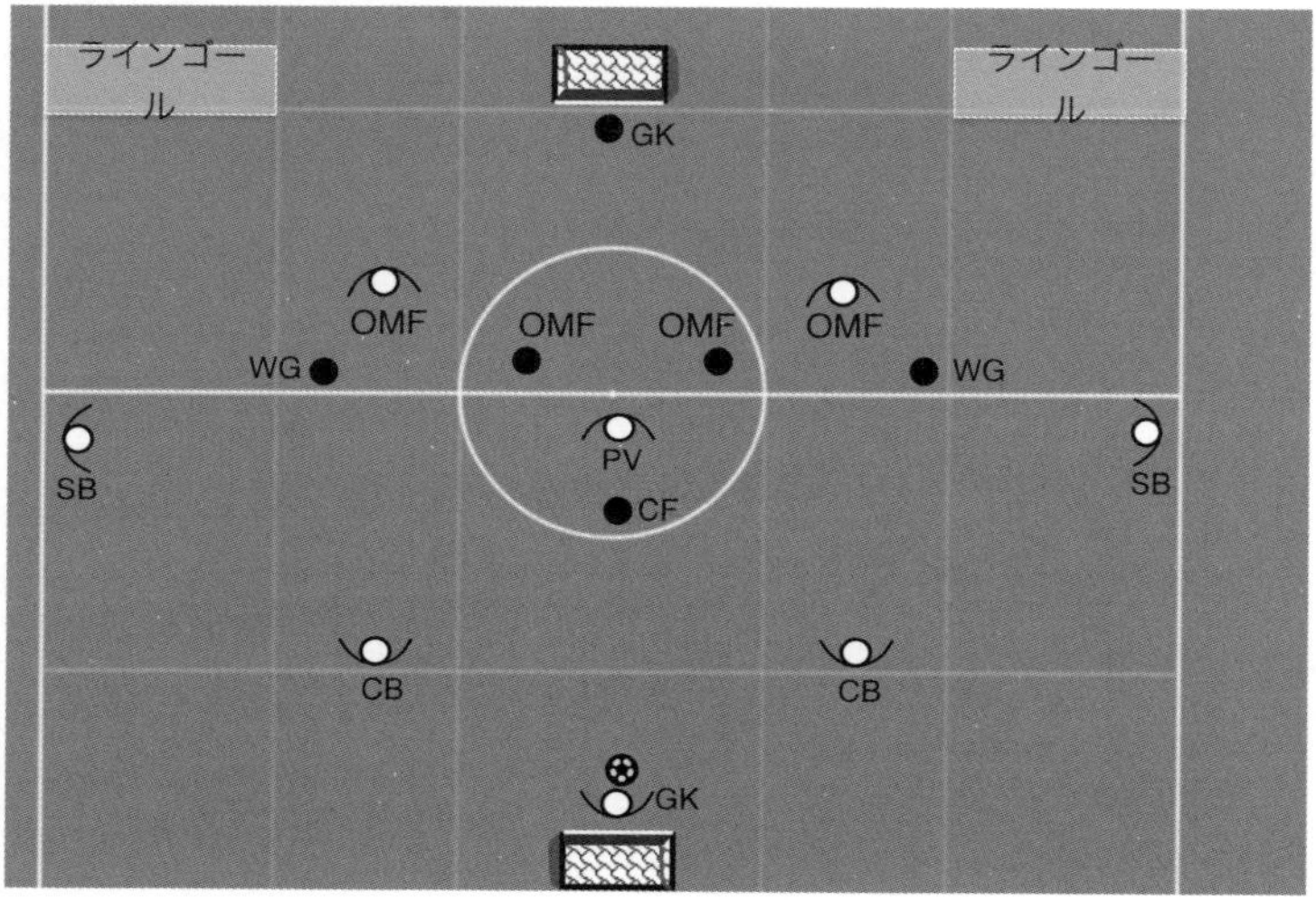

◎**認知構造(主目的)**
【戦術教授法】文脈化された条件付け試合(試合形式のトレーニング)
【局面】攻撃
【参加者】8人(GK＋2CB、2SB、PV、2OMF)対6人(GK＋2OMF、2WG、CF)
【スペース】ミドルゾーン
【行動】前進(自陣ゾーン2からハーフラインを超える)
【ファクター】位置的優位を獲得して前進する。

【説明】
GKからスタート。攻撃側がボールを失った場合は、実際のゲームの状況。GKが守る大きなゴールへの得点は2ポイント。サイドレーンのラインゴールを通過した場合は1ポイント。

【条件付け】守備側はゾーンディフェンス

【キーファクター】
攻撃側
・中央のゾーン(センターレーン、ハーフスペース含む)で数的優位(2対1)を作る。
・全員がボールを受けることができるように適切なライン間の距離と幅と深さを取る(15～20m)。

・プレッシャーをかけてくるラインの背後、もしくは視野外でボールを受ける。
・相手を引きつけて、近くと遠くの可能性を見つける。
守備側
・内側のスペースを閉じて、相手を外側(タッチライン)に方向づける。
・同じ方向にスライドしてディフェンスブロックを整える。
・ボールを取り戻したら素早く相手ゴールを目指す。

【選手のキーファクター】
攻撃側
・CBは中央ゾーン(センターレーン、ハーフスペース含む)にパスコースがない場合は、相手を引きつけるためにボールを前進させる(コンドゥクシオン)。
・SBは半身になり、最大の幅と深さを取りアクションを起こす。ボールを受けたら、素早く前進する。
・PVは相手、スペースとチームメートの情報を獲得するための体の向きを半身にする。
・OMFは主にハーフスペースで相手のMFラインの背後にポジションを取り相手を引きつけスペースを作る。

【社会的感情構造(主目的)】
選手間の相互扶助(近い選手)と協力(遠い選手)を開発する。集団プレーの強化。

【コンディション構造(副目的)】
サッカー特有の持久力。スピードの変化。

【コーディネーション構造(副目的)】
攻撃の技術アクション
・パス(状況に適したキックの種類を使う。パスの強さ、精度など)、コントロール、コンドゥクシオン、シュート、ボールキープ。
守備の技術アクション
・インターセプト、タックル。

【個人戦術のコーディネーション(ボールなし)】
攻撃
・マークを外す動き、幅と深さを取る動き。
守備
・マーク、カバーリング、ベルムタ。

【感情　意思構造(副目的)】
どこにフリーマンがいるか、どこのスペースで、どのようにして2対1を作り相手を超えるのかを理解する。

【創造的表現構造】
ゲームの戦術的な問題に対する様々な解決策を支持する。

エピローグ

ダイヤモンド・オフェンスは、クラックが存在しないチームのための攻撃の方法論である。この方法論はグラスルーツのチームにも有用である。指導者は、選手が相手のプレーを読み、互いに相互作用することのできるトレーニング状況を準備する。その中で選手は自己組織化し、その結果として即興プレーが生み出される。10歳以下の選手は、ダイヤモンドの形にポジションを取り、ボール保持者に5つのプレーオプションを提供することを学び、習得してもらうことで、11歳以上からのスペースを作り、利用する（埋める）段階に入っていくことができる。

攻撃方法の進化は、相手のプレーを読むこと、即興プレーを最適化することであると考える。ダイヤモンド・オフェンスの方法論を知ることで、多くの指導者がチームで実践し、選手のパフォーマンスを最適化し、そこから新しい攻撃方法が創造されることだろう。サッカーの組織的な攻撃方法の進化は今始まったばかりだ。

最後にこの場を借りて、スペインのバルセロナで共にサッカーを学んだ仲間やスペインサッカーコーチングコースの先生、クラブのディレクターやコーチ仲間に感謝の意を述べたい。

この本はスペインサッカーコーチングコースの卒業論文をもとに書いたものである。卒業論文の指導教官であったダビ先生から、フランシスコ・セイルーロの構造化トレーニング理論を3年に渡り学ぶことができ、その後1年に渡り、卒業論文の方向性を導いてくれたことに非常に感謝している。「マエストロ・セイルーロにこの論文を見せよう、そのためにはこれを日本で本にしなければならない」と言ってもらえたことが、この本を書く最大のモチベーションになった。

バルセロナ近郊のサッカークラブCDポマールの（当時の）テクニカルディレクターで、現在RCDエスパニョールで育成年代のコーチをしているルベンには、スペイン語をたいして話すことのできない私をU-8年代の第一監督として一年間採用していただき、大変貴重な経験を積むことができたことに感謝している。彼は常に私に敬意を払う素晴らしい人だった。彼のおかげで、CFバダロナ（スペイン3部リーグ）のトップチームで一年間、試合分析官を担当することができた。プロの試合とは、分析とはどのようなものかを体験することができた。

CFバダロナのU-15の監督をしていたクリスティアンが、私をアシスタントコーチとして採用してくれた。私にとって初めてのチームだった。このチームは最終節にリーグ昇格を果たし、選手やコーチ陣と試合後のシャワー室で水を掛け合って大騒ぎした。スペイン流の喜び方を味わうことができた。ずぶ濡れになり、帰りはそのまま帰った思い出がある。

私にスペインサッカーを教えてくれた、コーチングコースの先生にも感謝している。サッカー博士と言われ、集団プレーを考案した1人であるセサル先生の授業は、ソクラテスの話を聞いていているようで、毎週刺激的だった。この本のいたるところでセサル先生の考え方が反映されている。

日本人のサッカー仲間にも感謝しなければならない。フットサル日本代表コーチの鈴木氏とは、同じ指導者学校に通っていたので、様々な彼の知見を学ぶことができた。日本に帰った後も、フットサルを通じて様々なことを学ぶことができ、この本にもそれが生きている。

指導者学校仲間の現バルセロナ在住の武田氏とは一緒に授業を受けたことはなかったが、彼がSNSで発信する、サッカー理論を興味深く学び、この本を書くにあたり参考にさせていただいた。

最後に、一度もお会いしたことのない巨匠たちへの感謝。NBAの伝説的なコーチである故テックス・ウィンターと彼のトライアングル・オフェンスを採用し、彼と一緒に11度のNBA制覇を成し遂げたフィル・ジャクソン監督。彼らがいなければこの本はない。テックス・ウィンターのトライアングル・オフェンスの本がダイヤモンド・オフェンスの土台となっている。

私のサッカーのトレーニング理論を根底から変えた（マエストロ）フランシスコ・セイルルー

Epilogue

ロは、私がバルセロナで6年間学んだ中で最大の発見だった。彼が考案した構造化トレーニングの理論は、FCバルセロナで長年に渡り実践され、彼の生徒でもあるペップ・グアルディオラ監督も構造化トレーニングをチームで実践しているようだ。優先シミュレーション状況は、ダイヤモンド・オフェンスを選手が学び身につけるための最良の方法である。いつか、セイルーロに会って、直接お礼を言いたいと思う。

坂本　圭

参考・引用文献

Apuntes Tercer nivel CAR El Juego Colectivo. FCF. (2017)
Apuntes Primer nivel CAR El Juego Colectivo. FCF. (2014)
Apuntes Preparación fisica tercer nivel FCF.
Apuntes Tercer nivel CAR El juego Colectivo. FCF.
Camacho, Daniel, Bocanegra. Variables Socio-Afectivas en el rendimiento de Futbolistas Revista de entrenamiento deportivo (2013)
Camacho, Daniel, Bocanegra. Variables socio-afectivas del rendimiento del futbolista del U.D. Lourdes. (2013)
Frattrarola, César. Apuntes Tercer nivel CAR El Juego Colectivo. FCF.
Garcia, Antón, Juan. Balonmano Fundamentos y etapas de aprendizaje. Editorial: S.L. Editorial. (1990)
Goldsten, J. (1999). Emergence as a construct: History and issues. Emergence: Complexity and Organization, 1 (1),
Grosser, Bruggemann. Alto rendimiento deportivo. Zintl. (1986)
Kauffman, Stuart. At home in the universo: the search for laws of self-organization and complexity. Oxford university press. (1995)
Ribera, Nebot, David. Táctica estratégica outline socio-afectiva del grupo deportivo.
Sans, Alex; Frattarola, César. Los fundamentos del fútbol -Programa AT3-. MCSports 1ª edición. (2009)
Seirul-lo Vargas, F. Una línea de trabajo disttinta: I Jornadas de Actualización de Preparadores Físicos(Junio 2000). P12.
Seirul-lo Vargas, F. Estructura Cognitiva. Sesiones formativas para entrenadores deportivos. (2013)
Seirul-lo Vargas, F. (1998). Planificación a Largo Plazo en los Deportes Colectivos.
Seirul-lo Vargas, F. (2004). Estructura Socio-Afectiva. Documento INEFC Barcelona. UB.
Seirul-lo, Vargas, Francisco. La preparación fisica en deportes de equipo, Entrenamiento estructurado. Valencia (2002)
Táctica primer nivel de fútbol. FCF.
véanse Barth, (1980), pp. 138 y ss.; Kern, (1986, 4)
Winter, Tex. The triangle offense. FIBA assist magazine, (2007)
Xesco Espar Moya, Toni Gerona Salaet: Capacidades cognoscitivas táctica en los deportes colectivos: Máster professional en alto rendimiento deportes de equipo. Barcelona Junio (2004)
バスケットボール用語辞典 監修 小野秀二 小谷 究 廣済堂出版.（2017.7.20）
ヨハン・クライフ　訳者 若水大樹. ヨハン・クライフ自伝. 二見書房（2017）
テックス・ウィンター. バスケットボール　トライアングル・オフェンス. 監訳笈田欣治 訳者 村上佳司 森山恭行 大修館（2007）
マイケル・S. ガザニガ（2014）〈わたし〉はどこにあるのか ガザニガ脳科学講義 紀伊国屋書店
ラファエル・ポル　バルセロナフィジカルトレーニングメソッド　翻訳 坪井健太郎 監修 小澤一郎. カンゼン.
オスカル・カノ・モレノ. バルセロナの哲学はフットボールの真理である:勝利を引き寄せる"ポジショニングサッカー". 監修:村松尚登. 翻訳:采野正光. カンゼン.（2013）
村上春樹. 職業としての小説家. スイッチ・パブリッシング.（2015）
マルティ・ペラルナウ グアルディオラ総論 訳者 木村浩嗣 ソル・メディア.（2017）.
マルティ・ペラルナウ ペップ・グアルディオラ君にすべてを語ろう　訳者　羽中田昌+羽中田まゆみ　東邦出版（2015）
塚田稔　芸術脳の科学　脳の可塑性と創造性のダイナミズム ブルーバックス.（2015）
ウォルター・J・フリーマン. 脳はいかにして心を創るのか:神経回路網の生み出す志向性・意味・自由意志. 訳: 浅野孝雄, 校閲: 津田一郎. 産業図書.（2011）
レナート・バルディ　片野道郎. モダンサッカーの教科書　イタリア新世代コーチが教える未来のサッカー. ソル・メディア.（2018）.
フィル・ジャクソン. イレブンリングス. 共著者:ディールハンティー・ヒュー. 訳:佐良土茂樹, 佐良土賢樹. スタジオ タック クリエイティブ.（2014）
井庭崇・福原義久、1998年、『複雑系入門―知のフロンティアへの冒険』初版、NTT出版
エスター・テーレン&リンダ・スミス　発達へのダイナミックシステム・アプローチ　認知と行為の発生プロセスとメカニズム　完訳 小島康次訳者　高橋義信、丸山慎、宮内洋、杉村伸一郎　新曜社（2018）
ピーター・M・センゲ 学習する組織　システム思考で未来を創造する　訳者　枝廣淳子、小田理一郎、中小路佳代子　英治出版（2018）
フラン・ボッシュ　コンテクスチュアルトレーニング　運動学習・運動制御理論に基づくトレーニングとリハビリテーション　完訳　谷川聡・大山卞圭悟　大修館書店（2020）
Derek Sheridan（ディレーク・シェリダン）. プリンストン スタイル オフェンス. 編訳:塚本鋼平. 監修:佐久本智. グローバル教育出版.（2013）
ドナルド・ベック監修. バスケットボールの戦術&トレーニング. 新星出版社.（2012）
ジョン・クレッセ:R・ジャブロンスキー. バスケットボール:アタッキング・ゾーンディフェンス. 訳者　加藤大仁, 木村和宏. 大修館書店（2010）
酒巻清治（監修）. ハンドボール:基本と戦術（PERFECT LESSON BOOK）. 実業之日本社.（2016）
酒巻清治（監修）. 基本が身につくハンドボール練習メニュー200. 池田書店.（2014）
新井田侑加, 山下純平, 寺本圭輔, 村松愛梨奈, 鈴木英樹. ハンドボールの新たな攻撃戦術の考案と試行的実践による評価. 愛知教育大学保健体育講座研究紀要. 愛知教育大学大学院, 愛知教育大学保健体育講座, 日本体育大学大学院.（2013）
ミゲル・ロドリゴ. フットサル戦術パーフェクトバイブル. 監修:JFAフットサル委員会. カンゼン.（2011）

◉ STAFF
編　　集／株式会社 多聞堂
デザイン／株式会社 志岐デザイン事務所（小山 巧）
出版協力／株式会社 Jディスカヴァー

ダイヤモンドオフェンス
～サッカーの新常識《しんじょうしき》 ポジショナルプレー実践法《じっせんほう》～

2021年7月1日　第1刷発行

著　者　坂本　圭
発行者　吉田芳史
印刷所　株式会社　文化カラー印刷
製本所　大口製本印刷　株式会社
発行所　株式会社　日本文芸社
〒135-0001東京都江東区毛利2-10-18 OCMビル
TEL03-5638-1660　[代表]

内容に関する問い合わせは、小社ウェブサイト
お問い合わせフォームまでお願いいたします。
URL https://www.nihonbungeisha.co.jp/

Printed in Japan 112210616-112210616Ⓝ01 (210082)
ISBN978-4-537-21901-2
編集担当　岩田